国家级精品课程教材

新编21世纪社会学系列教材

社会调查教程

精编本

第二版

Social Survey Course

Intensive Edition

主编 江立华 水延凯

中国人民大学出版社
·北京·

主编简介

江立华　华中师范大学社会学院教授、博士生导师。中国社会学会常务理事，“马工程”教材《中国社会学史》首席专家之一，教育部“新世纪优秀人才”，国家级精品课“社会学研究方法”负责人。近年来主要从事城市社会学和人口社会学的研究，主持国家社会科学基金重大项目 2 项，重点项目和一般项目 2 项，出版《农民工的转型与政府的政策选择》《中国农民工权益保障研究》《中国流民史（古代卷）》和《转型期留守儿童问题研究》等专著，主编《社会调查教程》（第六版、第七版），发表论文百余篇，其中多篇论文被《新华文摘》《中国社会科学文摘》转载。

水延凯　1932 年生，中共孝感市委党校、孝感市行政学院教授，中国社会科学院国情调查与大数据研究中心特邀研究员，华中师范大学社会学院兼职教授，从 1993 年 10 月起享受国务院政府特殊津贴。长期从事社会调查实践和理论研究，先后出版关于小城镇社区、县情、村情等的调查和社会调查学著作 23 部，代表作《社会调查教程》迄今已出七版，共发行 40 多万册，具有较大学术影响。

内容简介

本书作为国家级精品课“社会学研究方法”的配套教材，是《社会调查教程》的精编本。

本书适应高等院校社会学学科发展和专业课程教学改革的要求，按照社会调查的客观进程对社会调查过程进行了全面阐述。在论述上，以中国社会调查实践经验为基础，同时吸取国外社会研究方法的最新成果，具有鲜明的学科化、中国化特色，并具有较高的实用性和可操作性。

本书可供高等院校社会学、社会工作专业教学使用，也可为社会福利部门和机构的行政人员、非营利机构中的管理者及各类社会工作者提供参考和借鉴。

第二版前言

岁月如梭，以《社会调查教程》第五版为基础精选、改写的《社会调查教程》（精编本）（以下简称“精编本”）于 2012 年 7 月正式出版，现已过去 7 年了。7 年来，社会调查方法的研究突飞猛进，本教材的“母体”《社会调查教程》也出版了第六版、第七版两个版本。为了满足学科发展和教学改革的需要，与《社会调查教程》第六版、第七版相适应，使教材更具有时代性、创新性，更好地反映社会调查方法研究的最新成果，我们决定修订“精编本”，出版它的第二版。

与第一版相比，《社会调查教程精编本》第二版（以下简称为“精编本”第二版）的改动主要体现在结构的调整上：增加了第十一章“网络调查法”。把“社会调查的类型”一节从第三章调整到第一章，第三章增加了“社会调查的关键环节”一节，第八章增加了“访谈调查应该注意的问题”一节，第十四章增加了“比较法和分类法”“分析法和综合法”两节。

需要说明的是，“精编本”第二版的修改，坚持了《社会调查教程》的中国特色——辩证唯物主义认识论的理论基础和历史与逻辑相统一的原则。就全书结构而言，除第一章“社会调查概述”、第二章“社会调查的理论基础”外，按社会调查过程，先撰写准备阶段（第三章“社会调查的程序与准备”、第四章“社会指标和社会测量”、第五章“抽样”），再撰写调查阶段（第六章“文献调查法”、第七章“实地观察法”、第八章“访谈调查法”、第九章“问卷调查法”、第十章“实验调查法”、第十一章“网络调查法”）、研究阶段（第十二章“整理资料”、第十三章“统计分析”、第十四章“思维加工”），最后撰写总结阶段（第十五章“调查报告的撰写”）；就调查研究方法而言，按人类认识规律，先撰写感性认识方法（即各种调查方法），后撰写理性认识方法（即各种研究方法）；就调查方法而言，除准备阶段使用得最多的文献调查法放在调查方法之首外，按社会调查方法的历史发展，先撰写实地观察法、访谈调查法（它们是最古老、最基本的社会调查方法），后撰写问卷调查法（它是访谈调查法的丰富和发展）、实验调查法（它是各种调查方法的综合运用）和网络调查法（它是在信息社会出现的一种新型调查方法）。这样，全书结构清晰、内容简明、安排合理，体现了历史与逻辑的统一。这说明，“精编本”第二版与《社会调查教程》第六版、第七版是一脉相承的，是针对高校学生学习所做的内容的精选。

这次“精编本”第二版的修订，由江立华负责筹划与实施，水延凯审阅了部分书稿，提出了一些修改意见或建议，最后由江立华定稿。这次修订，我们主观上希望“精编本”第二版能够做到：(1) 进一步体现学术性。即坚持以辩证唯物主义、历史唯物主义为指导，以中国社会调查实践为基础，认真吸取西方现代科学社会研究方法，逐步形成学科化、中国化的社会调查学。(2) 进一步体现实用性。即按照中国社会调查实践需要，根据调查中的实际问题，提出相应的解决办法或思路，突出实用性和可操作性，努力提高读者分析问题和解决问题的能力。(3) 进一步体现创新性。即从内容到形式，从结构到文字，实事求是，敢于创新，突破西方社会研究方法专著的模式，突出中国化、本土化的特色。但是，关于“精编本”第二版客观上是否达到了上述目的，还存在哪些缺点和问题，我们迫切希望得到高校师生和广大读者的评论和意见。

“精编本”第二版的编辑、出版，得到了中国人民大学出版社的积极支持，受益于潘宇女士的精心策划和卓有成效的工作，以及责任编辑黄超女士的辛勤工作，特在此表示诚挚谢意！

江立华

2019 年 4 月于桂子山

第一版前言

《社会调查教程》自1988年问世以来，已出版五个版本，印刷32次，发行33万余册，被高等院校人文社会科学各专业、各级党校与各类干校广泛使用，在培养学界和政界人才方面发挥了重要作用，产生了巨大社会影响。《社会调查教程》（精编本）是在《社会调查教程》（第五版）基础上精选、改写而成的新版本。

《社会调查教程》（精编本）主要是出于满足高校社会学专业《社会研究方法》教材建设的需要而选编的。华中师范大学“社会研究方法”课程，经过多年教学实践和建设，于2008年被教育部评为国家级精品课程。为了更好地建设这门精品课，我们一方面建设了“社会研究方法网”，另一方面着手打造具有中国特色的教材，以引领高等院校社会学专业“社会研究方法”课程上水平、上台阶。这个计划，得到了中国人民大学出版社的肯定和水延凯教授的鼎力支持。2011年4月和8月，我们团队举行了两次会议，分别制订了《社会调查教程》（第六版）的修订计划，《社会调查教程》（精编本）的精选、改写计划和《〈社会调查教程〉（精编本）笔记和习题详解》的编写计划。

《社会调查教程》（精编本）（以下简称“精编本”）的定位是，高等院校社会学、社会工作专业社会调查方法课程的教材。精选、改写的基本要求是：吸收近年来学术界在调查研究方法方面的新成果、新进展，使教材更具时代性、创新性；适应高等院校社会学学科发展和专业课程教学改革的要求，更好地满足社会学专业学生创新性学习的需要。

与《社会调查教程》（第五版）相比较，“精编本”的突出特点是：

第一，压缩了篇幅。由原来的57万字压缩为40多万字，缩减了20%多，全书由原来的18章缩减为14章。同时，改变了原来五编加附录的结构，直接按章展开内容。

第二，更新了内容。增添了有关社会调查方法论和理论基础的论述，尽可能从国内具有权威性的报刊、著作、统计年鉴中，介绍、摘取、引用各种历史文献、文字资料、数据资料、实际案例、统计软件，以及各种表格和图形，使读者不仅能学到有关社会调查理论、方法和过程方面的知识，而且能获得许多最新、最具有权威性的现实资料。

第三，改进了形式。主要是按照21世纪高等院校教材规范化要求，在每一章论述前，提纲式地指出了“重点问题”，以说明本章探讨的主要内容；在每一章论述后，简明扼要地撰写了“本章要点”“基本概念”“思考与练习”，以利于读者对有关内容的学习、思考、复习和应用；在每一章最后，列有“推荐阅读书目”，以帮助有兴趣的读者进一步扩展知识。

需要说明的是，“精编本”的精选、改写，注意保留了《社会调查教程》（第五版）的中国特色——辩证唯物主义认识论的理论基础和历史与逻辑相统一的原则。在全书结构上，除第一章概述外，按社会调查过程，先撰写准备阶段（第二章社会调查的理论基础，第三章社会调查设计，第四章社会指标和社会测量，第五章抽样调查），再撰写调查阶段（第六章文献调查法，第七章实地观察法，第八章访谈调查法，第九章问卷调查法，第十章实验调查法）、研究阶段（第十一章整理资料，第十二章统计分析，第十三章思维加工），最后撰写总结阶段（第十四章调查报告的撰写与评估）；就调查研究方法而言，按人类认识规律，先撰写感性认识方法（即各种调查方法），后撰写理性认识方法（即各种研究方法）；就调查方法而言，除准备阶段使用得最多的文献调查法放在调查方法之首外，按社会调查方法的历史发展，先撰写实地观察法、访谈调查法（它们是最古老、最基本的社会调查方法），后撰写问卷调查法（它是访谈调查法的丰富和发展）和实验调查法（它是各种调查方法的综合运用）。这样，全书结构清晰、内容简明、安排合理，体现了历史与逻辑的统一。这说明，“精编本”与《社会调查教程》其他版本是一脉相承的，是它们在高校教材中的精选和应用。“精编本”的出版，要特别感谢以水延凯教授为主编的《社会调查教程》编写团队在此前各版本编写中做出的重要贡献。

这次精选、改写，我们主观上希望“精编本”不仅在社会调查理论、方法和过程的内容方面，更好地反映时代特色，更好地满足高校社会学、社会工作和相关专业的教学需要，在理论性、知识性、实用性等方面向前迈进一大步，而且在论证质量、内容表达、文字写作、版面形式等方面有较大改进。但是，“精编本”客观上是否达到了上述目的，还存在哪些缺点和问题，我们迫切希望得到高校师生和广大读者的评论和指正。

参与“精编本”精选、改写的是：第一、七、十三章，水延凯；第二、六、

十一、十四章，附录，江立华；第三、八、九章，徐晓军；第四、五章，沈新坤；第十、十二章，陶双宾。全书由水延凯审读、提出修改意见，最后由江立华统稿、定稿。

“精编本”的编辑、出版，得到了中国人民大学出版社的积极支持，受益于潘宇女士的精心策划和卓有成效的工作，以及责任编辑李颜女士的辛勤工作，特在此表示诚挚谢意！

目　录

第一章　社会调查概述

第一节　社会和社会调查 …… 2
第二节　社会调查的历史发展 …… 6
第三节　社会调查的社会功能和指导思想 …… 14
第四节　社会调查的类型 …… 18

第二章　社会调查的理论基础

第一节　理论及其构成要素 …… 28
第二节　理论与研究的关系 …… 32
第三节　社会调查的方法体系 …… 38

第三章　社会调查的程序与准备

第一节　社会调查的程序 …… 52
第二节　社会调查方案的设计 …… 55
第三节　社会调查的关键环节 …… 61

第四章　社会指标和社会测量

第一节　社会指标 …… 80
第二节　社会指标体系 …… 83
第三节　调查指标及其操作定义的设计 …… 88
第四节　社会测量及其层次 …… 92

第五节　量表 …… 98

第五章　抽样

第一节　抽样概述 …… 108
第二节　非随机抽样及其常用方法 …… 112
第三节　随机抽样及其常用方法 …… 114
第四节　抽样误差和样本规模 …… 124

第六章　文献调查法

第一节　文献调查法概述 …… 130
第二节　文献的搜集 …… 137
第三节　信息的摘取 …… 141
第四节　内容分析法 …… 146

第七章　实地观察法

第一节　实地观察法的概念和种类 …… 152
第二节　实地观察的实施 …… 157
第三节　努力减少观察误差 …… 166

第八章　访谈调查法

第一节　访谈调查法概述 …… 174
第二节　访谈过程及其技巧 …… 178
第三节　访谈调查应该注意的问题 …… 186
第四节　集体访谈法及其实施 …… 193

第九章　问卷调查法

第一节　问卷调查法概述 …… 200
第二节　问卷结构及其设计 …… 204

第三节 问卷主体的设计 …… 209
第四节 问卷调查的实施 …… 220

第十章 实验调查法

第一节 实验调查法概述 …… 228
第二节 实验调查方案的设计 …… 232
第三节 实验误差问题 …… 238

第十一章 网络调查法

第一节 网络调查法概述 …… 248
第二节 网络调查的方法与步骤 …… 249
第三节 大数据：概念、特点与类型 …… 258
第四节 大数据：获取与分析 …… 261

第十二章 整理资料

第一节 整理资料的意义和原则 …… 268
第二节 问卷资料的整理 …… 271
第三节 统计资料的整理 …… 274
第四节 文字资料的整理 …… 280

第十三章 统计分析

第一节 统计分析概述 …… 292
第二节 单变量统计分析 …… 298
第三节 双变量统计分析 …… 306
第四节 多变量统计分析简介 …… 318

第十四章 思维加工

第一节 思维加工概述 …… 326

第二节 比较法和分类法 …… 328
第三节 分析法和综合法 …… 333
第四节 矛盾分析法 …… 335
第五节 因果分析法 …… 338
第六节 系统分析法 …… 343
第七节 结构-功能分析法 …… 347
第八节 创新思维方法 …… 350

第十五章 调查报告的撰写

第一节 调查报告的特点和类型 …… 358
第二节 调查报告的结构与体例 …… 364
第三节 调查报告的写作步骤与撰写要则 …… 369

附 录

附录一 调查实施方案 …… 378
附录二 抽样方案 …… 380
附录三 问卷 …… 386

第一章

社会调查概述

要掌握科学的社会调查方法，就必须对社会和社会调查、社会调查的历史发展、社会调查的社会功能和指导思想，以及社会调查的类型等问题做一些探讨。

第一节 社会和社会调查

学习科学的社会调查方法，首先必须弄清楚社会的含义和社会现象的特点、社会调查的定义和任务等问题。

一、社会的含义和社会现象的特点

（一）什么是社会？

在中国古籍中，“社”是指土地神，此外，还有祭祀社神的节日、祭祀社神之所、基层行政单位等意思，如秋社、里社等。“会”是指聚会、组织、团体等，如开会、辩论会、农会、学生会。“社会”两字连用，往往泛指人们在一定地方聚集起来从事某种活动，或表示志同道合者结成的组织或团体。

在现实中，社会是由多种要素构成的极其复杂的人类生活共同体。一定数量的人口、一定的地域和生态环境、一定的生产方式和经济结构、一定的社会组织和政治制度、一定的社会文化和社会意识、一定的行为规范和生活方式等，是构成社会不可缺少的要素。其中，人是最基本的要素，因为人是社会存在的体现者、社会关系的承担者、社会生活的开拓者、社会发展的推动者，没有人，就没有人类社会。

构成社会的各种要素不是杂乱无章地堆砌在一起的，而是按照一定结构组合而成一个有机整体。社会结构具有多类型、多层次的特点，有经济结构、政治结构、文化结构、社会结构、生态结构，有宏观结构、中观结构、微观结构，等等。就经济结构而言，既有生产力结构（如技术结构、企业结构、产业结构、地区结构等），又有生产关系结构（如所有制结构、交换结构、分配结构、消费结构等）。在上述各种结构中，由一定生产力与一定生产关系结合而成的生产方式，是整个社会，即社会的政治制度、法律制度、社会意识、社会文化、社会生活的现实基础。

综上所述，我们认为：所谓社会，就是人类生活的共同体，是以人和人群共同体为活动主体、以生产方式为基础的各种要素、各种结构按照一定方式组合而成的有机整体。

（二）社会现象的特点和认识社会现象的困难

社会是不断运动、变化、发展的。社会运动是一种高级物质运动形态。社会运动及其现象具有一些共同特点：

（1）实践性。马克思主义认为，“社会生活在本质上是**实践的**”[①]。实践是人们交互作用的基础，是构成社会关系的桥梁，是推动社会发展的动力，是划分社会领域的依据。一切社会活动和社会现象，如经济活动和经济现象、政治活动和政治现象、文化活动和文化现象等，都是人们在有关领域从事自觉活动的反映或结果。

（2）目的性。恩格斯说，在自然界中，“没有任何事情是作为预期的自觉的目的发生的。相反，在社会历史领域内进行活动的，是具有意识的、经过思虑或凭激情行动的、追求某种目的的人；任何事情的发生都不是没有自觉的意图，没有预期的目的的”[②]。这就是说，与自然活动、自然现象不同，社会生活的一切现象无不打上了人类主观意志的烙印。

（3）变动性。社会现象的变化极其迅速，社会发展速度往往是自然界变化不可比拟的。现代社会，由于科学技术的迅猛发展，社会生产力的巨大进步，特别是现代交通、通信、网络、人工智能等技术的出现和应用，社会生活各个领域的节奏已大大加快，因而，全面、准确把握社会真实情况及其发展趋势，已成为一件越来越紧迫、越来越困难的任务了。

（4）复杂性。社会生活极其复杂，任何一种社会现象的产生，都是由多种多样的原因引起的；任何一种社会现象的出现，又必然会引起多种多样的结果和一系列连锁反应。由于社会现象之间的联系纵横交错，历史发展的制约因素纷繁复杂，因而人们对同一社会现象的看法，对同一历史事件或历史人物的评价，就往往因人而异，甚至截然相反。

（5）偶然性。恩格斯说，社会生活中“无数的单个愿望和单个行动的冲突，在历史领域内造成了一种同没有意识的自然界中占统治地位的状况完全相似的状

① 马克思，恩格斯．马克思恩格斯选集：第1卷．2版．北京：人民出版社，1995：60.

② 马克思，恩格斯．马克思恩格斯选集：第4卷．2版．北京：人民出版社，1995：247.

况。行动的目的是预期的，但是行动实际产生的结果并不是预期的……。这样，历史事件似乎总的说来同样是由偶然性支配着的”[①]。因此，人们往往认为社会历史好像没有任何必然性可言。

（6）模糊性。恩格斯指出，在自然界里，“**严格的界线**是和进化论不相容的”，“一切差异都在中间阶段融合，一切对立都经过中间环节而互相转移”[②]。在现实生活中，人们对于许多社会现象的认识呈现出高度模糊状态。例如，真与假、善与恶、美与丑、优与劣、好与坏等因素往往混杂在一起，有时人们很难明确地将它们区别开来。

社会现象本身的这些特点，决定了人们认识社会现象是困难的。因此，人们虽然天天生活在社会之中，却不一定能够正确认识社会。特别是在现代社会，上述社会现象的特点已变得更加显著、更加复杂，再加上各种人为的假象、伪装和欺骗，人们全面、准确、及时地认识社会生活的真实情况及其发展趋势，就成为一件更加困难、更加紧迫的任务了。

二、社会调查的定义和任务

（一）什么是社会调查?

社会调查是社会“调查”和“研究”的简称。在古代汉语中，“调”，指计算、算度；“查”，指查核、考察；“研”，指细磨、审察；“究”，指彻底推求、追根究底。调查研究是一种有目的、有意识的认识活动。其中，“调查”主要是通过对社会现象的考察、计算来了解社会事实的一种感性认识活动；“研究”则主要是通过对考察、了解的客观现象进行推求和思维加工的一种理性认识活动。

任何调查研究，都有一定目的，而不是为调研而调研。所谓社会调查，就是人们为达到一定目的，有意识地通过对社会现象的考察、了解和分析、研究，来了解社会真实情况的一种自觉认识活动。它包含以下四层意思：

（1）社会调查是一种自觉认识活动。任何社会调查都是有计划、有意识的认识活动，它与人们日常生活中对社会现象自发的、一般的观察和了解有原则区别。

（2）社会调查的对象是社会现象。它可以是以人或人群共同体为主的各种社

① 马克思，恩格斯．马克思恩格斯选集：第4卷．2版．北京：人民出版社，1995：247.

② 同①318.

会要素，也可以是以生产方式为基础的各种社会结构，以及与它们相联系的各种社会现象和问题。

（3）社会调查要使用一定的方法。既包括考察、了解社会实际情况的各种感性认识方法，又包括对搜集的感性材料进行统计分析和思维加工的各种理性认识方法。

（4）社会调查都是有一定目的的。它的直接目的是掌握社会真实情况，最终目的是实现调查者在经济、政治、文化、社会、生态等方面的某种任务。

上述社会调查定义，适用于一切社会调查，包括科学的社会调查。

科学的社会调查，是指以科学理论为指导，以科学调查研究方法为手段，以了解社会真实情况，认识社会生活本质及其发展规律，探索改造社会、建设社会道路或方法为目的的一种自觉认识活动。

（二）社会调查的任务

一般来说，社会调查的主要任务是：

第一，认识社会现象的真实情况。由于历史时代、社会地位、认识能力等主客观条件限制，任何人都不可能绝对准确地认识社会现象。但是，任何事物都有质的规定性和相对的稳定性，人的认识能力和条件总是不断提高的。因而，在相对确实、相对明晰、相对稳定的范围内正确认识社会现象是完全可能的。

第二，研究社会现象的因果联系。社会现象的发生都是有一定主观动机或愿望的。但是，为什么会产生这种动机和愿望呢？在寻求这个问题的答案时，不难发现，任何动机和愿望——不管是国家的、集团的还是个人的，都是由特定的经济、政治、社会等客观状况决定的。因此，只要不停留在动机面前，而是透过思想动机，探索出隐藏在这些动机背后的经济、政治等动因，就有可能揭示出产生某种社会现象的客观的、复杂的因果联系。

第三，探索社会现象的本质及发展规律。社会现象总是个别的、多样的、变动不居的、不可再现的，总带有某种程度的偶然性。社会规律则是同类事物中具有普遍性、可重复性和相对稳定性的东西，是事物内在本质必然的联系。因此，只要从大量个别的、复杂多变的同类社会现象中，去寻找那些共同的、不断重复的、相对稳定的东西，从各种偶然事件和现象中去寻找那些内在的、必然的东西，就有可能揭示出社会现象的内在本质及发展规律。

第四，寻求改造旧社会、建设新社会的道路或方法。通过社会调查认识社会现象，不是为调查而调查、为认识而认识。认识社会现象的真实情况，研究社会现象的因果联系，探索社会现象的本质及发展规律，最终目的是改造旧社会，建设新社会，服务于国家、社会乃至整个人类。因此，以服务人类为宗旨，以客观规律为基础，寻求改造旧社会、建设新社会的道路或方法，是一切科学社会调查的出发点和归宿点。

总之，科学社会调查的任务是：透过带有实践性、目的性、变动性、复杂性、偶然性和模糊性的社会现象，去认识社会生活的真实情况和因果联系，揭示社会现象的本质及发展规律，寻求改造旧社会、建设新社会的道路或方法。

第二节 社会调查的历史发展

社会调查的发展大体经历了三个阶段，即古代社会调查、近代社会调查和现代社会调查。

一、古代社会调查

所谓古代社会调查，是指前资本主义时代的社会调查。

古代社会调查萌芽于原始社会末期。原始部落为了生存和发展，既要与自然灾害做斗争，又要从自然界获取生存资料，还要与其他部落竞争，就产生了掌握本部落人口、食物、武器等情况和记录某些重大事件的客观需要。《周易·系辞下》曰："上古结绳而治，后世圣人易之以书契。百官以治，万民以察。"这里所说的"结绳"和"书契"，都是对当时重大社会事件的记载，从一定意义上说，就是古代社会调查的雏形。

然而，作为一种自觉的认识活动的社会调查起源于奴隶社会初期。因为，奴隶主阶级为了维护自己的统治，镇压奴隶反抗，管理国家和社会，抵御外族入侵或对外扩张，需要收纳贡赋、征集兵员、派使徭役，这就产生了对人口、土地、财产等社会资源进行调查的客观需要。例如，古埃及早在公元前 3000 年第一、二王朝时期，法老每两年就派人对全国人口、土地、牲畜和财富进行一次清查，以确定每年租税数额①。古巴比伦和古印度也都做过关于人口、土地、财产等情

① 周一良，吴于廑．世界通史：上古部分．北京：人民出版社，1962：39.

况的调查。

中国是开展社会调查最早的国家之一。据史书记载，大禹时代全国人口为13 553 923人，土地2 438多万顷，其中定垦者930多万顷①。这些数字虽不一定准确，但说明早在公元前2000多年前，中国就曾进行过较大规模的人口、土地调查。

中国古代社会调查的发展，主要表现在以下几个方面。

（一）社会调查制度逐步完善

据《周礼》记载，地官大司徒、小司徒、六乡大夫都有掌管、考察、登记一定范围内的土地地图、户籍、人数、六畜、车辇和各种财物的职责，并规定每年呈报数字，每三年举行一次大校比。这些记载说明，早在公元前1000多年的西周，中国就已形成了较为完善的人口、土地、财产等调查制度。隋唐以后直至清末，则由户部承担掌管全国土地、户籍、赋税、货币、财政收支等职责及相应的调查任务。此外，吏部、礼部、兵部、刑部、工部等，也都承担了与其职责相关的调查任务。

（二）社会调查领域逐步拓展

古代社会调查发端于行政性的人口、土地调查，以后逐步扩展到政治、军事、经济、科技、司法、文艺、医药等各个领域。管仲的《八观》，《孙子兵法》的“知己知彼，百战不殆”和“五事”“七情”，商鞅的“强国知十三数”，刘晏的商情调查，郦道元的《水经注》，宋慈的《洗冤集录》，李时珍的《本草纲目》，徐弘祖的《徐霞客游记》，等等，都是不同领域社会调查的可贵结晶。

（三）社会调查思想逐步睿智

3 000多年前的周武王，已把“貌、言、视、听、思”看作治国理政的第二条大法。儒家把“格物”列为“八目”（即格物、致知、诚意、正心、修身、齐家、治国、平天下）之首（《大学》）。墨子的“凡入国，必择务而从事焉”（《墨子·鲁问》），荀子的“不闻不若闻之，闻之不若见之，见之不若知之，知之不若行之”（《荀子·儒效》），王夫之的“格物之功，心官与耳目均用，学问为主，而

① 范晔．后汉书：第12册．北京：中华书局，1965：3387.

思辨辅之”“致知之功则唯在心官，思辨为主，而学问辅之”（《读四书大全说·卷一大学·圣经》）等，都为中国古代社会调查奠定了厚实的理论基础。

(四) 社会调查内容逐步演变

中国社会调查史实证明，社会调查内容是随着社会发展需要而不断演变的。例如，人口调查就早于土地调查。就人口调查而言，人丁（成年男子）调查早于人口调查，直至西周才规定“自生齿以上，登于天府”（《周礼·秋官司寇第五·小司寇》），但这仍然不是全面的人口调查。就土地调查而言，山水调查早于田亩调查，《禹贡》《山海经》等就是远古山水调查的结晶。至于田亩调查，直到春秋时期的楚国才出现“书土田”（《左传·鲁襄公二十五年》）的记载。此外，经济调查先于非经济调查，客观状况调查先于主观精神调查，这些都是为社会发展的需要所决定的。

(五) 社会调查方法逐步多样

中国古代社会调查方法，经历了由简单到复杂、由概略到准确、由抽象到具体的发展过程。其中，使用最多的是实地观察、口头访问、实验调查和文献调查等方法。就人口调查而言，有商的“登人”、周的“登万民”、秦的“令男子书年”、汉的“貌阅”、唐的“团貌”等。就土地调查而言，有秦的“使黔首自实田”、东汉的“亲度顷亩，分别肥墒，差为三品”、唐的手实法、宋的方田法、明的丈量土地和鱼鳞图册等。此外，古文献研究中的校勘、考订、分类、训诂、评判等方法，更是中国所独有的。

二、近代社会调查

近代社会调查，主要是指 17—19 世纪产生于西欧的社会调查。

(一) 社会调查的第一次重大变革和近代欧美的社会调查

17—19 世纪的西欧，随着经济迅速发展，资本主义生产方式的固有矛盾日益暴露，社会生活向两个方向急剧变化：一方面，生产飞跃式发展，财富迅速积累，物质文明日益进步；另一方面，贫富差距扩大，阶级对抗加剧，失业、疾病、凶杀、吸毒、卖淫等现象泛滥，破坏机器、罢工、示威乃至武装起义不断发生。社会出了什么问题？根源是什么？应该怎样“医治”？为了回答这些时代课题，寻找医治社会的良方，探求改良或改造社会的道路，代表不同阶级利益的学者、社会活动家进行了许多社会调查，并在此基础上实现了社会调查方式、方法的第一次重大变革，逐渐形成了系统化、规范化的社会调查。

当时，西欧各国的行政调查已相当普遍。例如，英、法的人口普查，比利时的犯罪调查，德国的家计调查，等等。英国的“政治算术”、德国的国势学派、比利时的数理统计，就是这些调查的学术结晶。学术调查也蓬勃发展起来。例如：比利时数理统计学创始人阿道夫·凯特勒曾做过许多社会调查，并把概率论应用于调查研究，在人口调查和犯罪调查等方面做出过杰出贡献。法国经济学家弗雷德里克·勒普累，从1835年起用了20年时间调查英、法、德、匈、俄、土等国数千工人的家庭账簿，发表了6卷本的《欧洲工人》，这开了家计调查的先河。英国统计学家、社会学家查理士·布思，从1886年起花了18年时间调查伦敦各阶级生活状况，出版了17卷本的《伦敦人民的生活和劳动》，这使他成为社区研究的先驱者之一。马克思经过40年的调查研究，撰写了鸿篇巨制《资本论》。恩格斯根据亲身观察和可靠材料，撰写了《英国工人阶级状况》。直到晚年，马克思还亲自编写了著名的《工人调查表》，为法国无产阶级的调查工作做出了他的最后贡献。这些社会调查，有系统的理论指导、规范的调研方法，超越了古代社会调查“直书”“实录”的性质，实现了社会调查理论、方法的系统化、规范化和学科化。

从19世纪末起，学术性社会调查在美国得到迅速发展。其中较著名的有贝利的农村调查、凯洛格的《匹茨堡调查》、哈里逊的《春田调查》、托马斯和兹纳尼茨合作的《波兰农民在欧洲和美国》，以及美国陆军研究部的《美国军人》等。

(二) 中国近代的社会调查

中国近代的社会调查，大体可划分为三个时期：清朝后期的社会调查，民国时期的社会调查，新中国初期的社会调查。

1. 清朝后期的社会调查

清朝后期（1860—1911）的社会调查，按照调查主体的不同，可划分为三类：

（1）来华外国人的社会调查。在近代中国，最早采用西方社会调查方法进行调查的，是一批来华的外籍官员、传教士和在中国高等院校任教的外籍教授。一批英籍海关官员根据赫德的指令调查、编著、出版了许多期刊和出版物，其中

1873 年出版的“第一部《十年报告》(Decennial Reports)”[①] 和 1893—1933 年期间出版的 5 期《十年报告》，就是最典型的代表。

(2) 民间的社会调查。1898 年戊戌变法失败后，中国留日学生受日本社会调查影响，在中国掀起了一股社会调查潮流。1902—1904 年间，江、浙、鄂、湘、皖等省留日学生同乡会开展了许多社会调查，调查内容主要有四类：地方自治调查、革命会党调查、争取利权调查和社情民俗调查。

(3) 清朝政府的社会调查。从 1905 年清末立宪运动起，清朝政府除选派五大臣赴欧美 14 国考察外，在 1907—1911 年期间，还以中央各部院统计处、各省调查局、各道府州厅县统计处为依托，开展了一系列全国性的国势调查，包括全国户口调查，全国财政调查，全国商业调查，全国矿政调查，全国洋、土药调查，全国铁路调查，全国军事统计，等等[②]，其规模之大、范围之广、内容之多，在中国调查史上是空前的。这次国势调查及清光绪三十四年（1908）开始的为期 5 年的人口调查，由于辛亥革命爆发等原因大都半途而废，但它们确是西方近代社会调查方法在中国国势调查上的初步尝试。

2. 民国时期的社会调查

民国时期（1911—1949）的社会调查，按照调查主体的不同，也可划分为三类：

(1) 政府的社会调查。民国时期，国民政府各部院在各自管辖范围内组织过许多全国性的行业调查。其中，比较重要的有农业调查、工业调查、商业调查、物价调查、铁路调查、司法调查、教育调查等。此外，20 世纪 30 年代，南京中央政治学校利用学生实习，在全国开展了一次国情调查。这次国情调查，时间跨度为 1931—1937 年，地域范围为江、浙、沪、鲁、鄂、皖等地部分市县，内容涉及行政、财务、工商、市政、县政、统计、金融、法律、公用事业等，最终完成《中央政治学校调查报告》约 490 册。2012 年 8 月，南京图书馆根据所藏的 470 余册调查报告，编辑出版了一套《二十世纪三十年代国情调查报告》，共 266 册。它与 1977 年由中国台湾与美国合作出版的《民国二十年代中国大陆土地问题资料》合在一起，比较全面地反映了抗日战争爆发前中国的实际情况，对研究中国近现代史具有重要参考价值。[③]

(2) 学者的社会调查。20 世纪初，首先是由一些外籍教授指导中国大学生做社会调查的。例如，1914—1915 年，美国传教士步济时曾通过北平社会实进

---

① 章宏伟．海关造册处初步研究//朱诚如，王天有．明清论丛：第四辑．北京：紫禁城出版社，2003：387，398.

② 牟永如．清末社会调查研究．武汉：华中师范大学，2008：52－53.

③ 丁杨．凤凰出版社出版《二十世纪三十年代国情调查报告》．中华读书报，2012－09－19.

会，指导学生做过对 302 个人力车夫生活情形的调查。1917 年，清华大学美籍教授狄德莫曾指导学生做过针对北京西郊 195 户居民生活费用的调查。1918—1919 年，上海沪江大学美籍教授古尔普曾两次率领学生到广东潮州凤凰村做调查，并著有《华南乡村生活》（1925）一书。这些调查报告往往用外文撰写并在国外发表，对中国影响较小。

20 世纪 20—30 年代，中国学者主持的农村调查形成了高潮。据有关学者研究，这个时期的农村调查不少于 9 000 次①。特别是 1926 年后中国学术界成立了两个社会调查机构，一个是北京由陶孟和、李景汉主持的中华教育文化基金董事会社会调查部，后改为社会调查所（以下简称北京社会调查所），另一个是南京由陈翰笙主持的国立中央研究院社会科学研究所社会学组（以下简称南京社会学组）。它们对中国学术界的社会调查起了很大推动作用，使 1926—1937 年的 10 多年，成为 20 世纪上半叶中国学术界社会调查最活跃、调查成果最丰富的时期。

北京社会调查所成立后，在社会调查方面做了许多工作，出版了许多专著。其中，影响较大的有陶孟和的《北平生活费之分析》（1928）和《中国劳工生活程度》（1931），杨开道的《社会研究方法》（1929），李景汉的《北京郊外之乡村家庭》（1929）和《定县社会概况调查》（1933），张世文的《农村社会调查方法》（1947），等等。陈翰笙领导下的南京社会学组也进行了许多社会调查，其中最著名的是 1929 年 7 月至 1930 年 8 月对无锡、广东、保定进行的三次大规模农村调查。

抗日战争爆发后，影响较大的学术性社会调查成果有：费孝通的《江村经济》（*Peasant Life in China*，1939），史国衡的《昆厂劳工》（1943），费孝通、张之毅的《云南三村》（1943），等等。

（3）中国共产党的社会调查。中国共产党在建党时期，就曾围绕中国社会性质，工人、农民的经济社会状况进行过大量调查研究。例如，1920 年陈独秀就曾组织对汉口工人状况进行调查，并在《新青年》上连续刊登关于各地工人生活状况的调查报告。蔡和森、毛泽东等人曾对湖南湘阴等地的农民、长辛店铁路工人、安源煤矿工人的情况进行过许多调查。这些调查，对于促进马克思主义与中国革命实践相结合、探索中国革命道路起过重要作用。

中国共产党从事社会调查最杰出的代表是毛泽东。1921—1935 年，是毛泽东社会调查最频繁、调查成果最丰硕的时期，也是毛泽东社会调查理论的形成时期。他撰写了一批调查报告，其中最著名的是《中国社会各阶级的分析》《湖南农民运动考察报告》《井冈山的斗争》《兴国调查》《长冈乡调查》。同时，毛泽东

---

① 陶成．30 年代前后的中国农村调查．中国社会经济史研究，1990（3）.

在社会调查理论研究方面也获得了丰硕成果。他在1930年5月写了《调查工作》（后改名为《反对本本主义》）一文，第一次提出了“没有调查，没有发言权”[①]的口号。1931年，毛泽东对“没有调查，没有发言权”做了重要补充，指出“不做正确的调查同样没有发言权”[②]，从而使其更趋完善。

抗日战争和解放战争时期，是毛泽东社会调查理论的成熟和发展时期。1937年，毛泽东发表的《实践论》和《矛盾论》，简明阐述了马克思主义认识论和辩证法，为毛泽东社会调查理论奠定了坚实的哲学基础。此外，他还发表了《〈农村调查〉的序言和跋》《改造我们的学习》《关于农村调查》《关于领导方法的若干问题》《在晋绥干部会议上的讲话》等文章，不仅对社会调查的意义、态度、指导思想和具体方法等进行了深刻阐述，而且将之应用于实际工作，从而促进了根据地的巩固、建设和发展。

1941年，中共中央发布了《关于调查研究的决定》和《关于实施调查研究的决定》。中共中央、各中央分局和省委先后设立了调查机构，开展了广泛的调查活动，写出了《绥德、米脂土地问题初步研究》《米脂县杨家沟调查》《沙滩坪调查》等一大批调查报告。这次大规模调查，不仅取得了丰硕的调研成果，而且在全党推动了政治上的团结和统一，培养了一批既懂理论又懂实际的革命和建设人才，为夺取抗日战争和解放战争的胜利发挥了重要作用。

3. 新中国初期的社会调查

新中国初期的社会调查，是指1949—1978年中国的社会调查。这一时期的调查主要有：

1956年春，毛泽东在听取了中央34个部门汇报、查阅了大量资料，并做了许多实地参观和考察的基础上撰写的《论十大关系》，是党政机关做的大量社会调查的代表性成果。1961年年初，为了克服“大跃进”工作中的失误，毛泽东建议“搞个实事求是年”，于是中共中央发出了《关于认真进行调查工作问题给各中央局，各省、市、区党委的一封信》，并组织了规模空前的社会调查。

学术界从20世纪50年代开始了少数民族历史调查、少数民族语言调查和少数民族识别调查，参与者达1 700多人，足迹遍及19个省和自治区，获得了数亿字的调查资料。这项调查前后历时30多年，最后确认了全国55个少数民族，为发展新中国少数民族事业做出了杰出贡献。

此外，这个时期曾出现过一批具有真知灼见、社会影响巨大的调查报告。例如：1954年经济学家马寅初的《浙江温州区视察报告》，提出了“控制人口”的

① 毛泽东．毛泽东选集：第1卷．2版．北京：人民出版社，1991：109.

② 同①118.

建议；1957 年社会学家费孝通的《重访江村》，指出了过度限制农村副业的严重危害；等等。

三、现代社会调查

（一）社会调查的第二次重大变革和现代社会调查的产生

20 世纪中叶，“电子计算机的发明和应用，使得数理社会学迅速发展，抽样调查与数据分析成为当代社会学各领域不可缺少的方法”①。互联网的发明和普及，进一步引起了社会调查方式、方法和过程的重大变革，从而推动系统化、学科化的近代社会调查演变为电子化、数据化的现代社会调查——调查设计和步骤日益程序化、规范化，调查范围日益广泛化，调查对象日益多样化，调查日益高速化、精确化。

现代社会调查在课题选择、调查设计、程序安排、调查方法、调查成果的形式和应用，以及调查范围的确定、调查对象的选择、调查内容的取舍、调查广度和深度的要求、调查手段和工具的运用等方面，都与近代社会调查存在着很大区别。

（二）现代社会调查的发展趋势

1. 广泛化趋势

它的主要表现是：（1）调查主体日益广泛。调查主体已扩大到党政群团、工农商学等各部门、各行业、各单位的实际工作者和理论工作者。在自媒体时代，甚至某些个人也可成为调查主体。（2）调查内容日益多样。政治、经济、文化、社会、生态等领域，生老病死、衣食住行、婚丧嫁娶等方面，以及各阶层的思想、观念、看法、意见、态度、感受等，都已成为调查的重要内容。（3）调查范围日益扩大。可做跨地区、跨部门调查，甚至可在全国、国际范围内进行调查。

2. 科学化趋势

它的主要表现是：调查方法日益程序化、规范化、数据化和精确化。在这方面，社会学家、统计学家、电子技术专家、软件技术专家等做出了突出贡献。此外，现代社会调查还从其他学科吸收、移植了一些科学方法或技术。例如，从心

① 刘绪贻，杨生茂．战后美国史：1945—1986．北京：人民出版社，1989：547．

理学中吸取了社会心理测量法，从数学、计算机、网络科学中吸取了数据处理方法和技术，等等。所有这些方法和技术，都使现代社会调查方法变得越来越精细、越来越科学。

3. 现代化趋势

随着电子计算机、互联网、GPS、云计算、大数据，以及移动通信、远程摄影、无人机等技术的发展和普及，社会调查进入了一个新的发展阶段。从此，大规模的抽样调查、网络调查、远程观测以及各种复杂的统计分析，都可凭借各种现代科技设备得到及时、准确的结果；整个社会调查的工作程序、组织方式、标准化和规范化程度，以及抽样方法、问卷设计、调查方式、统计分析等，都随之发生深刻变化；社会调查的应用范围和科学性、精确度等，都达到了一个前所未有的高度。

4. 专业化趋势

社会调查专业化是社会调查广泛化、科学化和现代化的客观要求和必然结果。它主要表现在两个方面：一是各调查主体单位的调查机构和人员日益专业化，二是独立的营业性调研机构不断涌现。

20 世纪末 21 世纪初，随着互联网的发展和云计算的出现，人类社会进入了大数据时代，也促进了社会调查方式、方法的大变革。例如，人们的运动轨迹、通信记录、电子邮件，以及信用卡、医疗卡、购物卡上留下的电子痕迹，都可成为调查研究的对象；而通过网络、卫星、云计算中心的海量数据进行调查研究，已成为日益重要的调研手段和方法①。

第三节 社会调查的社会功能和指导思想

一、社会调查的社会功能

科学社会调查不仅是一种自觉认识活动，而且具有多种社会功能。它的社会功能可简要地概括为：识世之途，善政之基，成才之道，悟人之术，正风之策。

① 迈尔-舍恩伯格，库克耶．大数据时代．杭州：浙江人民出版社，2013. 巴拉巴西．爆发．北京：中国人民大学出版社，2012.

(一) 识世之途：正确认识社会的根本途径

人们常说："实践出真知。"从认识来源看，这是对的。但是，一个埋头实践而不重视调查研究的人，最多只能积累一些实践经验，而不可能获得关于社会本质及其规律的认识。然而，认识的真正任务在于透过现象把握事物的本质及其规律。怎样才能做到这一点呢？这就要求人们不仅勇于实践，而且善于对实践过程和结果做系统周密的调查研究。因为，调查研究的过程，既是了解真实情况的过程，又是概念、判断、推理形成的过程。人们只有在实践基础上反复调查研究，才能逐渐接近社会真实，认识事物本质及其规律性。

(二) 善政之基：科学施政的客观基础

科学制定政策离不开社会调查。要科学制定政策，就必须以现实为基础；而要了解现实的东西，就必须调查研究。

正确执行政策也离不开社会调查。要正确执行政策，就必须一切以时间、地点、条件为转移，具体情况具体对待。如果不调查研究，不从实际出发，只满足于当"留声机""收发室"，搞"一律化""一刀切"，就不可能正确执行政策。

(三) 成才之道：培养开拓型人才的基本道路

社会调查是培养人才，特别是培养开拓型人才的基本道路。开拓型人才的本质特征是：思想解放，实事求是，与时俱进，勇于创新，敢于说前人没有说过的话，敢于做前人没有做过的事，敢于走前人没有走过的道路。同时，社会调查既是提高认识能力的根本方法，又是促使主观世界符合客观世界的重要纽带或桥梁。毛泽东说："你对于那个问题不能解决么？那末，你就去调查那个问题的现状和它的历史吧！你完完全全调查明白了，你对那个问题就有解决的办法了"[①]。

(四) 悟人之术：进行思想教育的有效方法

科学社会调查，有利于主观和客观相结合、认识与实践相统一，因而它成为

---

① 毛泽东．毛泽东著作选读：上册．北京：人民出版社，1986：49.

克服各种错误思想的有效办法。张闻天通过社会调查纠正错误思想就是一个最好的例证。他在《出发归来记》中说：“这次出发使我深切地感觉到，我知道中国的事情实在太少了。”①

通过社会调查进行思想教育有几个显著特点：（1）它不是被动地接受外来的灌输，而是调查者主动通过观察、访问而自觉形成的看法；（2）它不是依靠个别人的说服和教育，而是通过群众行动和情绪的感染而产生的认识；（3）它不是一种抽象的理性启示，而是一种活生生的事实教育。

（五）正风之策：端正党风政风学风的重要对策

对于执政党和国家机关来说，克服以权谋私、享乐主义、奢靡之风等腐败现象和形式主义、官僚主义现象，是党风、政风建设的两大根本课题。要克服腐败现象和官僚主义现象，就应大力提倡社会调查。因为，社会调查是密切联系实际和群众的重要桥梁。大兴调查研究之风，必然有利于揭露以权谋私、享乐主义、奢靡之风等腐败行为，有利于克服形形色色的形式主义和官僚主义。

学风问题，实质上是思想方法问题。在现代化建设时期，学风中存在的问题，最主要的仍然是主观主义，其表现形式仍然是教条主义和经验主义。社会调查有利于接地气、察社情、体民意，有利于把理论和实际结合起来，因而是克服主观主义学风的重要对策。

二、社会调查的指导思想

科学社会调查，必须以科学理论为指导。它包括两个层次：一是科学的世界观和方法论；二是与调查课题相联系的各专门学科的科学理论。科学世界观和方法论——马克思主义哲学具有普遍指导意义，是科学社会调查的根本指导思想。马克思主义哲学的内容极其丰富，其中实事求是、群众路线和唯物史观，对社会调查具有特别重要的指导意义。

实事求是，是马克思主义哲学的基本原则。在社会调查中，要坚持实事求是，就必须克服形形色色的主观主义，努力做到：不“唯上”，即不能为了迎合上级领导或某些权威人士的意图，去任意剪裁或歪曲客观事实；不“唯书”，即不能为书本上已有结论或过时老框框所禁锢，而不尊重活生生的现实；不

---

① 张闻天．张闻天选集．北京：人民出版社，1985：317，318.

"唯众"，即不能"随大流"，不能为多数人不符合客观实际的看法所左右；不"唯己"，即不能以自己的看法为转移，害怕否定自己不符合实际的观点；不"唯法"，即不能为已不符合实际、不利于社会发展的某些法律、法规所束缚；不"唯洋"，即不能盲目以外国人的是非为是非，以外国人的好恶为好恶。此外，还必须与长官意志、形式主义和各种"假调研""被调研"做斗争。总之，只有坚决排除一切主客观因素干扰，才能真正做到实事求是。实事求是是科学社会调查的活的灵魂，是一切社会调查工作者都必须坚持的首要的、最基本的观点。

群众观点，是马克思主义哲学的基本观点。坚持群众观点，就要全心全意为人民服务。在社会调查中贯彻为人民服务的宗旨，首先要坚持一个"敢"字，即抛开一切私心杂念，敢于反映现实，敢于揭露矛盾，敢于秉笔直书，敢于做人民群众的忠实代言人。其次要突出一个"真"字，即相信群众，依靠群众，向群众讲真话、交真心、寻真相、求真知。此外，还要有一套优良的调研作风：一是深入的作风，一定要深入基层，深入群众，深入到生产和工作第一线去。二是谦虚的作风，"要拜人民为师，向人民学习，放下架子、扑下身子，接地气、通下情，'身入'更要'心至'"[①]。三是艰苦的作风，要与群众同甘苦，不怕困难，不怕劳累，不怕受冷遇、坐冷板凳。四是勤奋的作风，要脚勤、眼勤、口勤、手勤、脑勤，要勤于调查、勤于记载、勤于思考、勤于研究。为人民服务是群众观点的集中体现，也是科学社会调查的最终目的和根本指导思想。

在社会调查的方案设计和思维加工过程中，还必须以唯物史观为理论指导。因为，唯物史观是马克思发现的"人类历史的发展规律"[②]，对社会调查和研究具有重要指导意义。唯物史观的内涵丰富，其中关于社会存在与社会意识相互关系的原理、生产力与生产关系相互关系的原理、经济基础与上层建筑相互关系的原理、社会阶级阶层相互关系的原理、领袖人物与人民群众相互关系的原理、科学技术与社会变革相互关系的原理、生态环境与社会发展相互关系的原理、社会进步与人的发展相互关系的原理等，对于调查方案设计和思维加工具有特别重要的指导意义。学习和运用唯物史观，自觉以唯物史观作为理论指导，是一切社会调查工作者的基本功和必修课，是科学社会调查不可或缺的根本条件。

---

① 习近平．在中共中央政治局民主生活会上的讲话．人民日报，2017-12-27（1）．

② 恩格斯．在马克思墓前的讲话//马克思，恩格斯．马克思恩格斯选集：第3卷．北京：人民出版社，1972：574．

第四节 社会调查的类型

根据不同的标准，社会调查可以划分为不同的类型。

一、以调查目的分类

根据不同的调查目的，社会调查可以被分为探索性调查、描述性调查、解释性调查。

（一）探索性调查

探索性调查是在正式调查的内容与调查性质不太明确时，为了了解现象的性质、确定调查的方向与范围而进行的搜集初步资料的调查。从理论上说，探索性调查可以分为两类：一类是独立的探索性调查，如人类学家到一个与世隔绝的原始部落进行考察，社会学家对某个刚刚发现的、人类对它的认识几乎空白的社会现象的调查。但是一般来说，这样的探索性调查在社会研究领域比较少。另一类是正式调查前的先导性调查，其基本目的是帮助调查者准确定义问题、确定研究思路或获取更多的信息资料。

探索性调查的形式比较灵活。经验表明，二手资料调查、经验调查、小组座谈和选择性案例分析在探索性调查中特别有用。二手资料就是那些可以从现有资料中获取的资料，如人口统计资料、公开发布的调查报告、公司的内部记录等。经验调查也称关键人物调查，是通过调查那些熟悉调研对象的人来解决问题的一种方法，调查对象一般不通过概率抽样来抽取，而根据问题的特点由调查者慎重选择。小组座谈是探索性调查的另一种十分有效的方法，在小组座谈中，一些人坐在一起讨论调研人员感兴趣的课题。选择性案例分析是指选取若干实例或情况，进行广泛、深入的调查，并把调查到的情况同调研的具体问题进行比较，期望从案例的分析中得到教训，并帮助决策。

（二）描述性调查

描述性调查，是通过对社会现象的现状进行准确、全面的描述，反映总体在某些特征上的分布状况的调查。它关注的是社会现象“是什么”“怎么样”的问题。例如，我们在研究青年农民工的婚姻问题时，首先要清楚了解的就是婚姻的形式是什么，不同形式的婚姻在青年农民工群体中的分布如何，青年农民工的择偶标准是什么，配偶双方的年龄、受教育程度、职业、家庭背景等方面的特征如何，这些都属于描述性调查的内容。我们只有全面清楚地了解和掌握社会现象的状况、过程、特征及分布，才有可能发现社会现象之间的因果关系及其内在规律。

描述性调查可以是定量调查，也可以是定性调查。在定量调查中，调查方法中的普遍调查和抽样调查都可以用来做描述性调查，尤其是抽样调查有着更为广泛的运用——通过采用问卷调查方法收集的资料，经过统计分析，可以定量地、精确地描述和说明社会现象的基本状况和分布特征，能够反映总体及各个部分的一般状况或普遍现象。在定性调查中，实地研究方式中的个案调查可以用来做描述性调查。调查者在对个案的反复观察中，记录下了大量的观察和访谈资料，经过对资料的分析和综合，可以获得对个案基本状况和特征的了解。

（三）解释性调查

解释性调查，是以一定的命题或假设为前提，运用演绎方法探讨现象之间的相关关系或因果关系的调查。它是在描述性调查的基础上进行的，因为只有在对社会现象的状况及特征有了清楚了解后，才能深入地发现社会现象间存在的相关关系，才能进一步解释社会现象的发展变化规律。依然以青年农民工的婚姻问题为例，在解释性调查中，我们探讨的问题就是：为什么在青年农民工群体中，不同性别的农民工的择偶标准具有较大的差异？影响当前青年农民工择偶标准的最大因素是什么？解释性调查是围绕诸如此类的问题展开调查设计的。

由于解释性调查的目的是回答社会现象“为什么”的问题，是解释原因、说明关系，因而它通常从理论假设出发，设计问卷，经过深入实地收集经验材料，并通过对资料的分析来检验假设，从而到达对社会现象进行理论解释的层次。例如，对于青年农民工的不同择偶倾向，就可以通过性别、经济条件、个人素质等变量或因素来进行调查分析，通过考察这些变量或因素与青年农民工择偶倾向之间的关系，我们就能够了解青年农民工择偶倾向的最大影响因素是什么，并且上升到理论层面进行解释和分析。

当然，解释性调查也可以采用实地研究方式中的个案调查方法，即研究者在对个案基本状况有了清楚的了解与掌握后，通过研究者个人对社会现象的感悟与洞察，来对社会现象之间的相关关系做出合理的理论解释。但是通过个案调查所得出的结论的正确性取决于研究者的“顿悟”和理解能力，相比于定量调查通过统计分析获得的理论解释，其结论往往缺乏普遍意义。

二、以调查对象范围分类

根据调查对象的选取范围，社会调查可以被分为普查、抽样调查、典型调查、个案调查与重点调查等。

（一）普查

普查是普遍调查的简称，是指对调查对象总体的全部单位无一例外地逐个进行的调查。例如，全国人口普查就是对全国人口中每个人进行的调查，社区家庭普查就是对全社区每个家庭进行的调查。

普查是为了某种特定的目的而专门组织的一次性的全面调查，一般有两种方式。一是填报表，即由上级制定普查表，由下级根据已掌握的资料填报，如国家各系统、企业各部门实施的年报制度。二是直接登记，即组织专门的普查机构和人员，对调查对象的全部单位进行直接登记，如人口普查、经济普查、农业普查等。

普查的最大特点是调查资料具有全面性和准确性。因为，普查是对全部调查对象逐个进行的调查，与其他类型的调查相比，它所搜集的资料最全面、误差最小、精确度最高。因此，普查对于正确认识国情国力，以及了解一个区域、一个行业的基本状况，制定科学的规划具有重要意义。但普查存在工作量大、花费大、组织工作复杂和时效性较差的缺陷。例如，2010 年第六次全国人口普查，动用普查员和普查指导员 600 多万人，投入资金 80 多亿元，尽管有多次普查经验，又使用了光电录入等新技术，但数据的汇总加工还是花费了 1 年时间。此外，其调查内容有限，只能调查一些最基本、最重要的项目，很难对有关问题进行深入研究。因此，普查的应用范围比较狭窄，适应性较低，只适用于调查某些全局性的基本情况。

（二）抽样调查

抽样调查是一种非全面的调查方式，是按照科学的原理和计算，先将调查对象编制成抽样框，然后按照一定规则从抽样框中抽取一部分单位作为样本，并以对样本进行调查的结果来推断调查总体的调查方法。

抽样调查是在现代统计学和概率论基础上发展起来的一种调查方法，是对普查和典型调查的逻辑补充和发展。与普查和典型调查（重点调查、个案调查）相比较，抽样调查的主要特点是：

（1）调查对象只是样本，而不是全部调查对象，也不是个别或少数调查对象。

（2）调查样本一般按照随机原则从总体中抽取，而不由调查者主观确定。在随机抽样过程中，每个调查对象都有被抽中的同等概率。

（3）调查目的不是仅仅了解调查样本，而是从数量上推断调查总体。

（4）样本数量和抽样误差可以准确计算，可把样本数量控制在合理范围内，把抽样误差控制在最小范围内。

（5）调查规模较小，有利于节约调查成本，提高调查效率和质量。

抽样调查的优点在于：有利于提高调查的客观性和真实性。抽样调查大多按照随机原则抽取调查样本，这就可从根本上排除调查者主观因素的干扰，保证样本的代表性和客观性，为调查结果的真实性、可靠性奠定坚实基础。同时，有利于对调查总体进行定量研究。抽样调查的数学基础是概率论和大数定律，抽样误差不仅可以被准确计算，而且可以被适当控制。因此，抽样调查是对调查总体进行定量研究的有效方法，对调查总体的推断比较准确。现代社会具有多元化、快速变动等特点，抽样调查是对具有高度异质性、高速流动性的社会现象进行调查的有效方法。因此，抽样调查无论是在社会学经验研究中还是在日常生活中都被非常广泛地运用。

抽样调查的不足在于：与典型调查、个案调查相比较，抽样调查的实施比较复杂，样本单位较多，调查时间较短，因而调查的广度和深度往往受到很大局限。同时，它的适用范围有一定局限性，例如，对于调查总体规模过小、异质性过大、边界不明晰（如新生事物、隐秘社会现象）的调查对象，就不宜于使用或无法使用抽样调查方法。

（三）典型调查

典型调查是从若干同类调查对象中选取一个或几个有代表性的单位作为典

型，通过对典型的调查来认识同类社会现象的本质及发展规律的方法。

典型调查的主要步骤是：首先，根据研究目的，通过多种途径了解研究对象的总体情况；其次，从总体中初选出备选单位，加以比较，慎重选出有较大代表性的典型；再次，进行（典型）调查，具体搜集资料；最后，分析研究资料，得出结论。

典型调查的特点是：调查对象是个别单位或少数单位；调查对象由调查者有目的、有意识地选择；调查的方式方法主要是与调查对象直接接触的面对面调查，而且多是比较系统、深入的定性调查。它比较适用于调查总体同质性比较大的群体。同时，在使用这种方法时，研究者需要有较丰富的经验，在划分类别、选择典型上有较大的把握。

典型调查方法，是人类认识规律的具体体现。因为人们对客观事物的认识，总是由个别到一般、由个性到共性，再由一般到个别、由共性到个性不断循环往复、不断向前发展的。典型调查是面对面的直接调查，可采用多种方法做反复、深入调查，能获得比较丰富的、可靠的第一手感性资料，对现象的内部机制和变化过程往往了解得比较清楚，有利于揭示社会现象的因果关系，探索解决社会问题的途径和方法。此外，典型调查还具有使用调查工具不多，节省人力、财力等优点。因此，它是社会调查中不可为其他类型的调查所代替的一种基本类型。其局限性在于：典型的选择容易受调查者主观意志左右；在调查结论中，哪些具有普遍意义，哪些具有特殊意义，它们的适用范围如何，往往很难用科学手段准确测定。

（四）个案调查与重点调查

个案调查也称个别调查，是指为某个特定目的、对某个特定对象（如个人、家庭、单位或事件）进行的调查。在社会学研究中，个案研究就是通过个案调查分析个案的全部情况，以达到可以反映此类个案的整体情况。

重点调查是指对某种社会现象比较集中的、对全局具有决定性作用的一个或几个单位进行的调查。例如，通过对全国 70 个大中城市房地产价格的统计调查，就可了解全国城市住房价格的大体变动趋势。

重点调查类似典型调查，但又不同于典型调查，它们之间的区别在于：

（1）主要目的和内容不同。典型调查的主要目的是认识同类事物的本质及发展规律，主要是定性调查；重点调查的主要的目的是对某种社会现象总体的数量状况做出基本估计，主要是定量调查。

（2）调查对象的选择标准不同。典型调查是选择同类事物中具有代表性的单位作为调查对象；重点调查则是选择同类社会现象中具有集中性的单位作为调查对象，能够集中、有力地体现问题和情况的主要方面。

（3）具体方法不同。典型调查只能是面对面的直接调查；重点调查则可以是直接调查，也可以是通过电话、电报、传真、电子邮件、网络等方式进行的间接调查。

三、以时间维度分类

根据研究的时间维度差异，社会调查可以被分为横剖研究和纵贯研究两种类型。

（一）横剖研究

横剖研究也称横向研究，是通过收集在某一时间点上出现的信息资料，进而描述社会现象在这一时间点上的状况，并分析其中不同变量之间关系的研究。它的主要目标是对某种社会现象或某一社会总体的横截面进行了解。它也可以被用来分析和比较某一社会现象或社会总体中的不同部分的特点及相互关系。例如，对同一时间内不同年龄的个体进行差异研究。横剖研究是人们在研究各种共时性社会现象时所常用的一种方法。

（二）纵贯研究

纵贯研究也称纵向研究，是指在比较长的时间内的若干个不同时间点上收集信息资料，对现象进行的系统研究，用以描述社会现象发生的变化，解释不同时间点上所发生的现象间的关系，进而揭示社会现象的变化趋势和发展规律。纵贯研究主要有三种不同的类型，分别是趋势研究、同期群研究和同组研究。趋势研究是对某种社会现象随时间推移而发生的变化的研究，目的是通过对一般总体在不同时期的状况进行比较，以揭示和发现社会现象的变化趋势和规律。该类研究要求，在不同时间点进行的若干次横向研究的研究方法和研究内容必须相同。同期群研究又叫队列研究，是对同一时期、同一类型的研究对象随时间推移而发生的变化的研究。同期群研究注重的是某一类型，而不是某一个体的特征，所以在不同时间可以调查不同的人。同组研究又称追踪研究，是对同一组研究对象随时间推移而发生的变化的研究。

本章要点

1. 社会是人类生活的共同体，是以人和人群共同体为活动主体、以生产方式为基础的各种要素、各种结构按照一定方式组合而成的有机整体。

2. 社会运动是一种高级物质运动形态。社会运动及其现象具有实践性、目的性、变动性、复杂性、偶然性和模糊性等特点。

3. 社会调查是人们为达到一定目的，有意识地通过对社会现象的考察、了解和分析、研究，来了解社会真实情况的一种自觉认识活动。

4. 科学的社会调查，是指以科学理论为指导，以科学调查研究方法为手段，以了解社会真实情况，认识社会生活本质及其发展规律，探索改造社会、建设社会道路或方法为目的的一种自觉认识活动。

5. 科学的社会调查是正确认识社会的根本途径，科学施政的客观基础，培养开拓型人才的基本道路，进行思想教育的有效方法，端正党风政风学风的重要对策。

6. 马克思主义认识论、群众路线是科学社会调查的理论基础，科学社会调查则是马克思主义认识论、群众路线在认识方法和工作方法上的具体运用。

7. 实事求是和为人民服务，是社会调查最根本的指导思想。社会调查的方案设计和思维加工，还必须以唯物史观为理论指导。

8. 社会调查依据不同的分类标准可以划分为不同的类型，其中较为重要的有按照调查目的将社会调查分为探索性调查、描述性调查、解释性调查。

9. 描述性调查，是通过对社会现象的现状进行准确、全面的描述，反映总体在某些特征上的分布状况的调查。它关注的是社会现象“是什么”“怎么样”的问题。

10. 解释性调查要探寻的是社会现象之间的相互关系或因果关系，要回答的是社会现象“为什么”会这样的问题。

基本概念

社会　社会调查　社会调查学　调查类型　描述性调查　解释性调查

思考与练习

1. 社会是由哪些要素构成的？人在社会中居于何种地位？

2. 人们天天生活在社会之中，为何还要做社会调查？

3. 您认为社会调查有哪些社会功能？

4. 试论科学社会调查的理论基础和指导思想。

5. 毛泽东的《反对本本主义》有何重要意义?

6. 社会调查有哪些主要类型?它们的分类标准及定义是什么?

7. 探索性调查、描述性调查和解释性调查之间的关系是什么?

推荐阅读书目

1. 恩格斯. 路德维希·费尔巴哈和德国古典哲学的终结//马克思,恩格斯. 马克思恩格斯选集:第4卷.2版. 北京:人民出版社,1995.

2. 毛泽东. 反对本本主义//毛泽东. 毛泽东著作选读:上册. 北京:人民出版社,1986.

3. 邓小平. 关于修改党的章程的报告.(2011-04-15)[2018-10-15]. http://www.china.com.cn/cpc/2011-04/15/content_22369875.htm.

4. 习近平. 在中共中央政治局民主生活会上的讲话. 人民日报,2017-12-27(1).

5. 水延凯,江立华. 中国社会调查简史. 北京:中国人民大学出版社,2017.

第二章

社会调查的理论基础

社会调查的目的是增进人们对社会世界的认识和了解，而正确的理解和解释离不开理论的指导。只有具备正确的理论指导，社会调查才能获得基础性说明和方法论导向。同时，只有通过理论化的过程，我们才能提炼认识、积累知识，才能更好地理解我们所生活的世界。

第一节 理论及其构成要素

理论与经验研究之间是双向互动的关系。理论必须与实践相结合，理论来自实践，离开实践的理论是空洞的理论，离开理论的经验研究是盲目的研究。

一、理论的内涵

理论是一个有着广泛含义的概念，在不同的背景和不同的学科中，有着不同的内涵。美国学者主编的《哈珀柯林斯社会学词典》认为，理论是"由逻辑的或数学的陈述所连接的一组假设或命题，它对经验现实的某一领域或某一类现象提出解释。在不太严格的意义上，有关现实某一领域的任何抽象的、一般性的陈述都可称为理论，它通常包括对一般性概念的详细阐述"。

在社会学研究中，不同的学者的强调点不同，给出的理论定义也不一样。如美国社会学家乔纳森·特纳认为，理论是一套按一定格式建立起来的由概念、命题组成的系统[①]。美国社会学家约翰逊认为，理论是一套以系统的陈述、可靠的经验资料为基础，并在逻辑上相互联系的命题[②]。美国社会学家亚历山大认为，理论是对个别事物的抽象概括，强调理论的抽象性[③]。澳大利亚社会学家马尔科姆·沃斯特借用《牛津词典简编》中"理论"词条的定义，认为理论是由一些观念或陈述组成的一套图式或体系，作为对一组事实或现象给出的一种说法，是一般性法则、原理或对被认识到的事物原因的陈述，并认为理论关注的是人与人之

---

① 特纳．现代西方社会学理论．天津：天津人民出版社，1988：8-9.
② 约翰逊．社会学理论．北京：国际文化出版公司，1988：40.
③ 亚历山大．社会学二十讲．北京：华夏出版社，2000：2.

间的关系和互动[①]。

从上述各种定义可以看出，理论具有以下几个特征：一是理论来自经验实践；二是理论来自抽象的、系统的认识；三是理论的目标是对经验事实做出解释，且这种解释具有说明性、有效性和一般性的特点。由此我们可以给理论下这样一个定义：理论是人们在社会实践中形成的对经验世界的系统化理性认识，是由概念和具有逻辑关系的假设或命题组成的体系。

理论知识是人们认识世界的一种工具，是人类认识和思考的产物。在社会调查中，它的作用主要体现在：（1）通过将你指向具体的“变量”，尽量为你提供结构和方向；（2）理论是一种具体的语言，我们用这种语言去描述和解释我们所研究的社会；（3）理论是对现实的一种抽象，其中的概念——以及其在真实世界中的指代物——是与其他概念相联系的，理论为我们提供了实验性的假说或解释。

同一种社会现象可以用多种不同的理论来解释。判断理论优劣的标准是：当其他条件相同时，解释范围更广泛、解释更精确、结构更简练的理论为优。

二、理论的要素

理论的构成要素有：概念、变量、命题和假设。

（一）概念

概念是对同类现象的一种概括性表述，是对事物或现象的一种抽象概括。概念由定义构成，通常以语言或数字或符号来指明和限定概念所指称的现象，并给出明确的意义。概念具有内涵和外延两个方面，内涵越明确和丰富，所表达的事物的特征就越清楚，但外延狭小，即涵盖面窄。若抽象层次高，涵盖面大，对事物特征的表达就含糊。概念的抽象性对理论的形成有重要的作用。

概念是建构理论的基础，一切解释事物的理论都是建立在概念基础上的。社会调查中的概念可以是有形的社会现象，也可以是无形的、不能直接观察的抽象事物。有些抽象性概念，如尊重、健康、失范、场域、社会地位等，与特定时空中的特定现象无关。

概念的提出和合理运用能为研究者提供一种思想网络。但是由于社会调查中

① 沃斯特．现代社会学理论．北京：华夏出版社，2000：3.

所涉及的概念大多具有抽象性和复杂性的特点，其含义具有可变性和模糊性，容易出现概念使用不规范和不一致问题，因此，我们在实际研究中要特别注意概念的明晰性和应用的恰当性。

（二）变量

变量是概念的一种类型，是指具有一个以上取值的概念。它是通过对概念的具体化而转换来的，是概念的具体表现形式。例如，当把“职业”界定为个人在社会中所从事的作为主要生活来源的工作时，由于工作具有不同的类型，它就成了变量。简单的概念可以用较少的变量来测量，复杂的概念可能需要运用多个变量来测量。

变量在不同情况下有不同的状态或属性，反映了概念的可变动性。它说明了现象在规模、重量、密度、速度等方面的变化情况，或现象在程度差异上的变化方式。变量有不同的分类：按照测量层次，变量可被分为定类变量、定序变量、定距变量和定比变量；按照相互之间的关系，变量可被分为自变量、因变量。关于变量的有关内容，将在社会测量部分做详细介绍。

对抽象的概念或事物的经验研究是以变量分析为基础的，通过对变量之间的关系的分析可说明事物之间的关系。在实际研究中，变量之间除了因果关系之外，更多的是相关关系。

总之，社会调查必须使用变量的语言，因为它需要精确描述现象和事物的状态，需要说明某一现象的变化如何与另一现象的变化相联系。

（三）命题

命题指的是关于一个概念的特征或多个概念间关系的陈述。如“工业化水平高”是关于“工业化”这一概念的陈述，“工业化使得人际关系疏远”是关于“工业化”概念与“人际关系”概念之间关系的陈述。理论由一组命题构成，命题由概念构成。命题具有不同的类型（见表 2-1），如公理、定律、经验概括和假设等。在实际研究中最常用的命题形式是假设。

表 2-1　命题的类型

命题的类型	如何形成的	可否直接检验
公理（公设）	由定义或假定而为真	不可
定理	由公理演绎而来	有些不可，有些可以

续前表

命题的类型	如何形成的	可否直接检验
经验概括	来自经验资料	可以
假设	来自演绎或经验	可以

(四) 假设

假设是一种关于变量间关系的尝试性陈述，是可以被检验及有待被检验的命题，是对命题的操作化表达。假设的陈述形式有：条件式、差异式和函数式（详见第三章）。

假设是命题的特殊形式，其特殊性在于：(1) 命题中的基本元素是抽象的概念，假设中的基本元素是相对具体的变量；(2) 假设中的变量关系可通过经验的观察进行检验。

三、理论的层次

理论是一个具有不同层次的命题体系，可以分为宏观理论、中观理论和微观理论三个层次。

宏观理论，又称一般性理论，往往以全部社会现象或各种社会行为为对象，提供一种高度概括的解释框架。它的体系通常十分庞大，关注的是国家、社会、种族之类的大型对象。如结构功能主义理论、交换理论、冲突理论等都属于宏观理论。其概念也十分抽象，通常涉及的概念有文化、制度、结构、功能、系统等等。宏观理论能够提供对社会的总体性解释，但是往往难以直接与具体的、经验的社会研究发生联系，它们更多作为研究者观察问题、分析问题时所采取的一种理论视角或依据的一种理论背景。

中观理论，又称中层理论，介于微观、宏观理论之间，是以某一方面的社会现象或某一类型的社会行为为对象，提供一种相对具体的分析框架。它由有限的几组假定组成，通过逻辑推导可以从这些假定中产生能接受经验研究证实或证伪的具体假设。美国社会学家默顿提出了“中层理论”的概念，主张社会学理论的概念和命题应该更加紧密地结合在一起，理论要关注经验研究，要对理论的概念和命题进行澄清、阐述和表达，通过对有限的社会现象的理论描述和经验实证，最终形成复杂的理论。常见中层理论有社会流动理论、社会分层理论、角色理论、参照群体理论、越轨行为理论、组织理论等。

微观理论，是指一组陈述若干概念之间关系，并在逻辑上相互联系的命题。微观理论关注的是个人和小群体的社会生活议题，关注的实际上是从经验现象中概括出来的、操作层次上的命题陈述，可以直接由经验材料或数据来证实或证伪。它具有三个重要特征：一是由一组命题构成；二是这些命题在逻辑上相互联系；三是其中的一些命题可以通过经验来检验。在具体的社会调查研究中，大多数理论属于这种形式的理论，例如，“受教育程度高的人倾向于低的生育率”“工业化导致人际关系疏远”等。

从逻辑上讲，从宏观理论到中观理论再到微观理论，应该是一个完整的“理论链”，也就是说，理想的社会学经验研究，应该与抽象程度不同的三种层次的理论相耦合。但是，在实际的社会调查中，研究者目前所能达到的理论高度是中观理论，并在不同研究中尝试把中观理论与微观理论结合起来，形成从理论概念到研究假设再到测量指标的过程，把理论假设和经验假设结合起来，或者从经验事实中尝试概括出比较抽象的理论的逻辑过程。宏观理论只是一种方法论或范式。

第二节
理论与研究的关系

理论和研究是学科发展的两个相互依存的方面。“没有理论，经验性社会研究工具的使用就是经验主义。而缺少经验性的检验，关于社会的理论就是一种不负责任的或轻率的意识形态。”①

一、科学环

在社会调查中，理论与研究的关系是一个不断相互作用的过程，是“理论—假设—观察—概括或检验—新的理论”的循环过程。美国社会学家华莱士在其名著《社会学中的科学逻辑》一书中，提出并详细阐述了社会调查的这种逻

① 阿特斯兰德．经验性社会研究方法．北京：中央文献出版社，1995：300.

辑过程。华莱士所提出的这一社会调查的逻辑模型，又被称为“科学环”（见图 2-1）。

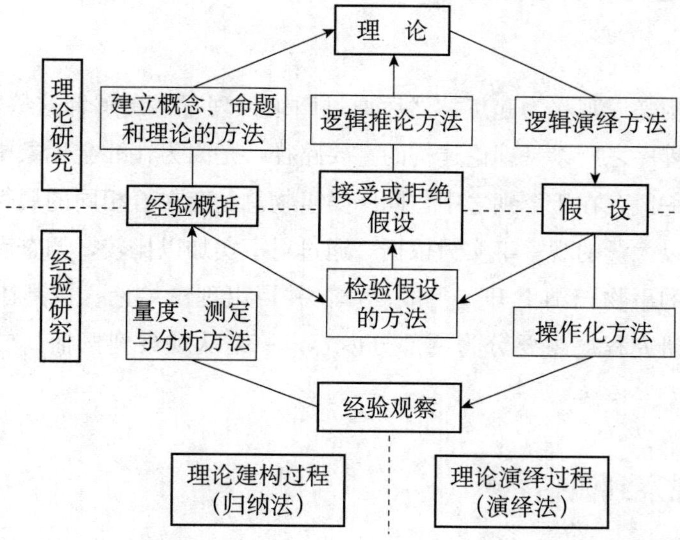

图 2-1 社会调查的逻辑过程

在这一“科学环”中，研究者有两个入口：一个是从观察事实、记录事实入手，通过描述和解释他们所观察到的事实，形成经验概括并上升为理论。然后在理论的基础上做出预测，即对未知事物的假设，再通过观察新的事实以检验这种预测。另一个是从理论出发，由理论产生假设，再由假设引起观察，然后由观察形成经验概括，用这种概括支持、反对或建议修改理论，或提出新的理论。

华莱士的“科学环”，左边意味着从观察和对观察的理解中进行归纳和理论建构；右边则意味着从理论出发，通过演绎，应用理论于观察中，进行理论检验；“科学环”的上半部分代表着运用归纳和演绎等逻辑方法的理论研究过程；下半部分则代表着运用研究方法所从事的经验研究过程。①

在社会调查过程中，研究问题是调查研究的起点与基础，整个社会调查设计是围绕着研究问题而开展的。一般来说，在社会现实问题面前，具体的研究可以采取两种不同的研究路径。任何一项具体的社会调查往往只走完了上述“科学环”的一半。我们将“科学环”左边的调查研究路径称为归纳的程序，而将“科学环”右边的调查研究路径称为演绎的程序。

① WALLANCE W L. The logic of science in sociology. Chicago：Aldine-Atherton，Inc.，1971：18-23.

二、理论建构的过程

理论建构是以观察为起点，然后通过归纳推理，得出解释这些观察的理论。归纳的研究程序之所以是理论建构的主要路径，是因为在社会现象中，个别中包含着一般，一般存在于个别之中，同一类事物总是存在着相同的属性、关系和本质。因此，以大量的观察事实为依据，通过对事实加以比较，调查者就可以从特殊的、个别的事物归纳上升到一般规律，并得出理论结论。在具体的社会调查中，归纳的研究程序主要分为两部分内容，一是从观察到概括，二是从概括到理论。

（一）从观察到概括

理论建构起始于对经验现象的观察。在确定了研究问题后，调查者可以直接深入社会生活去收集与所要研究的问题有关的各种信息资料。调查者可以根据需要确定采用定量或定性的方式，任务是完成从具体的观察结果上升到对现象的经验概括。比如采用问卷调查的方法，收集大规模的资料，通过描述统计，概括出样本的特征和规律，并以此推断总体的结构和特征。同样，也可以采用观察、访谈的方法，具体地、深入地、逐个地进行观察，并运用分类、综合等手段，抽取出现象的内涵，形成对各个具体现象的具体描述。

所谓经验概括，就是指对现象反复出现的规律或特征的总结，或对变量之间反复出现的某种相互关系的说明，是对一种由经验数据证实了的变量特征或变量间关系的一般性阐述。

（二）从概括到理论

在将大量的、个别的、具体的现象上升为一般性的经验概括时，我们已舍弃了特定个案的特殊性，聚焦其存在的共性特征。但是要进一步提高人们对现象的认识，还需要对这种展示了现象某种规律的共性特征做出一种解释，即从经验概括中抽象出某种具有内在逻辑结构的概念间关系，形成对这一现象及其背景的更为一般性的命题，初步建立解释和说明这一现象的理论。

三、理论建构的方法

建构理论主要是要解决两个问题：一是如何形成可检验的关于客观规律的陈述，二是如何建立命题之间的相互联系。解决这两个问题的主要方法是归纳、演绎、假设演绎。

（一）归纳

归纳是从对个别、有限事物的观察推广到关于一般、无限事物的结论。社会调查的最终目的是揭示有关事物的一般属性和本质，找出事物发展的普遍性和规律性。但这通常需要以经验事实为基础，经过经验概括与归纳总结，得出理论性的结论，并将结论运用于最初对经验事实的说明与解释。归纳有经验归纳和统计归纳两种。经验归纳又分为列举归纳和排除归纳。列举归纳是通过简单枚举建立经验概括，例如，“所有的天鹅都是白的”“大多数民族都有自己的独特语言”等。排除归纳，即在许多命题中，排除不符合客观事实的命题，保留未被事实反驳的命题以建立经验概括，例如，“肺癌通常是由吸烟引起的”。统计归纳是由统计资料归纳出的命题。

归纳法在系统地提出问题、得到带规律性的结论、建构解释现象的理论方面起着非常重要的作用。其缺点，一是只从对现有现象的观察入手，但同样的经验事实可能归纳出不同的理论，且不能证明哪种理论更正确；二是通过有限的事物得出一个普遍的结论，但这一结论可能是错误的。

（二）演绎

演绎是从一般结论推演出具体的事实或判断。演绎的三段论是以一个普遍承认的原则（或定理定律）为前提，推演到特定的事例，最后得到一个肯定结论的逻辑推理方法。例如：

大前提：凡是学生都有学号。

小前提：李彬是个学生。

结论：所以李彬有学号。

三段式逻辑推理有两个基本要件：一是有效论证。论证之结论，必须由前提推演而来，只有在两个前提均真实时，所得到的结论才会真实。二是演绎式论证。大前提通常是一种普遍的原则，小前提是特殊事例，而结论则为从大小前提推演所得的新命题。

演绎可以分为“形式”演绎和“内容”演绎。前者依据的是前提的形式及其组合，而不是前提的内容，其推理的基础是事物的种属关系。后者依据的是被研究对象的发展过程的关系。演绎的结果不是前提中一般原理的运用，而是全新的论断。

演绎的研究程序，是指在某种理论的指导下，通过建立假设去系统收集资料，然后运用这些资料检验这种理论解释的真实性，进而完善和发展这一理论以及探寻新的理论解释。通过演绎的研究程序，我们希望达到的最终目的是更真实、更有效、更合理地解答所要研究的现实问题和理论问题。① 演绎的研究程序所遵循的基本路径可以概括为：理论—研究假设—收集与分析资料—接受或拒绝假设—评估理论。在具体的调查研究中，调查者从一个特定的理论出发，由该理论导出一组概念化命题，然后概念化命题被操作化而形成特定的研究假设，根据这些研究假设的要求去搜集资料，并对材料进行分析，从而得出研究结果，进而支持、完善或修改已有的理论。

演绎法在帮助人们检验一种理论、判断一种理论的正确性与解释力方面起着至关重要的作用。其局限是：如果演绎的大前提，即一般原理或公理是错误的，那么由此推演的命题也就是错误的。

在社会调查中，归纳法和演绎法两种研究程序都具有非常重要的作用。因此，研究者在具体的社会调查中，可以依据研究主题、研究目的以及研究方式来选择不同的研究路径。

(三) 假设演绎

在社会调查中，将归纳和演绎两种逻辑推理过程有机结合起来的方法被称为“假设演绎法”。具体做法是：首先观察一种现象或一组完整的事件；然后对观察的结果进行概括，形成一种能够解释所观察的现象的理论，再运用逻辑推演从该理论中推导出一组理论命题，即理论假设；最后通过观察，用具体的材料来检验理论假设，如假设被证实，则理论命题成立，若假设被证伪，则要对理论做出修正，或推翻原有理论发展新理论。

---

① 袁方．社会研究方法教程．北京：北京大学出版社，2010：106.

四、理论与经验研究的辩证关系

（一）理论对经验研究的贡献

（1）提供研究视野和概念框架。理论作为研究的基础、背景，是研究问题产生的重要来源之一，许多经验调查直接来源于理论并服务于理论。同时，理论也为具体调查提供特定的视野和概念框架。

（2）指导研究方向。理论可以指导研究者去收集特定的事实，告诉研究者哪些事实与研究有关，如何规划研究步骤、设计研究方案。

（3）提供研究解释。在资料的分析过程中，如在相关变量的选择方面，为什么用变量 X_1 与变量 X_2 进行相关分析，而不用变量 X_3 与变量 X_2 进行分析，或者为什么选取变量 X_1、X_2、X_3 与变量 Y 做相关分析，而不选用变量 X_5、X_6、X_7 来与 Y 做相关分析，都与研究者所依据的理论有关；还有对变量之间相关关系及因果关系的判断和解释等，也都离不开理论框架的指引和正确的逻辑分析。只有依据理论才能为所观察到的各种现象、各种联系提供一种解释，才能将零散的研究结果提升为科学的研究结论。

（二）经验研究的理论功能

从经验概括中得出理论，并不是理论解释过程的终点。因为我们对于在现实世界中所观察到的每一种现象，都可能会得到不止一种理论解释，它们都在某种程度上或者在某些方面与我们所观察到的事实相符，这就需要我们对其加以检验。理论检验就是以理论为起点，通过演绎推理，做出预言或预测，并通过对实际事物的观察来检验预言的正确性。

经验研究所起的作用并不只是被动地为理论服务，即被动地检验理论、证实理论。它还扮演着另外四种主动的角色，即美国社会学家默顿所说的，起着开创理论、重整理论、扭转理论和澄清概念的作用。

（1）开创理论。越是富有成效的经验研究，就越可能成为新的假说和理论的发源地。经验研究中所获得的那些“不期而遇、异乎寻常而有关全局的资料”，常常成为开创某种理论的至关重要的基础。默顿特别强调，正是这种“不期而遇、异乎寻常而有关全局的资料”，构成了一种“偶发机遇模式”。就像在霍桑工厂所进行的管理实验一样，研究者所关注的本来是劳动条件与工人生产的产量之间的关系，结果意外地从实验中发现了著名的“霍桑效应”——那些意识到自己正在被别人观察的个人具有改变自己行为的倾向。

（2）重整理论。任何一项具体的理论都具有某种相对性，它们往往主要针对现实中的某一特定现象或过程。但是在实际社会调查中，人们往往会发现一些新的、原有理论框架和概念体系未注意的事实。这些事实提出了一些新的变量，迫使研究者把这些新的变量与一个具体的理论相结合，导致原有理论的重整、原有概念体系的扩展和改善。

（3）扭转理论。经验研究中新的研究方法和研究技术的运用，不仅有助于拓展研究者探索现实、建立理论和检验理论的能力，而且有助于研究者形成新的理论兴趣点，不断为研究者打开建立新理论的窗口和途径。比如抽样技术、计算机统计软件、数据库、内容分析方法、二次分析方法、心理测验、拓展个案法、焦点小组讨论等新的研究技术、方法的出现和应用，使研究者能够获得许多原先无法得到或无法利用的新资料，而这些新资料又会促使研究者形成新假设，并导致产生新的理论关注点。

（4）澄清概念。概念是理论建构的砖石，而概念含义的准确、清晰，则是进行理论建构的基础与前提。经验研究的一个基本要求就是对概念进行界定。同时，经验研究还通过对变量的选取和指标的确定来澄清概念。这种被称作“概念操作化”的过程，要求研究者将概念的内涵与外延、概念的维度、概念的层次性等弄得清清楚楚。因为只有这样，研究者才能设计出科学的指标。

总之，理论与经验研究是辩证的关系，经验研究越是受理论系统指引，它的结果就越可能对学科的发展和知识的累积做出贡献。反过来，经验研究的开展也能验证理论、推动理论的发展。

第三节 社会调查的方法体系

任何一门科学都有自己的一套严密的方法体系。社会调查也有特有的方法体系——一个有着不同层次、包含众多内容的综合体系。通常人们将社会调查的方法体系划分为科学方法论、基本研究方法、具体方法及技术三大层次或部分。

一、社会调查的方法论

方法论是关于方法的理论。社会调查中的方法论所涉及的主要是社会研究过程的逻辑和研究的哲学基础。

(一) 辩证唯物主义历史唯物主义的认识论

辩证唯物主义历史唯物主义的认识论认为，人类的认识活动有三个不可缺少的要素，即认识主体、认识客体和认识过程。作为科学认识方法的社会调查，也有三个不可缺少的要素，即调查研究主体、调查研究客体和调查研究过程。

调查研究主体就是调查者自身。每一个调查者都生活在一定的经济、政治、文化、社会关系之中，都具有一定的世界观、人生观和价值观，一定的知识水平、实践经验、社会意识和心理特征等，这一切就构成了调查者自身所特有的社会本质。因而，任何调查者都不是抽象的纯粹生物学上的人，而是具有特殊社会本质的现实的人。

调查研究客体就是调查对象。一般来说，调查对象可分为两大类：一类是社会生活中的物质现象，即社会物质生活中存在的一切事物；一类是社会生活中的精神现象，即人们的思想、感情、态度、愿望、心理特征等。为什么说社会精神现象也是调查研究客体呢？因为，人们的思想、感情、态度、愿望和心理特征等是一种独立于调查者之外的客观存在，它不是人们主观意志的产物，而是人们特定物质生活条件的反映，并对社会存在和发展产生巨大的反作用。因此，社会精神现象同社会物质现象一样，都是社会调查所要研究的对象，这是社会调查不同于自然调查的一个根本区别。在社会调查中，人们对于社会物质现象和精神现象的认识，有时是通过对客观事物的实地观察获得的，有时是通过对调查对象的询问获得的。因此，被调查的“人”和“物”（即客观事物），就成了社会调查的直接对象。

调查研究主体与调查研究客体的关系，是在调查实践基础上反映者与被反映者之间的关系。调查研究主体对调查研究客体的反映，不是照镜子式的纯客观的、消极的、被动的反映，而是调查研究主体的主观素质参与到其中的积极的、能动的反映。调查研究主体的素质不同、调查工作的实际状况不同，对同一调查研究客体所得出的调查结果就往往不一样：有的能够深入认识调查研究客体的内在本质，有的仅能反映调查研究客体的一些表面现象，有的甚至可能对调查研究客体做出歪曲反映。这说明，调查研究主体的主观素质和工作状况，对于调查结果往往具有决定性作用。调查研究客体独立于调查研究主体，是调查研究主体的反映对象，并制约着调查结果。但是，不同的调查研究客体对调查研究主体的影响是不一样的。当调查对象是“物”时，它发展到什么程度，调查研究主体才可能认识到什么程度，这种制约是客观的、不以调查研究主体的意志为转移的。当调查对象是“人”时，情况则不相同。调查对象在调查过程中不是消极地被反映，而是能动地被反映。这种能动性表现在两个方面：一方面，每一个调查对象总是根据自己的客观地位、思想状况、知识结构、认识能力等社会素质来提供社会信息；另一方面，每一个调查对象在接受调查时，也在对调查者进行观察，并根据自己的结论来决定对调查工作的合作程度。调查对象的社会素质和合作程度不同，他们所提供的社会信息就不相同。这说明，当调查对象是“人”时，调查研究主体对社会现象的认识，在很大程度上受调查对象社会素质和合作程度的制约。不过，这些制约的某些方面（如合作程度等）是受调查对象的主观状况所左右的，是可以通过耐心细致的工作加以改变的。总之，调查研究主体对调查研究客体的反映，是在调查实践基础上的能动的反映，是调查研究主体和调查研究客体相互作用的结果；调查研究主体的主观素质和工作状况对调查结果具有主导性、决定性作用，调查研究客体的实际状况和合作程度也对调查结果具有不同程度的制约作用。

调查研究过程，是在调查实践基础上从搜集材料、研究材料到形成调查结论，再从调查结论到实践的辩证运动过程。就每一次社会调查过程而言，它可被分为两个阶段：一是调研阶段，即在调查实践基础上，从搜集材料到形成调查结论的阶段，亦即从感性认识到理性认识的阶段；二是实践阶段，即从调查结论到实践的阶段，亦即评估调查结论、应用调查结论、检验调查结论、发展调查结论的阶段。人类的认识运动，总是循着实践—认识—再实践—再认识这种形式不断反复和无限发展的；作为科学认识方法的社会调查，则是循着调查—实践—再调查—再实践这种形式不断反复和无限发展的。

（二）学科方法论与基本研究范式

学科方法论主要是指各种社会学理论和分支社会学理论在社会调查中的指导地位和作用。社会学理论是对人类社会生活的各种独特形式和内容进行具体解释的理论，各种分支社会学理论是社会学宏观理论和对社会生活、社会活动进行的具体经验研究的中介。

在学科理论的指导下，理论概念可以过渡到具体研究运用的概念，从而界定研究对象的范围，制定出各种测量指标。例如，对于家庭的调查研究，只有根据家庭社会学关于家庭的理论，才能确定其范围，制定出具体的测量指标。

社会调查必须以一定的理论和方法论为指导，但方法论并非统一的。不同的理论流派有不同的方法。在社会调查中应遵循何种方法论，是一个实践的问题，因为研究社会现象有各种可供选择的方法论、研究途径和判断标准，这就要具体情况具体分析。有些现象适于用自然科学的数理化方法分析，有些社会现象只适合用历史的、哲学的或人类学的方法。因此，在做具体研究时，研究者一般根据研究课题的性质选择更适合这一课题的方法论和学科理论作为指导，或者根据自己在理论、方法论方面的特长来选择。一般来说，在社会调查中主要有以下几种研究范式①：

（1）社会事实范式。该范式以法国社会学家埃米尔·涂尔干的方法论思想和结构功能主义理论为代表，强调社会现象的客观性，强调对宏观的社会结构、社会制度、文化规范进行研究，在社会结构层次和文化层次上探讨社会的本质属性。该范式的主要目的是理解涂尔干所说的社会事实，并通过对社会事实的理解，对其加以预测或控制。

（2）社会释义范式。该范式以德国社会学家马克斯·韦伯的思想和符号互动论为代表，强调社会现象的主观性质，认为宏观的社会现象都是人们主观定义的，强调在微观层次研究人们如何建立社会并在社会中行动。具体说来，其主要假设是，社会现实是由人的有意义的社会行为建构的。秉承这一范式的社会学家关注的只是个体作为有意识的主体所参与的人类互动。

（3）社会行为范式。该范式以行为科学的方法论为代表，强调对个人的社会行为进行客观精确的分析，主张用经验观察或实证的方法研究社会现象。该派学者认为，事实范式过于抽象，限于宏观层次，而释义范式过于主观，限于微观层次，因而强调通过对人外部行为的经验研究来认识社会现象的因果关系。其主要假设是，社会行为或受制于奖励或惩罚等外部刺激因素（理性主义），或受制于人类本能（如力比多、剩余物）或暗示、模仿、感染等心理因素（非理性主义）。作为唯名论者，社会行为范式的理论家们关注的重点是行动着的个体，而不是群体。

（4）社会批判范式。该范式以马克思的思想和法兰克福学派为代表，认为社会学理论知识的主要任务和作用就在于对现实社会的批判性检视，在于对现存的一切进行无情的批判。该派学者反对那种旨在维护、修补现存社会结构的单纯解释性的“科学”研究和把现代工业社会的既定现实视为合法的做法，主张以辩证

① 所谓范式，就是指观察社会现象的一种视野和参照框架，对社会现象的解释模式。

的“总体分析”方法来观察和分析社会现实，即将社会现象置于社会的与历史的总体过程中，从它们在社会的与历史的总体过程中所具有的地位与作用来确定它们的性质、意义，来考察它们的产生、变化和发展。

如果以自然主义与人文主义和宏观与微观两个维度对四大范式进行观察，其图示如图 2－2 所示。

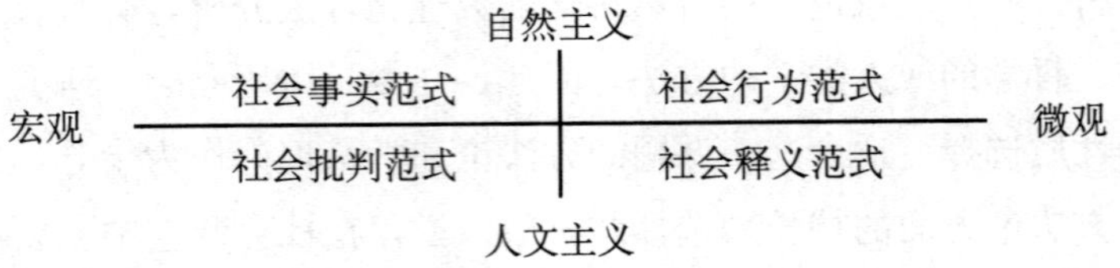

图 2－2　四大范式的维度比较

尽管社会事实范式在整个社会学的发展中一直占有十分重要的地位，但四种范式在社会调查研究中都有其合理内容，又都有其偏颇和局限之处。社会事实范式有助于技术控制，社会释义范式有助于理解，但并不排斥实证研究，各种范式之间实际上是一种互补的关系。

在社会调查中存在着相互竞争的范式，这是一种正常的现象，与社会调查对象的复杂性、研究目的的多重性有很大关系。因为社会调查的目的不仅是认识社会、改造社会，还包括增进人与人的相互理解，以及对社会的批判、反思等，所以没有哪一种范式足以单独解决社会的全部问题。正如美国社会学家 D. P. 约翰逊所说：“尽管许多社会学家热衷于论证某个特定的范式优于另一个范式，但是大概没有一个社会学家敢说，有一个理论能够恰当地描述和解释人们的社会行为或社会结构的全部复杂性。”①

（三）定量研究与定性研究

在社会调查中，存在着两种基本的同时也相互对立的方法论倾向。一种是自然主义方法论，另一种是人文主义方法论。自然主义方法论的典型特征是采用定量分析，人文主义方法论的典型特征是力主定性研究。

自然主义方法论认为：社会调查应该向自然科学看齐，将社会现象当作纯粹客观的现象来测量分析，通过对社会现象进行具体的观察，对经验事实得出客观的研究结论。因此，定量研究侧重于且较多地依赖于对事物的测量和计算。

人文主义方法论认为：社会调查应充分考虑人的特殊性，要发挥研究者在研

---

① 约翰逊．社会学理论．北京：国际文化出版公司，1988：72.

究过程中的主观性，深入人的内心世界去理解其行为及其社会后果。它主张结合人类行为主体对社会世界的认识能力和能动特性、思维和意志等，来描述或建构研究对象的经验世界。因此，定性研究侧重于和依赖于对事物的含义、特征、象征的描述和理解。

自然主义方法论和人文主义方法论的区别主要体现在：

（1）从认识论角度看，定量研究源于自然主义，接近于科学范式；定性研究从属于人文主义范式，力图对社会生活的自然场景加以整体的理解和解释。

（2）从研究的逻辑过程看，定量研究与演绎过程更为接近，目标是确定变量之间的因果联系，强调价值中立，常常是对已有理论的检验；定性研究基于描述性分析，注重现象与背景之间的关系，认为事实与价值无法分离。定性研究的逻辑方式本质上是归纳的过程，即从实地研究所获得的经验材料中归纳出具有理论特性的命题和阐释框架。

（3）在理论与研究的关系上，定量研究通常用于理论检验，定性研究通常用于理论建构。

（4）在研究方式上，定量研究侧重对社会事物的精确测量和计算，强调研究程序的标准化、系统化和操作化，常使用问卷调查、实验等方法获得数量化的资料，以便使用统计方法分析变量的因果关联；定性研究侧重对行为主体的意义以及行为过程进行描述和阐释，强调行为背景因素对社会生活的影响，强调研究程序、方式、手段的灵活性和特殊性，常使用实地观察法和访问法来获得具体的实例资料。

总的来说，定量研究在结果上具有概括性和精确性，但对社会生活的理解缺乏深度；定性研究可以获得深入理解社会生活的丰富细致的资料，但其结果难以推及社会整体。两者是相互补充的关系，是研究过程的两种途径，发挥着不同的作用，不存在谁优谁劣的问题。定量研究方式与定性研究方式的详细比较见表 2－2。

表 2－2　　定量研究方式与定性研究方式的比较

项目	定量研究	定性研究
哲学基础	实证主义	人文主义
研究范式	科学范式	自然范式
逻辑过程	归纳推理	演绎推理
理论模式	理论检验	理论建构
研究目的	证实相关或因果联系、预测、寻求共识	解释性理解、寻求复杂性、提出新问题

续前表

项目	定量研究	定性研究
分析方法	统计分析	文字描述
主要方式	实验、统计调查	实地研究
资料收集技术	量表、问卷、结构观察	参与观察、深度访问
研究特征	客观	主观
对知识的定义	情境无涉	由社会文化所建构
价值与事实	分离	密不可分
研究设计	结构性、事先确定、比较具体	灵活、演变、比较宽泛
研究结论	概括性、普适性	独特性、地域性
与研究对象的关系	文化客位、主客体对立	文化主位、互为主体

二、社会调查的基本方法

社会调查既是一种认识方法，也是一种工作方法。社会调查的基本方法是社会调查方法体系的中间层次的方法，包括调查社会信息的方法和研究社会信息的方法。

调查社会信息的方法主要有文献调查法、实地观察法、访谈调查法、问卷调查法、实验调查法、网络调查法等，每一种方法都包含基本的要素或特定的语言。

（一）文献调查法

该方法也称历史文献法，是一种既古老又富有生命力的社会调查方法。它是利用现存的第二手资料，侧重从历史文献资料中发掘事实和证据的方法。在社会调查中，文献调查法是必不可少的，这不仅指在初步探索阶段需查阅文献，为大规模的社会调查做准备，而且指在无法直接调查的情况下利用文献资料开展独立研究。其基本要素包括文献搜集、鉴别和摘录。

（二）实地观察法

该方法是最古老、最常用的社会调查方法，也是社会调查最基本的方法。它是观察者有目的、有计划地运用自己的感觉器官或借助科学观察工具，能动地了解处于自然状态下的社会现象的方法。一般来说，实地观察法可以分为参与观察法和非参与观察法。其基本要素包括宏观思维、直觉过程和概括与比较的认知。

(三) 访谈调查法

该方法也是社会调查的一种基本方法，是访问者不带假设，直接到社会生活中去收集资料，通过口头交谈的方式直接向受访者了解社会情况或探讨社会问题的调查方法。它适用于对少数有代表性或独特性的社会单位进行详细、深入的考察，特别适用于对那些只有在现场才能很好理解的事件、过程和行为的调查。其基本要素是提问、倾听和回应。作为一种深入实地的质性研究方式，该方法与实地观察法一起构成实地调查或田野调查的具体方法。

(四) 问卷调查法

该方法是访谈调查法的书面化和定量化，资料的收集方法是利用事先设计好的表格、问卷、访谈提纲等，通过在自然状态下直接询问、观察或由调查对象本人填写。所提出的问题和回答的类别是标准、统一的（即结构化的），调查内容可以被汇总统计。它适用于对社会现象的一般状态的描述以及对现象关系的因果分析，还适用于对集体的态度、行为倾向和社会舆论的研究，如民意测验。问卷调查的主要形式有普查和抽样调查，其基本要素包括抽样、问卷设计与发放、统计分析等。

(五) 实验调查法

该方法是社会调查方法中最接近自然科学的方法。实验研究是根据一定的研究假设，改变或控制一个或几个变量，然后观察其他变量是否随之发生变化，从而检验变量之间的因果关系。实验调查法主要分两种类型，即实地实验法和实验室实验法。实验调查法的构成要素有操纵与控制、实验组、控制组、前测、后测、实验刺激、因果关系等。

(六) 网络调查法

该方法是社会调查方法中最晚出现的方法。网络调查法是基于计算机和网络技术开展的一种数据搜集方法。这种资料搜集方法包括两种形式，一是在网上直接用问卷进行调查，二是通过网络来搜集二手资料。

在实际的社会调查中，资料搜集方法的选择与所研究现象的性质、研究对象的规模、研究所采用的分析单位、研究所要达到的目标等紧密相关。对于同一问题可采用不同的资料搜集方法。对于不同的问题可以采用同一资料搜集方法。一般来说，文献调查法常常被用于帮助研究者去探讨那些既不会引起研究对象的任何反应，在时间和空间上又无法采用其他方式调查的社会现象和问题。实地观察法和访谈调查法更多是在深入理解社会现实，以及提炼和建构理论方面发挥作用。问卷调查法最经常地被用来描述一个大的总体的状况，以及探讨不同变量之间的相关关系。实验调查法则主要被用来探索和证明两个变量之间的因果关系。

研究社会信息的方法包括整理资料、统计分析、思维加工，基本要素包括资料的审核、分类、编码、复查、登录、汇总、统计，以及矛盾分析法、因果分析法、系统分析法、结构-功能分析法等各种思维方法。

三、具体方法和技术

社会调查方法论体系的第三个层次是设计、使用调研工具的方法和技术。它是最低层次的方法，可以分为两类：

一类是设计、使用调查工具的方法和技术。如社会测量技术，包括各种测量指标、量表、测验表、问卷的设计以及指标的综合等；听取、记录的方法和技术；使用照相、录音、录像等设备的方法和技术；资料收集技术，主要包括观察技术、访谈技术以及对文献资料的查阅、摘录等。本书将分别在文献调查法、实地观察法、访谈调查法、问卷调查法、实验调查法和网络调查法等章节予以介绍。社会调查的工具主要是指收集资料的量度工具和各种辅助器械。辅助器械有录音机、照相机和录像机等。

另一类是设计、使用研究工具的方法和技术。如整理各种文字资料和数据资料的方法和技术，使用计算机进行统计分析的方法和技术，撰写调查研究报告的方法和技术，评估调查研究报告的方法和技术，等等。

社会调查学的方法体系可参考图 2－3。

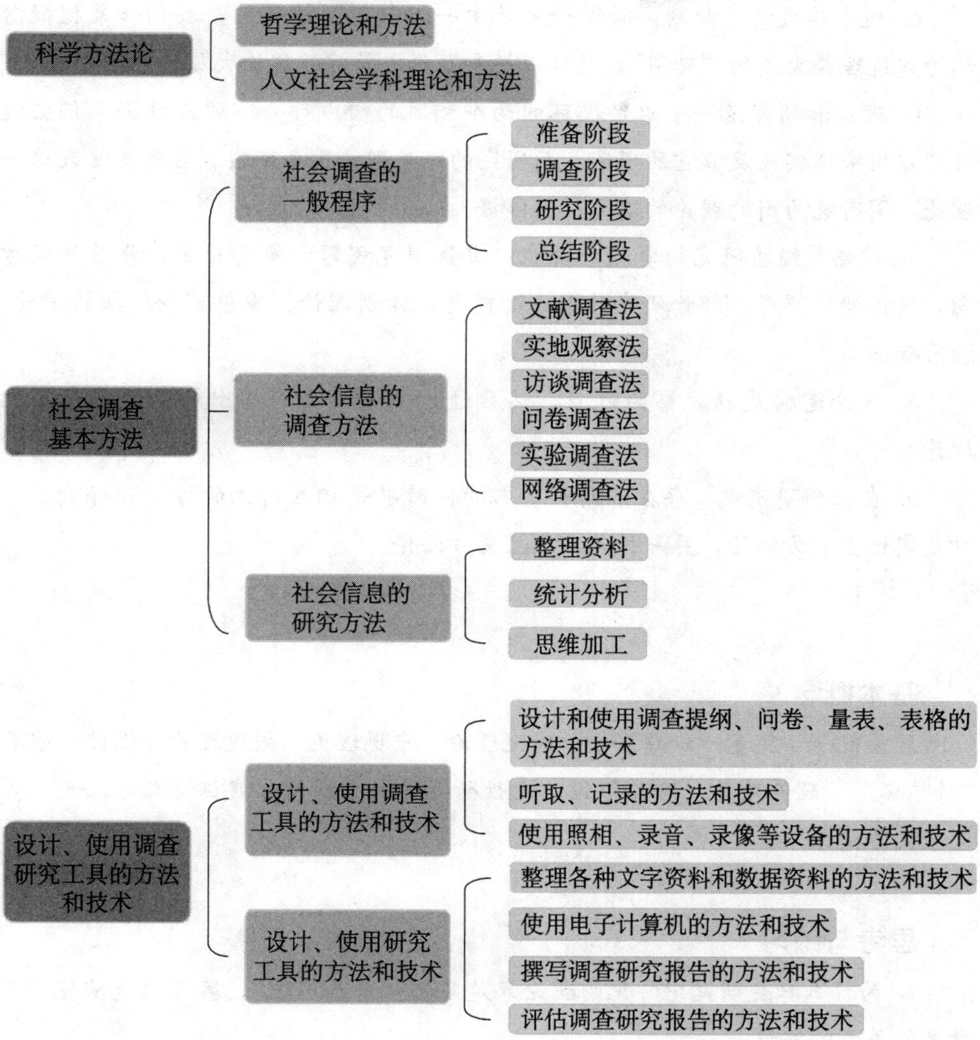

图 2－3　社会调查学的方法体系

本章要点

1. 理论是人们在社会实践中形成的对经验世界的系统化理性认识，是由概念和具有逻辑关系的假设或命题组成的体系。理论具有以下三个特征：一是理论来自经验实践；二是理论来自抽象的、系统的认识；三是理论的目标是对经验事实做出解释，且这种解释具有说明性、有效性和一般性的特点。

2. 理论是一个具有不同层次的命题体系，可以分为宏观理论、中观理论和微观理论三个层次。

3. 理论的构成要素有：概念、变量、命题和假设。

4. 概念是建构理论的“砖石”，在社会学研究中，理论可以是由变量语言构成的，其目的是描述不同变量及其不同属性之间所存在的某种逻辑关系。

5. 概念构成的是命题，而理论则是由一组命题所构成的。我们如果把概念称为建筑理论大厦的“砖石”，就可以把命题说成是建筑理论大厦的“预制板”。

6. 理论和研究是一个永恒循环的两个相对的组成部分。理论鼓励人们去进行可以用来证实或反驳它的研究，而研究的成果则被用来证实、否定或修改这一理论，同时也为新的理论的建立提供依据。

7. 理论对经验研究的贡献表现在：提供研究视野和概念框架，指导研究方向，提供研究解释。经验研究的理论功能是：开创理论、重整理论、扭转理论、澄清概念。

8. 理论建构是以观察为起点，然后通过归纳推理，得出解释这些观察的理论。

9. 在社会研究中，存在着两种基本的同时也是相互对立的方法论倾向。一种是实证主义方法论，另一种是人文主义方法论。

基本概念

理论概念　变量　命题假设　宏观理论　中观理论　微观理论　假设　演绎　“科学环”　理论建构　理论假设　定性研究　定量研究　实证主义方法论　人文主义方法论

思考与练习

1. 为什么社会研究中常见的理论只是某种“中层理论”，甚至只是陈述“变量之间关系的假设”？

2. 理论的结构要素包括哪些？它们之间的相互关系是怎样的？

3. 理论对研究的主要作用体现在哪些方面？用实际研究中的例子说明理论的这些作用。

4. 试述社会学方法论中整体主义与个体主义的对立及其与社会学理论的关系。

5. 根据范式理论分析社会学研究的四种范式。

推荐阅读书目

1. 默顿．论理论社会学．北京：华夏出版社，1990.

2. 仇立平．社会研究和问题意识．江苏行政学院学报，2010（1）.

3. 休斯，泰特．怎样做研究．北京：中国人民大学出版社，2005.

4. 纽曼．社会研究方法：定性和定量的取向．北京：中国人民大学出版社，2007.

5. 邓津，林肯．定性研究：方法论基础．重庆：重庆大学出版社，2007.

第三章

社会调查的程序与准备

社会调查是人们认识社会现象的一种自觉活动，虽然社会调查具有不同的类型、目的和方式，但它们都遵循着相对固定的研究程序和步骤。

第一节 社会调查的程序

人的认识是按照实践—认识—再实践—再认识这种形式循环往复不断前进的，社会调查也应该按照调查—研究—再调查—再研究这种形式不断发展。就某一项社会调查课题来说，一般可分为四个阶段，即准备阶段、调查阶段、研究阶段和总结阶段。

一、准备阶段

准备阶段的主要任务是：选择调查课题，进行初步探索，提出研究假设，设计调查方案，组建调查队伍。其中：

（1）正确选择调查课题是搞好社会调查的首要前提。

（2）进行初步探索是做好调查的重要基础。初步探索能为调查方案设计提供可靠的客观依据，为正确解决调查课题探寻可供选择的方向和道路。

（3）明确提出研究假设是做好调查设计的必要条件。有关内容在第二章已有阐述。

（4）科学设计调查方案是保证调查取得成功的关键步骤。在选择调查课题之后，进行初步探索、提出研究假设，都是为设计调查方案服务的。

（5）慎重组建调查队伍是顺利完成调查任务的组织保证。组建调查队伍是社会调查准备阶段必须完成的最后一项任务。首先必须依据特定的标准选择调查人员并对调查人员进行培训，其次在正确选择和培训调查人员的基础上，还必须按照精干、健全、效率原则把调查人员组织起来，并对他们进行恰当使用和有效督导。只有对调查人员进行合理组织、恰当使用和有效督导，才能充分发挥每个调查人员的作用，才能真正形成一支良好的调查队伍。

总之，准备阶段是社会调查的决策阶段，是社会调查工作的真正起点。社会调查的组织者必须舍得花大力气做好这个阶段的工作。实践证明，许多大规模的社会调查（如全国人口普查）、比较复杂的社会调查（如社会阶层结构变迁调查），往往需要几个月甚至几年时间做准备，而实施现场调查的时间却少得多。

二、调查阶段

调查阶段的主要任务是：按照调查设计要求，采取适当方法做好调查对象资料的搜集工作。

如果采用直接调查方法（如代填式问卷调查法、实地观察法、个案或集体访谈法、实验调查法等），那么对于社会调查组织者来说，要特别注意做好这个阶段的外部协调工作和内部指导工作。

直接调查的调查阶段，是调查者与调查对象接触的唯一阶段，是受外部因素影响最大而又无法完全控制的阶段。要顺利完成调查任务，必须做好外部协调工作：一是充分与被调查地区或单位沟通和协调，争取它们的支持和帮助。二是密切联系调查对象，争取他们的理解和配合，不做违背他们意愿、损害他们利益或感情的事，决不介入他们的内部矛盾。

调查阶段是直接调查唯一的现场实施阶段，是获取第一手材料的关键阶段。在这个阶段，调查人员最分散，外界接触面最广，工作量最大，情况最复杂，变化最迅速，实际问题最多，指挥调度也最困难。因此，要保证调查人员按照统一设计完成调查任务，就必须加强指导工作。社会调查的组织者必须亲临第一线，集中精力做好外部协调工作和内部指导工作，力求以最少的人力、最短的时间、最好的质量完成现场调查任务。

一般来说，在调查阶段初期，应注重调查人员的实战训练和调查的质量控制，帮助他们熟悉调查流程、统一调查标准。在调查阶段中期，应注意总结交流调查工作经验，及时发现和解决调查中出现的新情况、新问题，保证调查工作的平稳推进。在调查阶段后期，要狠抓调查扫尾工作，严格检查和初步整理调查资料，及时发现问题和就地解决问题。

如果采用间接调查方法（如文献调查法、自填式问卷调查法、网络调查法等），社会调查的组织者也要做好两方面工作：一是与拥有调查对象（如文献、电子记录等）或设备（如网站、有电子记录的硬盘等）的单位做好协调工作，争取它们的支持和帮助。二是组织调查人员做好调查对象（如文献、硬盘、网站等）有关资料的摘录、下载，以及自填式问卷调查的问卷发放和回收等工作。

三、研究阶段

研究阶段的主要任务是：审查、整理资料，统计分析和思维加工。

审查资料，就是对调查的文字资料和数字资料进行全面复核，区分真假和精粗，消除资料中的假、错、缺、冗现象，以保证资料的真实、准确和完整。整理资料，则是对审核后的资料进行初步加工，使之条理化、系统化，并以集中、简明的方式反映调查对象的总体情况和主要特征。

统计分析，就是借助计算机软件、运用统计方法研究社会现象的数量关系，揭示事物的发展规模、水平和结构，说明事物的发展方向、速度和特征等，为思维加工提供准确、系统的数据。

思维加工，就是运用科学的思维方法，以及与调查课题相关的各专门学科的理论和方法，对审查、整理后的文字资料和统计分析后的数据进行分析研究，说明社会现象之间的相关关系或因果关系，检验研究假设，得出研究结论。如果是应用性调查课题，还应提出对策性建议。

总之，研究阶段是社会调查的深化、提高阶段，是从感性认识向理性认识飞跃的阶段。社会调查能否出成果，以及成果质量的高低、社会作用的大小，在很大程度上取决于这个阶段的工作。

四、总结阶段

总结阶段的主要任务是：撰写调查研究报告，评估和总结调查工作。

调查研究报告是调查研究成果的集中体现，是对社会调查工作质量及成果的重要总结。

调查工作的评估和总结，包括对调查报告等成果的评估、应用和对调查工作的总结等。通过评估和总结，既要广泛应用已有调查成果，又要认真总结调查研究工作的经验和教训，寻求改进调查工作的途径和方法，为今后更好地开展社会调查打下良好基础。

总之，总结阶段是社会调查出成果、出经验和服务于社会的阶段。认真做好总结阶段的各项工作，对于展示社会调查成果、发挥社会调查功能、提高社会调查水平和能力具有重要意义。

在实际调查工作中，上述四个阶段是互相连接的，有时还是互相交错的，它们共同构成社会调查的完整过程。这个过程可简要示意为图 3-1：

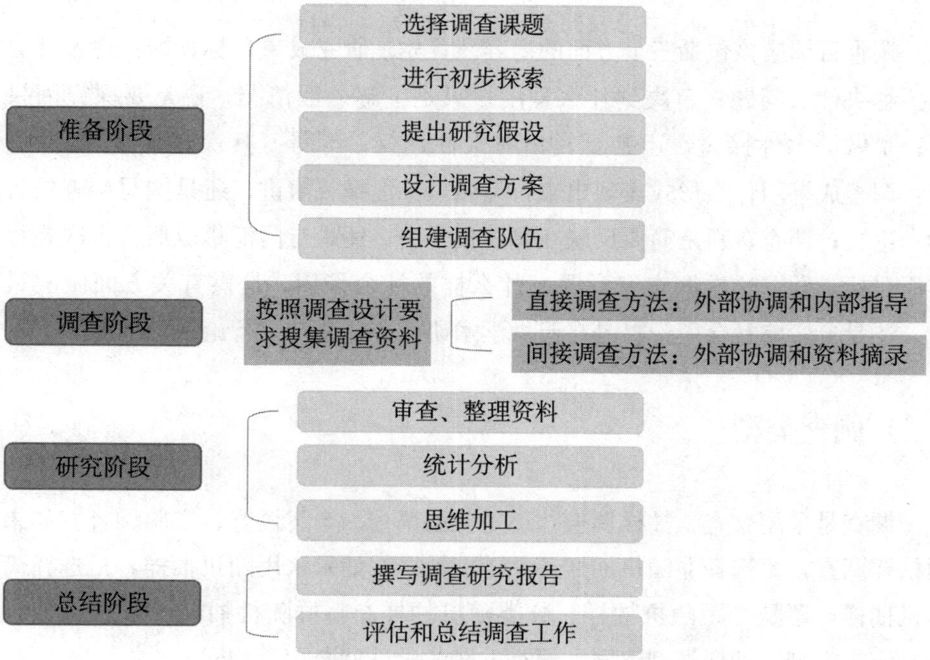

图 3-1　社会调查过程示意图

第二节 社会调查方案的设计

社会调查设计是指在确定了研究课题以后，针对研究课题如何开展所进行的研究规划。一份详细、周密的调查方案是社会调查顺利实施的可靠依据与保证。

一、调查方案的主要内容

社会调查方案是一份研究计划的说明书，是对研究设想的阐述，并对研究程序与步骤、研究方法等做详细的规定。调查方案主要包括以下一些内容。

（一）调查目标

调查目标应该包括三个方面的内容。首先是研究成果目标，即：通过社会调查要解决什么问题；解决到什么程度；只是了解一般情况，还是要探究因果关系；是做学术性探讨，还是要提出对策性建议；等等。其次是成果形式目标，即：调查成果用什么形式表现出来，是做口头汇报或演讲，还是撰写调查报告或学术论文；调查资料是简要反映在调查报告中，还是专门汇集成册。再次是社会作用目标，即：这次调查究竟要起什么样的社会作用，是供有关方面做决策参考，还是要影响社会舆论；是自己做学术研究，还是与同行论争；等等。

（二）调查类型

调查是采用普查、抽样调查，还是典型调查、个案调查、实验调查？如果采用抽样调查，是选择非随机抽样还是随机抽样？如果采用随机抽样，是选择简单随机抽样，还是等距随机抽样、分类随机抽样、整群随机抽样或多阶段随机抽样？调查类型、抽样类型不同，调查方案的设计就会大不相同。

（三）调查内容和工具

设计调查内容和工具，是设计调查方案的关键或核心。调查内容主要通过社会指标、调查指标反映出来，设计社会指标、调查指标的过程，就是设计调查内容的过程。调查工具是指调查指标的物质载体，如调查提纲、调查表格、调查问卷以及各种量表和卡片等。设计的调查内容——社会指标、调查指标，最后都必须通过调查工具表现出来。因此，设计调查指标的过程，实际上就是设计反映社会指标、调查指标的调查提纲、表格、问卷以及各种量表和卡片的过程。此外，对于调查中使用的各种物质手段，如照相机、录音笔、摄影机等，也应在调查前做好安排和准备。

（四）调查地域

社会调查在什么地区进行，是农村、小城镇，还是城市？在多大范围内进行，是社区、乡镇或街道，还是县市、地市、省市，甚至全国或跨国？调查地域的选择主要取决于调查课题的客观需要和调查主体的现实可能。一般来说，应先确定一个恰当范围，然后再选择那些具有代表性的单位进行调查，并尽可能使调查地区相对集中一些。

（五）调查时间

社会调查在什么时间进行，在多长时间内完成？不同的调查课题有不同的最佳调查时间。如人口调查的最佳时间，是人口流动最小、各种干扰最少、实施现场登记最方便的时期；集贸市场调查的最佳时间，是市场交易最活跃的时间；等等。另外，调查方法和规模不同，调查工作的周期也不相同。例如，实验调查法的调查周期就比观察法的长得多，在一个单位进行调查所需要的时间就比在一个地区进行调查所需要的时间少。因此，对于调查工作的时间应该事先进行科学选择和设计。

（六）调查对象

调查对象主要是指实施现场调查的基本单位及其数量。实施现场调查的基本单位可以是个人、家庭、群体、组织、部门、小区，也可以是各种社会事物（如住宅、耐用消费品等）或社会现象（如教育、医疗、婚姻、犯罪等）；调查数量可以是个别的（如典型调查、个案调查）、部分的（如抽样调查），也可以是全部（如普查）。在设计调查方案时，对调查的基本单位、数量及其选取方法等，都应该根据需要和可能做出具体设计和安排。

（七）调查方法

调查方法包括搜集社会信息的方法和研究社会信息的方法。一般来说，调查方法的选择主要取决于调查课题和调查内容的客观需要。但是，同一调查课题往往可以采取不同的调查方法。比如，不同的研究类型，在资料分析方法方面存在一定的差异：描述性调查主要侧重于基本的描述统计和推论统计；解释性调查则主要依赖于双变量与多变量的相关分析及其他一些更为复杂的统计分析方法。究竟选择哪种调查方法，主要取决于调查主体的现实条件和主观选择。

（八）研究假设

虽然并不是所有的调查方案都必须有研究假设，但在一般的调查方案中还是应包括概括程度较高的理论假设和经过概念操作化后得到的经验假设。而且在调查方案中，研究者如果是以研究假设的形式提出要研究的具体问题，则应说明假设中主要概念的测量指标，并具体说明哪些是自变量、哪些是因变量以及变量之间的逻辑关系。据此，可以具体设计调查问卷、观察表格或访谈提纲等。

（九）研究内容

研究内容是社会调查方案撰写中的中心任务，只有在明确了调查研究的具体内容后才能针对所要研究的具体内容开展有针对性的资料收集。在撰写这一部分的内容时，我们应该注意将我们的研究课题分解为相互联系的几部分内容，因为研究课题的确定只是指出了我们所研究现象的大致范围或基本方向。例如，“青年农民工发展状况研究”这一问题就可以被分为“青年农民工的生活状况”“青年农民工的就业状况”“青年农民工的心理状况”等具体问题。

（十）调查队伍

除了个人单独进行的社会调查外，一般较大规模的社会调查都存在着组建调查队伍的问题，包括：如何选择调查人员，如何形成合理的组织结构，如何培训调查人员、提高调查人员素质，以及如何正确使用、有效督导调查人员，等等。

（十一）调查经费

任何社会调查都需要花费一定的费用，包括总体方案策划费、抽样方案与调查问卷设计费、调查问卷印刷费、调查实施费（包括选拔、培训调查员的费用，试调查的费用，交通费，调查员劳务费，管理督导人员劳务费，礼品或谢金费，复查费，等等）、数据录入与统计分析费、调研报告撰写费，以及资料费、复印费、通信联络费等。如何筹集、管理和使用调查经费，怎样用最低的调查成本取得最好的调查成果，是设计调查方案中不可缺少的重要内容。

（十二）调查工作安排

这主要指调查任务和调查时间的安排。调查任务的安排，要力求合理、平衡，符合调查人员的实际能力；调查时间的安排，既要有紧张的节奏和合理的交叉，又要留有余地，以应付可能发生的意外。

二、调查方案设计的基本原则

(一) 实用性原则

设计调查方案必须着眼于实际应用，只有实用性强的调查方案才能真正成为调查工作的行动纲领。要贯彻实用性原则，就必须从调查课题的客观需要和调查者的实际条件出发，慎重设计调查方案。例如，调查地域的大小、调查对象的多少，在很大程度上取决于调查人员的多寡、调查时间的长短和调查经费的多少。调查人员多、时间长、经费充足，调查范围就可大一些，调查对象就可多一些。反之，就应适当缩小调查范围，减少调查对象。总之，实用性是评价调查方案优劣的首要标准。

(二) 时效性原则

设计调查方案必须充分考虑时间效果，特别是一些应用性调查课题往往有很强的时间性。例如，市场调查就必须赶在市场需求发生重大变化之前拿出调查成果，否则调查就会失去意义。对于某些对策性、预测性课题，更应超前调查，尽早拿出调研成果。当然，许多基础性、学术性课题往往需要深入、持久、反复的调查，因此调查工作周期就应适当长一些。但是，即使是这类调查课题也应有时效观念，否则很难适应瞬息万变的现代社会发展的客观需要。

(三) 经济性原则

设计调查方案必须尽可能节约人力、物力、财力和时间，力争用最少的人力、物力、财力和时间投入，取得最好的调查效果。例如，在调查类型的选择上，能够做抽样调查的就不做普遍调查，能够做典型调查、重点调查、个案调查的就不做抽样调查。在调查方法的设计上，能够通过文献调查解决的问题，就不去做现场调查；能够通过观察、访谈解决的调查课题，就不去做实验调查。在调查范围的大小、调查对象的多少、调查时间的长短、调查人员的安排等方面，也都应该尽量节约。

（四）弹性原则

任何调查方案都是事前的设想和安排，它与客观现实之间总会存在或大或小的差异。许多社会环境因素是调查者无法预见和控制的。在实际调查过程中，调查者往往会遇到一些意想不到的新情况、新问题。因此，在设计调查方案时，对于调查工作的安排和要求，应有一个上下左右的调整幅度，应保持一定的弹性。只有这种具有一定弹性的调查方案，才是真正实用的调查方案。

应该指出，对于某些重大、复杂的调查课题，往往需要设计出几套不同的调查方案，以便随着调查现场实施情况的变化及时调整；或者在不同地区采用不同方案实施现场调查，然后对不同方案的调查结果进行对比研究，最后再得出总的调查结论。

三、可行性研究的几种方法

（一）逻辑分析

逻辑分析，即用逻辑方法检验调查设计的可行性。例如，要调查人口的城乡结构，而设计的调查指标却是“农业人口”和“非农业人口”，这样调查出来的资料是不能正确说明人口的城乡结构的。因为，“农村人口”不等于“农业人口”，“城镇人口”也不等于“非农业人口”。“农村人口”与“城镇人口”是按居住地域划分的，“农业人口”与“非农业人口”是按行业类别划分的，它们的内涵和外延都存在着很大差异。上述设计混淆了“农村人口”与“农业人口”、“城镇人口”与“非农业人口”这两对概念，违反了逻辑学上的同一律，因而无论调查结果如何，都不可能正确说明人口的城乡结构。

（二）经验判断

经验判断，即用以往的实践经验来判断调查设计的可行性。例如，根据以往的经验，在调查类型的选择上，对于新生事物的调查，就不能选择普查或抽样调查；在调查方法的设计上，对于文化程度较低的调查对象，就不宜采用自填式问卷调查法；在调查时间的设计上，对于农村调查，一般不应选择在农忙季节进行；在调查地域的设计上，如果人力、财力、物力和时间有限，就不宜选点过远、分布过广；等等。总之，当调查方案设计出来后，可请有经验的专家或实际工作者对调查方案的可行性做出评价或判断。

（三）试调查

试调查，即通过小规模实地调查来检验设计的调查方案的可行性，并根据试调查结果来修改和完善调查方案。逻辑分析和经验判断这两种方法简便、易行，它们是调查方案可行性研究中最常用的方法。但是，它们有很大的局限性。逻辑分析方法主要适用于对社会指标和调查指标的设计进行可行性研究，而对于其他方面的可行性研究的适用性比较差。此外，有些调查指标的设计在逻辑上是正确的，但在实际调查中却行不通。例如，"闲暇时间"的抽象定义是：人们在劳动时间之外，除去满足生理需要和家务劳动时间之后，剩下来可自由支配的时间。它的操作定义是："闲暇时间"＝24 小时－工作或劳动时间－上下班路途时间－睡眠时间－家务劳动时间－必要的个人生活时间（如吃饭、大小便、盥洗等）。这一设计在逻辑上没有错误，但是在农村调查中却往往不适用。比如，农村青年边照看庄稼边玩手机、听音乐，农村妇女边照顾孩子边打麻将。在这种情形下，应该如何计算他（她）们的闲暇时间？经验判断的局限性更为明显，因为人们的实践经验不同，判断能力不同，即使经验丰富、判断力强的人，也只能判断他们比较熟悉的东西，而对于新事物、新情况、新问题就很难单凭经验做判断。显然，仅仅用逻辑分析和经验判断方法，还不能最终说明调查方案的可行性。实践证明，只有试调查才是对调查方案进行可行性研究的最基本、最重要的方法。

第三节
社会调查的关键环节

一项具体的社会调查开始于对研究问题的选择，而"好的选题等于成功了一半"。所以，发现、提出问题是研究中非常关键的一环，它对于解决问题具有重要意义。

一、选择调查课题

在社会调查中，人们总是从提出问题开始，然后建立研究假设或提出研究设想，接下来进行资料的收集、整理，最后通过对资料的分析和思维加工，得出研究结论。

（一）选题的意义

选题，是指在研究领域内选择和确定自己需要研究的可以成为问题的“问题”。从社会调查的角度看，选择和确定课题的意义在于：

（1）有助于确定调查的方向或目标。只有研究课题确定后，才能确定调查的范围、对象和内容。因为社会调查作为人们了解社会现象、探索社会规律的一种认识活动，是十分具体、明确、有针对性的。问题意识的凸显，直接影响到调查的学术意义和实践意义。

（2）直接影响到研究质量和研究结果。一个正确的选题，固然不能保证社会调查一定取得成功，但却是社会调查取得成功的必要条件。一方面，一个不适当的选题本身就意味着它的研究质量不会很高，它的研究结果和结论可能是前人研究的重复。另一方面，课题的选择与研究者能力、社会生活的经验积累以及各种客观条件不相符合，也不可能得出高质量的研究成果。

（3）充当人类了解和认识社会的阶梯。社会调查是在一定的社会历史条件下，研究那些客观上已经趋于成熟，又迫切需要解决的问题。研究问题的提出，实际上就是从某一实际问题出发建构命题，本身就具有认识的功能。同时，提出这些问题，也为这些问题的解决开辟了道路，把人类对于社会的认识推向新的高度。因此，正确而适当的选题，不仅可以导致新的知识的产生，而且会推动与引导人们去解决现实的问题。

（二）选题的标准

一般来说，选题的标准实际上是一种价值选择。研究者可以根据自己的学术旨趣、自己的研究能力和研究条件，抑或自己的价值偏好等，来选择研究课题。在实践中，人们通常采用下列几条标准作为选择课题的依据。

（1）重要性。指研究课题所具有的意义和价值，即所选择的研究课题具有的理论意义、实践意义或社会意义。研究课题的理论意义主要是指研究课题对一门学科的发展、对某种理论的形成或检验、对社会规律的认识、对社会现象的解释等所做的贡献。研究课题的实践意义或社会意义主要是指研究课题能对现实中存在的社会问题进行科学的回答，并能对解决或改善这类社会问题提供建议和对策。

（2）科学性。指在科学理论指导下选择调查课题。这里所说的科学理论，首先是指被实践反复证明了的和不断发展着的科学世界观和方法论——辩证唯物主义和历史唯物主义，同时也包括与调查课题有关的各专门学科的科学理论。如果选择的调查课题直接违背辩证唯物主义、历史唯物主义的基本原理，直接违背各有关专门学科的科学理论，那么，这样的课题就绝不是正确的调查课题，这样的调查就绝不可能得出正确的调查结论。

（3）创造性。指研究问题具有某种新的东西，具有某些与众不同的地方，课题的研究能为相关领域增加新知识。社会调查作为一种科学的认识活动，它的每一项具体研究都必须能够在某些方面增加人们对现实世界的认识，能够为人们了解、理解、熟悉和掌握现实社会生活中的各种现象、各种问题、各种规律提供新的东西，而不能总是在同一领域、同一范围、同一层次上重复别人的研究，重提已有的结论。

（4）可行性。指选择的课题要与研究者的研究能力、研究条件和各种社会因素相适应。在课题选择过程中，研究者往往受到理论素养、知识水平、生活阅历和研究兴趣的制约。研究能力是一个综合性的概念，不仅包括研究者的社会经验、知识结构、研究经验、组织能力和分析能力等，甚至还包括研究者的性别、年龄、语言、体力等纯生理因素。对于初学者来说，重要的是选题不宜太大，不要轻易在自己不太熟悉的生活中选择研究课题。选题太深或太浅，都是不恰当的。就调查客体而言，选择的调查课题必须与客观事物的发展程度，与调查对象的回答能力和合作意愿相符合。就调查环境而言，选择的调查课题必须与当时当地的经济、政治、文化、社会、生态环境相适应。只有这种与调查主体、调查客体、调查环境的客观需要和现实可能相符合的课题，才是有可能完成的正确调查课题。

上述四条标准既互相区别又互相联系。

（三）选题的方法

对于社会现象的研究者来说，要选择一个有价值、有新意、可行，并且适合个人情况的研究问题，没有普遍适用的方法。但这并不意味着我们要寄希望于运气，或者期待某种突发的灵感。我们应该依靠自己掌握的理论知识，所熟悉的生活经历，所具有的观察、分析能力，以及对选择研究问题过程中的某些带规律性的方法和常见的选题途径的熟悉和了解，去选择调查课题。

调查课题的选择和确定是一个过程，在选择和确定调查课题时，除了要明确调查课题的边界外，更为重要的是确定在调查课题中你要想解决或探索的问题是什么。这也就是人们通常所说的“问题意识”，包括你能不能提出问题，从什么角度提出问题，在什么样的理论背景下提出问题，问题的研究有什么意义，等等。

从思维方法的角度说，选题的确定依赖于研究者的思考与怀疑。如果人们不能对社会生活的各种现象加以思考，不能提出问题，不能怀疑，就无所谓“问题”。从社会调查的角度看，所谓“问题意识”就是人们在考虑任何问题时都要把这些问题放在一定的历史的、社会的背景下，都要分析无数个个人是怎样主动参与、共同建构行为规范的，并采用适当的理论解释或诠释人们的行为或观念。问题的形成依赖于研究者的知识结构，尤其是理论知识结构。没有理论，就不可能有科学的、理性的怀疑。因此，“问题意识”又是和“理论意识”密切关联的，即在一定的理论框架下思考和分析特殊的社会现象。同时，怀疑是建立在对社会生活观察的积累之上的，是在对社会生活的观察过程中提出自己的疑问，不是无端怀疑、乱加怀疑。但是，仅仅提出疑问还不够，还必须考察这样的疑问在人类的“知识库”中是否已经得到了解释。

一般来说，正确的选题至少应该符合以下三个条件中的一个。一是研究对象是一种没有被其他人研究过的新的社会现象；二是社会现象已经被研究过，但可以采用一种新的理论或是新的方法重新对其进行解释和分析；三是社会现象曾经被研究过，但由于现实生活发生了很大变化，我们需要重新进行调查，客观描述这一现象的基本状况，并在此基础上进行解释和分析。

(四) 选题的来源

1. 来源于理论思维

在社会调查中，研究问题的产生依赖于研究者的知识结构和理论素养。巴比在《社会研究方法》一书中阐述了对研究者“提出问题”富有启发的四种方法论。

一是涂尔干的“社会事实论”。该方法论认为，社会事实是先于个体的生命而存在的，是由先行的社会事实形成的。社会事实以外在的形式“强制”个人，并塑造了人的意识。显然这是一种典型的实证主义的认识，即认为人们的行为和观念都是与一定的社会背景有关的，个人生活在社会中实际上是非常无奈的，如同人们通常所说的“人在江湖，身不由己”。

二是米尔斯的“社会学的想象力”。米尔斯在《社会学的想象力》一书中认为，社会学的想象力是一种心智的品质，这种品质可以帮助人们利用信息增进理性，从而使他们看清世事，以及发生在他们之间的事情的清晰全貌，即“个人只有通过置身于所处的时代，才能够理解他自己的经历并把握自身的命运。他只有变得知晓他所身处的环境中所有个人的生活机遇，才能明了他自己的生活机遇”。米尔斯还认为，人们所面对的“问题”可以分为两类：一类是“个人困扰”，它只关系到个人直接体验的有限的社会生活领域，个人感到所珍重的价值受到了威胁；另一类是“公共议题”，它常常包含制度上、结构上的危机。社会生活中的问题并不都是社会问题，只有那些与社会制度、社会结构有关的问题才是社会问题。同时，对属于“个人困扰”问题的认识需要超越个人所处的局部环境，发现可能隐藏的结构性问题。

三是以加芬克尔等为代表的“常人方法论”。“常人方法论”的最大特点是不把“理所当然”看作“理所当然”，而认为人类是在一种持续的基础上，不断地在实践中创造和重塑这个世界，当这种“理所当然”的常规被打破之后，人们可以发现这种常规背后所隐藏的潜在的社会事实。影响人们行为的各种游戏规则不管是明文规定的，还是约定俗成的，都是千百万人通过自己的行动有意和无意建构起来的。

四是吉登斯的“结构二重性”理论。该理论认为“人们在一个受制约的社会里建构一个制约自己的社会”，“社会”是理论或意识形态与行动者之间双向互动的结果①。

一般认为，“社会事实论”和“社会学的想象力”是结构主义的认识方法，“常人方法论”是建构主义的认识方法，吉登斯的“结构二重性”理论是上述两种认识方法的结合。

2. 来源于经验生活

生活实践是社会调查课题最主要、最丰富的来源。人们常说：“理论是灰色的，实践之树常青。”经验生活中的日常琐事看似简单，但实际上背后隐藏着需要研究的问题。研究者可以从经验生活中获得有用的信息，帮助或启发选择和确定调查课题。经验生活主要包括三个方面：个人的生活经历，个人对周边世界的观察，个人通过媒体获得的各种信息。个人的生活经历形成了人们观察各种事物、理解各种现象的基本视角和出发点。许多有创造性的研究课题就是通过从个人的生活经历中寻求灵感而发现的。同时，为了揭开社会生活的面纱，研究者应培养米尔斯所说的“社会学的想象力”，善于观察，勤于思考，要对周围发生的事件保持高度的敏感性，善于从每时每刻发生的、司空见惯的，甚至是人们熟视无睹的现象中发现需要调查、值得探讨的问题。此外，在接受媒体的信息时，要养成经常对各种社会现象、社会行为、社会心理和社会问题问“为什么”的习

---

① 巴比．社会研究方法：第11版．北京：华夏出版社，2009：55.

惯，这样就能从纷繁复杂的生活大潮中，从千变万化的社会现象中，概括出值得研究和探讨的问题。

3. 来源于文献查阅

除了个人直接体验到的经验生活外，还有一个更大的社会空间是个人无法直接体验的，这时就需要借助于文献资料。文献是前人和他人思想的结晶。阅读学术著作、学术论文是获得研究课题灵感的重要来源之一。从学术著作、论文中，我们不仅能发现可供研究的社会问题，而且能了解学术界的动态，收集学术信息，获知相对全面的研究背景和理论。

一般来说，应依据相近性、发表的时间、作者的学术影响三个原则来选择应该详细阅读的文献。阅读时应带着审视、提问、评论和怀疑的态度，例如：发现事实（证据）的分类次序（怎样组织和说明事实的）；提炼文献中的基本观点，并探察它们的针对性；对比各种观点，理解不同观点的视角和解释，以及各自给出的理由，发现共性和分歧所在；发现观点的连续性进展；观察统计资料的相互证明性和一致性，看是否存在矛盾；理解行为或事件的理由；理解社会行为或事件的前因后果；区分事实（客观的统计资料、历史文献、档案记录、实地访谈等证据）和意见（作者的假设、判断、说明和评论）。

在文献阅读中，我们一定要保持质疑的态度，获取文献中的价值，不断得到启发，从而为选择研究课题奠定基础。

为了促进在阅读中思考，一个有效的办法就是撰写读书笔记和读书报告。写读书笔记和读书报告的目的是记录对文献的理解、困惑、提问和评估。通过写读书笔记和读本报告，能加深对文献要回答的问题的理解，加深对文献的论证、分析、使用方法和结论的理解，更重要的是，促进对该文献的思考。

二、初步探索与形成研究假设

在选定调查课题后，研究者必须围绕选定的调查课题进行一些初步的、探索性的调查和研究，并形成研究假设。

(一) 初步探索

初步探索的主要目的，不是直接回答调查课题所要解决的问题，而是为设计调查方案提供可靠的客观依据，为正确解决调查课题探寻可供选择的方向和道路。

1. 初步探索的基本任务

一是确定调查研究的起点和重点。为了正确选择调查研究的起点和重点，必须弄清楚前人和他人对类似课题已做过哪些调查研究，搜集了哪些资料，解决了哪些问题，还有哪些问题没有被解决或没有被完全解决，特别是要着重了解当前与本课题有关的各种新情况、新变化，以及那些已成为社会热点的新问题。

二是明确调查课题。在实际的研究中，初学者往往会把研究主题与研究问题相混淆。研究主题是研究所涉及的某一类现象领域或问题领域，与问题相比显得更广泛、更一般，如婚姻、家庭、人际关系、社会流动等。所以，要避免研究课题含糊、宽泛和笼统，就要进行初步探索，使研究问题明确、具体：将最初头脑中比较含糊的想法，变成清楚明确的研究问题；将最初比较笼统、比较宽泛的研究范围或领域，变成特定领域的特定现象或特定问题；把最初比较笼统的研究对象，变成具体的可操作的具体对象。

三是形成研究假设。设计调查方案，必须以一定的研究假设为指导，否则就不可能设计出科学的调查方案。因此，在初步探索过程中，要着重研究人们有哪些新看法、新意见，并根据客观实际情况对这些观点、建议、看法、意见做出自己的判断，形成自己对此调查课题的基本观点和看法，并提出研究假设作为自己调查研究的理论前提。

四是形成调查指标、调查方法和调查工作方案。了解前人和他人使用过的社会指标、调查指标、调查方法，看有哪些经验和教训，为自己形成课题研究的思路、方案和步骤提供借鉴。

2. 初步探索的主要方法

初步探索一般从查阅文献开始。在确定选题的过程中，研究者就已经查阅了与调查课题有关的各种文献；但是为了进一步验证选题是否恰当，并使问题明确化和形成研究假设，研究者还必须进一步阅读文献，写出文献回顾。尽管现代社会文献浩如烟海，要把古今中外、上下左右的有关文献全部查到是不可能的，但是应该尽可能把有代表性的基本文献查找到。只有这样，才能使自己的调查真正站在“历史巨人的肩上”。

写文献回顾的主要目的，一是通过评估分析已有研究的贡献和局限，凸显自己研究的价值。二是寻找自己研究的专业（问题）定位，说明自己的问题与学界关注的问题有什么联系，让自己的研究对更基本的问题有所回应，以便使自己的研究上升为与普遍问题有关的工作。三是寻找自己不同于前人之处，阐明自己研究的进展和特点，让自己的研究发现尽可能具有原创性。

文献回顾不仅要综述他人的研究，还要评估这些研究的长短，不断将这些研究与自己的工作进行比较，从存在的“短”处寻找突破口。我们要养成把研究工作和日常生活经验相结合的习惯，善于抓住任何与问题邂逅的机会，及时把自己阅读文献的心得和观察日常生活的体会记录下来，建立自己的学术档案。

咨询是初步探索的另一重要方法。初步探索不能埋头在文献中，而必须走入活生生的现实社会，向一切内行的人征询、请教、学习。咨询要广泛：既要向理论造诣较深的专家、教授请教，又要向有丰富经验的实践者学习；既要向上级机关工作人员请教，又要向基层干部和群众学习；特别是要向那些处于不同地位、有着不同状态、持有不同观点的人咨询。咨询还要有准备，在咨询之前，要努力做到对咨询对象、咨询问题有较多了解，力求向最合适的对象咨询最合适的问题，以最短的时间取得最好的咨询效果。

实地考察是初步探索最基本、最重要的方法。因为，查阅文献是了解过去的知识，咨询是了解别人掌握的知识，所有这些知识都是经过文献撰写者和受咨询者头脑剪裁或改造过了的间接的东西，它们与客观现实之间总会有某些差异。初步探索要形成新观点、提出新建议，决不能仅仅依靠这些第二手、第三手材料，而必须深入实地做现场考察。

查阅文献、咨询和实地考察，是初步探索的三种主要方法。在实际工作中，它们往往是结合使用、交叉使用、轮换使用的。

（二）形成研究假设

1. 何谓研究假设

研究假设亦称研究假说，是指对所研究的社会现象的规律或社会现象之间的关系所做的，尚未经过实践检验的假定性设想或说明。一定的客观性、科学性和可检验性，是科学研究假设的基本要求。研究假设不是纯主观的推测，它必须以一定的客观事实为依据，而不能与已知的客观事实相违背；必须以一定的科学理论为指导，而不能与被实践反复证明了的科学原理相矛盾；必须可以被实践证实或证伪，而不能是一个无法被实践检验的虚幻设想或推测。

2. 研究假设的作用

第一，研究假设是设计调查方案的指南。任何调查方案的设计，特别是社会指标、调查指标的设计，都必须以一定的研究假设为指南。

第二，研究假设是搜集社会信息的向导。在搜集社会信息——无论是直接感知社会现象还是间接查阅各种文献——的过程中，研究假设都具有明显的向导作用。

第三，研究假设是探索客观真理的桥梁。人们通过调查掌握的客观事实，是检验研究假设的最重要依据。在检验过程中，原有的研究假设可能被证实，可能被证伪，在更多的情况下则是被修改、补充和完善。随着调查逐步深入，原有的研究假设被不断地修改、补充和完善，人们的认识就越来越接近客观实际，直到最后发现真理。

提出研究假设，是整个社会调查的关键环节。从一定意义上说，在此之前的各项工作，都是为了建立研究假设；在此之后的各项工作，则都是为了证实、证伪或修改、补充和完善研究假设。然而，并不是每一种调查课题都要求事先提出明确的研究假设。例如，某些描述性调查就不需要提出研究假设；初步探索时的实地调查，也很难事先提出明确的研究假设。但是，一切规范的因果性调查和预测性调查，则应在设计调查方案之前提出明确的研究假设，否则不可能设计出科学的调查方案。

3. 研究假设形成的必要条件

科学的研究假设是创造性思维的产物，它的形成是一个复杂的思维过程，需要具备如下必要条件：

第一，丰富的实践经验。只有客观地认识了形成经验的具体历史条件，掌握了研究对象内在矛盾和外部条件的新情况、新变化，才有可能从过去的经验中推断出具有一定客观性的研究假设。

第二，科学的理论知识。要形成科学的研究假设，不能仅仅以过去的经验为依据，而必须求助于科学理论。科学理论是对客观事物本质及发展规律的正确反映，它对人们正确认识新事物具有重要指导意义。只有自觉地以科学的世界观、方法论和与调查课题有关的科学理论为指导，深入研究有关调查课题的各种新情况、新问题，并努力把理论与实际结合起来，才有可能从现有科学原理中推导出具有一定科学性的研究假设。

第三，客观实际情况。只有到实践中去，通过实地考察，亲自掌握研究对象的特殊情况和最新信息，才能回答以往经验和现有理论不能完全回答的问题。只有善于把过去经验、现有理论与实地考察的最新成果结合起来，才有可能概括出具有一定独创性的研究假设。

第四，一定的想象力。人的意识不仅反映客观世界，而且创造客观世界。要创造客观世界，就离不开科学想象，就必须首先在科学想象中把它创造出来。科学想象绝不是胡思乱想、任意猜测，而是以过去经验、现有理论和客观事实为依据的合乎逻辑的联想和推测。

4. 假设的表达形式与要求

假设的表达形式有多种：

(1) 条件式。“如果 A，则 B”，如“高受教育程度倾向于低生育率”。

(2) 差异式。“A 不同，B 也不同”或“A 不同，B 相同”，如“年龄不同的人，生活方式也不同”，或“年龄不同的人，在生活方式上没有差异”。

(3) 函数式。“A是B的函数：A=f(B)”。

在调查研究中，很少用数学公式表示两个事实之间的关系，通常以“本调查的目的在于探讨A与B之间的关系”这样的说法来代替。好的假设应该满足以下要求：

首先是科学性。尽管假设是一种有待验证的猜测，但这并不意味着可以毫无事实根据地推测和主观臆断。这就是说，假设要有一定的科学依据，建立在明确的概念、已有的科学理论和科学事实的基础上，并且已经得到了一定的科学论证。

其次是解释性。假设应当对调查对象做出初步解释，说明现象间的因果关系。尽管调查对象内部关系可能十分复杂，但作为研究假设，必须对现象间的因果关系做出明确解释。

再次是清晰性。假设的语言必须明晰，而不能含混不清、模棱两可。它既要明确表达研究者对有关问题的假定性判断，又要使别人清楚地知道调查所要回答的问题的内容和性质。

最后是可检验性。提出的研究假设必须是可以检验的。这就是说，假设必须是可以证实或者可以证伪的，而不能是一个无法检验的胡乱设想或推测。

选择调查课题之后，进行初步探索、提出研究假设，都是为设计调查方案服务的。设计调查方案，是准备阶段的中心任务。

三、明确分析单位

在社会调查设计中，研究者必须明确社会调查的分析单位，通过对分析单位的特征及分布进行归纳总结，从而描述总体对象的状况或解释社会现象之间的相互关系或因果关系。

（一）何谓分析单位

分析单位，是指调查者在社会调查过程中所要调查和描述的对象，它是研究的基本单位和载体。

分析单位不同于研究内容与调查单位（调查对象），也不同于抽样单位。分析单位是一项社会调查中所研究的对象；而调查单位或对象则是调查者在实际调查（以统计调查和实地调查为主）中直接收集资料的对象。例如，我们做一项组织间的权力关系结构的社会调查，我们的分析单位是“组织”，而我们的调查单位或对象则是每一个组织中的成员。不过在以个人为分析单位的调查中，调查单位和分析单位也可能是一致的。一般来说，分析单位等同于抽样单位，但有时分析单位与抽样单位不一致。例如，在分析家长对子女的态度时，分析单位是家长，而抽样单位可能是“户”。①

分析单位的特点是，调查所收集的资料可以直接描述分析单位的每一个个体；可以描述由这些个体组成的群体；可以考察和归纳相同事物的特征，解释调查对象内社会现象之间的差别；还可以在对具体现象和个人行为的观察、描述和解释的基础上加以综合，描述更大的群体或解释某些抽象的社会现象。在社会调查中，虽然个人是使用最为频繁的分析单位，但依据调查课题的不同性质与目的，我们可以选择其他如群体、组织等不同于个人层次的分析单位。

（二）分析单位的主要类型

分析单位有五种主要类型，即个人、群体、组织、社区、社会事物。

1. 个人

在社会调查中，以个人为分析单位是最为常见的。这是因为，一方面个体是构成社会整体的基本单位，再复杂的社会结构特征，也总能在社会中的个体身上找到表现的证据，以个体为分析单位可以概括出社会总体的构成特征或现象间的因果关系；另一方面则与我们调查研究的性质有关，无论是在统计调查还是在实地研究中，调查者收集资料的对象最终总会落实到具体的个体身上，正是通过从这些个体身上收集得到的各种资料，调查者才能通过分析综合，得到研究结果。例如，对于“××大学在校学生消费行为研究”这一课题，该校每一个在校的大学生就是分析单位。调查者可以用性别、户籍来源、专业类别等来描述他们的特征。通过对这些特征的归纳、总结，可以分析该校大学生总体的消费水平及其特征分布，也可以解释不同户籍类别、生活来源的大学生之间在消费行为方面存在的差异。

用个人作为分析单位的描述性调查，一般用来描述由那些个人所组成的总体及其特征分布；用个人作为分析单位的解释性调查，则是为了发现总体中社会现象之间的相关关系和因果关系，分析研究对象可能的变化发展趋势②。例如在上述研究中，调查者可能能够得出“来自城市的大学生的消费水平高于来自农村的

---

① 袁方．社会研究方法教程．北京：北京大学出版社，2010：151.

② 仇立平．社会研究方法．重庆：重庆大学出版社，2008：96.

大学生的消费水平”或“家庭社会地位高的大学生的消费水平往往高于家庭社会地位低的大学生的消费水平”等结论。在这两种情形下，分析单位始终是个人，而不是户籍类别或者家庭出身。

2. 群体

在社会调查中，群体也常常被作为分析单位。群体指的是人们通过某种社会纽带联结起来，共同从事若干群体活动，用以满足群体成员物质目标或精神目标的共同体。个人不能离开群体而独自生存，因此，由社会个体所组成的群体在日常生活中随处可见。如因业缘关系形成的农民工群体、因血缘关系形成的家庭，以及因地缘关系形成的邻里街坊等。

以各种社会群体为分析单位的调查研究与那些以个人为分析单位的调查研究，在描述的对象上有所不同。例如，如果我们打算研究高校社团中的成员，以了解他们参加社团的动机和类型，那么社团中的成员就是我们的分析单位；但是，如果我们打算研究某个高校的所有社团，以了解它们相互之间存在的差别，那么我们的分析单位就不再是社团中的成员，而是社团本身。

在以群体为分析单位的社会调查中，有一个问题需要予以重视，即分析单位的层次问题。群体的特征可以从群体成员的个人特征中抽象出来，可以用个体的特征概括出群体的特征，但是反过来却不行。因为诸如群体结构、群体规模等方面的特征是不能用来概括群体成员的个人特征的。例如，在新生代农民工的研究中，我们用新生代农民工的性别构成、文化程度、分布行业等特征来概括新生代农民工整体的特征，但是新生代农民工的整体构成结构、规模等特征是不能用来描述农民工个体的。与分析单位层次有关的另一个需要注意的问题是，分析单位的层次越高，它所能使用的分析单位也越多。正如，在新生代农民工的研究中，尽管分析单位是群体，但是我们仍然可以用新生代农民工个体来分析整个群体的内部特征。当然，在下结论时，要注意我们分析的单位是群体。

3. 组织

组织是指由具有共同目标和明确分工的一群人所组成的单位，如企业、商店、公司、学校、医院、机关单位、政党等。组织同样可以成为社会调查的分析单位。例如，美国新制度学派兴起时，许多经验研究的分析单位是各种类型的经济组织。把组织作为分析单位主要是为了研究组织内部的结构特征，以及不同组织之间的特点和差别。

组织和群体虽然在形态、性质、结构模式和构成要素等方面存在差异，但是两者在作为分析单位时，都是由若干个个体组成的，因而作为分析单位的组织所具有的某些特征，也与组织中的个体和群体特征存在着紧密关系。因此，与群体一样，仍然要注意分析组织的层次问题。但是在下结论时，尤其是在比较的基础上下结论时，仍然要以组织为分析单位。

4. 社区

社区作为一定地域中人们生活的共同体，也可以作为社会调查的分析单位，如乡村、小城镇、城市等。社区内的人们一般共同从事社会、政治、经济等活动，并具有较为一致的文化规范和价值标准。将社区作为分析单位一般是为了描述社区居民的生活状况、交往活动、文化活动、行为规范以及社区的风俗习惯等①，在社会调查中的实地研究方式中有较普遍的运用。将社区作为分析单位时，在具体研究中可以同时采用“个人”“群体”“组织”这样一些分析单位，但是我们需要注意的是在对不同社区进行比较和分析时，分析单位应该是社区。

5. 社会事物

个人、群体、组织和社区四种分析单位是我们可以在社会调查中真正把握的“社会实体”，是社会调查中被广泛使用的分析单位。但是因为社会现象本身的极其复杂性和多样性，这四种分析单位并不能概括所有的社会现象，我们将它们所无法涵盖的这一类分析单位称为社会产品或社会事物。比如，书籍、报刊、歌曲、广告、服饰等，是此类分析单位中的一大类型；而婚姻、生育、学习、求职等个体的行为，则是分析单位中的另一种类型。此外，诸如家庭制度、风俗习惯等更为抽象也更为复杂的分析单位，也属于社会事物。将社会事物作为分析单位时，仍需要采用个人、群体、组织和社区作为分析单位，但我们需要注意的是，在做结论时要以社会事物为分析单位。

（三）区群谬误与简化论

研究者在使用分析单位概括研究结论时要注意避免区群谬误和简化论两种错误。

1. 区群谬误

“区群”指的是在个人之上，大于个人的群体、组织和社区。区群谬误(ecological fallacy)，又称层次谬误或体系错误，是指研究者用一种比较高的分析单位做研究，而用另一种比较低的分析单位做结论。区群谬误的主要原因在于当采用层次较高的“区群”为分析单位时，实证资料大部分来自对个人的调查。

在社会调查中，研究者如果用来自个人的调查资料来说明更高层次分析单位的整体特征，就容易犯区群谬误。例如，当以城市为分析单位研究居民的消费行为时，调查者发现居民收入比较高的城市，其消费水平要高于居民收入比较低的

① 袁方．社会研究方法教程．北京：北京大学出版社，2010：152.

城市，呈现出“城市的居民收入越高，该城市的消费水平也越高”的趋势。调查者如果就此得出结论说“居民收入越高，居民的消费水平也越高”，就犯了区群谬误。[①] 如果调查者从政府统计部门那里获得的是以城市（分析单位是社区）为单位的统计资料，那么所得出的只能是有关城市的结论，而不能直接以居民的收入（分析单位是个人）解释他们在消费水平上的差异。比较正确的结论应该是“居民收入越高的城市，它的消费水平也较高”，其隐含的是与“居民收入较低的城市”做比较。如果以个人为分析单位，就应该采用抽样调查的方法，直接在该城市居民那里收集有关收入和消费的资料，分析居民收入和消费水平之间的关系，并在此基础上得出有关结论。

2. 简化论

简化论，又称简约论、还原论。简化论发生的主要原因在于研究者用个体层次的微观特征及其分布来解释宏观层次的现象，和我们日常生活中所说的“以偏概全”相类似。简化论在社会调查中的表现有：第一，研究者仅仅用十分特殊的个体资料来解释宏观层次的现象，或者说用比较低的分析单位来进行测量，而在比较高的分析单位上得出结论。因此，它在形式上正好与区群谬误相反。例如，在以“某个省”为标题的问题研究中，却以社区或村庄为例，运用的是社区或村庄层面的资料。在这里，它的分析单位是一个社区或村庄，要解释的却是一个省。第二，用一组特殊的、比较狭窄的概念或变量来解释社会现象或问题。

无论是区群谬误还是简化论，都是因为选用不恰当的分析单位而产生的。因此，在社会调查中，恰当选择分析单位具有重要的意义。

四、组建调查队伍

调查队伍，是指由调查人员组成的有组织的集体。要组建一支能顺利完成社会调查任务的队伍，必须认真做好调查人员的选择和培训工作。

（一）调查人员的选择

要组建一支好的调查队伍，必须认真选择调查人员，并形成合理的组织结构。

要正确选择调查人员，必须首先考虑调查人员的个人素质。一般来说，一个

---

① 仇立平．社会研究方法．重庆：重庆大学出版社，2008：100.

合格的调查人员，应该具备以下一些基本素质：

（1）要有良好的政治素质。社会调查的根本目的是为人民谋利益。因此，强烈的使命感、较高的政治觉悟、坚定的理想信念、良好的道德品质、熟悉党和国家的方针政策，应该成为每个调查人员最基本的素质。

（2）要有脚踏实地的决心。要面向基层、面向群众去做调查，否则不可能调查到真实情况。

（3）要有务实的工作作风。坚持深入实际、求真务实，做到实事求是，是调查工作的生命线。要尊重客观实际，做到不唯上、不唯书，只唯实。要对新事物有特殊的感情，要有强烈的创新冲动，不放过一切创新的机会。

（4）要有文化科学知识和技能。调查人员要有一定的阅读能力、文字表达能力和数学知识，能适应填表格、做记录、搞统计的需要。要有理论思维能力和分析综合能力，能发现问题，并运用理论思维和逻辑思维对已知情况进行归纳、提炼和总结。要有一定的实地观察、人际交往和灵活应对特殊情况的经验。要善于倾听、耐心观察，形成敏锐的观察力、灵敏的反应力、敏捷的思考力和丰富的想象力。

（5）要有积极的创新精神。调查研究是一种创造性劳动，勇于创新是调查人员获得创造性成果的内在动力。

（6）要有吃苦耐劳的精神和健康的体魄。社会调查是一项艰苦的工作，每一个调查人员都应该有吃苦耐劳的精神和良好的身体素质，要能适应流动性工作、生活条件和各种艰苦环境。

要组建一支好的调查队伍，还必须考虑调查人员的组织结构，如职能结构、知识结构、能力结构、年龄结构、性别结构和地域结构。

（二）调查人员的培训

要组建一支好的调查队伍，不仅要正确选择调查人员，而且要对调查人员进行必要的培训。

调查人员的培训，一般应该包括以下几方面内容：

（1）思想教育。要围绕调查课题进行思想教育，使每个调查人员都能认识到调查该课题的目的和意义，从而激发调查人员从事该项课题的积极性和主动性。

（2）知识准备。要组织调查人员学习与调查课题有关的理论知识、实际知识，党和国家有关方针政策、法律法规，使调查人员对调查课题的现状有概略了解，有分析、思考问题的基本方向。

（3）方法训练。要根据调查方案的要求，让调查人员有选择、有重点地学习、训练调查研究方法。学习、训练时，要坚持理论与实际相结合的原则，着重在“用”字上下功夫，特别是要帮助调查人员学会灵活应对特殊情况或意外事件的方法。

上述三方面培训内容是互相联系、互相影响的。其中，思想教育是先导，知识准备是基础，方法训练是重点。此外，有关社会调查的步骤和安排、调查人员必须遵守的规章和制度等，也是培训不可缺少的内容。

培训调查人员，常用的方法有以下几种：集中讲授、阅读和讨论、示范和模拟、试调查。其中，试调查格外重要。试调查不同于模拟调查，它所处的不是人为的社会环境，而是真实的社会环境；面对的不是装扮的调查对象，而是真实的调查对象。同时，试调查也不同于实际调查，它的主要目的不是获取调查材料，而是学习调查方法。因此，试调查一般应先由有经验的调查人员来主持，在试调查后，应及时讲评和总结。实践证明，试调查是培训调查人员最有效的方法。

本章要点

1. 社会调查一般包括准备、调查、研究和总结四个阶段。准备阶段是社会调查的决策阶段。调查阶段是获取第一手资料的关键阶段。研究阶段是社会调查从感性认识向理性认识飞跃的阶段。总结阶段是社会调查出成果、出经验和服务于社会的阶段。

2. 调查方案应该包括调查目标、调查类型、调查内容和工具、调查地域、调查时间、调查对象、调查方法、研究假设、研究内容、调查队伍、调查经费，以及调查工作安排等内容。

3. 选择和确定调查课题的意义在于：有助于确定调查的方向或目标；直接影响到研究质量和研究结果；充当人类了解和认识社会的阶梯。

4. 选择调查课题的依据是：重要性、科学性、创造性和可行性。

5. 调查课题的选择和确定是一个过程，在选择和确定调查课题时，除了要明确调查课题的边界外，更为重要的是确定在调查课题中你要想解决或探索的问题是什么，也就是人们通常所说的“问题意识”。

6. 选题的来源：理论思维、经验生活和文献查阅。

7. 研究问题的明确化：通过对研究问题进行某种界定，给予明确陈述，将主题变为问题。

8. 初步探索的主要目的，是为设计调查方案提供可靠的客观依据，为正确解决调查课题探寻可供选择的方向和道路。

9. 研究假设亦称研究假说，是指对所研究的社会现象的规律或社会现象之间的关系所做的、尚未经过实践检验的假定性设想或说明。

10. 分析单位，是指调查者在社会调查过程中所要调查和描述的对象，它是研究的基本单位，主要类型有个人、群体、组织、社区以及社会事物。

11. 在使用分析单位概括研究结论时可能会犯区群谬误和简化论两种错误。

基本概念

社会调查的程序　调查课题　初步探索　研究假设　区群谬误　简化论　调查队伍　调查方案　“问题意识”　研究主题　调查方案　调查指标　抽象定义　操作定义

思考与练习

1. 社会调查的两种基本程序是什么？它们的定义分别是什么？

2. 社会调查一般包括哪几个阶段？每个阶段应该注意的问题有哪些？

3. 设计调查方案应该包括哪些内容，遵循哪些基本原则？

4. 社会调查方案的撰写有哪些要求？以“大学生消费水平”为研究主题撰写一篇社会调查方案。

5. 选择一个恰当的研究课题需要考虑哪些因素？

6. 举例说明选题的逻辑过程，并从权威刊物上选择一篇研究论文，分析选题的重要性和创新性。

7. 什么是研究假设？怎样才能形成科学的研究假设？

8. 定性研究需要提出研究假设吗？

9. 什么是调查队伍的合理结构？应该怎样培训调查人员？

10. 分析单位的概念与主要类型是什么？在使用不同类型的分析单位时应注意哪些问题？

11. 什么是区群谬误和简化论？它们产生的原因是什么？在社会调查中应如何避免这两种错误的出现？

推荐阅读书目

1. 彭玉生．“洋八股”与社会科学规范．社会学研究，2010（2）.

2. 马戎．不同学科研究方法的相互借鉴与结合．民族研究，2002（5）.

3. 克雷斯威尔．研究设计与写作指导．重庆：重庆大学出版社，2007.

4. 布斯，等．研究是一门艺术．北京：新华出版社，2009.

5. 陆益龙．定性社会研究方法．北京：商务印书馆，2011.

6. 潘绥铭，黄盈盈，王东．论方法：社会学调查的本土实践与升华．北京：中国人民大学出版社，2011.

7. 谢宇．社会学方法与定量研究．2 版．北京：社会科学文献出版社，2012.

8. 德沃斯．社会研究中的研究设计．北京：中国人民大学出版社，2008.

第四章

社会指标和社会测量

社会调查内容是通过社会指标或社会指标体系反映出来的，有些社会指标只能通过社会测量进行调查。

第一节 社会指标

社会指标是调查内容的集中体现，是把复杂的社会现象变为可量度、计算、比较的数字、数据、符号。

一、社会指标及其特点

“社会指标”一词，最早由美国社会学家雷蒙德·鲍尔在1966年发表的《社会指标》一书中提出。他认为，社会指标是一种量的数据，是用来量度具有普遍社会意义的社会状况的指数。然而，对于社会指标的理解，人们的看法并不完全一样。有人认为，它只是统计学意义上的数量概念；有人认为，它是对社会事物质和量的概括；还有人认为，它泛指一切可以被观察的社会现象。

我们认为，社会指标是指反映社会现象的质量、数量、类别、状态、等级、程度等客观情况，以及反映社会成员的感受、愿望、倾向、态度、评价等主观状态的类别或项目。社会指标是相对于自然指标（如风力、水温、土壤酸碱度等）而言的，社会物质生活和精神生活领域的一切社会现象，都可以用社会指标来反映。例如，性别、年龄、文化程度、人均收入，以及职业满意度、社会安全感、同意或反对某些观点、工作能力强弱、人际关系亲密程度等，都是常用的社会指标。

社会指标具有以下一些特点：

（1）可感知性，即社会指标不能是抽象的、一般的概念，而必须是具体的、明确的、可直接感知的项目。例如，人均收入、犯罪率等指标都是非常具体的项目，职业满意度、社会安全感等反映主观状况的指标虽不十分具体，但都是可以被感知的。

（2）可量度性，即社会指标不能是无法界定、无法量度的概念，而必须是可以用数字、符号度量的项目。例如，人均收入这一指标就可用数字计量，职业满意度则可用很满意、比较满意、无所谓、不满意、很不满意来表达。

（3）代表性，即社会指标不能是次要的、说明不了问题的概念，而必须是对反映社会现象具有关键意义或代表性的项目。例如，对于人口素质来说，人口数量、密度、人种、身高等都不能有效说明人口素质的状况，而平均预期寿命、人均受教育年数、每万人口中科技人员比重等则对说明人口素质具有关键意义或代表性。因此，只有后者才能成为反映人口素质的社会指标。

（4）时间性，即社会指标不能是没有时间界限的概念，而必须是有明确时间规定的项目。例如：调查国内生产总值这一指标，必须说明是哪一年、哪一季的国内生产总值；调查人口总数这一指标，不仅要说明是哪一年，还必须明确是年初数、年中数还是年末数，因为这三个时点的人数是不一样的。至于职业满意度、社会安全感等反映主观状况的社会指标，更应明确规定是调查时的情况，因为这些主观社会现象是不断变化的，没有明确的时间规定就无法准确阐明调查对象的状况。

二、社会指标的分类

按照不同标准，社会指标可做许多不同的分类，其中的常见分类有：

（一）客观指标和主观指标

客观指标是指反映客观社会现象的指标。它反映社会条件、社会环境、社会问题甚至社会活动的数字或比例关系，如人均居住面积、义务教育普及率等。主观指标是指反映人们的感受、愿望、态度、评价等主观状况的指标，如社会安全感、生活满意度等。简言之，客观指标是反映社情的指标，主观指标是反映民意的指标。

（二）经济指标和非经济指标

经济指标是指反映社会经济生活状况的指标，如国民生产总值、工业增加值、固定资产投资、消费物价指数和人均可支配收入等。非经济指标是指反映经济领域之外的社会生活状况的指标，如婴儿存活率、初中以上文化程度人口比例、人均居住面积等。应该指出，经济指标与非经济指标的区分是相对的。有些指标如第三产业从业人员比重、贫困人口比重、失业率等，既可被作为经济指标使用，也可被作为非经济指标使用。

（三）具体指标和抽象指标

具体指标是指人的感官可直接感受到的社会指标，前述客观指标、经济指标和非经济指标，大都是具体指标。抽象指标是指客观事物所具有的非具体性的社会指标。它大体上有以下三类。

（1）主观社会指标，是指反映社会主体心理状态、思想观念等方面的指标。它可分为两类：一类是以感性认识为主的主观社会指标，包括情绪或感情方面的指标、意向或期望方面的指标，以及行为倾向等方面的指标。另一类是以理性认识为主的主观社会指标，包括评价或判断方面的指标、态度或决断方面的指标，以及价值观念等方面的指标。

（2）属性社会指标，是指反映社会实体的非具体特征、状态等方面的指标。它可分为两类：一是反映社会主体非具体特征、状态等方面的社会指标，如劳动态度、工作能力、道德状况等方面的社会指标。二是反映客观事物非具体特征、状态等方面的社会指标，如服装的美观程度、住宅的舒适程度等方面的社会指标。

（3）关系社会指标，是指反映两个或两个以上社会实体之间相互关系的指标。它可分为两类：一是反映人与人之间、人群之间关系的社会指标，如婆媳关系、邻里关系、干群关系等方面的社会指标。二是反映客观物体之间关系的社会指标，如住宅与家具的协调程度等方面的社会指标。

（四）描述性指标和评价性指标

描述性指标，是指反映社会现象客观状况的指标，如城镇人口数、财政收入、生活幸福感等。评价性指标，也称分析性指标，是指反映社会发展、社会效果和社会影响在某些方面利弊得失的指标。这类指标通常是人们按照某种目的将两种以上的社会现象做比较而得出的，它们发挥着说明社会现象的功能。

（五）肯定指标、否定指标和中性指标

肯定指标也称正指标，是指反映社会进步、社会发展等社会现象的指标，如国内生产总值、第三产业比重、城镇人口比例等。否定指标也称逆指标或问题指标，是指反映社会落后、倒退等社会问题的指标，如通货膨胀率、犯罪率、失业率等。中性指标，是指反映与人们的价值取向、人们的愿望没有直接利害关系的

指标，如国土面积、人口数、人口的民族构成等。肯定指标与否定指标在多数情况下是泾渭分明的。但是，有些指标的定性取决于当时当地的具体情况和人们的价值取向。例如，人口增长率，在人口过多的国家或地区一般被当作否定指标，而在人口偏少的国家或地区则被看作肯定指标。在实际调查中，绝大部分社会指标具有肯定指标或否定指标的明确含义，真正的中性指标是很少的。

第二节 社会指标体系

社会指标不是一个一个孤立存在的，而总是针对不同领域、适应不同目的和用途，作为一个体系建立起来的。

一、社会指标体系的概念

所谓社会指标体系，是指根据一定目的、以一定理论为指导设计出来的，反映某一特定社会现象的一组具有内在联系的社会指标。例如，中国现代化战略研究课题组设计的第一次现代化评价指标和第二次现代化评价指标，就是这样的社会指标体系。

这两个社会指标体系的具体内容，见表 4-1 和表 4-2。

表 4-1 第一次现代化评价指标的标准值（1960 年工业化国家指标平均值）

指标、单位		标准	备注
经济指标	1. 人均国民收入（人均 GNI），美元	逐年计算*	正指标**
	2. 农业劳动力比例（农业劳动力占总劳动力比例），%	30%以下	逆指标
	3. 农业增加值比例（农业增加值占国内生产总值比例），%	15%以下	逆指标
	4. 服务业增加值比例（服务业产值占国内生产总值比例），%	45%以上	正指标
社会指标	5. 城市人口比例（城市人口占总人口比例），%	50%以上	正指标
	6. 医生比例（每千人口中的医生人数），‰	1‰以上	正指标
	7. 婴儿存活率***，% （婴儿死亡率，‰）	97%以上 （30‰以下）	正指标 （逆指标）
	8. 预期寿命（出生时平均预期寿命），岁	70 岁以上	正指标

续前表

指标、单位		标准	备注
知识指标	9. 成人识字率，%	80%以上	正指标
	10. 大学普及率（在校大学生占20～24岁人口比例），%	15%以上	正指标

注：参考英克尔斯教授的评价指标。

* 以1960年19个市场化工业国家人均国民收入平均值1 280美元为基准值，以后逐年根据美元通货膨胀率计算标准值。例如，1960年标准值为1 280美元，1970年为1 702美元，1980年为3 411美元，1990年为5 147美元，2000年为6 399美元，2009年为7 871美元。

* * 正指标，评价对象数值等于或大于标准值时，表示它达到或超过经典现代化标准；逆指标，评价对象数值等于或小于标准值时，表示它达到或超过经典现代化标准。

* * * "婴儿死亡率"用作评价指标不符合中国文化，用"婴儿存活率"代替它；婴儿存活率＝1－婴儿死亡率；实际评价时，仍然用婴儿死亡率的数据评价，按逆指标计算方法进行评价。

资料来源：中国现代化报告2011. 北京：北京大学出版社，2011：280.

表4-2　　第二次现代化评价指标

二级指标	三级指标和指标编号	指标解释和单位
知识创新	1. 知识创新经费投入	研究与发展经费占国民生产总值比例（R&D经费/GNP），%
	2. 知识创新人员投入	从事研究与发展活动的研究人员/万人，人/万人
	3. 知识创新专利产出	居民申请国内发明专利数/万人，项/万人
知识传播	4. 中学普及率	在校中学生人数占适龄人口（一般为12～17岁）比例，%
	5. 大学普及率	在校大学生人数占适龄人口（一般为20～24岁）比例，%
	6. 电视普及率	家庭电视普及率，%
	7. 互联网普及率	互联网用户/百人口，%
生活质量	8. 城镇人口比例	城镇人口占总人口比例，%
	9. 医生比例	每千人口中的医生数，‰
	10. 婴儿死亡率	每千例活产婴儿在1岁内的死亡率，‰
	11. 预期寿命	新生儿平均预期寿命，岁
	12. 人均能源消费	人均商业能源消费，千克石油当量
经济质量	13. 人均国民收入	人均国民收入（人均GNI），美元
	14. 人均购买力	按购买力平价PPP计算的人均国民收入（人均PPP），国际美元
	15. 物质产业增加值比重	农业和工业增加值占国内生产总值的比例，%
	16. 物质产业劳动力比重	农业和工业劳动力占总劳动力比例，%

资料来源：中国现代化报告2011. 北京：北京大学出版社，2011：283.

从上述定义和举例中可以看出，社会指标体系应该具有以下几个特点：

（1）目的性。设计社会指标体系，必须有一定目的，为一定社会需要服务。中国现代化战略研究课题组设计第二次现代化评价指标体系的目的十分明确，就是为衡量一个国家、一个地区第二次现代化的实现程度提供一种尺度和标准。

（2）理论性。设计社会指标体系，必须以一定理论为指导。例如，有的人单纯用经济指标，如国内生产总值、工业增加值占国内生产总值比重、人均收入等来反映社会发展程度。中国现代化战略研究课题组则认为，现代化可分为两大阶段：工业时代的现代化是第一次现代化，经济发展居于第一位；知识时代的现代化是第二次现代化，生活质量居于第一位。因此，课题组主要用经济指标、社会指标和知识指标来评估第一次现代化的实现程度；用知识创新、知识传播、生活质量、经济质量指标来评估第二次现代化的实现程度。后者与前者的区别，首先不是具体指标上的区别，而是理论观点和指导思想上的差异。

(3) 科学性。设计社会指标体系，必须符合客观实际、符合科学原理。例如，表 4-2 的 16 个指标，符合第二次现代化国家或地区的客观实际和发展趋势。

(4) 代表性。设计社会指标体系，必须选择那些最具有代表性的重要指标来组成指标体系。例如，表 4-2 的 16 个指标，对于在知识经济时代衡量一个国家或地区知识创新、知识传播、生活质量、经济质量来说，就具有很强的代表性。

(5) 系统性。设计社会指标体系，必须使各个社会指标之间具有内在联系，形成一个完整系统。

(6) 可行性。设计社会指标体系，必须考虑是否可以获得连续的、具有较高权威性的统计数据。一般来说，应该采用各种国际组织和各国政府的统计数据。例如，联合国机构、世界银行、经济合作与发展组织的公开出版物，各国政府出版的统计年鉴，等等。

二、社会指标体系的类型和特点

社会指标体系有三种基本类型，它们具有不同的特点。

(一) 社会管理型社会指标体系

社会管理型社会指标体系通常是政府行政部门为做好管理、规划或预测，在原统计指标基础上经过加工改造建立起来的。例如，《中华人民共和国国民经济和社会发展第十三个五年规划纲要》《全面建设小康社会统计监测指标体系》等，就是这种类型的指标体系。它的特点是：内容比较全面、系统，实践性和应用性强；由于能得到政府部门的协助，获取资料比较容易。但是，它往往存在着范围广，分类细，重点不突出，不利于集中反映最迫切、最重要的社会问题等弊端。

（二）学术研究型社会指标体系

学术研究型社会指标体系通常是学术研究机构或学者为研究某一课题，根据某个理论或研究假设编制出来的。例如，新型城镇化发展评价指标体系、社会分层与社会流动指标体系、全面小康社会建设指标体系、社会风险预警指标体系等，都属于这一类型。它的特点是：一般都有明确的研究假设，指标比较系统、全面，便于说明有关研究课题。但是，这类社会指标的科学性、代表性比较难以把握，某些资料获取难度较大，往往需要独立进行一些调查，因而耗费的人力、财力、物力较多。

（三）实际应用型社会指标体系

实际应用型社会指标体系通常是企业、事业单位为各自业务服务，根据本单位指导思想和实际需求设计出来的，如保险业服务经济社会指标体系、中国大学排行榜指标体系、城市竞争力评价指标体系、幸福感评价指标体系等。它的特点是：目标明确，重点突出，指标较少，针对性强，能较好满足各自的业务需要。但是，它往往带有某些片面性、功利性、倾向性，其调查结论的科学性、准确性往往需要反复检验。

三、社会指标体系的综合评价

在社会指标体系中，由于各社会指标反映的具体内容不同，计量单位各异，因此，其调查数据不能直接简单相加，而只能进行综合评价。综合评价的方法很多，有综合指数法、因素分析法、标准化评分法、综合评分法、对比法、分类法等。其中，常用的有以下三种方法。

（一）综合评分法

综合评分法，是将多个指标转化为一个能够反映综合情况的指标来进行评价的方法。综合评分法的具体步骤和方法是：

第一步，搜集数据。就是按照调查指标要求，搜集有关调查对象的实际数据。

第二步，确定权数。就是通过专家咨询、试调查等方法，先确定社会指标体系中各子系统社会指标的权数，然后将子系统社会指标的权数分解为各个社会指标的权数，整个社会指标体系权数之和应该等于10或100。

第三步，制定评分标准。就是对各社会指标用10等分法定出评分标准，其中最低数值为1分，最高数值为10分，然后按一定比例确定各组组距和分值。

第四步，求出得分。首先，求出各个社会指标的得分；然后，计算出各子系统社会指标的合计分；最后，计算出整个社会指标体系的总计分。

第五步，确定目标。例如，确定60分及以下为不合格，61～70分为合格，71～85分为良好，86分及以上为优秀，90分为第一次现代化指标体系实现标准，等等。

第六步，综合评价。将求出的总计分与确定的目标分相比较，做出综合评价。

在综合评分基础上，还可以做多种比较研究：既可对某一年分值与目标年分值做纵向比较，也可对不同调查对象分值做横向比较；既可对总计分做纵向或横向比较，也可对各子系统、各指标得分做纵横交错比较。通过纵向比较，可以判明每个调查对象在发展过程中的状态；通过横向比较，可以认识每个调查对象的特点和在总体中的位置；特别是通过纵横交错比较，可以发现每个调查对象的长处和短处，从而有利于扬长补短，促进各自平衡发展。

综合评分法步骤明确，方法简单，既适于做横向静态比较，又适于做纵向动态比较，很值得推广。但是，综合评分法中权数、分组标准和分值的确定受主观因素影响较大，对分组边缘单位的评分带有较大偶然性，因而有损于评价的客观性和准确性。

（二）对比法

对比法，就是通过将评价对象经济、社会发展情况与一定标准进行对比来进行评价的方法。例如，对一个国家或地区第一次现代化实现程度的评价，就可采用对比法。其具体做法如下。

第一步，对每个指标进行对比评价，即将评价对象10个指标的实现情况分别与第一次现代化的标准对比，计算出每个指标的达标程度，其具体方法是：

（1）正指标评价＝（评价对象指标/评价标准）×100。

（2）逆指标评价＝（评价标准/评价对象指标）×100。

（3）当评价结果数值大于100时，结果取100；当评价结果等于或小于100时，结果取实际值。

第二步，总评价。如果每个指标的权重相等，那么总评价的方法就是10个指标的评价结果求和，再除以10；如果每个指标的权重不同，那么总评价方法就是10个指标的评价结果，先乘以每个指标的权重，然后加总，再除以10。

对比法标准清楚，简单易行，但只适用于与特定标准做简单对比，应用范围较窄。

（三）分类法

分类法，就是根据一个国家或地区经济、社会发展状况进行分类评价的方法。例如，对第一次现代化实现程度的评价（见表4-1），就可分为四类：

第一类，完全实现，即10个指标都达到第一次现代化标准。

第二类，基本实现，即6～9个指标达到第一次现代化标准。

第三类，部分实现，即1～5个指标达到第一次现代化标准。

第四类，没有实现，即10个指标都没有达到第一次现代化标准。

分类法简便易行，但大而化之，往往不够具体、准确。

第三节 调查指标及其操作定义的设计

要科学地设计调查指标，必须弄清楚调查指标及其两种定义的异同，掌握设计调查指标的基本要求和过程，学会设计操作定义的方法。

一、调查指标及其两种定义

所谓调查指标，是指调查过程中用来反映或衡量调查对象的特征、属性或状态的数量指标和分类指标（包括询问项目、回答项目及有关说明）。例如，姓名、性别、年龄、产值、利润、人口数等，都是常用的调查指标。

调查指标与社会指标既相联系，又相区别。它们的联系在于：它们都用于反映或衡量社会现象；调查指标的设计必须以社会指标为依据，社会指标只有具体化为调查指标才能便于实际调查。它们的区别在于：社会指标的设计主要着眼于反映一定的理论假设，力求用最具有代表性的一组社会指标来说明研究假设所要说明的问题；调查指标则是借以衡量或指示某一抽象概念的数量指标和分类指标。

设计调查指标，必须设计两种定义，即抽象定义和操作定义。

抽象定义是对调查指标本质的概括。例如，“农业总产值”的抽象定义是“用货币表现的农、林、牧、渔业和农、林、牧、渔服务业全部产品的总量”。又如，“社会地位”的抽象定义是“社会成员在社会关系及其体系中所处的位置”。在社会调查中，抽象定义的作用在于揭示调查指标的内涵，概括事物的本质，并把它与其他对象区别开来。但是，仅凭抽象定义无法进行有效的经验观察和测量。因此，在社会调查中还需要有操作定义。

操作定义是指将概念、指标的抽象定义转化为可观测、可检验的项目，即用可感知、可测量的事物、现象和方法对抽象定义所做的界定或说明。例如，“社会地位”通常用家庭背景、民族、性别、年龄等先赋性地位和文化程度、职业、财产、职务（权力）、社会声望等自致性地位等指标来测量。又如，“智力越高，学习成就越大”陈述的是智力和学习成就两个概念间的关系。若做经验测量，则须对两个概念分别加以操作化，以智商测验的分数作为智力的操作定义，以学生各科的考试成绩平均值作为学习成就的操作定义。这样，我们就可根据经验观察对这个命题做出检验。在社会调查中，操作定义的作用在于界定调查指标的外延，解决在调查过程中如何操作、如何搜集资料的问题。

抽象定义和操作定义都是对同一调查指标所下的定义，只是定义的内容、方法和着重点有所不同。抽象定义是用概念下定义，操作定义则是用具体的行为、特征、指标下定义。抽象定义所使用的是逻辑方法，即被定义的概念＝种差＋邻近的属；操作定义所使用的是经验方法，即可直接感知或量度的方法。抽象定义着重揭示调查指标的内涵和本质，操作定义着重界定调查指标的外延或测量方法。这两种定义有密切的联系，抽象定义决定着操作定义的本质内容，操作定义则是抽象定义在调查过程中实际操作的具体方法。

二、设计调查指标的要求

调查指标的设计过程，实际上是一个从研究假设到社会指标，再到调查指标（包括抽象定义和操作定义）的分解过程。设计调查指标的基本要求如下。

（1）以一定的研究假设为指导。

忽视研究假设的指导作用，随意罗列社会指标的做法，以及不顾研究假设的发展变化，把社会指标凝固化的做法，都是不可能设计出科学的社会指标和调查指标的。

（2）以一定的社会指标为依据。

脱离社会指标，任意设计调查指标的做法，以及游离于社会指标之外，另行设计调查指标的做法，都是不正确的。

（3）与社会指标相匹配、相对称。

设计的调查指标必须与社会指标具有同层次性和完整性。

（4）符合调查对象的实际情况。

设计的调查指标既要以社会指标为依据，又要以调查对象的实际情况为基础。

（5）有获取相关资料的可能性。

这有两方面含义：一是调查对象是否可能准确知道你要调查的情况。二是调查对象是否愿意回答你要提出的问题。对于这类敏感性、威胁性、隐私性问题，调查对象即使自己清楚也是不会回答的。

（6）设计出明确的抽象定义和操作定义。

对每个调查指标，都必须设计出明确的抽象定义和操作定义。只有设计出明确的抽象定义，才能概括出调查指标的共同本质；只有设计出明确的操作定义，才能使抽象的社会指标与具体的社会现象联系起来，从而使实际调查成为可能。

三、设计操作定义的方法和原则

设计操作定义也称概念操作化，是指将抽象的概念、社会指标转化为可观察、可测量、便于实际操作的具体指标。

（一）设计操作定义的方法

在社会调查中，设计操作定义的重点是对抽象程度较高的概念进行操作化，也就是将概念的理论陈述转化为经验陈述（即把理论定义转化为操作定义），使之可测量。设计操作定义，首先要明确概念的确切含义。对概念下理论定义、确定概念的内涵可以为设计操作定义提供一个指导性框架。例如，对于“社区”这个概念，有人曾列举出 64 种不同的理论定义。社会学家贝尔和纽拜通过分析和分类，发现这些定义中绝大多数包含这样三项基本元素：地域、共同的纽带和社会互动。因此，我们可以在理论上把“社区”定义为：由一定数量的居民组成的、具有内在互动关系和文化维系力的地域性生活共同体。对课题中的核心概念设计操作定义，可以通过查阅字典、文献等方式完成，也可以由调查者通过自己的研究加以定义，如采用实地观察和无结构式访谈的方式进行资料收集的初步工作，尤其是与调查对象中的关键人物进行深入交谈，从中获得符合实际的答案。比如"在业人口"，我们通过深入实际，了解当前劳动人口的不同类型（如有固定性职业的人口，没有固定性收入但在1个月内从事社会劳动累计在15天及以上的人口，农村中经常参加农业或家庭副业劳动的15周岁以上的人口，超过劳动力年龄但仍经常参加农副业生产、相当于半劳动力的人口，等等），然后可以确定概念操作化的框架。

设计操作定义一般可采用四种方法：

（1）用客观存在的具体事物来设计操作定义。例如，调查农户的收入状况，可将农户分为五类："贫困户""温饱户""小康户""宽裕户""富裕户"。为了便于操作，可用"年人均纯收入"这一客观存在的具体事物给这五类农户设计明确的操作定义。2017年国家有关部门规定贫困线为人均年收入2 300元。据此，可规定：年人均纯收入2 300元以下为"贫困户"，2 300～5 999元为"温饱户"，6 000～9 999元为"小康户"，10 000～49 999元为"宽裕户"，50 000元及以上为"富裕户"。又如，"劳动力年龄人口"的操作定义，可设计为男16～60岁和女16～55岁，也可设计为男18～65岁和女18～60岁，等等。

（2）用看得见、摸得着的社会现象来设计操作定义。例如，对于"劳动态度"这一类比较抽象的问题，不仅可以用工作的数量和质量这些具体现象来下操作定义，而且可以用出勤率、参加义务劳动次数和时数、技术革新件数、提合理化建议次数和采用率等社会现象来下操作定义。同样，对于"纪律性"这样的问题，也可用缺勤率，迟到、早退次数和时数，旷工、旷课次数和时数，违反纪律事件次数和后果等可感知的社会现象来下操作定义。

（3）根据概念自身的维度设计操作定义。所谓维度，是指概念的具体方面或层面。一个抽象的概念往往对应于现实生活中的一组复杂的现象。例如，"同情心"有感情层面和行动层面。在厘清概念所具有的维度的基础上，我们可以发展测量指标，即具体变量。比如，我们可以就"社会地位"发展出"文化程度""职业状况""收入水平"这些测量指标，而"文化程度""职业状况""收入水平"都是变量，可以选不同的项或取不同的值。如"文化程度"可以具体化为从"文盲"到"博士"的连续谱，让调查对象从中进行单项选择，进而做出判断。

（4）用社会测量的方法设计操作定义。在实际调查中还可以借用已有的操作化工具，如量表等。量表对于那些主观、抽象的概念的操作化比较有效，比如对"看破红尘"这个概念进行操作化，就可以借用现成的《斯罗尔（Leo Srole）失范量表》来进行（见图4-1）。

1. 把婴儿带到这个不断寻找明天的世界，真是件不公平的事情
2. 现在，人们不得不今朝有酒今朝醉，根本管不了明天
3. 现在，人们真的不知道还可以信赖谁
4. 向政府官员投诉没什么用，因为他们根本不关心普通老百姓

图 4-1 “看破红尘”与《斯罗尔失范量表》

（二）设计操作定义的原则

设计操作定义不管采用哪种方法，都应该严格掌握对称性原则，即设计出来的操作定义必须与有关抽象定义的内涵和外延相对称，而不能过宽或过窄。例如，“农村居民纯收入”的抽象定义是“农村住户当年从各个来源得到的总收入（包括货币收入和实物收入）扣除所发生费用后的收入总和”。它的操作定义是“农村住户当年获得的经营性收入（包括第一、二、三产业）＋工资性收入＋财产性收入＋转移性收入－家庭经营费用支出－生产性固定资产折旧－税金和上交承包费用”。如果仅仅用“家庭经营收入＋打工收入”来下操作定义，或者只算现金收入而不算实物收入，就犯了定义过窄的错误；如果把银行、信用社贷款和亲友借款也设计到操作定义中去，就犯了定义过宽的错误。

需要注意的是，有些概念往往很难，甚至不可能在现实世界中得到合适的测量，而且在多数情况下，一个操作定义不能够完全代表一个概念。同时，在对诸如“社会地位”“学习负担”“看破红尘”这些抽象概念进行操作化时，往往有许多不同的做法。也就是说，对同一概念进行操作化，可以产生不同的测量指标。另外，在社会调查中，概念的厘清是一个持续不断的过程，切不可认为测量指标越多，测量效果越好。操作化得当的评判标准有三条：（1）全面；（2）少而精；（3）容易得到。例如，联合国仅采用一个测量指标——“恩格尔系数”来划分不发达国家、中等发达国家和发达国家，收到了很好的效果。这堪称概念操作化的典范。

第四节
社会测量及其层次

作为对社会现象的一种度量，社会测量是社会调查不可缺少的手段和工具。

一、社会测量的概念

社会测量，是指运用一定测量工具、按照一定测量规则对某些社会现象的特征进行测算或量度并赋予一定数值的过程。

社会测量有四个构成要素：(1) 测量对象，主要是某些社会现象的属性或特征；(2) 测量工具，主要是调查问卷、量表等；(3) 测量规则，即鉴别、测算或量度社会现象的标准和准则；(4) 测量数值，即表示测量结果的数字或符号。

社会测量的主要作用在于，使对社会现象的研究，特别是对人们的情感、意向、倾向、评论、判断、态度等主观现象，以及社会属性、社会关系等抽象社会现象的研究，逐渐从定性研究走向定性与定量相结合的研究，从而达到更真实、更具体、更准确反映调查对象实际情况的目的。同时，它还有利于把统计学、数学知识和计算机等现代工具引入社会调查领域，从而大大提高社会调查的效率和精确度。这说明，社会测量是对社会现象进行定量研究不可缺少的工具或手段。

二、社会测量的层次

按照调查对象的性质、特征及其数量化程度，社会测量可分为四个层次，即定类测量、定序测量、定距测量和定比测量。

(一) 定类测量

定类测量，也称类别测量或分类测量，是对调查对象性质或类型的测量。例如，对性别、婚姻状况、所有制等按事物性质或类别进行区分的社会现象的测量，就属于定类测量。其测量结果只能分类，标以各种类别名称，如男性和女性，已婚和未婚，全民所有制、集体所有制和个体所有制，等等。有时，也可用一定的数字来代表某类事物，如用“0”代表女性、“1”代表男性，用“1”代表农业、“2”代表工业、“3”代表服务业，等等。但是，这些数字都是人们赋予某类事物的识别标志，它们丝毫不反映这些事物本身的数量状况，不能做加、减、乘、除等数学运算。定类测量的数量化程度最低，其测量结果只能用数学符号“=”或“≠”来表示，只能做频率分布、在总体中所占比例等有限的几种数量统计。

（二）定序测量

定序测量，也称顺序测量或等级测量，是对调查对象的等级或顺序的测量。例如，对文化水平、产品质量、满意程度等内含高低、强弱、先后、大小等差异的社会现象的测量，就属于定序测量，其测量结果不仅可用文盲和非文盲、合格品和不合格品、满意和不满意来区分其性质或类型上的差异，而且可用大学、中学、小学、文盲，很满意、比较满意、一般、不满意、很不满意等来表示等级或顺序上的区别。定序测量的数量化程度比定类测量高一个层次，它已具有数量差别的含义，其测量结果可用数学符号“＞”或“＜”来表示，可进行频率分布、比例关系等数量统计，但还不能进行加减运算，不能测量出不同等级、顺序社会现象在数量上的具体差距。

（三）定距测量

定距测量，也称区间测量，是对调查对象之间数量差别或间隔距离的测量。例如，对初婚年龄、人均 GDP 等可用某种基本单位表示数量差别或间隔距离的社会现象的测量，就属于定距测量，其测量结果可用具体数字来反映。如人均 GDP，2017 年美国为 59 495 美元，中国为 8 583 美元①，美国比中国多 50 912 美元。定距测量不仅能反映社会现象的类别和顺序，而且能反映社会现象的数量状况，计算出它们之间的距离，因而其数量化程度比定序测量又高一个层次。定距测量的结果一般可用具体数字表示，并可做加法或减法等数学运算。

（四）定比测量

定比测量，也称比例测量，是对测量对象之间比例或比率关系的测量。例如，对出生率、死亡率、性别比、劳动力负担系数、工资增长速度等反映两个数值之间比例或比率关系的社会现象的测量，就属于定比测量，其测量结果一般用百分比表示，也可用绝对数来反映。例如，甲地出生率为 20‰，乙地出生率为 15‰，甲地出生率比乙地出生率高约 33.3%；农村性别比为 118，城市性别比为

---

① 2017 年人均 GDP 国内生产总值世界排名．（2018-05-14）［2019-04-20］．http：//www.8pu.com/gdp/per_capita_gdp_2017.html.

102，前者比后者高约15.7%；等等。定比测量的数量化程度比定距测量又高一个层次，其测量结果不仅能做加减运算，而且能做乘除运算，并可做各种较复杂的统计分析。

上述四个测量层次的数学特性是累进叠加的，其具体情况见表4-3。

表4-3　四个测量层次的数学特性

项目	定类测量	定序测量	定距测量	定比测量
类别区分	=、≠	=、≠	=、≠	=、≠
顺序区分		>、<	>、<	>、<
距离区分			+、-	+、-
比例区分				×、÷

这就是说，后一种测量包含着前一种测量的反映功能和运算功能，前一种测量却不一定有后一种测量的反映功能和运算功能。例如，就反映功能来说，定类测量仅能用于分类，定序测量除分类外还可用于排列顺序，定距测量除分类、排序外还可用于测距，定比测量则更进一步，可用于反映两个数值之间的比例关系。同样，运算功能也是累进叠加的。但是，定类测量是最基本的测量，它是后三种测量的基础和前提。

在社会调查中使用何种测量层次，首先取决于调查对象自身的性质和特征，其次取决于调查的目的和要求。在充分考虑调查对象自身性质和特征的前提下，就调查目的和要求而言，调查精确度要求越高，应采用的测量层次的数量化程度就越高；调查精确度要求不高或不可能获得精确数据的调查，就应采用数量化程度较低的测量层次。

三、社会测量的评估

任何一种社会测量都可能存在着精确度和准确性的问题，所以有必要进行可信度评估和有效度评估。

（一）社会测量的信度

信度即测量的可靠性，是指在运用相同的测量手段或方法重复测量同一对象时，前后所得结果相一致的程度。换句话说，社会测量的信度是指测量工具能够稳定地测量所要测量的事物或变量的程度。

在实际调查中，可以从三个方面评估调查资料的信度，并用相应的系数表示信度的高低。

（1）再查信度，是指对同一群调查对象使用相同的测量工具或手段在不同的时间先后测量两次，然后根据两次测量的结果计算出相关系数，这种相关系数即为再查信度。再查测试是一种最常用、最普遍的信度检查方法。不过，再查信度容易受到时间因素的影响，即在前后两次测量之间的某些事件、活动可能会导致后一次测量的结果发生改变，从而使得两次结果的相关系数失真。

（2）复本信度，是指将测量工具（如问卷、量表等）设计成内容、难度、篇幅等相类似的两个复本，并用于对同一调查对象进行测量，然后计算出两个复本的测量结果之间的相关系数，即复本信度。

（3）折半信度，是指将测量工具设计为一种复合调查工具，即分为两半，以两半得分之间的相关系数计算信度。如在问卷设计中，将所有问题按内容、性质等的相似性编成单双号，其中单号的题目可以形成一套子问卷，双号的题目可以形成另一套子问卷。然后，用复合问卷对同一调查对象进行测量，并对单双号两套题目的回答结果做相关分析，计算出的相关系数即为折半信度。

在社会调查中，信度是相对的。一般来说，信度系数在 0.8 以上，就可以认为该测量是基本可信的。

（二）社会测量的效度

测量的效度也称测量的有效性和准确度，是指测量工具或手段能够准确、真实、客观地测量事物或变量属性的程度。当一项测量所测的结果符合事物或变量的本来性质时，就可以认为这是一项有效的测量，或者说这一测量是具有效度的。

检验和评估测量的效度，主要从内容效度、准则效度和建构效度三个方面着手。

（1）内容效度，也称表面效度，是指测量内容或测量指标与测量目标之间的相符性。检验测量的内容效度旨在系统地检查测量内容的适当性，主要依据我们对所研究的概念或变量的了解去鉴别测量内容是否反映了该概念或变量的基本内容。

（2）准则效度，是指在用不同的测量方式或测量工具对同一事物或变量进行测量时，将原有的测量方式或测量工具作为标准或准则，用新的测量方式或测量工具所测的结果与原有准则的测量结果进行比较，如果所测结果类似，那么这种新的测量方式或测量工具具有准则效度。

(3) 建构效度，又称理论效度，是指研究者在调查中从某一建构的理论出发，导出基本假设，据以设计和编制测量工具，然后由因求果，考察测量结果是否符合理论观点。如果理论假设中两个概念（X和Y）具有相关关系，那么在经验测量中，X和Y也应具有相关关系。

(三) 信度和效度的关系

社会测量的信度和效度之间既有密切联系，又有明显区别。信度是就调查测量对象而言的，它主要回答测量结果的一致性、稳定性和可靠性问题；效度是就调查测量所要说明的问题而言的，它主要回答测量结果的有效性和正确性问题。信度和效度之间的关系有四种类型：

(1) 信度高，效度未必高。即调查测量结果反映调查测量对象实际情况的可信度高，但对于测量所要说明的问题来说，它的效度可能高，也可能不高。

(2) 信度低，效度必然低。即如果调查测量结果反映调查测量对象实际情况的信度低，它就必然不能有效说明调查测量所要说明的问题。

(3) 效度高，信度必然高。即如果调查测量的结果能有效说明调查测量所要说明的问题，那么，它所反映的调查测量对象的实际情况必然是可信的。例如，恩格斯的《英国工人阶级状况》、列宁的《俄国资本主义的发展》、毛泽东的《湖南农民运动考察报告》等，在当时之所以能有效说明他们所要说明的问题，就是因为它们都是建立在可信的调查基础之上的。

(4) 效度低，信度未必低。即调查测量的结果不能有效说明调查测量所要说明的问题，但对于反映调查测量对象的实际情况来说，它的信度可能低，也可能高。例如，18—19世纪英国政府、议会进行的许多调查，尽管对于它们所要说明的问题来说往往效度很低，但这并不排斥其中包含着某些信度较高的资料，这正是马克思、恩格斯经常研究英国资产阶级政府或议会公布的调查报告并从中发掘出许多有价值资料的原因。

上述信度和效度的四种关系，可用图4-2来表示。

		信度	
		a. 可信	b. 不可信
效度	c. 有效	√	×
	d. 无效	√	√

图4-2　信度和效度的关系示意图

注：√＝可能；×＝不可能。

总之，信度是效度的基础，是效度的必要条件而非充分条件；效度则是信度的目的和归宿，没有效度的信度就失去了调查的意义。

第五节 量表

抽象社会指标的测量，是社会测量的重点和难点。测量抽象社会指标，有观察、测试、自我回忆或报告等方式，其中填答问卷或量表是最常用的方法。

人们对抽象社会指标（无论是主观社会指标，还是属性社会指标、关系社会指标）的反应，一般存在着两个方面的差异，即方向或性质上的差异、等级或程度上的差异。因此，抽象社会指标测量工具（如问卷、量表等）的设计，应包括两个方面的回答：一是反映方向或性质方面的回答，如喜欢与不喜欢、满意与不满意、好与坏等；二是反映等级或程度方面的回答，如非常喜欢、比较喜欢、无所谓、不太喜欢、很不喜欢，非常满意、比较满意、一般、不太满意、很不满意，很好、较好、还可以、不好、很不好，等等。

量表作为抽象社会指标的测量工具，通过对变量用不同的规则分配数字，以确定主观的，有时是抽象的概念的定量化测量。测量抽象社会指标的量表多种多样，其中常用的有以下几种。

一、总加量表（利克特量表）

总加量表，又称利克特量表，是美国社会心理学家伦西斯·利克特在 20 世纪 30 年代发明的，主要用于测量抽象社会指标的一种技术。总加量表的制作和使用步骤如下。

第一步，提出调查问题。根据研究要求，在初步探索的基础上提出一组正、反两类问题。由于有一部分辨别力不强的问题将被删去，因而最初提出的问题应适当多一些，一般以 10～30 题为宜。例如，要了解农民对新型农村合作医疗的看法，可先提出这样的 12 个陈述类问题：

（1）农村允许个人行医就行了，没有必要搞农村合作医疗。

（2）推广新型农村合作医疗是搞好新农村建设的必要条件。

(3) 许多农民不愿在乡村医疗卫生站（所）看病，不愿参加新型农村合作医疗。

(4) 要彻底改变农村的贫穷、落后面貌，必须实行新型农村合作医疗制度。

(5) 新型农村合作医疗很有必要，但只需在经济不发达地区推广就行了。

(6) 现在农村工作以发展经济为中心，顾不上推广新型农村合作医疗。

(7) 发家致富既靠教育科技，又靠健康体魄，应尽快实行新型农村合作医疗。

(8) 农村困难户连温饱问题都没解决，哪里有钱参加新型农村合作医疗？

(9) 实行新型农村合作医疗制度，政府有政策，群众有要求，一定会实现。

(10) 政府财力有限，没有政府大量投入，新型农村合作医疗制度不可能普及。

(11) 尽管经费少、困难多，但只要我们努力工作，新型农村合作医疗制度就能顺利推行。

(12) 农村医疗卫生人员数量少、水平低，推广新型农村合作医疗脱离实际。

第二步，制定评分规则。将上述问题，按正反两个方向和不同程度分为 3～5 个评分等级，如“赞成”“中立”“不赞成”，或“非常同意”“同意”“拿不定主意”“不同意”“非常不同意”，等等。评分的原则是：对应该肯定的提问，如上述 (2) (4) (7) (9) (11) 5 个问题，越倾向同意或赞成的就给分越高，如“非常同意”5 分，“同意”4 分，“拿不定主意”3 分，“不同意”2 分，“非常不同意”1 分。对应该否定的提问，如上述 (1) (3) (5) (6) (8) (10) (12) 7 个问题，越倾向于同意或赞成的就给分越低，如“赞成”1 分，“中立”2 分，“不赞成”3 分。

第三步，进行测量试验。为了鉴别上述 12 个问题的辨别力，假定选取 16 位农民进行测量试验，按评分规则评出每个人在每个问题上应得的分数和 12 个问题得分的总和，并按 16 个试测对象所得总分高低的排列顺序，列出每个人在每个问题上的得分情况（见表 4-4）。

第四步，评估测试结果。根据测试得分情况，计算总分得分最高和最低的各 25%的人（即第 1～4 名和第 13～16 名）在每个问题上所得的平均分，并据此计算出平均值差数。

第五步，制定总加量表。首先，根据辨别力强弱，决定问题去留。所谓辨别力，是指把不同心理状态的人区别开来的能力。表 4-4 中 (2) (8) (9) (11) 等 4 个问题的平均值差数均在 1.5 及以下，说明辨别力较弱，应该淘汰；另外 8 个问题的平均值差数均在 1.5 以上，说明辨别力较强，应该保留。然后，将辨别力强的问题制成总加量表（见图 4-3）。

对于新型农村合作医疗，人们有种种看法，您对下述 8 种看法持何态度？请在您认为合适的方格内打√。

	非常同意	同意	拿不定主意	不同意	非常不同意
(1) 农村允许个人行医就行了，没有必要搞农村合作医疗。	□	□	□	□	□
(2) 许多农民不愿在乡村医疗卫生站（所）看病，不愿参加新型农村合作医疗。	□	□	□	□	□
(3) 要彻底改变农村的贫穷、落后面貌，必须实行新型农村合作医疗制度。	□	□	□	□	□
(4) 新型农村合作医疗很有必要，但只需在经济不发达地区推广就行了。	□	□	□	□	□
(5) 现在农村工作以发展经济为中心，顾不上推广新型农村合作医疗。	□	□	□	□	□
(6) 发家致富既靠教育科技，又靠健康体魄，应尽快实行新型农村合作医疗。	□	□	□	□	□
(7) 政府财力有限，没有政府大量投入，新型农村合作医疗制度不可能普及。	□	□	□	□	□
(8) 农村医疗卫生人员数量少、水平低，推广新型农村合作医疗脱离实际。	□	□	□	□	□

图 4-3　总加量表示例

第六步，实际测量。以制作的总加量表为工具，去测量调查对象的看法或态度，然后根据每个人的回答，评出每道题的得分，并累计得出总分，最后以总分来说明每个人的态度。

总加量表的主要优点是问题辨别力较强，测量比较准确，适用范围比较广泛；缺点是制作比较麻烦，而且，单纯以总分评价人们的心理状态，总分相同的情况往往掩盖了实际内容的不同。如表 4-4 中第 3 人与第 4 人，总分都是 52 分，但在（1）（2）（5）（6）（8）等问题上的态度却有明显差别，这种差别在总加量表中无法得到反映。

二、累积量表（古德曼量表）

累积量表，也称古德曼量表，是心理学家刘易斯·古德曼于 1950 年提出的。该量表是单维的，即量表自身结构中存在着某种由强变弱或由弱变强的逻辑。因此它不会像总加量表那样形成分数相同而态度结构形态不同的现象，它的每一个量表总分，都只有一种特定的回答组合与之对应。

表 4-4　　试测结果评估表

	序号	被测人姓名	总分	每个问题得分 1	2	3	4	5	6	7	8	9	10	11	12
试测得分	1	×××	57	5	5	4	5	5	5	5	4	5	5	4	5
	2	×××	55	4	5	4	5	5	4	5	4	5	5	4	5
	3	×××	52	4	4	5	4	4	5	4	5	4	5	4	4
	4	×××	52	5	5	5	4	5	4	4	3	4	5	4	4
	5	×××	50	5	4	5	4	4	3	4	4	5	4	3	5
	6	×××	48	4	5	4	4	5	4	3	3	4	5	3	4
	7	×××	46	4	5	3	5	3	4	4	3	4	4	4	3
	8	×××	45	3	3	4	4	4	5	3	4	4	4	3	4
	9	×××	44	3	4	4	4	4	3	4	3	5	4	3	3
	10	×××	42	5	5	4	3	3	2	3	3	4	3	4	3
	11	×××	39	3	3	3	4	2	4	2	4	4	4	3	3
	12	×××	38	4	3	3	4	3	3	3	2	3	3	3	4
	13	×××	37	2	3	4	3	2	4	3	3	4	3	3	3
	14	×××	34	2	4	3	3	2	3	2	3	3	3	4	2
	15	×××	31	3	3	2	2	3	2	2	2	3	3	3	3
	16	×××	24	1	4	2	1	1	2	1	3	2	2	3	2
辨别力评分	总分得分最高4人的平均分			18÷4 =4.5	19÷4 =4.75	18÷4 =4.5	18÷4 =4.5	19÷4 =4.75	18÷4 =4.5	18÷4 =4.5	16÷4 =4	18÷4 =4.5	20÷4 =5	16÷4 =4	18÷4 =4.5
	总分得分最低4人的平均分			8÷4 =2	14÷4 =3.5	11÷4 =2.75	9÷4 =2.25	8÷4 =2	11÷4 =2.75	8÷4 =2	11÷4 =2.75	12÷4 =3	11÷4 =2.75	13÷4 =3.25	10÷4 =2.5
	平均值差数			4.5 −2 =2.5	4.75 −3.5 =1.25	4.5 −2.75 =1.75	4.5 −2.25 =2.25	4.75 −2 =2.75	4.5 −2.75 =1.75	4.5 −2 =2.5	4 −2.75 =1.25	4.5 −3 =1.5	5 −2.75 =2.25	4 −3.25 =0.75	4.5 −2.5 =2
评估结果				保留	去掉	保留	保留	保留	保留	保留	去掉	去掉	保留	去掉	保留

累积量表的制作和使用步骤如下。

第一步，提出问题和规定分数。提出的问题应是初步调查的结果，每个问题只需回答“是”和“不是”（或“同意”和“不同意”），并规定“是”或“同意”得1分，“不是”或“不同意”得0分。

第二步，试测和评分。

第三步，评估和制表。凡80%以上（不含80%）的被测者表示“同意”或“不同意”的问题，均为辨别力弱的问题，应予淘汰。

第四步，测量和汇总。以累积量表为工具，请被测者回答，然后按每人得分高低由上向下排列，再按每题得分多少由左向右排列。

第五步，对反常现象进行解释。这种反常现象的原因有二：一是被测者的回答往往有随机性，致使对个别问题的回答与对其他问题的回答可能出现不一致的情况；二是量表中的问题选择不当、辨别力不强，致使反常现象频繁出现。上述两种原因中究竟哪一种是主要原因呢？可用再现系数来衡量。再现系数也称一致性系数，表示在被测者的回答中保持一致性回答的百分比，其计算公式为：

再现系数＝1－反常回答数/总回答数

使用累积量表时，应当注意：

（1）首先考察项目的表面效度，接下来考察项目之间的二元甚至多元关系。

（2）累积量表的逻辑基础是，被测者只要支持某个较强的变量指标，就一定会支持较弱的指标。

（3）对量表的赋值应最大限度地减少重新建构被测者原始答案所产生的错误，也就是赋值能倒推出原始答案。而正确预测的百分比被称作复制系数（运用量表分值再现被测者对每一项目的原始回答的再现率）。一般原则是，只有该系数达到90%～95%才可以算作量表。

累积量表的优点是可以直接根据被测者所同意的陈述的数目及他的量表分数，来了解他对这一概念或事物的赞成程度。缺点是我们对一组陈述具有单维性的假设是有局限性的，这种单维性往往只是某一部分人的态度模式，一组特定的陈述可能在某一群体中表现出单维模式。同样，在一个时期中是单维的模式，到了另一个时期却不一定还是单维的。

三、语义差异量表

语义差异量表，又称语义分化量表，是美国心理学家奥斯古德、萨奇、泰尼邦等在1957年提出的，是一种主要用于测量态度等抽象社会指标的技术。语义差异量表以形容词的正反意义为基础，标准的语义差异量表包含一系列形容词和它们的反义词，在每一个形容词及其反义词之间有约 7～11 个区间，人们对观念、事物或人的感觉和评价可以通过所选择的两个相反形容词之间的区间反映出来。

语义差异量表的制作和使用步骤是：第一步，确定测量对象，如确定对某商业机构经营状态进行测量。第二步，针对测量对象，设计出一组包含正、反两方面评价的问题。为避免调查对象按总体印象惯性填写，正、反两方面评价的问题，应随机交叉分布在两端。第三步，每方面评价的分数，一般分为 5～7 个等级，从左到右分别为 1、2、3、4、5（或 1、2、3、4、5、6、7)。第四步，请调查对象填答，即根据自己的看法，在测量对象有关方面的方框内打"√"。第五步，调整和统计。为了方便统计，可先把正面评价调整、集中到一端，反面评价调整、集中到另一端，然后再做统计分析。如果对不同调查对象进行测量，还可进行对比研究。例如，对某商业机构经营状态评价的语义差异量表如表 4－5 所示。

语义差异量表制作比较简单，一次调查可评价多方面内容，便于做定量分析，还可以对不同调查对象做对比研究，是一种用途广泛的测量方法。

表 4－5　　语义差异量表示例

某商业机构								
	1	2	3	4	5	6	7	
现代	□	□	□	□	□	□	□	老式
积极进取的	□	□	□	□	□	□	□	保守的
不友好的	□	□	□	□	□	□	□	友好的
根基不稳固的	□	□	□	□	□	□	□	根基稳固的
有吸引力的外观	□	□	□	□	□	□	□	无特色的外观
可靠	□	□	□	□	□	□	□	不可靠
感觉宾至如归	□	□	□	□	□	□	□	感觉不适
对顾客漠不关心	□	□	□	□	□	□	□	为顾客提供帮助
易打交道	□	□	□	□	□	□	□	难打交道
无停车和交通问题	□	□	□	□	□	□	□	有停车和交通问题
不成功的	□	□	□	□	□	□	□	成功的
无引人注目的广告	□	□	□	□	□	□	□	广告吸引注意力

资料来源：迈克丹尼尔，盖兹．当代市场调研．北京：机械工业出版社，2000：193.

四、社会关系量表

社会关系量表由一组反映社会关系从疏远到亲密的问题构成，不同的问题表示不同的疏密程度，问题越靠后表示相互关系越亲密。这种具有逻辑递进关系的量表，是测量社会关系的一种有效工具。例如，测量婆媳关系的量表如图 4-4 所示：

	是	否	不清楚
1. 你们家的婆媳是否居住在同一套住宅内？	□	□	□
2. 你们家的婆媳是否在一个锅里吃饭？	□	□	□
3. 你们家的婆媳是否在经济上互相帮助？	□	□	□
4. 你们家的婆媳是否在收支上统一管理？	□	□	□
5. 你们家的婆媳是否经常在一起交心、谈心？	□	□	□

图 4-4 社会关系量表示例

如果运用社会关系量表询问同一调查对象与不同人的关系，就很容易发现调查对象与哪些人亲密，与哪些人疏远，从而揭示出不同人的不同社会关系网。

本章要点

1. 社会指标是指反映社会现象的质量、数量、类别、状态、等级、程度等客观情况，以及反映社会成员的感受、愿望、倾向、态度、评价等主观状态的类别或项目。

2. 抽象指标是相对于具体指标而言的，是指客观事物所具有的非具体性的社会指标。它大体可分为三类，即主观社会指标、属性社会指标和关系社会指标。

3. 主观社会指标，是指反映社会主体心理状态、思想观念等方面的指标。

4. 属性社会指标，是指反映社会实体的非具体特征、状态等方面的指标。

5. 关系社会指标，是指反映两个或两个以上社会实体之间相互关系的指标。它可分为两类：一是反映人与人之间、人群之间关系的社会指标，二是反映客观物体之间关系的社会指标。

6. 社会指标体系是指根据一定目的、以一定理论为指导设计出来的，反映某一特定社会现象的一组具有内在联系的社会指标。它具有目的性、理论性、科学性、代表性、系统性、可行性等特点。

7. 调查指标，是指调查过程中用来反映或衡量调查对象的特征、属性或状态的数量指标和分类指标（包括询问项目、回答项目及有关说明）。

8. 设计调查指标必须设计抽象定义和操作定义。抽象定义是对调查指标本质的概括。操作定义是指将概念、指标的抽象定义转化为可观测、可检验的项目，即用可感知、可测量的事物、现象和方法对抽象定义所做的界定或说明。

9. 设计调查指标的基本要求是：以一定的研究假设为指导，以一定的社会指标为依据，与社会指标相匹配、相对称，符合调查对象的实际情况，有获取相关资料的可能性，设计出明确的抽象定义和操作定义。

10. 社会测量，是指运用一定测量工具、按照一定测量规则对某些社会现象的特征进行测算或量度并赋予一定数值的过程。它包含四个不可缺少的要素：(1) 测量对象；(2) 测量工具；(3) 测量规则；(4) 测量数值。

11. 社会测量可分为定类测量、定序测量、定距测量和定比测量等层次。

12. 信度是指在运用相同的测量手段或方法重复测量同一对象时，前后所得结果相一致的程度。效度是指测量工具或手段能够准确、真实、客观地测量事物或变量属性的程度。

13. 信度和效度既有区别，又有联系，它们之间存在着四种关系。

基本概念

社会指标　抽象指标　社会指标体系　社会测量　量表　信度　效度

思考与练习

1. 什么是社会指标？社会指标有哪些类型和功能？

2. 什么是抽象指标？它有哪些类型？

3. 什么是主观社会指标、属性社会指标和关系社会指标？

4. 什么是社会指标体系？它有哪些类型？它们的建立方式和特点有哪些不同？

5. 什么是调查指标？它与社会指标有何区别和联系？

6. 怎样设计操作定义？试对“在业人口”“流动人口的城市融入”“社会心态”进行操作化。

7. 怎样认识调查指标的设计过程？设计调查指标有哪些基本要求？

8. 试将该假设操作化：白领群体是否比其他公众更有同情心？

9. 什么是社会测量？它有哪些构成要素？

10. 社会测量有哪些层次？它们的反映功能和运算功能有何区别？

11. 怎样制作总加量表、累积量表、语义差异量表和社会关系量表？它们各自有何特点、区别？

12. 试分别制作测量“年龄”的定类测量、定距测量和定比测量问题。

13. 对于智商、肤色、社会地位、体重、身高、职业、民族、职业声望、文化程度、态度、收入水平，分别说出它们所能达到的最高测量水平是什么？

14. 什么是信度？什么是效度？如何认识信度与效度的相互关系？

推荐阅读书目

1. 朱庆芳，吴寒光．社会指标体系．北京：中国社会科学出版社，2001.

2. 德维利斯．量表编制：理论与应用．2 版．重庆：重庆大学出版社，2010.

3. 郑杭生，等．社会指标理论研究．北京：中国人民大学出版社，1989.

4. 严武．社会指标体系的分类及我国社会指标体系模式的选择．统计研究，1990（3）.

5. 李路路，孔国书．社会指标建设推进可持续发展．（2016－11－09）[2018－12－05]. http：//www.cssn.cn/zx/201611/t20161109_3269546.shtml.

6. 李善同，等．全面建设小康社会指标体系的 16 项指标详细解读．（2015－04－28）[2018－12－05]. http：//www.360doc.com/content/15/0428/12/780821_466549365.shtml.

7. Serenaluo. 让数据站住脚：浅谈用户研究中的信度与效度．（2010－09－06）[2018－12－05]. http：//cdc.tencent.com/2010/09/06/.

第五章

抽样

抽样是社会调查中非常重要的一环，因为调查者往往限于时间与财力而无法调查所有想要了解的对象，因此必须借由抽样的方法。

第一节
抽样概述

一、抽样的相关概念

要正确抽样，就必须明确以下几个基本概念。

（一）调查对象和调查总体

调查对象是指调查过程中获取社会信息的最基层单位。调查对象可以是个人、家庭、单位、社区（如村委会、居委会、乡镇、街道、县市等），也可以是各种社会事物（如住宅、耐用消费品等）和社会现象（如教育、医疗、婚姻、犯罪等）。调查总体是指全部调查对象的集合体（如一个县的全部乡镇，一个村委会的全部住户，一个单位的全部职工，一个年度内的全部刑事案件，等等）。

（二）抽样单位和抽样框

抽样单位是指抽样过程中使用的单位。它可以是调查对象（如个人、单位、乡镇、住宅、刑事犯罪案件等），也可以是调查对象的某种集合体（如对个人来说的组织，对学生来说的班级，对村委会来说的乡镇，对刑事案件来说的年度，等等）。抽样框是指全部抽样单位的集合体，即进入抽样过程的全部单位的名单或编号（如某单位进入抽样过程的全部职工花名册，某乡镇进入抽样过程的全部村委会名单，某村进入抽样过程的全部住户名单，某年度进入抽样过程的全部刑事案件卷宗编号，等等）。

调查对象与抽样单位一般存在着一致性。例如，在人口抽样调查中，调查对象是个人，抽样单位也是个人。但是，在整群抽样和多阶段抽样中，调查对象与抽样单位却往往不一致。例如，在整群抽样中，调查对象是职工，抽样单位则可能是班组或车间；在多阶段抽样中，调查对象是农民，抽样单位则可能是村委会或乡镇。

调查总体与抽样框一般也存在着一致性。例如，调查某居委会居民家庭情况，从理论上说，本居委会的全部居民家庭就是调查总体，居委会户口登记册就是抽样框。但是，由于种种原因，居委会户口登记册与在该居委会实际居住的居民家庭往往存在着很大差异。在这种情况下，要实事求是地开展调查工作，就不能根据原有户口登记册编制抽样框，而只能根据实际居住在该居委会的居民家庭编制抽样框。

（三）抽样和样本

抽样是指按照一定规则从抽样框中抽取一部分单位作为样本的方法和过程。抽样有多种多样的方法，每种方法都有一定的程序和规则（有关内容将在后面论述）。样本是指按照一定规则从抽样框中抽取出来进行调查的单位。它可以是调查对象，即调查过程中获取社会信息的最基层单位，也可以是调查对象的某种集合体。例如，人口抽样调查中的样本，可以是人，也可以是人的某种集合体，如户、村、乡镇、县市等；职工收入抽样调查中的样本，可以是职工，也可以是职工的某种集合体，如企业、行业、地区等。

（四）参数值和统计值

参数值又称总体值，是关于调查总体中某一变量的综合描述，或者说是调查总体中全部单位的某种属性或特征的综合数量表现。例如，2018 年 3 月上海总体月平均工资为 7 247 元。这个“总体”月平均工资，就是一个参数值。统计值又称样本值，是关于样本中某一变量的综合描述，或者说是样本中全部单位的某种属性或特征的综合数量表现。例如，2018 年 3 月 16 日国家统计局北京调查总队发布的《北京 2017 农民工监测调查报告》显示，北京农民工月均收入 3 230 元。这个“样本”月均收入，就是一个统计值。

二、抽样的类型

根据抽取调查对象的具体方式，抽样可以被划分为不同的类型。其中，社会调查中最常见、最常用的抽样分类标准为“是否采用随机原则”或者“是否遵循同等概率原则”，据此抽样可被分为两大类，即随机抽样与非随机抽样。

（一）随机抽样

随机抽样（random sampling），又称概率抽样，是指以概率论为基础，按随机原则抽取样本的方法。随机原则又称机会均等原则，即抽样框中每一个抽样单位都有同等的被抽取的可能性或机会。随机抽样不仅能够有效地排除调查者的主观影响，使抽取出来的样本具有较好的代表性，而且能够合理地控制抽样误差的大小，从而使样本的分析结果能够较好地用于推论总体。从具体的抽样程序和方法来看，随机抽样包括简单随机抽样、等距随机抽样、分类随机抽样、整群随机抽样和多阶段随机抽样等。

（二）非随机抽样

非随机抽样（non-random sampling），又称非概率抽样，是指不按随机原则而根据调查者的主观意愿、判断或是否方便等因素来抽取调查对象的抽样方法。由于它不考虑抽样中的随机原则，因而往往容易产生较大误差。在实际调查中，存在着许多不能使用或不必要使用严格的随机抽样的情况，如调查对象的范围不清楚而无法制作抽样框、调查的目的只是对问题做初步探索等，这时灵活运用非随机抽样方法，不仅可以使不可能的抽样变为可能，而且可以简化抽样过程，省时省力。从具体的抽样程序和方法来看，非随机抽样则主要包括偶遇抽样、判断抽样、配额抽样、滚雪球抽样和志愿者抽样等。

三、抽样调查的程序

抽样调查的一般程序如下。

（一）设计抽样方案

设计抽样方案就是针对调查总体、抽样方法、抽样误差、样本规模等有关问题设计出具体的操作方案。这是抽样调查的决策阶段，只有根据调查课题的客观需要、调查对象和调查者的实际状况，设计出科学的抽样方案，才能保证抽样调查的顺利实施。

（二）界定调查总体

界定调查总体就是给调查总体的内涵和外延设计出明确的定义。从理论上说，调查总体应该等同于研究总体，但是在实际操作中，调查总体往往不可能等同于研究总体，而只能是其中的一部分。例如，研究某市流动人口犯罪状况，从理论上说，研究总体应该是该市全部流动人口，但是，实际上研究人员只能把所能掌握的该市一定区域内符合条件的流动人口作为调查总体，而不可能把该市全部流动人口包括进去。因此，在设计抽样方案时，明确界定调查总体的内涵和外延，是一项相当复杂、困难，而又必须认真做好的工作。一般来说，调查对象的情况越复杂，研究总体与调查总体的差距就越大。

（三）编制抽样框

编制抽样框就是搜集、编制进入抽样过程的全部单位的名单或编号。抽样框是抽样的基础，必须把全部抽样单位编制进去，既不能遗漏，又不能重叠。如果抽样分阶段、分层次进行，那么每一阶段、每一层次都要编制相应的抽样框。例如，在一个县市范围内进行育龄妇女生育状况抽样调查，就必须分阶段、分层次编制相应的抽样框（包括乡镇或街道层次的抽样框、村委会或居委会层次的抽样框、居民户层次的抽样框）。

（四）选择抽样方法

选择抽样方法就是根据每一种抽样方法的优点和运用条件，结合调查对象的特点和要求，选择合适的抽样方法。如前所述，抽样方法有两类：一类是非随机抽样，可分为偶遇抽样、判断抽样、配额抽样、滚雪球抽样和志愿者抽样等具体方法；一类是随机抽样，可分为简单随机抽样、等距随机抽样、分类随机抽样、整群随机抽样和多阶段随机抽样等方法。凡是要从数量上推断调查总体的抽样调查，都必须采用随机抽样方法。

（五）抽取调查样本

抽取调查样本就是按照设计的抽样方法从抽样框中抽取调查样本。实际的抽样工作大体可以分为两种情况：

其一，当抽样总体的构成比较简单或分类比较清晰，且抽样框可以事先得到时，调查者可以在到达实地之前完成样本抽取工作，然后再到实地对预先抽好的对象进行调查。

其二，当研究的总体规模较大，且抽样需采取多阶段方式进行，或是抽样总体的构成比较复杂，特别是抽样框无法事先获得，无法提前做好样本抽取工作时，调查者必须到达实地后，根据实际情况酌情开展样本抽取工作，也就是要一边抽取样本一边开始调查或研究（这方面内容将在后面论述）。

（六）评估样本质量

评估样本质量就是对样本主要特征的分布情况与调查总体主要特征的分布情况进行对比和评估。通常的做法是，将总体与样本的基本资料（如城乡、行政区划、性别、年龄、行业、职业等）进行比较，两者之间差别越小，则代表性越强，样本质量越高。样本质量评估有前评估和后评估之分。前评估是指抽样之后、调查之前的评估。通过前评估，如果发现样本质量不高，可采取重新抽样等办法来提高抽样质量。后评估是指抽样调查之后的评估。后评估虽然不能改进样本质量，但却可使调查者判明样本与总体之间的差异，从而有利于对调查结果做出正确评价。

第二节 非随机抽样及其常用方法

非随机抽样又称非概率抽样，是指不按照随机原则，而根据调查者的意愿、判断或调查对象志愿等因素抽取样本的方法。非随机抽样有多种方法，常用的有以下几种。

一、偶遇抽样

偶遇抽样又称方便抽样，是指调查者按照对自己来说方便的方式抽取样本。例如，在商场、剧院门口、车站、码头等公共场所，碰到谁就访问谁，进行拦截式调查。虽然偶遇抽样是根据调查者的方便任意选取调查对象，但调查者必须尊重调查对象的意愿，不应使调查对象产生不愉快的体验。偶遇抽样具有简单方便、省时省力等优点，特别适用于探索性调查研究。它的缺点是样本的代表性差，有很大的偶然性。

二、判断抽样

判断抽样又称立意抽样，就是调查者根据自己的主观判断和调查目的来抽选样本。它可分两类：一是印象判断抽样，就是纯粹凭调查者的主观印象来抽取样本；二是经验判断抽样，就是调查者根据以往经验和对调查对象的了解来选取样本。在实际调查中，判断抽样多用于总体规模不大、资料所涉及的范围较窄，或者是时间、人力等条件有限，难以进行大规模抽样的情况。抽样质量的高低主要取决于调查者的判断能力和对调查对象的了解程度。

三、配额抽样

配额抽样又称定额抽样，是指调查者先根据调查总体各组成部分所包含调查对象的比例分配样本数额，然后由调查者在调查总体各组成部分内根据样本配额的数量，采用偶遇抽样或判断抽样等非随机方法抽取样本。例如，某高校 2010 年共有 3 000 名应届毕业生，其中：男生有 1 800 名，女生有 1 200 名；文科生有 1 650 名，理科生有 1 350 名。那么，在一项样本容量为 200 的关于毕业生就业倾向的配额调查中，样本单位的性别比例、学科性质比例也应该同总体单位的性别比例和学科性质比较相当，也就是：调查样本中男性应有 120 名，女性应有 80 名；文科生应有 110 名，理科生应有 90 名。

从抽样过程中需要分类这一特点来看，配额抽样与分类随机抽样有相似之处，但实际上两者有着本质区别。在分类随机抽样中，各子类内的抽样要严格遵循随机原则，而配额抽样则不同，各子类内的抽样往往采用偶遇抽样、判断抽样等非随机抽样方法。因此，与随机抽样方法相比，配额抽样的精确度要明显低一些，样本的代表性要差一些；但同偶遇抽样、判断抽样相比，配额抽样抽取的调查样本的分布则要均衡一些，样本的代表性要高一些，但工作量也要大一些。

四、滚雪球抽样

滚雪球抽样是指先就近寻找个别调查对象进行调查，然后通过他（她）再去寻找新的调查对象，这样就像滚雪球一样寻找到越来越多的调查对象，直至达到调查目的为止。例如，对球迷、戏迷、流浪乞讨人员、非法移民等特殊人群的调查，由于调查总体模糊不清，调查对象变动不居，因而只能采取滚雪球方式选取调查样本。

滚雪球抽样主要适用于调查总体的范围不清楚或个体信息不充分的情况，常用于探索性的实地研究，特别适用于对小群体关系的研究。

五、志愿者抽样

志愿者抽样就是从志愿者中抽取调查样本。例如，心理、医疗实验调查往往从招募的志愿者中抽取样本作为调查对象。由于这是基于个人意愿接受的调查，因而调查质量一般较高，但是，其代表性取决于志愿者的代表性。

非随机抽样的样本质量，主要取决于调查者的主观素质、工作态度和各种偶然因素，其代表性一般较差，样本调查资料不能从数量上推断调查总体。但是，它简便、易行，在那些不可能或不需要从数量上推断调查总体的调查课题中往往被广泛采用。

第三节 随机抽样及其常用方法

随机抽样又称概率抽样，是指以概率论为基础，按随机原则抽取样本的方法。所谓随机原则，又称机会均等原则，即抽样框中每一个抽样单位都有同等的被抽取成为样本的概率、机会或可能性。

一、随机抽样的常用方法

常用的随机抽样方法有以下几种。

(一) 简单随机抽样

简单随机抽样又称纯随机抽样，是按照随机原则在抽样框中抽取部分单位作为样本的抽样方法。常用的简单随机抽样方法有：

(1) 直接抽样法，就是直接从抽样框中随机抽取若干单位作为调查样本的方法。例如，直接从仓库产品中随机抽取若干产品作为调查样本，直接从课堂学生中随机选择若干学生作为调查样本，等等。

(2) 抽签或抓阄法，就是先将抽样框里的全部单位编号、做成签或阄，然后把签或阄搅拌、混杂均匀，最后采取掷骰子、抽签、抓阄等方法随机抽取签或阄，被抽中的签或阄所代表的单位就是调查样本，直到抽满规定的样本数为止。

(3) 随机数表法，就是在用自然数 0～9 组成的随机数表中随机抽取样本的方法。例如，在某高校做“2017 届大学毕业生就业状况调查”，要在 5 000 名毕业生中抽取 500 人作为样本进行调查，其具体做法是：第一步，编制抽样框，即按照一定规则编制 5 000 名毕业生的名单，并给每位毕业生确定一个编号（1～5000）。第二步，选用随机数表，其位数应该与抽样框编号位数相一致，本调查抽样框编号（1～5000）有 4 位数，因此应选用有 4 位数的随机数表作为抽样工具。第三步，抽取第一个号码，即按随机原则在随机数表上抽取任意列、任意行的 4 个数字作为第一个号码（假定为第 3 列第 2 行的 0623），它所代表的抽样单位就是第一个样本。第四步，抽取调查样本，即在随机数表上按照一定规则抽取调查样本。假定本调查按照隔列、从上到下的规则抽取样本，那么，抽样框中 1～5000 之内的号码，均为被抽中的样本（例如，第 3 列第 4 行的 4430、第 5 行的 0175……，隔列第 5 列第 4 行的 1734、第 8 行的 2413……）；5000 以上的号码或被抽出的重复号码，均为淘汰号码。按照这种规则和方法，直到抽满 500 个样本为止。

(4) 计算机抽样法，就是运用统计软件产生的随机数抽取样本的方法。目前，许多统计软件有产生随机数的程序，因而许多人采用这种简便、快捷的方法来随机抽取样本。但是，应该指出，统计软件产生的随机数一般有一定的循环周期，无法完全保证它的随机性。因此，在一般情况下，最好还是采用前几种简单随机抽样方法。

简单随机抽样直接体现了随机原则，是随机抽样中最简单、最基本的方法，是其他随机抽样方法的基础。它的优点是：抽样过程完全排除了主观因素的干扰，简单、易行，只要有抽样单位名单就可进行。它的缺点是：只适用于调查对象数量不多的调查总体，如果调查对象数量很大，编制抽样框就十分复杂，甚至无法编制；调查样本代表性较差，抽样误差较大；抽取出来的样本可能过于分散或集中，这将不利于调查工作的开展或调查质量的提高。

(二) 等距随机抽样

等距随机抽样又称机械随机抽样或系统随机抽样，就是按照随机原则在抽样框中等距离抽取部分单位作为调查样本的抽样方法。具体做法是：

(1) 将抽样框内各抽样单位按一定标志排列编号，即编制出抽样框。

(2) 用抽样框内单位总数除以样本数，求出抽样间隔距离。假设抽样总体所包含个体数为 N，样本所包含个体数为 n，则抽样间隔距离 $K=N/n$。

(3) 在第一个抽样间隔内随机抽取一个号码作为第一个样本。假设这个随机抽取的样本的序号为 m，它将成为等距随机抽样的起点。

(4) 在抽样框内，按照抽样间隔距离等距离抽取调查样本，直到抽取到最后一个样本为止。也就是自 m 开始，每间隔 K 个个体抽取一个个体，即连续抽取的个体序号分别为：m，$m+K$，$m+2K$，…，$m+(n-1)K$。

例如，在某居委会做“2017 年居民收入情况调查”，要在 1 200 户居民中抽取 120 户作为样本进行调查，其具体做法是：第一步，编制抽样框，即按照一定规则编制 1 200 户居民的名单，并给每户居民确定一个编号（1～1200）。第二步，计算抽样间距，其公式是抽样间距＝抽样框户数/样本数。该居委会的抽样间距＝1 200/120，即 10。第三步，选取抽样起点，在第一个抽样间距 1～10 户中，按随机原则抽取 1 户作为第一个样本。假定随机抽取的号码是 6，那么编号 6 的户就是第一个样本，即抽样起点。第四步，抽取调查样本，即以编号 6 的户为起点，按照抽样间距 10 抽取调查样本。这样，编号为 6、16、26……1196 的 120 户，就成为调查样本。

等距随机抽样的优点是，样本在抽样框内分布比较均匀，具有较高的代表性，抽样误差小于简单随机抽样，而且比较简便易行——只要编制了抽样框，计算出了抽样间隔距离，抽取了第一个样本，整个样本就确定了。它的缺点是，抽样单位总数不能太多，要有完整的登记册，否则难以实施。此外，抽样间隔距离还要避免与调查对象的周期性节奏相重合，否则会出现系统性抽样误差。例如，做企业职工出勤率调查，如果抽取的第一个样本是周五，抽样间隔距离是 7 天，那么，全部样本单位都是周五，其调查结果就可能产生系统偏差，因为许多企业职工周五出勤率较低，这样一来，对样本调查的结果就不能准确说明调查总体的情况。

（三）分类随机抽样

分类随机抽样又称类型随机抽样、分层随机抽样，就是按照随机原则，在抽样框中根据抽样单位的类型或层次抽取样本的抽样方法。

简单随机抽样和等距随机抽样，通常只适用于同质性较高且分布均匀的简单总体。当总体所含的个体之间的差异较大或者不同类别所含个体的数目悬殊时，一般采用分类随机抽样。具体做法是：

（1）编制抽样框，将抽样框内各抽样单位按一定标准分成若干类型或层次。

（2）根据各类型或层次包含的抽样单位的数量与抽样框内抽样单位总数的比值，确定各类型或层次抽取样本单位的数量。

（3）按照简单随机抽样或等距随机抽样方法从各类型或层次中抽取调查样本。

搞好分类随机抽样的关键，是分类标准要科学、要符合实际情况；对于许多复杂的社会现象，还应按照多种标准做多种分类或综合分类。例如，研究城镇居民收入的变化，既可按行业分类，又可按职业分类，还可按行业、职业交叉分类，以及按行业、职业、性别、年龄等标准综合分类。科学的、符合实际的分类标准，应该符合以下三项要求：

（1）同类抽样单位之间同质性最大，不同类抽样单位之间异质性最大。

（2）每一个抽样单位都应明确归属于某一类，而不允许既属于这一类又属于那一类，不允许互相交叉或重叠。

（3）分类后各类抽样单位数量之和，必须等于抽样框内抽样单位总数，而不允许大于或小于这个总数。

分类随机抽样的优点是，适用于抽样单位总数较多、异质性较大、分布较悬殊的调查总体，由于通过分类把同质性较大的抽样单位集合为一类、把异质性较大的抽样单位区分为不同的类，提高了样本的代表性，因而抽样误差较小或所需样本数量较少。这样，与简单随机抽样和等距随机抽样相比较，在样本数量相同的情况下，它的抽样误差较小；在抽样误差要求相同的情况下，它所需要的样本数量较少。分类随机抽样的缺点是，必须对调查总体各单位的情况有较多了解，否则无法科学分类，而这一点在实际调查之前又往往难以做到。

（四）整群随机抽样

整群随机抽样又称聚类随机抽样或集体随机抽样，就是按照随机原则在抽样框中根据抽样单位的群体抽取样本的抽样方法。具体做法是：

（1）将抽样框内的抽样单位按一定标准分成许多群体，并把每个群体看作一个大的抽样单位。

（2）按照随机原则（可以是简单随机抽样，也可以是等距随机抽样或分类随机抽样）从这些群体中抽出若干群体作为样本群体。

（3）对样本群体中的每一个抽样单位逐个进行调查。

例如，某居民小区有 50 栋居民楼，每栋楼居住 20 户，共有 1 000 户居民，假定要抽取 200 户做社会保障调查，其具体做法是：第一步，划分群体，即将每栋居民楼作为一个群体，共分为 50 个群体；第二步，抽取样本群体，即按照随机原则（可以是简单随机抽样，也可以是等距随机抽样或分类随机抽样）从 50 个群体中抽取 10 个群体（居民楼）作为样本；第三步，入户调查，即对样本群体（10 栋居民楼）中的每一个抽样单位（户）逐个进行调查，共调查 200 户。

整群随机抽样的特点是，抽样对象不是抽样单位，而是抽样单位群体，如居民小区中的居民楼、学校中的班级、城镇中的街道或居委会、农村中的行政村或自然村等。整群随机抽样的优点是，简化了抽样过程，调查样本比较集中，调查工作比较方便，可节省人力、财力、物力和时间。它的缺点是，调查样本分布不均匀，代表性差。与上述几种抽样方法相比较，在样本数量相同的情况下，它的抽样误差较大。

（五）多阶段随机抽样

多阶段随机抽样又称多级随机抽样或分段随机抽样，就是按照随机原则把从抽样框中抽取样本的过程分成两个或两个以上阶段进行的抽样方法。多阶段随机抽样的具体步骤是：

（1）确定抽样单位。先将抽样框中的单位按一定标准分成若干群体，作为第一级抽样单位。然后，将第一级抽样单位又分成若干小群体，作为第二级抽样单位。依此类推，还可分为第三级、第四级抽样单位。

（2）抽取各级样本。依照随机原则先在第一级抽样单位中抽出若干群体作为第一级样本。然后，再在第一级样本中抽出第二级样本。依此类推，还可抽出第三级、第四级样本。

（3）对最后抽出的样本单位逐个进行调查。

例如，假定在某县做教育状况调查，该县有 20 个乡镇，每个乡镇平均有 10 个村（居）委会，每个村（居）委会平均有 10 个村（居）民小组，每个村（居）民小组平均有 50 户居民，全县合计就有 20 个乡镇、200 个村（居）委会、2 000 个村（居）民小组、10 万户居民。如果采用多阶段随机抽样方法抽取 5‰的户（即 500 户）做样本，具体做法是：首先，确定抽样单位。该县有乡镇、村（居）委会、村（居）民小组和户四个层次，就应采取四段随机抽样方法抽取样本，并确定乡镇为第一级抽样单位，村（居）委会为第二级抽样单位，村（居）民小组为第三级抽样单位，户为第四级抽样单位。然后，采取不同抽样方法，分四段逐步抽取样本：

一段抽样，从县抽到乡镇。如果该县各乡镇经济发展状况差异较大，就应采用适合抽样单位异质性较大的分类随机抽样方法。

二段抽样，从乡镇抽到村（居）委会。在一个乡镇范围内，各村（居）委会经济发展状况的差距一般不会太大，为了使样本分布比较均匀，可采用等距随机抽样方法。

三段抽样，从村（居）委会抽到村（居）民小组。为了便于集中调查，节约人财物力和时间，可采取整群随机抽样方法。

四段抽样，从村（居）民小组抽到户。为了简便易行，可采取简单随机抽样方法。

多阶段随机抽样方法的优点是：（1）它适合于调查总体范围大、调查对象单位多、情况比较复杂的调查课题。（2）它有利于把各种随机抽样方法的优点综合起来，从而达到以最小的人财物力消耗、最短的时间，获得最佳调查效果的目的。（3）它对对于调查总体各单位情况了解程度的要求较低，一般只要求对下一个层次单位的情况有所了解就可以抽样。它的缺点是：抽样程序较为复杂，抽样阶段越多，抽样误差越大，它的误差是各抽样阶段误差之和。因此，为了控制抽样误差范围，分的阶段数应尽可能少。

总而言之，随机抽样的最大优点，就是能有效排除调查者主观因素的干扰，保证抽取出来的调查样本具有较高的客观性和代表性，而且能够有效控制抽样误差的大小，从而有利于从数量上计算调查样本的统计值和推论调查总体的参数值。

二、随机抽样中应该注意的几个问题

（一）抽样框编制问题

抽样框是抽样的基础。科学的抽样，必须以实事求是的抽样框为前提。然而，在实际调查中，人们往往忽视编制抽样框的重要性、复杂性和艰巨性，随意拿一些原有表册——如居委会户口册、村委会花名册、单位工资表等作为抽样框，这是不妥当的。

首先，在城镇，把居委会户口册作为抽样框就存在许多问题：一是在有些城镇，机关、企业、事业单位工作人员的户口直接由公安部门管理，居委会只管理无单位管辖的一般城镇居民的户口。二是中央、省、市属行政、事业、企业单位人员居住在本城镇，但其中相当一部分人的户籍不在本城镇。三是许多外来务工经商人员和住读学生常年工作、学习、生活、居住在本城镇，但在本城镇没有户籍。四是在本城镇户籍居民中，相当一部分人常年在外地务工、经商、求学，根本不居住在本城镇。五是随着城镇建设和经济社会发展，家庭户分合和住址变更越来越频繁，居委会户口册的更新往往大大落后于实际。显然，在这些情况下把居委会户口册作为抽样框，就不可避免地会出现许多抽样误差。

其次，在农村，把村委会花名册作为抽样框也有许多问题：一是大量外出农民工及其家属常年工作、生活、学习在外地，但其户籍仍在本村花名册中。二是部分农村存在着外来务工经商人员，有的还带有家属，他们的户籍一般不在本村花名册中。三是随着农村经济社会发展和人口流动加速，农户分合、住址变更已越来越频繁，村委会花名册的更新大多落后于现实。四是为了减轻负担或多得好处，在许多农村存在着“一家多户”或“一户多家”现象（例如，为了多获得权利而假分家，为了少承担义务而假合家）。这些情况说明，简单地把村委会花名册拿来当抽样框使用，是不可靠的。

最后，在行政、企业、事业单位，把工资表作为抽样框也存在许多问题：一是许多单位有上级借调、派往外地工作、学习的人员，以及离休退休、内部退养、长期病休的职工，他们都有工资或离退休费，但长期不在本单位工作，是否应该进入抽样框？二是有些单位存在着停薪留职、停薪求学等的人员，他们不在本单位工作、不拿工资，但有劳动人事关系，应该如何对待？三是有些单位有不少暂聘人员、合同工、临时工、外借人员、实习人员等，他们在本单位工作，但工资有的在本单位领取，有的在外单位领取，有的没有工资，应该怎样处理？这些复杂情况说明，把单位工资表作为抽样框的做法，是非常危险的。

正确的做法应该是：首先，多方搜集原有登记表、花名册，如居委会户口册、村委会花名册、单位工资表等，把它们作为编制抽样框的基础。其次，确定调查对象的内涵和外延。主要是从当时当地实际情况出发，制定进入抽样框的具体规则，把一切应该调查的对象都纳入抽样框，把一切不应该调查的对象都排除出抽样框。再次，通过实地核查修改或补充原有的户口册、花名册、工资表。最后，编制出符合实际情况的抽样框。

（二）抽样概率问题

在整群随机抽样、分类随机抽样和多阶段随机抽样中，都存在着分群或分类（如村委会、居委会、企业、学校等）问题，而每一个群体或类所包含的调查对象（如户、人等）往往不一样，有的甚至相差悬殊。这就产生了一个抽样概率问题，即对于调查对象来说，群体或类的规模越小，被抽中的概率越高，群体或类的规模越大，被抽中的概率越低，这就违背了随机抽样的同等可能性原则。

例如，甲乙两村被抽为样本，其中甲村有村民 400 户、乙村有村民 100 户，假定每村抽 20 户作为调查样本，那么甲村村民被抽中的概率是 400÷20＝20，即每 20 户抽取一个调查样本，每户被抽中的概率为 5%；乙村村民被抽中的概率则是 100÷20＝5，即每 5 户抽取一个调查样本，每户被抽中的概率为 20%。显然，这不符合同等可能性原则。

解决这个问题，有两种方法：

一种方法是概率与规模成比例抽样，简称 PPS 抽样，其原理是：赋予规模不等的群体或类与其规模成比例的入样概率，从而使每个调查对象都有被抽中的同等概率。例如，某乡镇有 10 个村、4 000 户，要选取 200 户做样本，其具体做法是：第一步，将 10 个村按区位编号、列表，并说明每个村的“户数”；第二步，计算每个村户数占全乡镇总户数的比例和累计比例，并按累计比例编制“抽样号码”；第三步，按等距随机抽样方法抽取 5 个“抽样号码”作为样本，样本间距离为 20，假定第一个抽样号码为 4，那么第 4、24、44、64、84 号被抽中为“抽样号码”。第四步，每个“抽样号码”调查 40 户，即 01、06、08 号村各调查 40 户，03 号村有 2 个“抽样号码”，调查 80 户。详见表 5－1。

表 5－1　　某乡镇 PPS 抽样简况

村委会编号	户数	占总户数比例（%）	累计比例（%）	抽样号码	等距抽样选取的号码	入样村委会和调查户数
合计	4 000	100.0	100.0	1～100	5 个号码	200
村委会 01	200	5.0	5.0	1～5	4	40
村委会 02	160	4.0	9.0	6～9		
村委会 03	1 440	36.0	45.0	10～45	24、44	80
村委会 04	200	5.0	50.0	46～50		
村委会 05	120	3.0	53.0	51～53		
村委会 06	760	19.0	72.0	54～72	64	40
村委会 07	320	8.0	80.0	73～80		

续前表

村委会编号	户数	占总户数比例（%）	累计比例（%）	抽样号码	等距抽样选取的号码	入样村委会和调查户数
村委会 08	400	10.0	90.0	81～90	84	40
村委会 09	280	7.0	97.0	91～97		
村委会 10	120	3.0	100.0	98～100		

另一种方法是样本与规模成比例抽样，简称 SPS 抽样，其原理是：赋予规模不等的群体或类与其规模成比例的样本数，从而使每个调查对象都有被抽中的同等概率。如前例，某乡镇有 10 个村、4 000 户，要选取 200 户作为样本，其具体做法是：第一步，将 10 个村按区位编号、列表，并说明每个村的“户数”；第二步，计算每个村户数在全乡镇总户数中的比例；第三步，计算全乡镇总户数与样本的比例，即 4 000÷200＝20；第四步，按照每个村户数比例分配样本数；第五步，各村按照随机抽样方法（可以是简单随机抽样，也可以是等距随机抽样、分类随机抽样等）抽取调查样本。详见表 5－2。

表 5－2　　某乡镇 SPS 抽样简况

村委会编码	户数	比例（%）	按户数比例分配的样本数
合计	4 000	100.0	200
村委会 01	200	5.0	10
村委会 02	160	4.0	8
村委会 03	1 440	36.0	72
村委会 04	200	5.0	10
村委会 05	120	3.0	6
村委会 06	760	19.0	38
村委会 07	320	8.0	16
村委会 08	400	10.0	20
村委会 09	280	7.0	14
村委会 10	120	3.0	6

SPS 抽样同非随机抽样中的配额抽样方法基本相同，即样本数与调查对象规模成比例。它们的区别在于：在配额抽样中，最后是采用非随机抽样方法（如偶遇抽样、判断抽样等）抽取样本；在 SPS 抽样中，最后是按照随机抽样方法（可以是简单随机抽样，也可以是等距随机抽样、分类随机抽样等）抽取调查样本。

显然，SPS 抽样操作更简便，样本更均匀，但样本较分散，调查难度较大、成本较高。反之，PPS 抽样操作较复杂，样本较集中，但有利于调查工作、降低成本。

(三) 入户后选择调查者问题

在随机抽样调查中经常遇到这样的情况，调查员入户后发现样本户中有不止一个符合作为调查对象条件（例如，可规定调查对象的条件是 16 周岁及以上、思维正常、有口头回答问题能力、常年在家庭中生活等）的家庭成员，应该怎样选择调查对象呢？在实际调查中，人们往往习惯于选择当家人或了解情况的人作为调查对象。它的优点是，这样的人对家庭客观情况比较熟悉，回答效率和质量较高，可节省调查时间。但是，它的弊端是，在主观指标调查方面往往忽视了不当家的妇女、青年、老人的意见、看法、态度、感受、期望和建议。解决这个问题的方法是，抽样到户后再做一次入户抽样，即从几个符合条件的调查对象中抽取一人作为调查对象。入户抽样有多种方法，其中最简便、易行的方法有两种：

一种可称为"生日相近法"，即在调查问卷的封面或询问问题的前面印制一个家庭成员登记表，只设计"家庭成员编号"（问卷调查一般是匿名的，不应设计"姓名"栏目)、"与户主的关系"、"性别"、"出生年月日"、"备注"等几个栏目。调查员入户后先填写家庭成员登记表。然后，在符合调查对象条件的家庭成员中，选择出生日期与调查日期最接近的家庭成员作为调查对象。

另一种可称为"男女老少法"，即在调查设计时，除规定调查对象必须具备的条件外，把调查对象的性别和年龄分类四类——"最大年龄男性""最大年龄女性""最小年龄男性""最小年龄女性"，并按各占 25%的比例设计和印刷在调查问卷首页上。调查员入户后，就按照调查问卷首页上关于性别和年龄的规定，选择符合规定的家庭成员作为调查对象。

实践证明，上述两种方法的优点是简便易行，有利于贯彻随机原则，排除调查员个人好恶等主观因素的干扰。缺点是被选中的调查对象有可能不熟悉家庭情况或不在家。因此，在调查设计时，必须规定哪几种情况（例如，完全不了解家庭情况的，已经外出且调查期间不可能回家的，等等）可以换人（既选择样本户中第 2 个、第 3 个与调查日期相近的家庭成员作为调查对象，或按"最大年龄男性""最大年龄女性""最小年龄男性""最小年龄女性"的顺序更换调查对象)，哪几种情况（例如，全家外出且调查期间不可能返回的，家庭成员中无符合条件的调查对象的，等等）可以换户（即动用备用样本）。只要设计的换人、换户规则没有违背随机原则，那么即使更换了调查对象、被调查户，仍然算是随机抽样。

第四节 抽样误差和样本规模

一、抽样误差

抽样调查的目的是用样本统计值推断总体参数值，但是，无论采用何种抽样方法，样本统计值与总体参数值之间总会存在一定误差，其来源有二。

（1）非抽样误差，即调查过程中人为操作失误造成的误差，如调查方案设计不合理、抽样方法有违随机原则、调查操作或数据处理失误等。非抽样误差可以通过主观努力尽量减少，但是无法用计量方法计算出这种误差到底有多大。

（2）抽样误差，即随机抽样过程中产生的样本统计值与总体参数值之间的差异。它与人为操作无关，而与以下三种因素有关：一是抽样方法。任何一种抽样方法都会产生一定的抽样误差，采用不同抽样方法产生的抽样误差是不一样的，因此，调查者应发挥主观能动性，尽可能选择抽样误差最小的抽取方法。二是调查总体分布状况。调查总体中各个体异质性程度越大，抽样误差就越大；反之，抽样误差就越小。三是样本规模。样本规模越大，抽样误差就越小；反之，抽样误差就越大。这就是说，调查总体异质性程度与抽样误差成正比，样本规模与抽样误差成反比。总之，抽样误差源于抽样的随机性、调查总体的异质性和样本规模的大小，因而是无法避免的。但是，抽样误差的大小可以计算及量化，并可通过科学的抽样设计进行控制。只要正确选择抽样方法，并根据调查总体异质性状况合理确定样本规模，就有可能把抽样误差控制在合理的范围之内。

在统计学中，通常用总体的标准差 σ 表示总体异质性程度，用 n 表示样本规模，用 SE（sampling error）表示抽样误差，于是得到下列公式：

$$SE=\frac{\sigma}{\sqrt{n}}$$

由于总体的标准差通常无法知道，因而用样本标准差 S 代替，于是有：

$$SE=\frac{S}{\sqrt{n}} \text{ 或 } SE=\frac{S}{\sqrt{n-1}}$$

实际上，所谓抽样误差，就是抽样分布的标准差，即标准误差（standard error），也就是抽样过程中产生的平均误差。

应该指出，上述计算公式是在不考虑抽样方法这一因素的影响时，一般性地描述和反映调查总体的异质性程度（用总体标准差 σ 表示）及样本规模与抽样误差之间的数量关系。当把抽样方法（如等距随机抽样、分类随机抽样等）这一因素考虑进来时，抽样误差的计算公式要根据抽样方法的不同进行修正或改变。

二、样本规模

样本规模又称样本容量，是指样本中所含调查对象的多少。在统计学中，有所谓大样本、小样本的区别和争论，其原因在于大样本与小样本的抽样分布不同，因而需要采用的统计分析方法不同。样本规模多大才算大样本，在统计学中存在不同意见，而且似乎与统计学的应用领域有关。例如，心理统计学通常认为，样本包含 30 个以上个案，就算大样本；但社会统计学则认为，样本规模超过 100 才能被称为大样本。

在社会调查中，研究者总希望扩大样本规模，因为样本数越大，其代表性越高，但是样本数增加往往会导致非抽样误差扩大，而且还会造成调查成本攀升。因此，应该确定一个最佳样本规模，既减少抽样误差，又不致因扩大样本规模而造成人财物力的浪费。

从理论上讲，可以根据样本规模与抽样误差之间的统计关系，来确定一项调查所要求的最低样本规模。抽样误差表示的是样本统计值与总体参数值之间的差距。一项社会调查中存在多种统计量，因而存在多种多样的抽样误差。通常以最常用的平均数（$\overline{X}$）和百分比（P）这两个统计量来说明如何通过抽样误差来确定最低的样本规模。

假如要用一个从随机样本（n）计算出来的样本统计量平均年龄（$\overline{X}$）去对总体的平均年龄（M）进行区间估计，总体标准差为 σ，置信度为 95%，抽样误差为 SE，则有：

$$SE = | M - \overline{X} |$$

$$\overline{X} - 1.96\left(\frac{\sigma}{\sqrt{n}}\right) \leqslant M \leqslant \overline{X} + 1.96\left(\frac{\sigma}{\sqrt{n}}\right)$$

$$-1.96\left(\frac{\sigma}{\sqrt{n}}\right) \leqslant M - \overline{X} \leqslant 1.96\left(\frac{\sigma}{\sqrt{n}}\right)$$

$$SE = M - \overline{X} = 1.96\left(\frac{\sigma}{\sqrt{n}}\right)$$

故得 $n=\left(\frac{1.96S}{SE}\right)^2$。注：当总体参数值 σ 未知时，可用 S 近似代替。

当要求置信度为 99%时，公式为 $n=\left(\frac{2.58S}{SE}\right)^2$。

公式中的 SE 为研究者所能容忍的误差。显然，研究者所能容忍的误差越大，样本规模可以越小，反之则要求样本规模越大。

假如已知总体人口年龄的标准差 $\sigma=8.60$，用样本估计总体的允许误差 $SE=2$ 岁，所要求的置信度为 95%，则该项研究的最低样本为 $n=\left(\frac{1.96\times 8.60}{2}\right)^2=71$。如果置信度为 99%，则最低样本数 $n=\left(\frac{2.58\times 8.60}{2}\right)^2=123$。

当选用比例为样本统计量来计算样本规模时，可推出下列公式：

$$n=\left(\frac{1.96\sqrt{P(1-P)}}{SE}\right)^2 \text{（95\%置信度）}$$

$$n=\left(\frac{2.58\sqrt{P(1-P)}}{SE}\right)^2 \text{（99\%置信度）}$$

公式中抽样误差 SE 表示总体比例 P 与样本比例 p 之差，即 $SE=|P-p|$。

例如，研究者要研究某地区农民的生活满意度问题，以往研究表明，大约有 65%的当地农民满意自己的生活，即 $P=0.65$，要求估计的置信度为 95%，抽样误差不大于 4%，即：

$$SE=|P-p|=0.04$$

则该项研究所要求的最低样本规模为：

$$n=\left(\frac{1.96\sqrt{0.65(1-0.65)}}{0.04}\right)^2=546$$

当置信水平为 99%时，$n=\left(\frac{2.58\sqrt{0.65(1-0.65)}}{0.04}\right)^2=946$。

上述分析表明，在社会调查中可以运用统计方法来确定样本规模。但是在实际操作中，它通常只能作为一种参考。因为，在一项调查中往往会有很多变量，根据不同变量统计值会计算出不同的样本规模，很难确定该选用哪一种。此外，调查样本规模的确定，还要受经费、时间、人力、物力以及调查资料后续处理等多种因素的影响。因此，在抽样调查设计中，要综合考虑多方面因素，确保样本的质和量，实现调查效果最优化。

学术界根据总体规模与样本所需量的统计曲线规律，并结合其他影响样本规模的因素，总结出经验上样本容量的大致范围（见表 5-3），可供参考。

表 5-3　　经验确定样本数的范围

总体规模	100 人以下	100～1 000 人	1 000～5 000 人	5 000～1 万人	1 万～10 万人	10 万人以上
样本占总体比重	50%以上	50%～20%	30%～10%	15%～3%	5%～1%	1%以下

资料来源：袁方．社会研究方法教程．重排版．北京：北京大学出版社，2016：170.

本章要点

1. 抽样调查的一般程序是：设计抽样方案，界定调查总体，编制抽样框，选择抽样方法，抽取调查样本，评估样本质量。

2. 非随机抽样又称非概率抽样，是指不按照随机原则，而根据调查者的意愿、判断或调查对象志愿等因素抽取样本的方法。

3. 随机抽样又称概率抽样，是指以概率论为基础，按随机原则抽取样本的方法。

4. 抽样框是抽样的基础。科学的抽样，必须以实事求是的抽样框为前提。

5. 抽样误差，是指随机抽样过程中产生的样本统计值与总体参数值之间的差异。抽样误差源于抽样的随机性、调查总体的异质性和样本规模的大小，它无法避免，但是可以计算和控制。

6. 样本规模，又称样本容量，是指样本中所含调查对象的多少。在抽样调查设计中，确定样本规模要综合考虑多方面因素。

基本概念

抽样调查　抽样　样本　非随机抽样　随机抽样　抽样误差　样本规模

思考与练习

1. 抽样有哪些程序?

2. 非随机抽样有哪些方法？随机抽样有哪些方法？它们各有何特点?

3. 如何计算抽样误差?

4. 确定样本规模应该考虑哪些因素?

5. 如果要求样本对总体有同样的代表性，用等距抽样是否比用简单随机抽样样本容量要大些?

6. 为什么对某市中学生的营养状况做一次抽样调查，比较适合使用整群抽样，而对某市市民的消费状况做一次抽样调查，则比较适合使用分层抽样?

推荐阅读书目

1. 郝大海．社会调查研究方法．2 版．北京：中国人民大学出版社，2009.

2. 福勒．调查研究方法．3 版．重庆：重庆大学出版社，2009.

3. 亨利．实用抽样方法．重庆：重庆大学出版社，2008.

4. 侯延军．抽样调查方法的妙用．调研世界，2014 (7).

第六章

文献调查法

文献调查法既是一般社会调查的基础和前导，又可以作为独立的调查方法。

第一节 文献调查法概述

在社会调查研究中，有大量各种各样的原始材料，也就是文献，供我们利用。通过文献资料研究，我们可以获得新论据、找到新视角、发现新问题、提出新观点、形成新认识。

一、文献的概念、种类和发展趋势

什么是文献?《论语·八佾》中说："夏礼，吾能言之，杞不足征也；殷礼，吾能言之，宋不足征也；文献不足故也，足则吾能证之矣。"南宋朱熹注："文，典籍也；献，贤也。"这说明，文献原是指典籍和贤者（熟悉掌故的人）。宋代马端临《文献通考》中将"文"与"献"作为叙事与论事的依据，"文"是经、史、历代会要及百家传记之书，"献"是臣僚之奏疏、诸儒之评论、名流之燕谈、稗官之记录。到现代，随着社会进步，文献的内涵和外延不断扩大，人们把一切记录人类知识的文字、图像、数字、符号、声频、视频等物体统称为文献。一般来说，文献必须具备三个基本要素：(1) 一定的知识内容。没有记录任何知识内容的物体，如空白纸张、空白磁带等就不是文献。(2) 一定的物质载体。人们头脑中的知识，口头传递的故事、传说等，就不能称为文献。(3) 一定的记录方式。某些古迹、文物虽蕴含着一定的知识内容，有一定的物质载体，但没有一定的记录方式，也不能被称为文献。简言之，从知识内容看，文献就是通过一定的记录方式记录在一定物质载体上的知识；从物质载体看，文献就是用一定的记录方式记录下知识内容的一切物体。

按照不同标准，文献可做许多不同分类。

按照物质载体不同，文献可分为甲骨文献、青铜文献、竹木简牍文献、布帛文献、纸张文献，以及胶卷文献、光盘文献和网络文献等。

按照记录技术不同，文献可分为手工型文献（如甲骨文、青铜文、竹简、帛书，以及用手写的文稿、信件、日记、原始记录等）、印刷型文献（如木印、石印、铅印、油印、胶印、复印等)、感光型文献(如照片、微缩胶卷和微缩平片等)、录制型文献(如录音带、录像带、光盘和硬盘等)、网络文献(如电子邮箱、互联网)等。

按照加工深度不同，文献可分为零次文献(指口头交谈或在会议上交流，但尚未用文字或录制技术记载下来的信息)、一次文献(也称原始文献，是指事件发生时的当场记录、当事人编撰和实地调查者撰写的文献，如会议记录、日记、信件、回忆录，以及在现场拍摄的照片、录制的音像等)、二次文献(是指对一次文献进行加工整理并使之有序化、浓缩化的文献，如目录、文摘、索引，以及经过剪接后的音像等)、三次文献(是指在一、二次文献基础上，经过分析、综合而编写的文献，如报道、综述、动态，以及年鉴、百科全书等)。

按照资料来源不同，文献可分为个人文献、社会组织文献、大众传媒文献和官方文献。个人文献是指个人写的日记、信件、札记、讲话稿、文章、自传、回忆录等记录个人生活经历、思想感受的文献。社会组织文献是指各种企事业单位、社会组织或团体在运作中形成的规章制度、统计报表、总结报告、年鉴、大事记、族规家谱等文本化资料。大众传媒文献是指各种书籍、报刊、广播影视、网络文献等。官方文献是指各种法律、法规和政府文件、统计资料等。

此外，按照出版形式不同，文献可分为图书、期刊与报纸、学位论文、会议文献、专利文献、标准文献、政府出版物、产品资料等。按照学科领域不同，文献可分为社会科学文献(又可分为经济学文献、政治学文献、社会学文献等)、自然科学文献等。按照保密等级不同，文献可分为公开文献、内部文献、秘密文献、绝密文献等。总之，根据不同标准，文献可做多种多样分类。

20世纪下半叶以来，在科学技术高速发展的推动下，文献出现了许多新的发展趋势：

(1)数量急剧增加。IDC发布的数据显示，到2020年，全球数字信息总量将达到35ZB(十万亿亿字节)[①]。如果用DVD记录，一张张DVD叠加起来的长度相当于地球与月球之间距离的两倍。

(2)种类日益繁多。随着科学技术发展，文献的物质载体和记录方式将越来越多样化。就物质载体而言，除纸张外，感光材料、磁性材料和半导体晶片等已越来越多地成为记载文献的物质载体。就记录方式而言，除手工、印刷方式外，还有摄影、录制、光刻和计算机等新型记录方式。尤其是网络信息资源，更具有表现形式多样化、内容更新加速化和信息资源共享化等特点。

(3)质量良莠不齐。在全球信息系统中，垃圾信息(包括冗余信息、盗版信

① 全球数字信息大爆炸 2020年总量将达35ZB.(2010-05-10)[2018-12-11]. http://www.doit.com.cn/p/55453.html.

息、虚假信息、老化信息、污秽信息等）越来越多。有人称垃圾信息产生了“信息污染”，严重干扰了人们对有效信息的开发和利用。

文献是人类知识的结晶。从认识论看，“一切真知都是从直接经验发源的。但人不能事事直接经验，事实上多数的知识都是间接经验的东西”①。这些“间接经验的东西”，主要是通过文献获得的。因此，文献既是人类认识世界的重要途径，又是人类积累知识的重要宝库。

二、文献调查法的概念和特点

文献调查法，就是采用科学方法搜集文献资料、摘取有用信息、进行整理分析的调查方法。文献调查法是一种古老的研究方法，历史研究中的考据、校勘就是文献调查法。世界上许多经典作品，如司马迁的《史记》、马克思的《资本论》、涂尔干的《自杀论》等，就是主要采用文献调查法写成的。

文献调查有两类：一类是质性的文献调查，一类是定量的文献调查。从质性的角度看，文献调查包括研究综述、介绍或评述别人的观点、逻辑分析基础上的理论建构。从定量的角度看，文献调查即对文献进行定量分析，将非定量的文献材料转化为定量的数据，并依据这些数据对文献内容做出定量分析及关于事实的判断和推论。

文献调查法有几个显著特点：

（1）历史性。它不是对社会现实情况的调查，而是对人类社会过去发生过的事情、已经获得的知识所进行的调查。

（2）间接性。它的调查对象既不是历史事件的当事人，也不是历史文献的编撰者，而是各种历史文献资料。

（3）非介入性和无反应性。它不介入文献所记载的事件，不接触有关事件的当事人，因此在调查过程中不存在与当事人的人际关系问题，不会受到当事人反应性心理或行为的影响。

三、文献调查的步骤

文献调查要遵循一定的程序和准则。一般而言，文献调查的过程包括以下几

① 毛泽东．实践论//毛泽东．毛泽东著作选读：上册．北京：人民出版社，1986：126.

个阶段。

（一）确定方向

所谓确定方向，就是明确研究目的和研究问题，目的和问题不同，文献收集、描述的范围必然不同，文献分析的重点也必然不同。所以，文献调查法的首要工作就是确定自己所要调查的问题，同时还要明确该方法在研究中是向导和基础，还是作为独立的方法使用，因为这会直接影响文献收集、整理、解读及分析的侧重点和方法。

（二）文献收集

首先，要确定文献收集和描述的范围，即文献的内容范围、时间范围和文献类别。其次，做好收集文献的准备工作，包括取得与文献所在单位或所有者个人的联系，设计文献的收集和描述大纲。最后，根据已拟定的调查方案收集文献。

（三）文献整理

刚刚收集到的文献资料非常庞杂，必须经过整理才能很好地为研究服务。在社会调查中，资料整理首先是对所获资料进行检查、核实，并对错误和遗漏加以修正、补充，然后将其分类编码，再进一步综合简化。文献的整理要掌握以下原则：一是条理化，即文献整理要有一定的时序，整理后的文献不能是散乱和无规律可循的；二是系统化，即文献整理要有一定的逻辑，整理后的文献之间要有一定的相关关系，成为一个有机整体；三是简明化，即要保证整理后的文献是最能够体现研究主旨的。

（四）文献解读

文献的解读一般包括两个阶段：第一个阶段是浏览，就是争取在较短的时间内简单了解整理好的文献的基本内容和特点，不需要掌握、理解和记忆其具体内容。浏览的目的是了解文献的全貌，分辨出哪些文献的研究价值和意义最大，为以后的精读做准备。第二个阶段是精读，即理解性阅读。通过精读，要深入理解和掌握文献中有价值和意义的内容，同时要做出正确而客观的评价。这个阶段既是理解的过程，也是概括和再次升华的过程。研究者既要把文献内容同调查课题结合起来，又要有效鉴别文献的真伪和内容的可靠程度。

（五）文献分析

文献分析包括统计分析与理论分析。前者主要是定量分析，将非定量的文献材料转化为定量的数据，并依据这些数据进行内容分析、二次分析和现存统计资料分析等，主要方法是统计方法、数理方法和模拟法；后者则是定性分析，包括逻辑分析、历史分析、比较分析、系统分析等。社会调查使用的具体定性分析方法还有结构分析、功能分析、社区分析、阶级分析、角色分析等。

上述过程并不是一种直线式的过程，根据研究的需要常常要重复其中的某个过程。比如，如果在分析阶段觉得收集的文献不够充分，就需要重新收集文献、整理文献和阅读文献。在这样一个不断重复的过程中，不断概括和明晰自己研究的问题，最终形成调查报告。

四、文献调查法的应用

文献调查法是指搜集、整理文献，并通过对文献的研究，形成对事实的科学认识的方法。文献调查法既是任何社会科学研究都不可或缺的研究方法或必要阶段，是我们进行一切研究的基础，又可以作为一种独立的研究方法来使用。它主要适用于：

（一）纵贯分析或历史研究

作为一种完全独立的、完整的、非辅助性的研究方法，文献调查法可以应用在认识社会历史发展趋势的研究中。其他研究方法，如问卷调查、实验、观察等方法所研究的是现时的情况，因而往往难以用来进行纵贯分析或趋势研究。文献调查法常用于理论研究和社会变迁研究，尤其适于做长时段的研究。比如，世界著名未来学专家约翰·奈斯比特经过 12 年不间断地监读 6 000 种美国地方报纸，逐渐找到了美国结构变革清晰的十个新方向，著成《大趋势》一书。再如，我们要研究 20 世纪下半叶中国人婚姻观念的特点和发展趋势，最好的方法就是利用这 50 年的各种有关婚姻观念的文献资料进行分析和研究。因为各个不同历史时期的社会现象和社会生活，或多或少总会以各种不同的文献形式被记录和描述下来。

（二）探索性研究

在正式对课题进行研究之前，一般要进行探索性研究或前期研究。在进行这种研究的过程中，除了到现场去观察、访谈，走访专家外，还有一种很重要的方法就是文献调查法。对于一般的社会调查来说，文献调查的作用主要表现在：

（1）有效地帮助了解有关问题和研究对象的历史和现状。通过查阅档案、登记表和其他文献，了解调查对象的基本情况和有关问题，以及它们所处环境的历史、地理、政治、经济、文化、社会、风俗习惯等资料，对于顺利开展调研工作具有重要作用。

（2）帮助确定调查课题。任何调查课题都应该以前人和他人的调查成果为基础。通过文献调查，了解前人的研究，特别是了解当前理论和实际工作者正在调查的现状，对于正确选择调查课题具有重要的参考价值。它是避免盲目性和重复研究的重要步骤，也是保证研究具有创新性的有效途径。

（3）了解与调查课题有关的理论和方法。通过文献调查，充分了解与调查课题有关的各种理论观点和调查方法，以及正在发展着的社会环境和调查工作面临的主客观条件，可为提出研究假设、设计调查方案、确定调查方法、安排调研工作等提供必要参考。

（4）了解与调查课题有关的政策和法律。通过查阅文献，了解与调查课题有关的各种方针、政策和法律、法规，是确立调研工作指导思想、加强调研工作的政策性和法律性、保证调研工作顺利进行的必要条件。

总之，文献调查法是一种非常重要的调查方法，它贯穿于社会调查全过程。在准备阶段，文献调查是选择调查课题、提出研究假设、确定社会指标、设计调查方案的必要前提。在调查阶段要顺利开展调查工作，在研究阶段要深入理论探讨，在总结阶段要撰写具有创新性的调查报告和科学地评估调查成果，都离不开文献调查。

五、对文献调查法的评价

文献调查法是对人类以往知识的调查，是一种间接的、非介入的调查。文献调查法的基本特点决定着它有许多优点，也有许多缺点。

（一）文献调查法的优点

（1）文献调查可以超越时间、空间的限制，通过对古今中外文献的调查可以研究极其广泛的社会情况。就时间跨度而言，它可以调查研究几十年、几百年，甚至上千年前的社会状况；从空间跨度上看，它可以超越省界、国界，调查研究世界各国的社会情况。

（2）文献调查是一种间接的、非介入的调查，只对各种文献进行调查和研究，而不与调查对象直接接触，不介入调查对象的任何活动，不会引起调查对象的任何反应。这就避免了直接调查中调查者与调查对象在互动过程中可能产生的种种反应性误差。

（3）文献调查是一种非常方便、自由、安全的调查方法。文献调查受外界因素制约较少，只要找到了必要文献，就可随时随地研究，即使出现了错误，也可通过再次研究弥补，因而其安全系数较高。

（4）文献调查省时、省钱，效率高。文献调查不需要大量研究人员，不需要特殊设备，可以用较少的人力、经费和时间，获得更多的信息。

（二）文献调查法的缺点

（1）通过文献调查所获得的主要是书面信息，不是活生生的现实，缺乏具体性和生动性。由于研究者对文献所反映的事物缺乏直接体验、亲身感受，因而对有关信息的认知往往不够充分、缺乏深度。俗话说，“纸上得来终觉浅”。这是文献调查法最大的局限性。

（2）文献的客观性和真实性往往难以保证。任何文献的内容，都会打上一定时代、一定社会条件的烙印，都会受到撰写者个人种种因素的影响和制约。

（3）文献调查经常会发生文献资料难寻觅、有效文献难找齐的缺憾。因为许多文献是不公开的，比如，个人日记、私人信件等属于个人隐私，某些政府文件、会议记录、档案材料属于内部机密，都不可能随意获得。同时，在浩如烟海的文献海洋之中，研究者要搜集系统、全面、高质量的文献，往往非常困难。

第二节 文献的搜集

一、搜集文献的基本要求

文献资料浩如烟海，搜集文献要按照一定要求，有目的、有计划地进行。总的说来，文献的搜集应尽可能全面、多样。但是，在当代文献数量激增、分布极广、“信息污染”严重、质量明显下降的情况下，与其求全，不如求精，一般应以满足搜集文献的要求为原则。

搜集文献的基本要求是：

(1) 有用性。即紧密围绕调查课题搜集有用的文献资料。这是搜集文献第一位的、最基本的要求。

(2) 可信性。主要是指作者的可信性和内容的真实性。在搜集文献时，要反复考虑文献作者是否有可能掌握有关事实、文献内容是否真实反映了客观事实、有无别的资料印证这一文献的可信性，因为作者的客观地位、主观态度、当时的立场和兴趣等因素，往往使文献带有一定的倾向性，而这种倾向性常常会使文献偏离其所描述或反映的客观事实。

(3) 代表性。主要是指作者的代表性和文献的代表性。只有努力选择各类有代表性的作者、各类有代表性的文献，才能全面、准确地反映当时的情况。

(4) 全面性。搜集文献的内容应尽可能全面：既要有历史文献，又要有最新文献；既要有国内文献，又要有国外文献；既要有典型资料，又要有综合资料；既要有本学科专业文献，又要有相关专业文献；既要有正面材料，又要有反面材料。

(5) 多样性。搜集文献的形式应尽可能多样，凡是与调查课题有关的各种形式的文献，都要千方百计地搜集。

(6) 连续性。即围绕调查课题搜集的文献，在时序上要有连续性和累积性，尽可能不要中断。否则，搜集的资料就可能残缺不全，无法反映调查对象发展过程的全貌。

(7) 时效性。对于与调查课题有关的各种新资料、新信息，要及时了解、及时搜集、及时研究、及时利用，以提高调查研究的时效性和调查成果的实用价值。

总之，文献搜集工作只有满足了上述基本要求，才能为后续的信息摘取工作提供丰富、完整的文献资料。

二、查找文献的具体方法

要搜集文献，必须先查找文献。现代社会，除私人文献外，绝大部分文献集中在图书馆和互联网上。查找文献，特别是在图书馆查找文献，一般可用以下四种方法。

(1) 检索工具查找法，即利用已有检索工具查找文献的方法。它分为两类：一是手工检索法，二是机读检索法。

手工检索法，即通过手工翻阅检索工具书（如各种目录、卡片、文摘等）来查找文献的方法。一般来说，图书馆的藏书、期刊都有目录索引，通过其目录可以找到相关的著作、论文、报道、评论等。还可通过每月出版的《全国报刊资料索引》（哲学社会科学版）、中国人民大学书报资料中心编辑出版的各门学科的《复印报刊资料》及其索引来查找。

利用检索工具查找文献，可以采用顺查法，也可以采用倒查法。顺查法即由远到近，逐年逐月按顺序查找；倒查法即由近而远，回溯而上，按时间顺序往前查找。一般来说，顺查法有利于了解有关问题的发展过程全貌，但要花费较多时间和精力；倒查法可以节省时间和精力，能够较快了解到有关问题的最新动态，但查找的文献可能不系统、不全面。无论是顺查还是倒查，都应按照课题的时间跨度来决定查找文献的时间跨度。

机读检索法又称计算机检索法。机读检索工具，按其信息指向可分为两类，即图书馆联机公共目录检索系统（Online Public Access Catalog，OPAC）和网络搜索引擎。使用图书馆联机公共目录检索工具，只要输入要查询的书名、作者、主题词、索引号等就可以进行检索和查询。在互联网中，图书馆目录发展为联机公共目录检索系统，人们使用时，通过目标图书馆目录的统一联网地址（Uniform Resources Locator，URL），就可查询世界各大学图书馆、公共图书馆、专业图书馆的馆藏。使用网络搜索引擎查询就更为简单，只要在专门搜索工具（如"谷歌""百度"等）的主页上，输入要查询的主题或关键词，或进一步根据条件设置输入要查询的题目、摘要、作者、发表时间等，就可以获得相当多的文献条目。打开文献条目后，可以先在比较大的范围里搜索，然后逐步缩小搜索范围，也可以在与研究课题有关的几个不同主题范围内进行搜索。

（2）参考文献查找法，也称追溯查找法，即根据作者在文章、专著中所开列的参考文献目录或所引用的文献名目，追踪查找有关文献资料的方法。具体做法是，从已经掌握的文献资料开始，根据文献中所开列的参考文献目录和所引用、所介绍的文献名目，直接去查找较早一些的文献；再利用较早文献中所开列的参考文献目录和所引用、所介绍的文献名目，去查找更早的文献。如此通过“滚雪球”的方式向前追溯查找，直到查找出比较完整的文献资料为止。用参考文献查找法查找文献，不如用检索工具查找法所得的文献那样全面和广泛，但是它查找的文献比较集中，效率也相对高一些，而且往往能及时捕捉到一些最新研究成果。

（3）循环查找法，也称分段查找法，即将检索工具查找法和参考文献查找法结合起来交替使用、循环查找的方法。使用循环查找法，可先采用检索工具查找法，查找出有用的文献资料，然后再根据这些文献中所开列、所引用的参考文献名目，去查找更早一些的文献；也可先采用参考文献查找法，查找出更早一些的文献，然后再采用检索工具查找法，去扩大查找文献的线索。如此分阶段交替使用两种查找文献方法，直到查找出自己所需要的文献为止。

（4）专家咨询法，即向有关专家说明自己的调研方案、所需文献的类别和范围等，请他们指点迷津。譬如，咨询熟悉调研课题或熟悉调研对象的专家，向他们说明自己的调研方案和所需文献的类别或范围，力求得到他们对于搜集文献的指导，从而达到事半功倍的效果。

以上方法各有优缺点，在查找文献中究竟采用哪种方法，应根据查找文献的要求、学科特点、检索工具等情况具体选择。

三、获取文献的主要途径

查找文献是为了获取文献。获取文献的方法多种多样，对于纸质文献和网络文献应分别采用不同的获取方法。

对于纸质文献，主要采用索取、交换、购买、拍照、录制、借阅、复制等方法获取。

对于大众传媒公开出版，并正在市面出售的书籍、刊物、报纸、磁带、光盘等文献，在经费许可的条件下可采取购买方法获取；对市面已停售的这类文献，则可到图书情报机构借阅。

对于企事业单位、社会团体的规章制度、统计报表、总结报告，以及族规家谱等文献，可采取向有关单位索取、交换、复印、借阅等方法获取；也可以到这些企事业单位的主管部门、社会组织的成员和各种档案管理机构那里采取索取、复印、借阅等办法获取。

对于个人写的日记、信件、自传、回忆录等文献，只能在征得文献主人同意的前提下，采取借阅、复印、拍照等办法获取。其中，已公开出版、发行的日记、信件、自传、回忆录等，则可通过购买方式获取。

对于官方的各种法律、法规、政府文件、统计资料等文献，凡已公开出版发行的，可通过购买方式获取；尚未公开出版发行的，可到有关行政管理部门采取借阅、复印等方式获取；历史性的有关文献则可到档案管理机构采取借阅、扫描或复印等方式获取。

对于网络文献，可先通过浏览和搜索网站检索，然后将有用文献复制或下载，保存到相应文档里。搜索引擎和虚拟图书馆是两种获取网络文献的重要途径，前者有利于提高检全率，后者有利于提高检准率，而网络信息资源数据库则兼有检全率和检准率两方面优势，因而能够向用户提供相对全面和准确的网络文献。获取文献之后，研究者应当建立文献数据库。依据一定的标准对文献进行分类，以便提高文献的条理性与文献获取时的便利性。

四、搜集文献应该注意的问题

（一）确定搜集文献的重点

采用检索工具或参考文献查找文献，往往会受到检索工具或参考文献的吸引而随波逐流，以致迷失了查找文献的重点。实践证明，不分主次、漫无目的永远是查找文献者最易犯的毛病。因此，搜集文献必须确定重点，始终围绕调研主题搜集文献。

（二）明确搜集文献的范围

在确定了搜集文献的重点后，还必须明确划分搜集文献的范围，包括内容范围、时间范围和地域范围，即根据调研主题涉及的内容、时间和地域，明确划分搜集文献的内容、时间和地域范围。例如，调研主题是“农民工”问题，搜集文献的内容范围就应该是有关农村劳动力转移的文献，时间范围是 20 世纪 80 年代农村实行家庭联产承包责任制、出现“农民工”现象之后，地域范围是“农民工”跨省流出就业最多的安徽、江西、四川、湖南、湖北、河南、广西、重庆、贵州等中西部省份和流入最集中的长三角、珠三角、环渤海等经济发达地区。搜集文献的内容、时间和地域范围只有与调研主题涉及的范围相一致，才能达到搜集文献的目的。

（三）注重搜集文献的质量

为了提高搜集文献的质量，调研者在搜集文献的过程中，对接触到的有关文献应进行必要的外在（如作者、序言、简介、出版单位、出版时间和地点等）评估和内在（如目录、主要章节、基本观点和数据等）评估，只有符合搜集文献基本要求的文献，才应成为搜集的对象。

（四）整理搜集文献的目录

许多调研者在搜集文献时，只注重搜集和保存文献，而不注意整理搜集文献的目录，结果要使用文献时却找不到文献了，而且搜集的文献越多，寻找文献越困难。为了避免出现这种尴尬局面，应在搜集文献的同时，及时整理、分类编制搜集文献目录。这样不仅便于使用文献，而且可及时发现搜集文献的缺项或弱点，以便及时纠正或弥补。

第三节 信息的摘取

搜集文献的目的，是摘取与调查课题有关的信息。因此，摘取信息的主要原则、一般程序和记录信息的方法，是文献调查法的另一重要内容。

一、摘取信息的主要原则

摘取信息应遵循以下几条原则。

（1）定向性：要紧紧围绕调查研究课题，有针对性地摘取信息，以节省时间和精力。

（2）准确性：要对摘取的信息反复核实、检验，力求摘取的信息准确、无误。

（3）规范性：要规范摘取信息。对数据资料、重要观点、特色语句应原文照抄。凡原文抄录应加上引号，并在撰写调查报告时准确标出文献出处。

（4）评述性：要融入自己的思考，及时记下自己对资料的理解、困惑、提问和评估，使资料“活”起来。

（5）有效管理：对摘录的信息，要通过列出主题、标出关键词等方式建立索引和交叉参考文献，进行有效管理，以便在使用时能很快找到自己所做的笔记、引文和评论。

二、摘取信息的一般程序

摘取信息的一般程序是：浏览、筛选、阅读和记录。实施这些程序的要点包括：

（一）迅速浏览

浏览，就是将搜集到的文献资料普遍地、粗略地翻阅一遍。

浏览要明确目的。浏览是为了大致了解文献内容，初步判明文献价值。浏览时，要坚持博览与专注相结合。所谓博览，就是要行云流水式地普遍翻阅一遍，只求了解文献大概内容；所谓专注，就是对与调查课题有关的信息，应相对专注地认真阅读，并初步判明它的价值。

浏览要抓住重点。浏览要重点关注该书的著者、提要、目录、前言（或序）、后记（或跋），以及注释、图表、参考文献、索引等，使自己对全书的框架和内容有一概略印象。浏览论文或其他体例的文献，重点是看它的篇幅、层次、大小标题、主要观点、论证和数据等。只要抓住了这些重点，就能了解文献概况，并对文献价值做出初步估计。

浏览要快速。一般人的阅读速度是平均每分钟 300～400 字，20 分钟 7 000 字左右，即 16 开本的 6 个页码。浏览则快得多，20 分钟可翻完一大本书。其方法有两种：一是“扫描式”，视线像雷达扫描一样“一目十行”地读，迅速了解文献全貌；二是“跳跃式”，视线从这里跳到那里，把文献中无关紧要的引文、推理过程等整页地翻过去，抓住文献的筋骨脉络，重点掌握文献的观点和有关数据。快速浏览的要领是：一要坚持视读，不要音读；二要不断调整阅读速度，当快则快，当慢则慢；三要上下联系，了解作者的基本思路；四要脑眼配合，做到眼到脑到；五要加强训练，多练多用。掌握了这几个要点，就可逐步提高浏览的速度和质量。

(二) 慎重筛选

所谓筛选，就是在浏览的基础上，根据调查课题的需要，将搜集的文献分为必用、应用、可用（或备用）、不用等几个部分。

筛选的依据，是文献中有用信息的数量和质量。筛选的关键在于比较。在时间上，要选用那些不同时期的代表作，特别是要注意选用那些最先论述某一问题的祖本和最近论述这一问题的新本；在内容上，要选择那些引用不同事实、阐述不同观点的代表作。此外，还应注意选择权威出版社出版或权威作者撰写的著作。

筛选文献，应该分层次进行。筛选的顺序是，先从大量文献中筛选出可用文献，再从可用文献中筛选出应用文献，最后从应用文献中筛选出必用文献。通过逐层筛选，就能做到各类文献层次分明，为下一步阅读做好准备。

同时，在收集文献时要注意鉴别文献的真伪，深入考察文献的来源和可靠程度。在使用文献调查法的过程中，必须对所采用的一切资料持有一种科学的质疑精神和批判态度，这是保证文献资料准确性的前提。通过以下几个方面对文献进行考察和分析是非常有帮助的。

(1) 考究文献的作者情况：文献的最初作者是谁？他（她）的研究目的是什么？同自己的研究目的有何异同？文献的作者是通过何种方法和途径获得这些文献中的信息的？为什么这些文献得以保存这么长时间？

(2) 分析文献的研究立场：文献写作的具体历史背景如何？文献是否努力做到了价值中立？如果存在偏见，应该怎样去发现和修正？

(3) 验证文献的逻辑性：文献的主题是什么？文献的作者是通过何种概念和范畴传达信息的？通过其使用的资料能概括和推论出文献所给出的结论吗？文献作者是通过何种方法进行研究的？这种研究方式对研究的主题而言是否恰当？

(4) 复证文献的真实性：从哪里可以找到相关资料以便对文献提供的信息进行证实或证伪？

(三) 认真阅读

阅读是摘取信息的前提。阅读一般包括认读、理解、联想、评价四个方面。阅读可分为粗读和精读两个阶段，它们在认读、理解、联想、评价等方面都有不同要求。

粗读是一种鸟瞰式阅读。粗读在认读方面，要着重搜寻文献的基本观点、主要事实和关键数据；在理解方面，要居高临下，大而化之，力求抓住文献的主旨和脉络；在联想方面，要把文献中的观点与观点、观点与事实、事实与事实之间的关系联系起来思考；在评价方面，要对文献的基本观点和论证做出初步评判。粗读的目的是掌握文献的基本内容，明确该文献与调查课题的关系，以决定是否需要进一步精读。

精读是一种深入探究、得其精髓的读书方法。精读时，要根据文献的重要性、复杂性和有用程度，有的全读，有的选读，有的反复读，有的对比着读。精读在认读方面，要"咬文嚼字"，一丝不苟，逐字、逐句、逐段地循序渐进地阅读；在理解方面，要深入思考和分析文献的每一个概念、判断和推理，以及整个文献的逻辑结构，认真把握文献的全部思想；在联想方面，要把文献所引用的事实、阐述的观点与客观事实、其他文献联系起来反复对比和研究；在评价方面，要对文献所引用的事实、阐述的思想与调查课题之间的关系做出客观判断和全面评价。总之，精读是摘取信息过程中最关键的一步。通过精读，不仅要全面掌握文献的实质内容，而且要明确挑选出有价值的信息。

（四）及时记录

记录就是把通过阅读寻找到的有价值的信息记录下来，供进一步分析研究之用。许多人阅读文献曾有过这样的教训，即只注意阅读而忽视了及时记录，导致在阅读过程中发现的许多有用信息、产生的灵感，到用的时候却找不到、想不起来。记录是摘取信息的一个重要工序，文献调查的直接结果应该通过这一道工序表现出来。

三、记录信息的主要方法

（一）标记

标记就是在书上做记号。记号有许多种，最常见的是在字下面加点或画线。加点即加着重点。加点的字句就是全句或全段中最重要的部分。画线的目的与加点一样，只是字数少时加点，字数多或成句时就画线。线有直线、曲线、单线、双线、上下夹线等。需要注意的是，无论是加点还是画线，都不宜过多过密。过多过密，反而使人找不到重点了。常用的几种标记方法见图 6－1。

着重号	…….	标示关键性的字或句
直线	——	标示比较重要的内容
曲线	～～～	标示特别重要的内容
夹线	≋	标示定义或经典论述
惊叹号	！	对某些内容表示欣赏
问号	？	对某些观点表示疑问
三角号	△	标示一段文字中并列的几个观点
双圈号	◎	标示一段重要内容的结束

图 6－1 常用的几种标记方法

（二）眉批

眉批就是在页眉或页脚，写上阅读文献时的简要心得、体会、评语、疑问或订误、校文、音注等。这种记录形式和标记一样，简单、方便，随读随写。

（三）抄录

抄录就是把文献中有价值的信息抄下来。抄录有全录和摘录两种方式。全录就是一字不漏，全文照抄。摘录就是只将有价值的、自己需要的信息摘要抄录下来。摘录有两种：一是摘录原文，即整段整句地摘录，连标点符号都与原文一样；二是摘录原意，即根据自己的需要，用自己的语言，把原文的基本观点、主要事实和数据简要抄录下来。后一种摘录，实际上就是缩写，它已具有加工、整理的性质。

抄录信息一般应抄录在活页上，或输入电脑上设置的有关文档或文件夹里。抄录时，一定要注明出处（作者、书名或篇名、卷次、页码、出版单位、出版日期等）。有的人只注意抄录文献内容，而忽略注明出处，导致使用时找不到文献出处。如果用活页抄录信息，应该一条信息一张活页，并注明题目，指出信息属于什么主题；如果用电脑输入信息，应该一条信息一个文档，一类信息一个文件夹，并注明题目，指出信息属于什么主题。只有这样，在整理资料时才便于按照文档、文件夹题目归类。

（四）提纲

提纲就是把整本书或整篇文章的内容要点，用简括的语句、以条目的形式依次记载下来。这样写提纲的好处是，便于掌握全书或全文的内容和逻辑结构，加深对原文献思想脉络的认识。写提纲前，要仔细研究全书或全文，从总指导思想到各部分内容都要弄得十分清楚。提纲要力求全面、系统，叙述要简明，真正反映出原文献概貌。

（五）札记

札记指在阅读文献后记下来的心得、感想、批评、疑点、意见等。札记带有初步研究性质，是一种高级记录形式。札记应包括两方面内容：一是陈述文献的主要内容，说明从中能知道什么；二是评价它的长处和短处，说明它从专业角度能提供什么信息。

第四节 内容分析法

一、内容分析法及其类型

内容分析法是指对人们所写的文章、书籍、日记、信件，所拍的电影、电视剧及照片，所创作的歌曲、图画等进行系统的分析。拉扎斯菲尔德和贝尔森认为，内容分析是一种对传播所表达出来的内容进行客观的、系统的、定量的描述的研究技术。对文献“进行客观的、系统的”描述，意味着内容分析是一种规范的方法。它要求研究者根据预先决定的计划，按照一定的规则与步骤来进行。而“定量的”描述则说明了内容分析法的基本性质。它意味着，内容分析的主要目标通常是决定内容中某一项目的频数、所占的比例等。

内容分析法假定：在文献中所发现的行为模式、价值观念和态度，反映出并影响着创造和接受这些材料的人们的行为、态度和价值观。因此，除了研究信息本身的内容外，内容分析还被用来研究信息发出者的动机，了解人们的行为、态度和特征，进而了解和说明社会结构及文化变迁。我们可以研究 20 世纪 60 年代法国流行小说是否比美国流行小说更关注爱情，20 世纪初的电视影视剧是否更多表现出暴力倾向，等等。

内容分析法的实质是对文献内容所含信息量及其变化的分析，即由表征信息的有意义的词句推断出准确意义的过程。内容分析的过程就是层层推理的过程，故推理方法是内容分析法的方法论基础。

尽管内容分析法是一种以量化分析为特征的方法，但它不是一种纯粹的定量分析，它也包含对内容方面质的分析。定性的内容分析主要由研究者阅读、收听或观看，然后依靠研究者主观的感受、理解、体会和分析，来解读、判断和挖掘信息中所蕴含的本质内容。这种分析方法与文学中的“文艺批评”“文学评论”等所采用的方法相类似。“阅读—感受—分析—理解”就是这种内容分析的一般模式。定量的内容分析是对研究对象用标准化的、数量化的方式进行记录、统计和分析。

内容分析的类型有很多种，如最简单、最常用的记词法：首先确定与研究问题有关的关键词，其次统计这些关键词在各个样本（分析单位）中出现的频数和百分比，最后进行比较。比如考察两家杂志对离婚问题的分析，可以先找出两个词——法制观念、道德观念，然后在评论员文章或编者按中计算两个词出现的频数，就可以发现两家杂志对待离婚问题的态度。

二、内容分析的程序

与调查研究的方法相似，在研究过程中使用内容分析法也要做出若干非常具体的选择和决定。内容分析法的一般过程包括建立研究目标、确定研究总体和选择分析单位、依据测量和量化的原则设计分析维度体系、抽取有代表性的资料样本、把样本转化成分析类目的数据形式，最后对数据进行信度检验及统计推论。

（一）建立研究目标

明确研究的主要类型是现状分析、趋势分析、比较分析还是意向分析。

（二）设计分析维度

分析维度（类目）是根据研究需要而设计的对资料内容进行分类的项目和标准。

(三) 抽取分析材料

抽样工作包括两方面的内容：一是界定总体，二是从总体中抽取有代表性的样本。内容分析法常用的三种抽样方式是来源取样、日期抽样、分析单位取样。“抽样”一章介绍的各种抽样方法，都可以在内容分析中运用，特别是分类随机抽样、多阶段随机抽样的方法运用得最为普遍。内容分析的抽样工作常常用杂志、报纸、电视节目、广告或其他类似文献的标题或期号来进行，还有一些则是在作者、书籍、章节、段落、句子、短语、词汇等层次上进行的。

(四) 量化处理

根据已确定的分析维度（类目）和分析单位对样本中的信息做分类、编码记录，登记下每一个分析单位中的分析维度（类目）是否存在和出现的频率（如有、无、数字形式、百分比）。编码和记录有五种基本单位：物质单位（如文章数量、空间体积以及页数）、语法单位（如词汇、短语或句子的数量）、参考单位（如对象存在与否）、待证明单位（如陈述或争议单位）和论题单位（如反复出现的思维模式或处理方法）。

(五) 统计处理

对所获得的数据进行统计处理，描述各分析维度的特征及相互关系，并根据研究目标进行比较，得出关于研究对象的趋势、特征、异同点等方面的结论。

三、内容分析法的应用

内容分析法的适用范围比较广。就研究材料的性质而言，内容分析法适用于任何形态的材料，即它既适用于文字记录形态类型的材料，又适用于非文字记录形态类型的材料（如广播与演讲录音、电视节目、动作与姿态的录像等）；就研究材料的来源而言，内容分析法既可以对用于其他目的的许多现有材料（如日记）进行分析，也可以为某一特定的研究目的而专门收集有关材料（如访谈记录、观察记录等），然后再进行评判分析；就分析的侧重点而言，内容分析法既可以着重于材料的内容，也可以着重于材料的结构。

虽然内容分析法的适用范围较广，但适于使用内容分析法进行研究的内容一般应具有能重复操作、意义明显、可以被直接理解等特征。通常不具备以上特点的、潜在的、深层的内容不适于采用内容分析法进行研究。

本章要点

1. 文献调查法，就是采用科学方法搜集文献资料、摘取有用信息、进行整理分析的调查方法。它具有历史性、间接性、非介入性和无反应性等特点。

2. 文献就是通过一定的记录方式记录在一定物质载体上的知识，或用一定的记录方式记录下知识内容的一切物体。一定的知识内容、一定的物质载体、一定的记录方式，是构成文献的三大基本要素。

3. 文献既是人类认识世界的重要途径，又是人类积累知识的重要宝库。文献调查有两类：一类是质性的文献调查，一类是定量的文献调查。

4. 搜集文献的基本要求是有用性、可信性、代表性、全面性、多样性、连续性和时效性。

5. 查找文献的具体方法有检索工具查找法、参考文献查找法、循环查找法和专家咨询法。

6. 摘取信息的一般程序是浏览、筛选、阅读和记录。记录信息的主要方法有标记、眉批、抄录、提纲和札记。

7. 文献调查法的最大的优点是超越时空限制，可以研究极其广泛的社会情况。最大的缺点是只能获取书面信息，“纸上得来终觉浅”。

基本概念

文献　文献调查法　检索工具查找法　参考文献查找法　循环查找法　内容分析法

思考与练习

1. 什么是文献？文献有哪些种类？现代文献的发展有哪些趋势？
2. 什么是文献调查法？它有何特点？
3. 文献调查在社会调查研究中有何意义和作用？
4. 搜集文献有哪些基本要求？
5. 查找文献有哪些方法？它们各有何特点和用途？
6. 摘取信息的一般程序是什么？
7. 内容分析法的实施有哪些程序？

推荐阅读书目

1. 马奇，麦克伊沃．怎样做文献综述．上海：上海教育出版社，2011.

2. 凤元杰，等．文献信息检索．北京：科学出版社，2010.

3. 拉姆奇．如何查找文献．北京：北京大学出版社，2007.

第七章

实地观察法

观察是一切认识和科学研究的起点。观察可分为实验室观察和实地观察。对社会现象的研究中，有些课题（如某些心理学、教育学课题）可在实验室观察，但是，大量的研究课题只能实地观察。因此，这里着重探讨实地观察的有关问题。

第一节 实地观察法的概念和种类

实地观察法是最古老、最常用的调查方法。要掌握实地观察法，必须先探讨有关实地观察法的概念、特点和种类等问题。

一、实地观察法的概念

观察是一种视觉感知活动。实地观察法，就是观察者有目的、有计划地运用自己的感觉器官或借助科学的观察工具，能动地了解社会现象的方法。观察是人们日常生活中最普遍的行为，但是，作为社会调查基本方法的实地观察法与日常生活中的观察有很大差别：作为社会调查基本方法的实地观察法，是一种有目的、有计划的自觉观察。观察是在一定的调查目的和设想指导下进行的，观察者在实地观察前根据观察对象、观察项目和观察方法制订详细的观察计划。同时，实地观察法是积极的、能动的、带有一定主观色彩的反映过程。实地观察过程，不是人的感觉器官对观察对象消极的、纯客观的扫描过程，而是人的认识系统对观察对象的积极的、能动的、带有一定主观色彩的反映过程。

二、实地观察法的种类

按照不同标准，实地观察法可分为许多不同种类，其中主要的分类如下。

（一）参与观察与非参与观察

根据观察者是否参与被观察者的活动，实地观察法可分为参与观察和非参与观察。

1. 参与观察

参与观察，亦称局内观察，就是观察者加入被观察者群体，通过与被观察者的共同活动从内部观察。按照参与程度的不同，参与观察可分为完全参与观察和不完全参与观察。

（1）完全参与观察，就是观察者隐瞒自己的真实身份，完全参与被观察者群体，作为其中一个成员参与活动，并在这个群体的正常活动中观察。这种观察通常用于无法从外部观察的“封闭性”集体，用于调查小集团内部的运作及关系。例如：人类学家长期生活在少数民族中，甚至与当地人结婚，完全以普通成员身份参加活动并观察；公安人员打入犯罪团伙，通过参与其活动从内部侦察；等等——这些都是完全参与观察。

完全参与观察，有利于深入被观察者的生活，通过参与他们的活动，了解到许多从外部无法了解到的真实情况，倾听到许多从外部无法听到的内心呼唤。但是，随着与被观察者之间的信任增强和感情加深，观察者在思想、感情上往往会自觉或不自觉地产生某些有利于被观察者的倾向，从而使观察有所偏误，影响客观性或真实性。因此，保持观察的独立性和中立性，排除思想、感情因素的干扰，是保证观察客观性的关键。此外，完全参与观察的适用范围非常有限。例如：贪污、贩毒、卖淫、赌博、制假、贩假等违反法律或道德的丑恶现象，一般无法采用完全参与观察方法。

（2）不完全参与观察，就是观察者公开自己的真实身份，作为一个可信任的“外人”进入被观察者群体，以半“客”半“主”的身份参与他们的部分活动，并通过这些活动观察。例如：上级机关干部到基层检查或指导工作，并实地考察；文艺工作者、新闻工作者到厂矿、农村体验生活，与工人、农民同吃同住同劳动，并实地观察——这些都是不完全参与观察。该观察法使用灵活，可根据当时当地情况随时改变观察内容和方法，因而它的应用范围较广，是社会调查中使用较多的一种观察方法。

2. 非参与观察

非参与观察，亦称局外观察，即观察者不参加被观察者的活动，完全以局外人、旁观者身份从外部对社会现象进行观察。例如，领导干部到基层视察，大学生利用节假日到工厂、农村参观，就是非参与观察。非参与观察在研究中一般用于观察者无法介入或无须介入被观察者活动的情况。如对于青少年在公共场合情感表达方式的观察，就只能采用非参与观察的方式。

在非参与观察中，观察者身份公开，不参与被观察者的活动，作为第三者“冷眼旁观”，因而不能深入、全面观察；同时，观察者对于被观察者的主观态度、价值取向等方面的情况也无法全面了解，容易掺入自己的主观猜想或偏见，容易对观察对象的活动产生误解，从而得出不正确的结论。但是，非参与观察的实施非常简便，只要得到被观察者及其群体的允许就可观察，一般能保持观察的中立性、客观性，可获得许多感性知识，因而其应用范围极为广泛，是社会调查中使用得最多的一种观察方法。

不完全参与观察和非参与观察的最大缺陷，是无法完全排除观察者及其观察活动对被观察者的影响。

（二）标准观察和非标准观察

根据观察活动是否有统一标准，实地观察法可分为标准观察和非标准观察。

1. 标准观察

标准观察，也称有控制观察或系统观察，就是观察者根据观察目的，设计统一的观察项目和要求、印制统一的观察表格或卡片、规定统一的观察程序和记录方法的观察。在实地观察过程中，观察者必须严格按照统一的标准观察和记录，而不允许任意变更观察项目和要求。通过标准观察，可获得统一、系统、翔实的观察材料，可对观察数据做定量分析和对比研究；但是，它缺乏弹性，适应性差，难以反映不同观察对象的不同特点，而且比较花费时间。

2. 非标准观察

非标准观察，也称无控制观察或简单观察，就是观察者只有一个总的观察目的和要求、一个大致的观察内容和范围，而没有统一的观察项目或标准的观察。在实地观察过程中，观察者在观察总目的、要求的指导下，根据观察时的具体情况有选择地观察。非标准观察比较灵活，简便易行，适应性较强；但是，它的标准化程度低，观察所得的材料比较零碎、分散、缺乏系统性，因而很难进行定量分析和对比研究。

（三）直接观察和间接观察

根据观察对象的不同，实地观察法可分为直接观察和间接观察。

1. 直接观察

直接观察，又称现场观察，就是对当时正在发生的社会现象所进行的观察。前面讲的参与观察和非参与观察、标准观察和非标准观察，都是对正在发生的活生生的社会现象的观察，因而都是直接观察。

2. 间接观察

间接观察，又称实物观察，就是为追寻、探求曾经出现过的社会现象而对物化社会现象所做的观察。所谓物化社会现象，是指反映、记录曾经发生过的社会现象的各种物质载体（如写实性绘画、古迹、遗址），反映一定社会现象的物体或环境，以及各种损蚀性、累积性、遗留性物体，等等。例如：通过观察张择端的《清明上河图》，可以间接了解北宋京城汴梁（今开封）的市井风情；通过观察长沙马王堆汉墓、湖北铜绿山铜矿遗址、陕西秦始皇兵马俑、随州曾侯乙编钟等文物，可以间接认识中国古代政治、经济、军事、文化等状况；通过观察居民住宅和家庭摆设，可以间接了解主人的经济状况和文化素质。

在间接观察中，损蚀物、累积物、遗留物具有重要的观察价值。通过对它们的观察，可以了解某些曾经发生过的社会现象。例如：通过观察汽车轮胎磨损程度，可以间接推测汽车的使用情况；通过观察烟灰缸里积累的烟头、烟灰，可以间接判断抽烟人的状况；等等。20 世纪初，美国社会学家查尔斯·巴林在芝加哥进行垃圾调查，后演变成一种“垃圾学”，即通过对垃圾的观察与记录来了解家庭消费情况。美国亚利桑那大学的几位社会学教授，曾采用“垃圾学”方法调查土克桑市居民的食品消费情况，为美国居民食品消费调查提供了样版和参考数据。

一般来说，直接观察简便易行、真实可靠；但是，过去的社会现象无法直接观察，机密性、隐私性、犯罪性、违法性、缺德性社会现象难以直接观察。间接观察比较复杂、曲折，需要较多的社会经验和有关知识，有时还需要科学的鉴定手段和方法，而且可能发生种种误判、误差；但是，它弥补了直接观察的不足。

（四）实地观察法的其他种类

根据其他标准，实地观察法还可分为为以下几种类型：

根据观察的主要目的，实地观察法可分为探求性观察和验证性观察。探求性观察，是指为探求某种未知观察对象的状况而进行的观察，意在为形成研究假设或研究设想奠定基础。验证性观察，是指为验证某个研究设计、理论，或验证通过其他方式所得到的资料而进行的观察。

根据观察的主要内容，实地观察法可分为定性观察和定量观察。定性观察，是指对观察对象性质状况的观察。定量观察，是指对观察对象数量状况的观察。

根据观察对象的状态，实地观察法可分为静态观察和动态观察。静态观察，是指对观察对象静止状态的观察。动态观察，是指对被观察者行为或观察对象运动状态的观察。对被观察者行为和活动的观察主要包括语言行为观察和非语言行为观察。非语言行为观察主要是观察被观察者的日常活动以及他们的手势、眼神、面部表情、肢体动作等，发现非语言行为在表达思想、感情时的特殊作用。语言行为观察主要是了解被观察者的谈话内容、谈话方式、使用的方言、相互交往的频率、使用的信息媒介等，以便研究语言交往的途径、方式，以及通过语言等行为所反映的群体或个人的行为和性格特征。

实地观察法的上述种种类型，都各有特点、利弊和用途。在实际调查中，应根据观察的目的、任务和观察者的主客观条件，灵活地掌握和运用。

三、对实地观察法的评价

（一）实地观察法的优点

1. 直观性

直观性是实地观察法最大的优点。在实地观察中，观察者直接感知客观对象，所获得的是直接、具体、生动的感性认识，特别是通过参与观察更能掌握大量第一手资料。

2. 可靠性

在实地观察中，观察者亲自到调查现场，直接观察处于原始状态下的社会现象，被观察者一般很难作假，即使有人制造假象也比较容易发现。所谓“百闻不如一见”，就是这个意思。

3. 非介入性

部分实地观察，特别是非参与观察，是一种非介入调查方法。它主要是观察者单方面的观察活动，一般不依赖语言交流，不与被观察者产生人际交往。因此，它有利于对不能够或不需要语言交流的社会现象进行调查，有利于排除语言交流或人际交往中可能发生的种种误会和干扰。对于语言不通的人、聋哑人、婴幼儿等无法用语言沟通的调查对象，以及不愿意接受访谈、拒绝回答问题的调查对象，实地观察是唯一有效的、最为简便的调查方法。

4. 与被观察者直接接触

部分实地观察，特别是参与观察，有利于观察者与被观察者接触，有利于在与被观察者的共同活动中与被观察者建立感情、信任和友谊，并在此基础上深入、细致地了解被观察者在各种不同情况下的具体表现。

(二) 实地观察法的缺点

1. 观察现象的表面性和偶然性

在实地观察中，观察者观察到的都是事物的表面现象或外部联系，都是特定时间、地点、条件下的社会现象，往往带有一定的偶然性。因此，对实地观察的结果做判断、下结论要慎重，决不能仅仅根据观察到的部分事实就轻易做出肯定或否定的结论。

2. 应用范围的局限性

实地观察的另一缺点是受时间、空间等客观条件的限制。它只能对当时当地的情况进行观察，而不能对过去的和外域的社会现象进行观察。此外，对于保密性社会现象无法实地观察，对于隐秘性社会现象和个人隐私也不能或不宜实地观察。

3. 观察结果的主观性

实地观察的结果，在很大程度上取决于观察者的主观状况；通过完全参与观察所获得的资料，往往带有一定的主观色彩；不完全参与观察和非参与观察，无法完全排除观察者及其观察活动对被观察者的影响，无法观察到被观察者及其群体的自然状态。这就是说，任何观察结果都包含一定的主观成分和一定的误差。

第二节 实地观察的实施

在实地观察过程中，要保证观察顺利实施并取得良好观察效果，应掌握一些基本原则，注意一些方法和技巧。

一、实地观察的一般原则

(一) 客观性原则

观察的客观性，是实地观察首要的、最基本的原则。因为，只有按照客观事物的本来面目观察，才能正确认识事物。在实地观察中，要坚持观察的客观性，就必须从实际出发，被观察的对象是什么情况，就观察什么情况、记载什么情况，决不能按照个人好恶去任意增减或歪曲客观事实，或者只注意观察和记录那些有利于自己的事实，而不观察和记录那些不利于自己的事实，更不能凭主观想象臆造那些根本不存在的事实。

（二）全面性原则

观察的全面性，是观察客观性的内在要求。因为，任何客观事物都有多种多样的内在属性和表现形式，都有多方面的外部联系。只有从不同侧面、不同角度、不同层次进行多方面观察，才能了解客观事物的全貌。

（三）深入性原则

要坚持观察的客观性和全面性，就必须做深入、细致的观察。因为，社会生活纷繁复杂、千变万化，许多社会现象不是一下子就能观察清楚的。在社会风气不正的情况下，有些人往往自觉或不自觉地用一些片面、偶然、虚假的现象来应付、蒙骗观察者，甚至做到“想看什么就有什么”的程度。如果观察者走马观花，仅仅停留在事物表面，就有可能受骗上当，得出片面的甚至错误的观察结论。

（四）持久性原则

实地观察往往是十分单调、枯燥的工作。要客观、全面、深入地了解复杂的社会现象，得到正确的观察结论，往往需要坚持长达数日、数月、数年甚至更长时间的实地观察。例如，英国社会人类学家、人类学功能学派的主要代表马林诺夫斯基，1914—1920 年在新几内亚原始人部落中进行了长达 6 年之久的实地观察，到后来他自己几乎成为原始部落的一员。通过这次实地观察，他不仅写出了名著《西太平洋的航海者》，而且为完全参与观察法奠定了基础。美国社会学家威廉·富特·怀特的《街角社会：意大利贫民窟的社会结构》，则是作者在美国南波士顿与意大利贫民一起生活，观察三年半之后才写出来的。

（五）法律和道德原则

在实地观察中，一定要遵守宪法和其他法律的有关规定，决不可强迫被观察者干他们不愿干的事情，更不可在没有得到许可的情况下私闯他人住宅、偷看他人信件，或干出其他违法的事情来。此外，实地观察还应该遵守社会道德规范，决不可在违背被观察者意愿的情况下，强求观察别人的私生活，或偷看别人不愿让人观察的事物或现象。特别是在少数民族地区调查，更要严格遵守少数民族的风俗习惯和宗教戒律。

二、实地观察的步骤

实地观察的实施，大致可以分为以下几个步骤。

（一）设计观察内容和观察计划等

在实地观察前，必须根据观察目的设计观察内容、观察计划和观察方式。

首先是观察内容的设计，主要是观察指标的设计，它应该以一定的社会理论为指导，以观察对象的实际情况为依据。例如，观察社区文明程度，就应该根据社区文明理论和观察对象的实际情况来设计观察指标。社区文明理论不同，观察对象的实际情况不同（如城市、小城镇、农村），设计的观察指标就应该不同。

其次是观察计划的设计，主要是对观察对象、环境、时间、地点、场合、程序等的选择和确定。对于观察对象的选择，一定要选择典型事物进行观察。例如：观察城镇环境卫生，既要看大街、厂房、学校和办公楼，更要重点观察工厂的“三废”处理、居民区的垃圾堆和公共厕所；观察农作物生长状况，就应该观察不同长势的田块，重点看水田“边”、旱地“角”；等等。只有抓住了典型环境中的典型对象作为观察重点，才能收到“一叶知秋”的观察效果。对时间地点的选择要符合实际情况。例如，观察机关工作人员上班情况，如果上班时间是9点，那么最佳观察时间是每个工作日的8点30分至9点30分，最佳观察地点是办公楼门前。观察时间、地点选得准、选得好，观察结果就可能比较真实、具体、准确。

再次是观察方式和手段的选择。要根据观察对象的需要，科学选择用什么方式进行观察：是用参与观察还是非参与观察？是否打算使用观察工具？用什么观察工具？是当场记录还是事后记录？等等。

最后是对各种问题的预判。观察中可能出现什么问题？假如出现应该怎样解决？怎样尽量使自己的观察不影响观察对象？等等。

观察计划是观察活动的指南，它的设计必须符合实际情况，必须具有可操作性，这样才能使观察顺利实施，不走或少走弯路。

(二) 准备或制作记录工具

记录工具有两类：一是照相机、摄影机、手机等摄影工具，二是观察卡、观察记录表等手工工具。照相机、摄影机、手机等摄影记录，真实感强，精确度高，便于保存和传输，但是，观察过程不可能也不需要处处摄影。对于有选择拍摄的内容，应该及时做好记录和编号，写下必要的文字说明，以免时过境迁发生差错。观察卡、观察记录表等手工工具，是标准观察不可缺少的工具。有了统一设计和制作的观察卡、观察记录表，不仅可以提高观察、记录的质量和速度，而且有利于对观察结果做定量分析和对比研究。观察卡、观察记录表的内容，必须根据实地观察的目的和需要来设计，一般来说，应该包括以下一些内容：（1）观察卡、观察记录表的名称；（2）观察的地点或位置；（3）观察的时间；（4）观察的环境；（5）观察的内容或项目；（6）观察的记录方法；（7）观察的情况和建议；（8）观察者的姓名或代号；等等。图 7－1 和表 7－1 是可供参考的观察卡、观察记录表。

(三) 进入观察现场

进入观察现场是实地观察中非常关键、复杂的一环。进入观察现场可以有很多不同的方式，比如在实地自然地进入、隐蔽地进入、逐步暴露式进入、公开进入等。理想的状态是自然地进入，如对于公共场合的非参与观察，或者对自己生活、工作圈子的完全参与观察，等等。但如果不在公共场合，也不在我们所熟悉的地方，对于如何进入现场需要慎重对待。寻找能够帮助自己参与当地活动的各种关系，会有利于调查的顺利进行。

隐蔽地进入，是指观察者不表明身份，进入观察现场。一般情况下，进入观察现场需要得到“局内人”的认可。通常采取以某种程序或仪式进入、“局内人”推荐、“关键人物”帮助等方式。类似的社会研究多见于国外，如美国教会历史学家兰迪·阿尔弗雷德进行的魔鬼教徒研究。他伪装投身魔鬼教派，获得接纳，并依据其在仪式上的地位，被指派行政责任和“作法”角色，由此，他在这个群体中取得了快速的观察进展。国内采取完全参与观察方式进行的学术研究比较罕见，有些记者的采访报道使用了完全参与观察的方法。《卧底当代丐帮》一书的作者在收集资料时即采用了完全参与观察的方法。作者进入现场的方式是“局内

（正面）

<table>
<tr><td colspan="4">HSE 观察卡
鼓励安全行为、提高 HSE 意识、创造 HSE 氛围</td></tr>
<tr><td colspan="4">被观察的作业：加油操作　　日期：2011.3.20
区域/设施：加油场地　　被观察的单位/部门：南崖加油站
是否本班组/部门责任区域：□是　□否
不安全行为［　］　不安全状态［　］　未遂事件［√］　推荐安全行为［　］

情况描述：3 月 20 日早上 8 点，一名顾客在加油现场准备抽烟，被当班员工发现并制止，且员工耐心向顾客解释为什么不能抽烟，防止了一起事故的发生。

改进建议：立即制止不安全行为，向顾客讲解不安全行为可能带来的危害。

被观察人数：1　不安全行为人数：1　不安全问题数：1</td></tr>
<tr><td colspan="4">报告人：马兵　　单位/部门：南崖加油站</td></tr>
</table>

（反面）

<table>
<tr><td colspan="2">HSE 观察提示
鼓励安全行为、提高 HSE 意识、创造 HSE 氛围</td></tr>
<tr><td colspan="2">实施 HSE 观察时，可从下面几个方面展开，并将观察情况填入观察卡的正面。</td></tr>
<tr><td>人员的位置</td><td>个人防护装备</td></tr>
<tr><td>□高处或临边　□运转设备旁
□起吊物下　□油品易喷出、挥发处
□易触电处　□作业空间狭窄或受限处
□其他</td><td>□安全帽　□呼吸护具
□防护手套　□防护服
□安全带　□防护鞋
□其他</td></tr>
<tr><td>作业行为</td><td>工作场所环境</td></tr>
<tr><td>□未经许可开动、关停开关或阀门
□开动、关停设备时未给信号
□未锁定设备或盲板隔离、吹扫
□用手代替工具操作
□不安全装束
□违章驾驶机动车
□其他</td><td>□泄漏
□作业场地不良或堆放杂乱
□光线不良
□通风不良
□作业现场乱排放
□交叉作业
□其他</td></tr>
<tr><td>人员资质</td><td rowspan="3">直接操作环节

□现场警示
□用火、临时用电、进入受限空间、破土、高处作业许可证齐全
□用火、进入受限空间对油气浓度检测
□高处作业佩戴安全带，正确使用脚手架
□临时用电电气使用规范
□没有监护人或监护人不在指定区域
□受限空间、动火作业没有通风
□其他</td></tr>
<tr><td>□人员上岗培训
□电工、锅炉工、焊工
□计量员
□化验员
□车辆驾驶员
□其他</td></tr>
<tr><td>工具及设备
□使用不合适的工具和设备
□使用方法不正确
□工具及设备不完好
□其他</td></tr>
</table>

注："HSE"是健康（health）、安全（safety）、环境（environment）三位一体管理体系的英文缩写。

资料来源：HSE 观察卡 2.（2012-01-02）［2019-09-20］. http：//wenku.baidu.com/view/ae26d018a300a6c30c229f56.html.

图 7-1　中国石化 HSE 观察卡

表 7-1　××省三幼区角设置与材料投放观察记录表

观察时间	2018年12月5日	观察地点	教室
观察对象	语言角	观察者	×××
观察目的	了解幼儿在语言角停留时间短、语言表述少的原因		
资料图片			
观察实录	今天的区角活动开始了，妍妍很高兴地走向了语言角，一眼就看中了哆啦A梦，拿着它就开始在草地上走了。我走到妍妍的身旁，想听一听妍妍在说什么，可是只见她拿着哆啦A梦比划来比划去也不见她说句话。于是，我就问妍妍："今天谁出来玩了啊?""哆啦A梦。"妍妍看着我笑笑说。我又问了："它在哪儿玩啊?""草地上。"妍妍又很快地回答了我的问题。"那它在干什么呢?"这时的妍妍前一句、后一句地说了好多，但是一句也没有说清楚。		
观察分析	幼儿一开始进了语言角拿着玩偶在草地上不停地比划来比划去，却没有说一句话。通过引导，幼儿也只是回答老师提出的问题，对于自己的想象，不能清晰地表达，有的幼儿甚至比划一下就走了，要换区角。根据小班年龄特点，我们发现应把握好幼儿的年龄特征，从词语开始着手，慢慢从一个词到一句简单的话。如"牛奶""一杯牛奶""宝宝早上喝了一杯牛奶"，通过这样一个循序渐进的过程，在反复练习中，让幼儿语言逐步走向规范。		
调整措施	在一次"熊宝宝受伤了"的语言教学活动中，我发现故事和贴创可贴这样的操作结合起来，孩子们很感兴趣，通过给熊宝宝贴创可贴，孩子们能很好地理解、记忆故事重点。发现这一现象后，我们把它与语言角进行了有机结合，把增添孩子们感兴趣、能很好运用的粘贴和匹配情景的材料结合起来，并从颜色到数量提供多种粘贴的选择，让幼儿既有兴趣又有了一个经验积累的过程。		

资料来源：观察记录表．(2012-06-07)[2018-12-13]. http://wenku.baidu.com/view/078aa273f46527d3240ce068.html.

人"的推荐——他有一位乞丐朋友"小曹"，通过"小曹"，他的"乞丐"身份才得到其他乞丐的认同，乞丐也对他失去了警惕心，并以可能属于犯罪的生活方式继续原有的生活状态。①

逐步暴露式进入，是指在观察开始时，只是简单地向被观察者介绍一下自己的观察计划，然后随着被观察者对自己信任度的增加而逐步展开观察。具体的研究程序和细节没有必要一开始就和盘托出。一来大部分被观察者并不需要了解调查的全部内容和过程，他们关心的是"调查者是什么人""他们到底要干什么""我们能从中得到什么"；二来观察的问题和程序会随着调查的深入不断改变，调查者事先设定的步骤不一定会如期实现。王春光对巴黎的温州人进行研究时就采用了这种方式进入现场②。

① 占才强．卧底当代丐帮．北京：北京出版社，2003：21-23.

② 王春光．温州人在巴黎：一种独特的社会融入方式．中国社会科学，1999 (6).

公开进入，是指通过正式的组织途径，或与其领导或被观察者所生活的社区的“熟人”这样非正式的渠道进行接洽，征得被观察者的同意，以观察者的身份进行直接的观察。

逐步暴露式进入和公开进入都需要获得被观察者的允许。获得允许等于使观察者的观察合法化。为此，一般需要一些必要的证明材料，如介绍信、身份证、工作证等，以证明自己的任务和身份。同时，也要与有关部门取得联系，获得支持。

(四) 正式观察

进入现场时，观察者与被观察者交流有关信息的方式对观察者进入现场会产生非常重要的影响。一般来说，在首次与被观察者联系时，观察者应该向对方做自我介绍，告诉对方自己的个人背景、调查的内容和目的、自己对对方的期待、研究结果的去向等。与此同时，调查者还要向对方许诺志愿原则和保密原则，明确告诉对方可以选择不参加研究，自己会为对方提供的所有信息保密。此外，双方还应该就调查的大致内容、时间、地点等方面达成共识。原则上说，观察应该在被观察者认为合适的时间和地点进行，而且应该以不影响他们的正常工作和生活为基本前提。

有时，被观察者可能会问：“我可以看你收集的材料吗?”“我会得到一份最后的研究报告吗?”在这种情况下，观察者应该如实地告诉对方自己能够做的事情，并且向对方解释为什么自己只能做到这一步。向对方做超出自己能力的许诺不但是不明智的，也是不道德的。

有的被观察者可能希望知道自己能够从中得到什么，当被问及这类问题时，观察者应该坦率、如实地回答对方。首先，观察者应该向对方表示感谢。然后，观察者可以根据研究的具体情况告诉对方本调查有可能为对方带来的“实用”价值。比如，如果调查结果得以发表，或者有机会向上级汇报，那么被观察者所关心的问题也许会得到公众和有关部门的注意，有关领导也许会出面来解决问题。

下一步，观察者就可以按照选择的观察方式和确定的观察内容进行观察了。这一环节很关键，应尽量做得自然、平和，既能使自己有效开展观察，又不能因为自己的存在而冒犯被观察者。

(五) 做好观察记录

实地观察，一般都应做观察记录。记录的方法最好是同步记录，即在现场观察的同时记录下观察情况；如果不宜做同步记录，就应在观察后尽快追记。如果不及时做记录，时过境迁，就可能忘掉许多观察到的真实情况。对于记录的内容，有的学者主张要具体、要客观："不要用总结的话，也不要用抽象的修饰语，尽量做行为主义式的、具体的描述。尽量降低推理的水平。尽可能避免把活动参加者的描述和翻译语作为自己的语言使用。"① 有的学者则主张尽可能简明，只要记录下主要事实和情节就可以了，还可扼要记下自己的主要感受和看法。这些主张各有利弊，可根据当时当地的具体情况和自己的习惯灵活采纳。

三、实地观察中应该注意的问题

实践证明，要搞好实地观察，应该注意以下一些问题。

（一）灵活安排观察程序

观察程序有三种安排方法，即主次程序法、方位程序法和分析综合法。主次程序法，就是先观察主要对象、主要部分、主要现象，然后观察次要对象、次要部分、次要现象。方位程序法，就是根据观察对象的位置，采取由近到远或由远到近、由左到右或由右到左、由上到下或由下到上等方式逐次观察。分析综合法，就是先观察事物局部、后观察事物整体，或者先观察事物整体、后观察事物局部，然后进行综合或分析，得出观察结论。这三种观察程序各有利弊，应根据观察目的和任务、观察对象的实际情况和观察者自己的条件，灵活掌握和运用。

（二）与被观察者建立良好的人际关系

对于参与观察来说，与被观察者建立良好的人际关系是一件最重要、最困难也最费时间的工作。为了与被观察者建立良好关系：（1）应反复说明来意，解除被观察者的顾虑，使他们认识调查的意义，了解调查不会损害他们的利益。（2）应参与被观察者的某些活动，并通过共同活动来增进了解、建立友谊。（3）应尊重当地的风俗习惯和道德规范，最好能学会使用当地的方言、俚语，决不要说违反禁

① 贝利．社会研究的方法．杭州：浙江人民出版社，1986：129.

忌的话、做违反禁忌的事。（4）在力所能及的范围内，帮助被观察者解决某些困难，如提供某些信息或咨询意见、帮助做些工作或家务、解决某些可以解决的难题等，这对加深信任和感情具有重要作用。（5）应重点选择若干有威信、有影响、有能力的当地人作为依靠对象，首先与他们建立良好关系，然后通过他们去做好其他被观察者的工作。（6）在任何情况下都不要介入被观察者之间的宗族、房头、派系纠纷，遇到这类问题时应尽可能做好团结工作，起码要严格保持中立。

（三）减少观察活动对被观察者的影响

在实地观察中，当观察对象是人或人群活动时，观察活动本身往往会对被观察者产生一定影响，使他们自觉或不自觉地产生某些反应性心理或行为，从而产生种种反应性观察误差。特别是在被观察者人数较少而又比较稳定的情况下，素不相识的观察者突然出现并从事各种观察活动，必然会使被观察者产生某些紧张、惶惑、好奇或羞涩心理，致使他们的行为自觉或不自觉地失去常态。例如：正在课堂上偷偷说话的小学生，一旦发现有人在窗外观察，马上就会闭上嘴巴，坐得端端正正；正在闲聊或休息的工人，一旦发现上级来人视察工作或外单位来人参观，就会自动回到工作岗位干起活来；等等。历史上，许多封建君主和官吏为了体察真实的民情民意，往往采取微服私访的办法来减少对被观察者的影响。这说明，观察者要了解处于原状态下的社会现象，就必须善于控制自己的观察活动，尽量减少对被观察者的影响。

（四）把观察与思考紧密结合起来

实地观察，不是视觉器官对观察对象的纯客观扫描，而是观察者的自觉认识活动——包括感性知觉活动和理性思维活动，而且只有目的明确、理论正确、知识广博、经验丰富而又积极思考的观察者，才能获得良好的观察效果。这就是说，只有“心明”才能“眼亮”。如果只满足于身到现场、眼看事物，而不积极思考，那么，即使观察到十分有价值的社会现象，有时也会视而不见，轻易放过。因此，在实地观察中要把观察与思考结合起来，在观察中思考，在思考中观察；把观察与比较结合起来，在观察中比较，在比较中观察。只有这样，才能捕捉到有价值的观察材料。

第三节 努力减少观察误差

俗话说："耳听为虚，眼见为实。"这在一定范围内是正确的。但是，严格来说，人的观察总会发生一定误差。因此，有必要研究一下产生观察误差的原因和减少观察误差的办法。

一、产生观察误差的原因

观察误差的产生，可从观察主体、观察客体、观察方法三个方面寻找原因。

（一）观察主体方面的原因

在实地观察中，客观性是首要的、最基本的原则，但是，这绝不是说主观因素无足轻重。实践证明，观察者的个性特征、生理素质、价值取向和社会文化素质等主观因素对实地观察的质量、效率和结果往往具有决定性作用。

1. 思想因素

观察者的立场、观点和角度不同，观察同一对象的感受就会大不相同。例如，面对富丽堂皇的垄断行业办公大楼、丰富多样的员工福利，垄断行业内部职工感到欢欣鼓舞、理所当然，垄断行业外部人员却感到极不公平，有相对剥夺感。

在实地观察过程中，观察者的态度不同——或主动、自觉观察，或被动、应付观察——观察的效果往往大不相同。前者可能观察到许多真实情况，甚至有可能发现一些新情况、新问题，观察效率一般较高；后者只能看到一些表面现象，甚至为假象所迷惑，其效率也往往很低。这说明，观察者的主观态度，在观察活动中具有重要作用，往往对观察的质量、效率和结果产生决定性影响。

2. 知识因素

观察者的知识水平和结构不同，人生经历和社会经验不同，观察的参照系不同，对同一对象的观察重点、观察结果就会产生很大差异。例如：到一个现代化钢铁企业去考察，一个钢铁专家可能在生产工艺、技术装备、车间管理等方面观察到许多重要情况，发现许多重要问题；而一个钢铁生产的门外汉却只能看看雄伟的厂房、壮观的场景，很难发现其中存在的问题。同样，到一个假“先进单位”去参观，一个经验丰富而又实事求是的人可能很快就会看出哪些是真相、哪些是假象，而一个初出茅庐的学生却很可能为种种假象所蒙骗。

3. 心理因素

观察者的兴趣、爱好和情绪等心理因素，也会对观察结果产生一定影响。例如，同是观赏一座园林，建筑师感兴趣的是建筑结构，文艺家感兴趣的是诗情画意，动物学家感兴趣的是鸟兽鱼虫，植物学家感兴趣的是花草树木，时装设计师感兴趣的则是游人的衣着款式。一般来说，人们对自己感兴趣的、与爱好相关的事物或现象，会观察得很认真、仔细，对不感兴趣的事物或现象则往往一扫而过，甚至视而不见。观察者的情绪也会对观察结果产生影响。一般来说，兴奋、喜悦的人往往会观察到较多积极方面；苦闷、压抑的人往往会看到较多消极方面；紧张、恐惧的人则往往会杯弓蛇影、草木皆兵，感到处处有危险。

4. 能力因素

人的观察能力是有区别的，因而，对同一对象进行观察，不同人往往会得出不同的结果。观察能力尤其体现在对细节的观察上。在现实中，一旦发生细微失察与疏忽，就可能付出沉重代价。“魔鬼隐藏在细节中。”古有中国神探狄仁杰，今有美国神探李昌钰，他们能屡破奇案的一个重要原因就在于他们勘查作案现场时非常重视细节，因而总是能通过细节找出“魔鬼”来。实地观察也是如此，只有认真细致地观察，才能发现事物的真相，看到事物的全貌。

5. 生理因素

人类感觉器官的可靠性和准确性是有限的，超过了一定限度就会失去感知能力，就有可能发生观察误差。所谓“入芝兰之室，久而不闻其香；入鲍鱼之肆，久而不闻其臭”，就是嗅觉器官失灵的例证。此外，人的感觉器官在感知过程中还有可能产生种种错觉。例如：同样一个人，在高个子面前显得矮一些，在矮个子面前显得高一些；人们高兴的时候时间似乎过得快一些，忧愁的时候时间似乎过得慢一些；等等。产生这些错觉，既有生理方面的原因，又有心理方面的原因，它们都有可能使观察产生这样或那样的误差。

6. 社会经验因素

《管子·八观》曰：“行其田野，视其耕芸，计其农事，而饥饱之国可以知也”；“行其山泽，观其桑麻，计其六畜之产，而贫富之国可知也”。为什么“行其田野，视其耕芸，计其农事”“行其山泽，观其桑麻，计其六畜之产”，就可知一个国家的“饥饱”“贫富”呢？经验也。《管子》的“八观”，就是对那个时代观察经验的总结。社会经验的有无、多少、层次的高低，都会对观察结果产生重大影响。

（二）观察客体方面的原因

1. 客观事物发展不成熟

如果客观事物发展不成熟，其本质尚未通过现象充分暴露出来，观察就很难避免某些误差。例如，“高强度投资”“大规模出口”等措施，在其经济、社会、生态危害充分暴露之前，人们往往把它们看作高速增长的有效途径。

2. 被观察者的反应性心理和行为

由观察活动引起的被观察者的反应性心理和行为，必然会造成反应性观察误差。例如：在众目睽睽之下，一个初出茅庐的演员可能非常紧张、笨拙，甚至说错了台词；由于某某领导的到来，一个吵吵嚷嚷的会议室，可能一下子变得鸦雀无声；在客人到来之前，主人总是要打扫一下房间，整理一下摆设；等等。由观察活动引起的被观察者的这些反应性心理和行为，一般不是受人指使的结果，也不是故意要欺骗别人，但是，它确实是造成反应性观察误差的重要原因。

3. 人为的假象

人为的假象更是造成观察误差的一个重要原因。例如：背地里干坏事的人，在公开场合往往表现得异常积极；许多假冒伪劣产品，往往有一个精美的外表或新颖的包装；为了骗取上级的信任或舆论的好评，许多人有目的、有计划地制造种种虚假现象；等等。在社会生活中，人为的假象是经常存在的，是造成观察误差的一个十分重要的原因。

（三）观察方法方面的原因

观察方法本身也会使观察发生偏误。观察仪器的精确度、灵敏度不高，观察仪器和观察工具失灵，观察场所光线不足，观察角度不对，观察距离太远，观察地点选择错误，观察时间不恰当，对不适合参与观察的社会现象采取了参与观察方法，等等，都是造成观察误差的重要原因。

总之，观察的准确性和可靠性总是有限度的，观察总会发生误差，任何观察都不可能完全符合客观实际。牢牢记住这些方面，时时处处尽可能降低观察误差的影响，是搞好实地观察的一个必要条件。

二、减少观察误差的途径和方法

尽管观察永远不可能完全正确，观察误差永远不可能完全消除，但是，努力减少观察误差，力求观察基本正确则是应该做到，也是完全可以做到的。

减少观察误差有以下一些途径和方法。

（一）正确选择观察者

一个合格的观察者必须具备一定条件，其中最基本的有两条：一是感觉器官正常，特别是视觉器官不能有严重缺陷；二是有实事求是的精神，要如实观察、如实记录，不能按照主观愿望添油加醋或故意隐瞒，更不能歪曲或捏造事实。

（二）提高观察者的认识

对观察者要加强两方面教育：一是要有认真负责的态度，严格按照观察提纲、表格或卡片的要求做观察和记录；二是要认识观察项目的意义，提高对观察内容的兴趣。实践证明：一个认真负责、心理素质好、有强烈求知欲的观察者，可以观察到许多深入、细致的社会现象；一个应付了事、情绪波动、对观察内容毫无兴趣的观察者，则可能漏掉许多重要现象，甚至可能出现种种观察错误。

（三）做好必要的知识准备

一个合格的观察者应该有比较广博的知识：一是应该有与观察内容有关的各专门学科的科学理论知识；二是应该有关于观察对象的历史和现状的知识；三是应该有关于观察方法和观察工具的知识，以及进行实地观察的经验和技能。

（四）不断加强感官训练

人类感觉器官的感知能力，可以通过训练不断提高。为了提高观察者的感知能力，在实地观察前应进行必要的感官训练。例如，组织新观察者与有经验的观察者同时观察某一社会现象，并当场做观察记录，然后对他们的观察记录进行对比研究，分析观察结果的优劣及其原因，就是观察训练的一种有效方法。同样，通过试听、试闻、试尝、试摸等模拟训练，也可提高听觉、嗅觉、味觉和触觉的感知能力。

（五）合理安排观察任务

观察任务的安排，应以感觉器官的承受能力为限。例如：给每一个观察者分配的观察对象应尽可能固定，特别是在观察离散对象时，一般不应超过 9 个单位，否则易产生观察误差；安排的观察项目应尽可能简明、集中，如果观察项目过多、过于分散，就很容易发生遗漏；每一次观察时间不宜过长，否则随着感觉器官疲劳程度加剧，发生观察误差的可能性就会大大增加。

（六）充分利用科学仪器

在实地观察中，应根据具体情况，尽可能使用望远镜、测量仪器、照相机、摄影机、录音笔、手机等设备，以及各种度量衡工具，充分发挥这些设备和工具的放大、延伸、计量、记录等功能。这既是提高观察客观性、准确性的重要途径，又是防止和减少观察误差的重要方法。

（七）努力控制观察活动

观察者应该努力控制自己的观察活动，尽可能减少或消除观察活动对被观察者的影响。此外，在某些特殊情况下，可以事先不做任何说明或宣布，采取隐蔽、伪装、突然袭击的方式进行观察。实践证明，进行突发的、隐蔽的和伪装的观察活动，是减少反应性观察误差的有效措施。

然而，这里存在一个法律或伦理问题，即事前未征得被观察者同意的隐蔽观察、伪装观察、突然袭击式的观察是否合法、是否符合道德的问题。我们认为，如果观察目的中不含有损害国家、社会和被观察者的动机，观察过程没有干扰国家、社会和被观察者的正常工作和生活，观察活动没有侵犯被观察者的个人隐私，观察结果没有损害国家、社会和被观察者的利益，就不存在不合法的问题，也不存在不符合道德原则的问题。当然，这种隐蔽、伪装、突然袭击式的观察不可随意乱用，只能“在某些特殊情况下”使用。而且，事后应该向被观察者说明有关情况和原因。

（八）多点对比观察和重复对比观察

对于比较复杂的事物或比较重要的社会现象，应该选择不同类型的观察对象进行横向多点对比观察，或者对同一观察对象进行纵向重复对比观察。横向多点对比观察，可以是同一观察者对不同观察对象的横向对比观察，也可以是不同观察者对同一观察对象（或不同观察对象）的横向对比观察。纵向重复对比观察，可以是同一观察者对同一观察对象在不同时间、不同阶段进行的前后对比观察，也可以是不同观察者对同一观察对象（或不同观察对象）进行的前后对比观察。一般地说，通过多点对比观察和重复对比观察得出观察结论，发生观察误差的可能性会大大减少。

本章要点

1. 实地观察法，就是观察者有目的、有计划地运用自己的感觉器官或借助科学的观察工具，能动地了解社会现象的方法。

2. 参与观察，就是观察者加入被观察者群体，通过与被观察者的共同活动从内部观察。按照参与程度的不同，参与观察可分为完全参与观察和不完全参与观察。非参与观察，即观察者不参加被观察者的活动，完全以局外人、旁观者身份从外部对社会现象进行观察。

3. 标准观察，就是观察者根据观察目的，设计统一的观察项目和要求、印制统一的观察表格或卡片、规定统一的观察程序和记录方法的观察。非标准观察，就是观察者只有一个总的观察目的和要求、一个大致的观察内容和范围，而没有统一的观察项目或标准的观察。

4. 直接观察，就是对当时正在发生的社会现象所进行的观察。间接观察，就是为追寻、探求曾经出现过的社会现象而对物化社会现象所做的观察。

5. 实地观察应该遵守客观性、全面性、深入性、持久性、法律和道德原则。

6. 产生观察误差的原因是多方面的。就观察者而言，有思想因素、知识因素、心理因素、能力因素、生理因素、社会经验因素等主观原因；就观察对象而言，有客观事物发展不成熟、被观察者的反应性心理和行为，以及人为的假象等原因。

7. 减少观察误差的途径和方法是：正确选择观察者，提高观察者的认识，做好必要的知识准备，不断加强感官训练，合理安排观察任务，充分利用科学仪器，努力控制观察活动，多点对比观察和重复对比观察，等等。

8. 实地观察法有许多优点和缺点，它的最大优点是直观性和可靠性，它的最大缺点是表面性和偶然性。

基本概念

实地观察法　参与观察　非参与观察　标准观察　非标准观察　直接观察　间接观察

思考与练习

1. 什么是实地观察法？它有何特点？怎样理解观察过程是一个积极能动的

反映过程？

2. 参与观察和非参与观察、完全参与观察和不完全参与观察各有何特点和用途？

3. 实地观察前应该做好哪些准备工作？在观察过程中应该注意哪些问题？

4. 产生观察误差有哪些主客观原因？如何减少观察误差？

5. 你认为应该怎样评价“耳听为虚、眼见为实”“百闻不如一见”等说法？

6. 确定一个研究问题，如中学生辍学、职业倦怠、业主维权和福利服务，讨论如何运用参与观察法研究这个问题。运用参与观察法研究的利弊是什么？

7. 挑选一个观察现场，阐明在现场中选择观察对象时要注意什么，或分析你选择观察对象的依据。

8. 假如你想观察一所学校学生的课外体育锻炼的情况，请列出观察计划和观察内容。

推荐阅读书目

1. 巴比．社会研究方法：第11版．北京：华夏出版社，2009.

2. 乔金森．参与观察法．重庆：重庆大学出版社，2009.

3. 洛夫兰德，斯诺．分析社会情景：质性观察与分析方法．重庆：重庆大学出版社，2009.

4. 何世鲁．参与观察法的一个成功范例：介评怀特的《街角社会》．外国社会科学，1995（3）.

5. 蔡宁伟．参与式观察与非参与式观察在案例研究中的应用．管理学刊，2015（4）.

第八章

访谈调查法

同实地观察法一样，访谈调查法也是社会调查的一种基本方法。观察主要是眼看，访谈则主要是口问、耳听。

第一节 访谈调查法概述

访谈调查法是最古老、使用最普遍的一种调查方法。

一、访谈调查法的概念及特点

（一）访谈调查法的概念

访谈调查法也称访谈法、访问法、面谈法，就是访谈者有目的地通过口头交谈等方式直接向受访者了解社会情况或探讨社会问题的调查方法。访谈调查法作为社会调查方法中历史悠久、应用广泛和行之有效的一种方法，其理论基础是人际沟通和社会互动的基本内容。访谈是由两个（或多个）社会成员在访谈这一特定社会交往过程中形成的社会互动关系，要遵循某些规则和限制。因此，这种方法与我们日常生活中相互之间的交谈有许多不同之处。首先，访谈有预定的计划，有专门的主题，有一定的工具（如调查表）或辅助手段（如录音笔），而日常交谈不需要这些。其次，访谈主要由受访者提供信息，而日常交谈则是双方相互交换信息。

（二）访谈调查法的特点

（1）访谈者与受访者面对面的直接调查。访谈调查是一种直接调查方法。一般来说，访谈调查是访谈者通过与受访者直接接触、面对面地交谈来获取社会信息，能够比各种间接调查方法了解到更多、更具体、更生动的社会情况。

（2）通过交谈方式进行的口头调查。文献调查、实地观察等调查方法，主要使用视觉器官——眼睛来阅读过去的社会知识或观看现实的社会情况。访谈调查则主要用发音器官和听觉器官——口、耳来询问和听取有关社会信息。因而它不仅能通过口头交谈的方式反复询问某些社会情况，还能通过深入交谈来探讨某些社会问题。

（3）访谈者与受访者之间的双向互动调查。与非参与观察等调查方式不同，访谈过程不是访谈者单方面的活动过程，而是访谈者与受访者之间的双向互动过程：一方面是访谈者通过提问等方式作用于受访者的过程，另一方面是受访者通过回答等方式反作用于访谈者的过程。在访谈过程中，访谈者要积极地、有目的地影响受访者，努力掌握访谈过程的主导权，尽可能使受访者按照预定计划回答问题。

（4）需要一定访谈技巧的调查。访谈调查的对象都是有思想、有感情、有心理活动的活生生的人，因此，访谈过程首先是人与人之间的交往过程。访谈者只有在与受访者的人际交往中建立起基本的信任和一定的感情，并根据对方的实际情况采取恰当方式进行访谈，才能使受访者积极提供他所掌握的社会情况。实践证明，访谈要取得成功，访谈者必须掌握一定的访谈技巧，要善于人际交往，要能有效控制访谈过程。

访谈调查法的这些特点说明，它是比实地观察法高一个层次的调查方法，往往能比实地观察法获得更多、更有价值的社会信息，同时也比实地观察法更复杂、更难掌握。

二、访谈调查法的种类

按照不同标准，访谈调查可分为许多不同的种类。

（一）标准化访谈和非标准化访谈

按照对访谈调查的控制程度，访谈可分为标准化访谈和非标准化访谈。

标准化访谈，也称结构性访谈，就是按照统一设计的、有一定结构的问卷所进行的访谈。这种访谈的特点是：选择访谈对象的标准和方法、访谈中提出的问题、提问的方式和顺序，以及对受访者回答的记录方式等都是统一设计的，甚至连访谈的时间、地点、周围环境等外部条件，也力求保持基本一致。统一的访谈提纲是标准化访谈的主要工具。通常标准化访谈在研究设计时还会制定一份访谈指南，对访谈中可能出现的问题加以说明。标准化访谈的最大优点是，便于对访谈结果进行统计和定量分析，便于对不同受访者的回答进行对比研究。

非标准化访谈，也称非结构性访谈，就是按照一定的调查目的和一个粗线条的调查提纲进行的访谈。这种访谈方法对访谈对象的选择和访谈中所要询问的问题有一个基本要求，但可根据访谈时的具体情况做必要调整。至于提问的方式和顺序、对回答的记录、访谈时的外部环境等，都不做统一规定和要求，而由访谈者根据实际情况灵活掌握。

（二）直接访谈和间接访谈

按照访谈调查的方式，访谈可分为直接访谈和间接访谈。

直接访谈，就是访谈者与受访者面对面的访谈。这种访谈方法又可分为“走出去”和“请进来”两种方式。“走出去”就是访谈者走到受访者中间去，就地进行访谈；“请进来”就是将受访者请到访谈者安排的地方来，然后进行访谈。这两种方式各有利弊和用途。一般来说，“走出去”的方式有利于访谈者在访谈的同时对实地进行观察了解，用情景帮助对问题的理解。

间接访谈，就是访谈者通过电话、问卷、网络等工具对受访者进行访谈。有关问卷调查和网络调查方法，将在第九、十一章中分别论述。

（三）浅度访谈和深度访谈

按照访谈内容的深度，访谈可分为浅度访谈和深度访谈。

浅度访谈，是指访谈内容比较简单、浅显，回答方式比较统一、规范的访谈。例如，人口普查、户籍调查、生育调查中的访谈，以及一般问卷调查中的访谈，大都属于浅度访谈。

深度访谈，又称临床式访谈，是指访谈内容比较复杂、敏感、艰深的访谈。在深度访谈过程中，访谈者与受访者大多围绕一个主题或问题进行比较自由、深入的探讨，其目的不仅是了解一般情况，而且是深入探讨因果关系、发展规律和应对策略，因而多应用于各种因果性调查和对策性调查。深度访谈的方式一般是无结构的、直接的、口头的、互动式的，而且往往反复多次，只有如此才能逐步深入，最终达到深度访谈的目的。

三、对访谈调查法的评价

（一）访谈调查法的优点

1. 广泛性

访谈调查是一种口头调查，既可了解当时当地正在发生的社会现象，又可询问过去和外域曾经发生过的社会现象；既可调查事实、行为，又可询问观念、感情和看法。

2. 深入性

访谈（特别是深度访谈）过程是访谈者与受访者之间反复互动的过程，不仅有利于探讨“是什么”，即了解比较复杂的社会现象，而且有利于了解“为什么”，即深入探讨社会现象之间的因果联系和内在本质，研究解决问题的途径和方法。

3. 灵活性

访谈调查是面对面的直接调查，访谈者可以根据受访者和访谈过程的具体情况，采取灵活多样的方法，有针对性地做工作，排除各种可能出现的干扰，有效控制访谈过程，保证访谈过程正常进行。

4. 可靠性

访谈调查是访谈者与受访者之间直接的、面对面的交谈。访谈者不仅可以及时回答受访者提出的问题，对受访者进行必要的引导和解释，促使受访者更放心、更顺利、更完整、更准确地回答问题，而且可以直接观察到受访者的各种反应，通过不断地询问追问和察言观色，判断出受访者回答问题的准确程度与完整程度。访谈者在访谈过程中还可以运用各种非言语语言方式，如肢体语言等进行交流，这些都有利于提高调查的可靠性，从而保证收集到的资料的真实性与可靠性。

（二）访谈调查法的缺点

1. 存在一定的主观性

访谈调查的结果和质量，在很大程度上取决于访谈者的素质和驾驭会谈的能力，取决于受访者的合作态度和回答能力。

2. 不能匿名，有些问题不宜于当面访谈

由于受访者不能匿名回答问题，所以对于那些敏感性、尖锐性、保密性和隐私性问题，或者是访谈者不能和不宜于当面询问，或者是受访者不愿当面回答或不可能真实回答。这都会对访谈调查及其结果产生不利影响。

3. 费人力、费时间、费财力

访谈调查大都需要面对一个一个的访谈对象谈问题，即便是集体访谈，也有人数控制，所以调查时需要较多受过专门训练的访谈人员，访谈过程需要较长的时间，调查成本往往较高。

第二节
访谈过程及其技巧

访谈过程（主要是深度访谈过程）大体上可分为接近受访者、提出问题、听取回答、引导和追询、结束访谈等几个环节。

一、接近受访者

访谈的第一个环节是接近受访者。关于接近受访者的第一个问题，是如何称呼的问题。称呼恰当，就为接近受访者开了一个好头；称呼搞错了，就会闹笑话，甚至引起对方的反感和排斥心理，影响访谈的正常进行。在选择称呼时，应注意以下几个问题：

（1）既要尊重恭敬，又要恰如其分。有的人口气很大，开口一个“喂”，闭口一个“伙计”，对人不尊重、不恭敬；有的人又一味奉承，动不动就称“老首长”、“老前辈”或“领导”等，想以廉价奉承换取廉价好感，结果往往引起厌恶或反感。

（2）要注意称呼习俗的发展和变化。例如，20 世纪 50—60 年代人们习惯称“同志”，“文化大革命”中多称“师傅”，改革开放初期喜欢称“先生”、“小姐”或“老板”。进入 21 世纪后，人们对男性喜欢称“张总”“李总”“帅哥”，对女性喜欢称“靓女”“美女”，等等。

除称呼问题外，还有接近受访者的方式问题。一般来说有以下几种方式：

（1）自然接近，即在某种共同活动过程中接近对方。例如，在与受访者一起工作、劳动、开会、学习、乘车、乘船、住宿、就餐、看电影、跳舞等活动过程中与对方攀谈，逐步了解对方，待建立初步感情后再说明来意，进行正式访谈。

（2）求同接近，即通过寻求与受访者的共同语言来接近对方。例如：同乡、同学、同行，共同的经历、兴趣、爱好等，都可以成为交谈的话题。还可从对方最熟悉的事情、最关心的问题、当时当地最吸引人的新闻谈起。

（3）友好接近，即从关怀、帮助受访者入手来联络感情、建立信任。例如：受访者家里有病人，就谈如何治病、买药和调养；受访者遇到挫折或不幸，则表示同情和安慰；受访者工作、生产发生了困难，就帮助出主意、想办法、提建议；等等。如果条件允许，还可以采取一些具体行动来帮助受访者解决实际困难，这就更有利于建立信任和感情。

（4）正面接近，即开门见山，先自我介绍，出示相应的身份证明，如介绍信、学生证和身份证等，然后说明调查的目的、内容、方法和有关规则，随后再正式访谈。这种方式有些简单、生硬，但可节省时间、提高效率。各种浅度访谈，特别是问卷调查中的访谈，大都采用这种方式。

（5）隐蔽接近，即以某种伪装的身份、目的接近对方，并在对方没有觉察的情况下访谈。如微服私访、化装侦察、伪装访谈等就属于这种方式。但滥用隐蔽接近方式，难免有违反社会公德之嫌，甚至有可能引起不必要的社会、法律问题。

二、提问的种类、方式和语言

提问是访谈调查的主要手段和环节。从一定意义上说，访谈技巧首先是提问的技巧。

（一）提问的种类

在访谈过程中提出的问题，可分为两大类，即实质性问题和功能性问题。

1. 实质性问题

所谓实质性问题，是指为了掌握访谈调查所要了解的情况而提出的问题。它大体上可分为四类：

（1）事实方面的问题，如姓名、年龄、文化程度、职业等。

（2）行为方面的问题，如："您正在从事什么工作?""您喜欢阅读什么书籍?""您曾到国外旅游吗?"

（3）观念方面的问题，如："您对'中国梦'有何看法?""您对目前的医疗改革做何评价?""您怎样看待当前的城乡收入差距?"

（4）感情和态度方面的问题，如："您对目前的婚姻状况是否满意?""您赞成自己的女儿从事模特职业吗?"

2. 功能性问题

所谓功能性问题，是指在访谈过程中为了对受访者施加某种影响而提出的问题。它也可分为四类：

（1）接触性问题，如："近来身体好吗?""工作很忙吧?""今年收成如何?"

提出这些问题的目的，不是了解这些问题本身，而是比较自然地接触受访者。

（2）试探性问题，如："您做什么工作？""您经常去集贸市场吧？"提出这些问题是为了试探一下，看受访者的选择、访谈时间的安排是否恰当，以便决定访谈是否进行和如何进行。

（3）过渡性问题，例如当访谈内容从生产转向销售时，可问："你们单位生产情况很好，产品销售是否也很顺利呢？"如果从工作问题转向家庭生活，则可问："您的工作非常繁忙，回到家里大概可以轻松一下吧？"有了过渡性问题，访谈过程就会显得比较连贯和自然。

（4）检验性问题，如先问："您对现在的工作岗位感到满意吗？"经过一段谈话后，再问："您是否希望调换一下工作？"提后一个问题是为了检验前一个问题的回答是否真实、可靠。又如，先问支出后问收入，或先问收入后问支出，也可起到互相检验的作用。

一般来说，访谈者对实质性问题都比较重视，对功能性问题往往比较忽视或不善于运用。然而，提问的技巧恰恰突出表现在功能性问题上。

（二）提问的方式与语言

提问的方式受到很多因素的制约，如访谈者与受访者之间的关系，访谈者与受访者的年龄、性别、民族、受教育程度、语言习惯和文化习俗等，访谈的具体情境，等等。因此，在提问的过程中，访谈者应当遵循以下几个原则：

（1）提问态度要真诚、尊重。人与人之间的交流应该建立在真诚、尊重与情感的自然流露的基础上，因此访谈者对受访者要表示足够的尊重，从而建立起相互信任和友好的人际关系，使访谈过程轻松、自然、融洽。

（2）采用受访者能够接受的表达方式。在访谈中，访谈者应了解受访者的受教育水平、语言习惯，文化风俗等，选择受访者熟悉和认可的语言方式，使受访者感觉亲切、放松。

（3）提问方式应当中立。访谈者在编制问题前，由于其研究的目的，可能对受访者的回答存在某些预期，这会导致有的访谈者在提问时带有某些态度倾向，使受访者受到影响，致使研究资料的可靠性、研究结果的客观性受到影响。

（4）在具体情境中灵活把握提问方式。访谈者是在具体情境中与受访者进行交流，这就需要访谈者学会随机应变、根据具体情况选择最佳提问方式。

提问的方式多种多样。或开门见山，直来直去；或投石问路，先做试探；或顺水推舟，逐波前进；或逆水航行，溯源而上；或顺藤摸瓜，逐步发展；或借题发挥，跳跃前进；或竹笋剥皮，层层深入；或下井打水，一竿到底；或循循善诱，耐心开导；或旁敲侧击，点穴拿筋……究竟采取哪种方式提出问题，应考虑三方面因素：

（1）考虑问题本身的性质和特点。对于尖锐、复杂和敏感的问题，应采取谨慎、委婉、迂回的方式提出；反之，则可大胆、正面地提出问题。

（2）考虑受访者的具体情况。对于性格孤僻、敏感多疑、对情况不太熟悉、理解和回答问题能力较差的受访者，应采取循循善诱、逐步深入的方式提出问题；反之，则可单刀直入、连续地提出问题。

（3）考虑访谈者与受访者之间的关系。在访谈者与受访者互相不熟悉、尚未建立基本信任和初步感情的情况下，应采取耐心、慎重的方式提出问题；反之，则可直率、简捷地提出问题。

总之，提问方式没有一成不变的模式。在访谈过程中，访谈者不管采取哪种方式提出问题，都应从容、大方、顺其自然，使访谈过程像拉家常一样在平等、友好的气氛中进行，决不可像查户口或审案子那样，搞成简单、生硬的一问一答。

此外，应努力做到提问的语言“一短三化”。“一短”，就是提问话语要简短，应该用简短的提问换取充分的回答，而不应该用冗长的提问换取简短的回答。“三化”，就是提问语言应通俗化、口语化和尽可能地方化，要尽量避免使用学术术语、书面语言和种种“官话”。

三、倾听的技巧

访谈技巧既包括提问的技巧，也包括听取回答的技巧。“善问”和“会听”，是一个熟练的访谈者不可缺少的两个方面。

（一）听的层面与步骤

听，有三个层次：

（1）表面的听，即半听半不听，耳朵在听别人讲话，脑子在想别的事，结果是没有听进去。

（2）消极的听，即被动地以耳取音，但没有动脑筋去理解、记忆，因而只记得其“言”，而不理解其“意”。

（3）有效的听，即主动地、专心地听，不仅以耳“察言”、以眼“观色”，而且积极开动脑筋，理解言者的观点。不仅听其声，而且设法体察对方潜藏在话语背后的意思，推测言外之意，并反复记忆和考虑如何做出反应。

访谈过程中的听，应该是有效的听。它大体包括三个步骤：

（1）捕捉和接收信息，即认真听取受访者的回答，主动捕捉一切有用信息，包括各种言语语言信息和非言语语言信息。

（2）理解和处理信息，即正确地理解捕捉、接收到的信息，及时做出评价或判断，舍弃无用信息，保留有用信息和存疑信息。

（3）记忆或做出反应，即记忆有用信息，并考虑对受访者的回答，特别是对存疑信息做出何种反应。

有效的听的过程，就是这三个步骤交替出现、循环往复的过程。

（二）倾听的技巧

要做到有效地听，必须做到以下几点。

1. 要排除听的障碍

听的障碍很多：有偏见性障碍，即由于不喜欢受访者这个人（或他的打扮、态度等），而不能认真地听；有判断性障碍，即由于认为受访者不可能了解情况、回答不可能真实等，而不能客观地听；有心理性障碍，即由于听取回答的兴趣不浓、情绪不好，而不能积极地听；有生理性障碍，即由于疲劳或昏昏欲睡，而不能集中精力听；有习惯性障碍，即由于习惯于发表自己的意见，而不能耐心地听；有理解性障碍，即由于访谈者与受访者对同一问题的理解不同，而不能正确地听；有语言性障碍，即由于受访者的语言难懂，而不能清楚地听；有环境性障碍，即由于周围干扰太大，而不能专心地听；等等。实践证明，千方百计排除各种听的障碍，是有效地听的基础和前提。

2. 要有正确的态度

首先，要认真地听，即聚精会神、一丝不苟地听。如果受访者在认真回答问题，访谈者却在一旁剪指甲、看报纸，做无谓的小动作，或者心不在焉、神不守舍，甚至哈欠连天、睡意绵绵，那么受访者就不可能认真谈下去，访谈者也不可能有效地听。其次，要虚心地听，即对受访者的回答，懂就说懂，不懂就请教，决不可不懂装懂。受访者回答错了，或回答不完整，应适当解释、引导和询问，而不能无礼地打断对方说话，因为这样会让受访者感觉不受尊重或是思维被扰乱而影响访谈的进程。最后，要有感情地听，即要理解受访者的感情，并做出感情移入式的反应。受访者谈到成绩时应为他高兴，谈到困难时应替他着急，谈到不平之事时应为之义愤，谈到挫折或不幸时应表示同情和惋惜。总之，访谈过程不仅是语言信息交流过程，而且是情感交流过程，访谈者应努力做到喜怒哀乐皆共鸣。

3. 要提高记忆能力

记忆是对外界信息的识别、储存和再现。记忆的快慢、准确和牢固程度，主要取决于记忆者的目的、态度、知识和经验等因素，同时也取决于记忆的方法和训练。提高记忆能力是有效地听的必要条件。提高记忆能力的主要方法：一是重复，即请受访者复述，或自己默默复述；二是浓缩，即把听到的回答浓缩成几个要点，以提高记忆的方便和牢固程度；三是联想，即利用视觉联想、意义联想、情景联想来促进记忆；四是比较，即通过内容比较、形式比较、环境比较来帮助记忆；五是改组，即把一长串本无意义的数字改组成几组短小的、有一定意义的数字，如将101388421改组为101－38－8421，就比较容易记忆一些；六是使用，即用受访者的回答来询问情况、探讨问题。

4. 要善于做出回应

回应可分为两类：一是无反射回应，即对受访者的回答不插话、不表态、不干扰，保持沉默。一般来说，在受访者认真回答问题而又答得对路的时候，或为了回答问题而努力回忆、思考的时候，或在几种可能性中做选择的时候，访谈者最好做无反射回应。这种无反射回应实际上是告诉对方“您回答得好，请继续讲下去”“您慢慢回忆、思考，我可以等待”“如何选择是您的权利，我尊重您的选择”等。尤其是要注意倾听沉默。当受访者沉默时，访谈者不要马上发话打破沉默，而要容忍沉默。等判断出受访者是出于什么原因而沉默后，再根据情况做出相应的回应。

二是有反射回应，包括言语行为回应和非言语行为回应。言语行为回应又包括：(1) 鼓励性言语反应，即不时用“嗯!”“对!”“讲得好!”“是吗?”“真的?”“真有意思!”“长见识了!”等语言信息鼓励对方继续说下去。(2) 复述性言语回应，即对于人名、地名、时间、数据和重要观点等回答，采取复述一遍请受访者核实的办法做出回应；对于过长或过于零散的回答，可采取简要归纳后请受访者认可的办法做出回应，以帮助受访者理清思路，鼓励对方继续谈话，同时检查自己的理解是否正确。(3) 共情与引导性言语回应，即通过对受访者的经历、感受和想法表示感同身受，使受访者产生被理解和被信任的感觉，进一步引导受访者继续谈下去。公开自己类似的经验、感受、想法的“自我表露（暴露)”是一种很好的共情与引导技巧。如访谈者回应说“我也是在农村长大的，我也经历过这样的事”等。访谈者的自我表露，一方面可以使受访者了解访谈者曾经有过与自己一样的经历与感受，产生信任感，拉近双方的距离；另一方面可以起到“去权威”作用，使受访者感觉对方与自己在一个平等的位置，而不是一个高高在上的研究“权威”，从而使交谈的方式变得更加具有合作性和互动性[①]。

---

① 陈向明．质的研究方法与社会科学研究．北京：教育科学出版社，2000：205.

非言语行为回应，即用肯定的目光、面部表情、手势等身体语言、声音特质（如音量、声调、语速和节奏）和空间距离等方式鼓励对方继续谈下去。

总之，对受访者的回答做出恰当回应，是保证访谈过程正常进行的必要条件，也是有效地听的必要条件。

四、引导和追询

访谈过程除了提出问题和听取回答外，有时还需要引导和追询。

（一）引导

引导与提问不同，它不是提出新问题，而是帮助受访者正确理解和回答已提出的问题。引导是提问的延伸或补充，是访谈过程中不可缺少的手段或环节。

在什么情况下引导呢？一般来说，当受访者对所提问题理解不正确、答非所问、文不对题时；当受访者顾虑重重、吞吞吐吐、欲言又止时；当受访者一时语塞，对所提问题想不起来时；当受访者口若悬河、滔滔不绝，而又漫无边际、离题太远时；当访谈过程被迫中断或从一个主题转向另一个主题重新开始时；等等——总之，当访谈遇到障碍无法顺利进行或偏离原定计划的时候，就应及时引导。

如何引导呢？要具体情况具体对待。如果是受访者对问题理解不正确，就应用对方听得懂的语言去做解释或说明；如果是受访者有顾虑，就应摸清是什么顾虑，然后对症下药消除顾虑；如果是受访者遗忘了某些情况，就应从不同角度、不同方面帮助对方回忆；如果是受访者的回答离题太远，就应采取适当方式，有礼貌地把话题引上正轨，比如“您说的这点真的很有趣，那么关于×××又是怎样的呢”“我知道这方面您也是很有经验的，但您不妨跟我再多说一些关于××的事情”；如果是访谈中断后重新开始，就应简略回顾一下前面交谈的情况，复述一下尚未回答的问题。总之，只要排除了干扰和障碍，使访谈得以按预定计划发展下去，就算达到了引导目的。

（二）追询

在提问过程中，为了帮助受访者加深对问题的理解，以取得预期的回答效果，访谈者还要善于对问题进行追询。追询不是引导，不是提出新问题，也不是排除回答中的障碍，而是为了促使受访者更真实、具体、准确、完整地回答问题，对已经谈过的问题中不清楚的地方进行再次询问。在访谈过程中，追询往往也是必要的环节和手段。

在什么情况下追询呢？一般来说，当受访者的回答没有真实、具体、准确和完整地说明问题时——如受访者明显说谎、不肯吐露真情时，受访者回答前后矛盾、不能自圆其说时，受访者回答含混不清、模棱两可时，受访者回答过于笼统、很不准确时，受访者回答残缺不全、不够完整时——就要追询。

追询有多种方法：

（1）正面追询，即直接指出回答不真实、不具体、不准确、不完整的地方，请对方补充回答。

（2）侧面追询，即换一个侧面、一个角度、一个提法来追问相同的问题。

（3）系统追询，即以何时、何地、何人、何事、何因、何果……为序，系统地追问下去。

（4）补充追询，即只追问那些没有搞清楚的、需要补充回答的问题。

（5）重复追询，即对前面已经回答过的问题，到后面再追问一次，以检验前后回答是否一致和真实。

（6）反感追询，即“激将”追询，看看在“激将”情况下对方有何表现、做何反应。

不管采取哪种方法追询，只要促使受访者更真实、更具体、更准确、更完整地回答了问题，就算达到了追询的目的。

追询一定要适当。它有两层含义：一要适时。追询与引导不同，引导要及时，追询则应以不妨碍访谈的顺利进行为原则。由于追询是一种比较尖锐的访谈方式，搞不好就会妨碍访谈的进行，因此，追询的问题一般留到访谈后期再去追问。当然，对于某些细小的问题，可在对方回答问题时立即做出追询。二要适度。追询应以不伤害与受访者的感情为原则，即使是反感追询，最后也应缓和一下气氛，这样就不致为再次访谈留下无法弥补的隐患。

五、结束访谈

访谈的最后一个环节，是做好结束工作。

结束访谈应该注意两个问题：一是要适可而止，二是要善始善终。

所谓适可而止，就是要善于控制时间，在合适的时间点结束访谈。要判断访谈是否应该结束，访谈者可以通过自己回答以下三个问题进行把握：一是问题是否问完，二是回答内容是否充分，三是能不能、有无必要继续谈下去。要保证访谈的质量，主要掌握两条原则：一是每次访谈的时间不宜过长。街头拦人法一般应控制在10分钟以内；入户访谈一般在20分钟到半小时为宜，最多不超过一小时；深度访谈时间可以稍长，一般也以一两个小时为宜。例如：在农村做深度访谈，在夏夜乘凉和冬闲烤火时，就可做较长的访谈；如果受访者对调查课题既有兴趣又有研究，那么访谈时间就可适当延长。二是访谈必须在良好气氛中进行。良好气氛一旦被破坏，就应马上结束访谈。如果还要坚持访谈下去，那么不仅会大大降低访谈调查的质量，而且有可能引起对方的反感，甚至影响以后的再次访谈。

所谓善始善终，主要做好两件事：一是表示感谢和肯定友谊。即真诚感谢受访者对调查工作的支持，感谢从对方那里学到了许多知识；同时还应肯定通过访谈建立或加深了友谊，说明访谈是短暂的，友谊是长存的。二是为以后调查做好铺垫。即表示今后可能还要登门请教；如果第一次访谈没有完成任务，就应约定再次访谈的具体时间和地点，最好简要说明再次访谈的主要内容，以便对方做好思想和材料准备。

第三节 访谈调查应该注意的问题

实践证明，要成功地实施访谈调查，特别是深度访谈调查，应该注意以下几个问题。

一、做好访谈前的准备

访谈是一种社会交往的过程。由于访谈对象是有思想、有感情、有知觉、有意识的个性化的人，要使他们与访谈者积极配合，提供真实有效的资料，需要在访谈准备阶段完成大量周密细致的工作。

（一）准备访谈提纲，学习与访谈内容有关的知识

首先要根据访谈目的选择适当的访谈方法，并据此编制好访谈提纲。例如：

做标准化访谈，必须弄懂弄通统一设计的问卷；做非标准化访谈，则应准备较详细的访谈提纲和各种访谈问题。不管做哪种类型的访谈，都应掌握相应知识、了解相关情况。在访谈过程中，如果访谈者知识丰富、熟悉情况，能进行较深入的交谈，受访者回答问题的积极性就会高一些。

（二）选准访谈者和访谈对象

在访谈调查中，访谈的质量在很大程度上取决于访谈者的个人素质和控制访谈的能力。因此，对访谈者的挑选和训练至关重要。访谈者应该具备以下品质：能遵守工作规则，客观反映访谈事实；对工作抱有热忱，具备一定的交往能力、表达能力、观察力和辨别力；有高度的责任心，能吃苦耐劳；虚心好学，善于处理人际关系。

一般说来，访谈者的特征，包括性别、年龄、社会地位、民族种族、外貌等，都会成为访谈能否顺利进行的影响因素。女性一般比男性更具有亲和力，尤其是在与陌生人的初次交往中，女性更容易被接受。就访谈的准确度和受访者的坦率程度而言，男性比女性把握来得大。年龄会影响到访谈者的经验，一般人们更喜欢有经验的访谈者。访谈者如果与受访者的社会地位差别过大，容易导致回答上的偏差。

正确选择受访者是访谈成败的关键之一。选择受访者，不要事事找“一把手”、件件问“当家人”，而应根据访谈内容需要，找那些最了解情况的人来回答最合适的问题。

（三）选好访谈时间、地点和场合

访谈时间的选择应因人而异。一般来说，最佳访谈时间是受访者工作、家务不太繁忙，而且心情比较舒畅的时候。法拉奇 1980 年对邓小平的采访，选择在邓小平生日前后的 8 月 21 日和 23 日，见面后先祝贺生日再进行采访，使采访活动从一开始就显得非常亲切和活跃。法拉奇的这一选择，不仅表现了她对受访者的充分了解，而且显示了她选择访谈时间的高超技巧。

访谈地点和场合的选择，应以有利于受访者真实回答问题和畅所欲言为原则。一般来说，有关工作方面的问题，以在工作地点访谈为宜；有关个人或家庭方面的问题，则以在家里访谈为好，这样便于受访者寻找或核查回答问题所需要的材料。如果受访者不愿意在工作地点或家里接待访谈者，也可选择在招待所、旅馆或餐厅、公园、马路等公共场所交谈。至于访谈场合，最好是能单独与受访者个别交谈，这样可避免其他人的干扰，有利于双方畅所欲言。但是，如果受访者没有顾虑，访谈内容没有隐私性或敏感性问题，甚至还有可能引起其他人的兴趣，那么也不妨在有其他人在场的情况下访谈。

二、建立良好的人际关系

建立良好的人际关系是取得访谈成功的重要前提，理解、尊重、平等是建立良好的人际关系的必要基础。要建立良好的人际关系，就必须做到以下几点。

(一) 表明来意，消除疑虑

所谓表明来意，主要是访谈者介绍自己的身份，说明调查的目的、意义和内容，讲清楚受访者是如何被选中的，努力消除对方的怀疑和顾虑，并使对方相信自己有能力回答问题。一般来说，对于那些满腹疑虑的受访者，应耐心、细致、反复进行思想工作；对于那些没有顾虑的受访者，就不必啰啰唆唆、多费口舌。

(二) 虚心求教，以礼待人

搞访谈调查，要尊重受访者，虚心求教，以礼待人。为此，应该做到：踏进受访者的门，就应客随主便，对主人的安排表示充分尊重和恰当赞赏；在访谈开始时，应按照当地习俗以尊称相呼，并说明来意；在访谈过程中，应以求教的态度提出问题，并主动地、专心地听取受访者的回答；在访谈结束时，要表示感谢和肯定友谊，说明收获很大，寻求再次访谈的可能。在访谈过程中，对于受访者表现出来的某些无知、落后意识和不良习惯，或应存而不论，或应给予真诚、耐心的帮助，决不可有鄙薄或轻视的表示，更不可戏弄或嘲笑。

(三) 平等交谈，保持中立

没有平等的态度，就不可能有融洽的人际关系，就无法推心置腹地交谈。因此，访谈者必须以平等的态度对待受访者，决不可盛气凌人、摆架子，当然也不可无原则地吹捧和奉承。访谈者应该以一种自信、轻松的姿势进入对受访者的访谈，在访谈过程中自信到足以和受访者对话。在访谈过程中，访谈者可以就一些具体的问题和事项表示自谦，以示对受访者的尊敬和期望，但也不应过度自谦。

如果访谈者对一个受访者说这样的话，就不太妥当："您是企业家，见识很多，可能我问的问题很幼稚，请您多多包涵。""您说的肯定是对的，我也不是说您说的不对，我只是想再问您一下……""我们是工作不久的人，经验不是很多，提出的问题也许不在点上，您可以多指教我们。"

对于一切敏感的或有争议的问题，访谈者都应严格保持客观、中立态度，而不应带有任何倾向性、诱导性的表示，以免受访者在迎合心理驱使下发违心之论。对于受访者的回答，不管是否正确、是否与访谈者看法一致，都不应做肯定或否定表示，更不应去迎合对方或企图说服对方，而只能做一些中性反应。如表示"我明白了您的看法""您的观点很有代表性""请继续讲下去"等，以鼓励对方把心里话都说出来。

三、避免讨论型和评价型回应

在访谈中，对受访者的言行做出回应要恰当，要尽量避免以下两种形式的回应。

（1）讨论型回应。即访谈者利用社会科学中一些现成的理论或者访谈者个人的经验对受访者所说的内容做出回应。例如，在下岗的单亲母亲为了孩子上学而辛苦工作的案例中，访谈者认为母亲主动提出离婚受到了女权主义思想的影响，因此回应说："当时您肯定受到了女权主义的影响，对桎梏您自由的家庭生活产生了排斥，因而主动提出离婚的吧？"这种回应方式不仅在态度上给人居高临下的感觉，而且在知识权力上显示出访谈者的优越感和霸权。它使得受访者感觉自己是在被分析，而不是被倾听和被理解，因而产生排斥心理，不想与访谈者继续交谈下去。

（2）评价型回应。即访谈者对受访者的谈话内容进行了价值上的判断，其中隐含了"好"与"不好"、"对"与"不对"的意思。比如上例中的单亲母亲为了孩子而辛苦工作，访谈者可能会说："要是您当时不坚持离婚的话，生活也不会那么辛苦了。"这种回应方式反映的是访谈者自己的价值观念和评判标准，不仅不适合受访者的具体情况，而且表现出对对方的不尊重。评价型回应可能让受访者感觉很受伤，或者由于害怕访谈者对自己的行为评头论足，而不愿意真实表露自己的思想，隐瞒有关的事实，这样就影响了访谈的质量。

四、重视非言语语言交流

访谈技巧，首先是言语语言交流的技巧。但是，在人际交往中，不仅言语语言可以传递信息，各种非言语语言也能传达信息。所谓非言语语言，是指用来表情达意的各种声音现象（如伴随言语发生的副言语和单独发生的功能性发声、音乐、音响等）和有形现象（如人的表情、动作、姿势，以及场景、服饰、版面、照片、绘画等）。在访谈过程中，既要重视言语语言交流，又要重视非言语语言交流。

在非言语语言交流中，人的外部形象、行为、面部表情、目光以及周围环境等非言语语言因素具有特殊重要的意义。

衣着、服饰、打扮等外部形象，是一个人的职业、教养、文化品位等内在素质的反映。初次见面的人，一般都是根据对方的外部特征形成第一印象的。一个成熟的访谈者，一方面要注意使自己的衣着、服饰尽可能得体，不要过于拘谨严肃或轻浮张扬，以便给对方易于交往的信息；另一方面，也要注意从对方的衣着、打扮来获取信息。例如：在城市做调查，穿戴应比较整洁、讲究；到农村搞访谈，衣着就应朴素、大方一些。对衣着、打扮讲究的受访者，应庄重、彬彬有礼；对不修边幅的受访者，则可坦率、随和一些。

动作、姿态等行为是受思想、感情支配的。在访谈过程中，访谈者除了要尽量避免个人习惯性的小动作，如挠耳朵、抖大腿、抓头发等，还要善于利用动作、姿态的变化向对方传达某种信息。同时，可以通过观察受访者体态的变化，捕捉受访者的思想、感情。例如：连连点头，表示“赞成”“同意”；匆匆记录，说明回答内容非常重要；东张西望，表示注意力已经转移；搞无谓的小动作，说明不感兴趣、心不在焉；伸懒腰、打哈欠，表示已经疲倦；频频看钟表，说明希望尽快结束谈话；等等。在访谈过程中，通过这些细小动作、姿态来捕捉或传达信息，往往能起到言语语言交流所不能起的作用。

面部表情是内心感受的外部表现，是思想、感情信息的一种传达方式。面部表情是通过脸部器官和肌肉动作反映出来的，往往能够成为调节和控制访谈进程的有效手段。一个成熟的访谈者，既要善于控制自己的面部表情，又要善于观察受访者的面部表情，并恰当地运用面部表情来传达启发、鼓励的信息，激发受访者的谈话意愿，对访谈过程进行有效控制。当整个访谈过程变成一种情感交流和沟通时，受访者感到有共鸣，就更愿意说话，也更有可能给出最真实有效的资料。

眼睛是“心灵的窗口”，是最富于表情的器官。目光交流是访谈中最主要的非言语语言交流方式，访谈者要学会通过目光表达感情和态度。一般而言，目光要柔和、自然、放松。通过目光的运用，既能够观察对方的情感变化，引导访谈过程，又不致引起对方的不快和反感。所以在访谈过程中，访谈者既不能一直直视受访者，导致其拘束不安，也不能目光游移或者左顾右盼，躲着对方的目光，显得不自信、不坦然。如果受访者谈得对路，就应该频频对视、点头表示赞赏、认可；如果谈话切入关键性部分，就应该目不转睛，表示精神专注、很感兴趣；如果对方谈话离题了，那么不妨低头或转移目光，以示提醒；如果对所谈内容不了解或觉得谈得不够深入，则可以用目光表示困惑、惊讶或者不理解。总之，访谈者要适时地根据访谈的具体情况，及时领悟对方的“眼神语言”，并灵活使用自己的“眼神语言”，让眼神、目光成为访谈过程的指示器和调节器。

五、做好访谈记录

访谈调查，一般都要做记录。记录有两种方式，即当场记录和事后追记。有的受访者对当场记录有顾虑；有的则相反，你记得越认真，他谈得越起劲。对前者，宜于事后追记；对后者，则应尽可能当场记录。究竟采用哪种方式，应从实际出发，灵活掌握。记录必须遵循一个原则，即记录必须服从访谈。不要因记录而影响自己主持访谈，影响受访者谈话的连续性。

标准化访谈的记录比较好办，按照规定的记录方式，把受访者的回答记录在事先设计好的表格、问卷、卡片上就行了。非标准化访谈的记录则比较困难，因为当场记录会分散访谈者的注意力，降低访谈质量和效率。为了做到访谈、记录两不误，可采取两人一起访谈的办法，一人专门访谈，一人专门记录；也可在征得受访者同意的前提下，先用录音笔录音，事后再整理为笔记。

访谈记录，无论是当场记录还是事后追记，在内容上都要抓住几点：

（1）记要点，即主要事实、主要过程、主要经验或教训、主要观点和建议等。

（2）记特点，即具有特色的事件、情节、语言、表情等，特别要注意捕捉那些带有思想“火花”的独特语言。

（3）记疑点，为了不打断对方的思路和回答，应把各种有疑问的地方记下来，留待后面追询或调查。

（4）记易忘点，如人名、地名、组织名称、时间以及各种数据等。

（5）记感受点，即把自己的主要感受和“闪光”思想及时记下来，以免时过境迁遗忘了。

上述几点，既包括言语信息，又包括各种非言语信息。只有这样的记录，才是真实、全面、具体、生动的记录，才是最有效的记录。

为了提高记录的可靠性、准确性，同时也为了消除受访者的疑虑，在访谈结束前最好将访谈记录的主要内容，特别是那些容易发生差错的部分念给受访者听，请他复核、更正或补充。在访谈结束后，应尽快整理访谈记录，根据记忆及时发现和解决错记、漏记等问题，并对记录中所使用的符号、缩写做出解释或说明。

六、对无回答的处置

（一）对于不在家的访谈对象的处理

对于不在家的人，一般有四种处置方法：一是进行三次及以上的复访，向邻居或熟人了解他们什么时候回家，然后去做补充调查，直到找到他们为止。二是在条件许可的情况下，追踪到他们所去的地方做访谈。三是可找某些熟悉访谈对象的情况的人，代为回答某些事实（如家庭人口、年龄、性别、文化程度、婚姻状况等）、行为（如从事的职业、生活习惯、外出活动的时间和地点等）方面的问题，但不能代为回答观念、情感、意见等方面的问题。在这三种做法都行不通而调查工作又不允许拖延的情况下，则可采取第四种方法，即用备用访谈对象代替或者放弃。

（二）对于拒绝回答的访谈对象的处理

对于不合作者，首先应认真研究不合作的原因，然后对症下药。根据实践经验，不合作者大体有六种情况，其处置方法应各不相同。

（1）认识问题。有的人认为调查主题无聊、与己无关，不感兴趣；有的人认为调查不解决问题，不愿白费时间。对这种人，应着重帮助他们认识调查的目的、意义和与他们的关系，并用通过调查解决问题的实例来增强他们对调查的信心。

（2）利害问题。有的人怕补交税费、减少转移性收入等；有的人怕露富，带来麻烦；有的人怕得罪别人，引起不良后果。对这类人，主要应宣传有关法律法规，并说明调查工作的保密原则和决不伤害受访者利益的原则，使其消除顾虑。

（3）时间或情绪问题。有的人工作、家务太忙，怕耽误时间；有的人遇到了困难、挫折，没有心情回答问题。对这种人，首先应体谅他们的困难，然后再与对方商定在他们方便的时候另做访谈。如果能够采取措施帮助对方缓解或克服困难，那么不合作者就有可能转变为访谈调查的积极合作者。

（4）信任问题。有的人认为访谈者人微言轻，不相信访谈者调查或解决问题的能力；或者是访谈者同与受访者对立的人过于亲密，受访者认为访谈者已经有了偏见；或者是访谈者的行为不够检点，触犯了当地的某些禁忌，引起了受访者的反感；或者是受访者以前有过不愉快的受访经历，因此不愿回答问题。在这些情况下，访谈者应着重改进自己的工作，用实际行动来证明自己的能力，证明自己的客观、公正和正派，即使有了错误也能及时改正。

（5）社会态度问题。有极少数受访者对国家、对社会、对单位有成见、有抵触，因而对许多社会问题非常冷淡甚至反感。对于这种人，或者是采取“一把钥匙开一把锁”的办法做思想工作；或者是从侧面了解情况，请熟悉的人代答某些能够回答的事实、行为方面的问题；或者是用备用访谈对象代替。

（6）错罪问题。有的受访者犯有错误或罪行，因而做贼心虚，害怕回答问题。对于这种人，除了做思想工作和从侧面了解情况外，可考虑请有关部门人员协助调查。在证据确凿的前提下，还可采取一些法律允许范围内的特殊办法询问有关问题。

总之，不到万不得已，决不轻易更改原定访谈对象。

第四节 集体访谈法及其实施

集体访谈法是访谈调查法的扩展和延伸。它是一种传统的调查方法，在现代社会仍有广泛用途。

一、集体访谈法的概念和功能

（一）集体访谈法的概念及其特点

集体访谈法，即开调查会，就是访谈者邀请若干受访者，通过集体座谈方式了解社会情况或研究社会问题的方法。

集体访谈法同个别访谈法一样，都是访谈者与受访者面对面的直接调查，都是双向互动式调查，都是需要一定访谈技巧的有控制的调查。集体访谈法与个别访谈法的区别在于：集体访谈法不是一个一个地访谈受访者，而是同时访谈若干个受访者；不是通过与个别受访者的单独交谈来进行调查，而是通过与若干受访者的集体座谈来进行调查。因此，集体访谈过程，不仅是访谈者与受访者之间互相影响、互相作用的过程，而且是若干个受访者之间互相影响、互相作用的过程。

集体访谈法是比访谈调查法更高一个层次的调查方法，也是一种更复杂、更难掌握的调查方法。

（二）集体访谈法的功能

与个别访谈相比较，集体访谈具有一些特殊功能。

一是有利于更全面、更准确地搜集信息。集体访谈法是访谈者与受访者之间、受访者与受访者之间的多层次互动与交流，受访者可以相互启发、相互补充、相互核对、相互修正，因而访谈者能获得更广泛、更全面、更完整、更准确的信息。

二是有利于更客观、更深入地探讨问题。与个别访谈法相比较，集体访谈法可以调动众多参与者共同研究、探讨问题。访谈者通过与众多受访者的充分对话和交流，可以形成自己对调研问题的理论假设，可以思考调研工作的方案，可以探讨问题的形成原因及解决途径。

三是有利于共同建构新观点、新知识。集体访谈可以增进访谈者和受访者之间的相互了解，有利于弥补双方的知识缺陷，使双方互相启发、互相碰撞，激发创造力和想象力，形成新观点。

二、集体访谈的实施

集体访谈要取得成功，必须做好集体访谈前的准备，必须正确指导和有效控制访谈过程，并及时做好访谈后的各项工作。

（一）集体访谈前的准备

由于集体访谈参与人员较多，召集不易，时间宝贵，因此一定要做好各项准备工作。

（1）明确主题。集体访谈的主题要简明、集中。明确主题，是做好集体访谈的首要前提。

（2）准备调查纲目。在集体访谈前，访谈者应根据会议主题拟出调查纲目。调查纲目的内容，一般应该包括三个方面的内容：一是解释集体访谈的规则，提出讨论对象；二是列出需要讨论的具体问题；三是总结讨论的重要结论。拟定调查纲目，是做好集体访谈的必要条件。

（3）确定会议规模。集体访谈的会议规模，主要取决于访谈内容的需要和访谈者驾驭会议的能力。一般来说，以了解情况为主的集体访谈、综合性集体访谈、各抒己见式集体访谈，规模可适当大一些；以研究问题为主的集体访谈、专题性集体访谈，规模应适当小一些。从实际经验看，集体访谈的会议规模一般以5～7人为宜。

（4）物色到会人员。正确物色到会人员，是做好集体访谈的基础。一般来说，到会人员应该是有代表性的人、了解情况的人、敢于发表意见的人、互相信任的人、有共同语言的人。具体来说，以了解情况为主的集体访谈，要注意物色那些与调查内容直接相关的当事人、主管人和知情人参加会议；以研究问题为主的集体访谈，则应着重物色那些对调查课题有实践经验的人、有理论研究的人、有独特见解的人、有不同观点的人参加会议。

（5）选好会议场所和时间。会议地点应该交通比较方便，会场环境应当封闭、安静。会议时间应该使多数受访者感到适合，应该留出比较充裕的时间，让受访者做好参会的思想准备和材料准备。

（6）做好技术准备。在必要和可能的条件下，要做好摄像、录音、录像等技术方面的准备。

（二）集体访谈过程的指导和控制

集体访谈的访谈者对集体访谈过程的正确指导和有效控制，是做好集体访谈的关键。对集体访谈过程的指导和控制，应注意以下几个问题。

（1）打破短暂沉默。集体访谈一开始，往往会出现一个短暂沉默期。为了打破沉默，访谈者在会议开始时就应简明扼要地说明会议的目的、意义、内容和要求，并对与会人员基本情况做些简要介绍，以减少受访者的疑虑和陌生感。如果会前已物色好带头发言人，访谈者讲完后就可请他率先发言，这样就能缩短或消除会议初期的短暂沉默。

（2）创造良好气氛。许多集体访谈非常沉闷，有的是一个一个轮流发言，有的是开成了一问一答的“问答会”，这都不利于受访者充分发表意见。为了创造良好气氛，访谈者在会议初期应做一些简短插话或解释，以消除受访者的种种疑虑，鼓励他们大胆发表意见；有时可简介一些背景情况，提高受访者对有关问题的认识和兴趣；有时可引导受访者互相补充、互相启发、互相对话、互相争论，努力使集体访谈形成一种互相信任、友好合作、自由切磋、民主探讨的气氛。

（3）开展平等、民主对话。要做深入的讨论式集体访谈，访谈者不仅要善于发现问题、提出问题，组织不同观点之间展开争论，而且必须坚持平等、民主原则。在讨论过程中，访谈者应尊重和保护每一个受访者的发言权利，鼓励他们畅所欲言，讲真话、讲心里话，避免形成少数人垄断会场、多数人"开陪会"，或者是会议倾向"一边倒"、少数人的意见无法发表的局面。要注意保护少数，尽可能减少他们的孤立感或压抑感。

（4）把握访谈的主题。许多集体访谈一旦展开热烈讨论，就像脱缰的野马，致使讨论中心漫无边际地转移。这时，访谈者决不可给访谈泼冷水，更不可简单、生硬地制止受访者发言，而应紧紧把握访谈的主题，或因势利导，把受访者的兴奋中心引向访谈的主题，或另辟蹊径，围绕调查主题提出新的问题，形成新的讨论中心。总之，要及时引导和控制访谈的方向，使它始终围绕着调查主题展开讨论。

（5）做一个谦逊、客观的访谈者。在集体访谈中，访谈者要注意说话简短，切忌做长篇大论的发言；要认真听取受访者反映的各种情况和意见，不轻易表示肯定或否定态度；要客观对待受访者之间的争论，一般不应表达自己的看法或倾向。只有这样，才能使受访者有充分的发言机会，才能避免对受访者的倾向产生人为影响，才能鼓励各种不同观点展开平等争论。

（6）做好受访者之间的协调工作。在集体访谈中，受访者之间常会产生一些矛盾或分歧。例如，受访者之间可能由于客观地位差异而形成分歧，可能由于思维方式不同而产生争论，可能由于性格相异而出现隔阂，可能由于互不信任而无法真诚、坦率讨论，等等。在出现这些情况时，访谈者应妥善做好引导和协调工作，以保证集体访谈顺利进行。

（7）做好会议记录。集体访谈可以派专人做记录，但最好是由访谈者亲自口问手记。因为访谈者在听取发言时，做记录或不做记录、快记或慢记、详记或略记，给受访者的信息是不一样的。这就是说，做记录不仅是为了记录下发言内容，而且是指导和控制会议的一种方式，它有时能起到言语信息所不能起的重要作用。

（8）及时结束访谈。集体访谈一般控制在 2～3 小时。如果达到了预期目的，或发现"打横炮"等特殊情况，就应及时结束访谈。访谈结束时，访谈者应对访谈做一简短小结，并对受访者的合作表示感谢。如果还需继续开会或做个别访谈，访谈者应做具体的交代或安排。

（三）集体访谈后的工作

每次集体访谈后都应及时做好后续工作。

（1）及时整理访谈记录。看看记录是否完整、准确，追记当场没有记录下来的情况，注释或说明当场简记的内容，同时审查记录的情况是否真实、全面，是否有代表性，还有哪些遗漏或错误之处需要补充或更正。

（2）回顾和研究访谈的情况。想想访谈进程是否正常，分析每位受访者的态度、表现及其原因，研究访谈争论的焦点和性质，并对集体访谈结果做出实事求是的评价，以便及时发现其中的疑点、难点和尚需深入探讨的问题。

（3）查证有关事实和数据。在集体访谈中收集到的口头信息往往不具体、不精确，有时还会出现一些明显的矛盾。因此，会后对一些关键事实、重要数据应进一步查证落实，力求使调查材料更真实、更具体、更准确。

（4）做必要的补充调查。凡是集体访谈中遗漏了的问题，搞错了的事实和数据，发现的新情况、新问题、新线索，都应该采取适当方式做补充调查。特别是那些在集体访谈过程中有顾虑的人，没有讲话、没有讲完话或没有讲真话的人，以及那些接受了邀请但没有出席访谈的人、应该邀请而没有邀请的人，都应成为补充调查的重点。

总之，及时做好集体访谈后的各项工作，对于巩固和发展集体访谈成果具有重要意义。

本章要点

1. 访谈调查法，就是访谈者有目的地通过口头交谈等方式直接向受访者了解社会情况或探讨社会问题的调查方法。

2. 按照不同标准，访谈调查可分为标准化访谈和非标准化访谈、直接访谈和间接访谈、浅度访谈和深度访谈等种类。

3. 访谈过程大体上可分为接近受访者、提出问题、听取回答、引导和追询、结束访谈等几个环节。

4. 访谈过程中提出的问题可分为两大类：一类是实质性问题，包括事实方面的问题、行为方面的问题、观念方面的问题、感情和态度方面的问题等；一类是功能性问题，包括接触性问题、试探性问题、过渡性问题、检验性问题等。

5. 听有三个层次，即表面的听、消极的听和有效的听。要做到有效地听，就要排除听的障碍，要有正确的态度，要提高记忆能力，要善于做出反应。

6. 实施访谈调查应该做好访谈前的准备、建立良好的人际关系、避免讨论型和评价型回应、重视非言语语言交流、做好访谈记录，妥善处置无回答问题。

7. 访谈记录，无论是当场记录还是事后追记，在内容上都要抓住几点，即记要点、记特点、记疑点、记易忘点、记感受点。

8. 集体访谈法，即开调查会，就是访谈者邀请若干受访者，通过集体座谈方式了解社会情况或研究社会问题的方法。

基本概念

访谈调查法　标准化访谈　非标准化访谈　直接访谈　间接访谈　非言语语言

思考与练习

1. 什么是访谈调查法？为什么说访谈调查是访谈者与受访者之间的双向互动调查？

2. 访谈过程有哪些环节？应该掌握哪些技巧？

3. 提问有哪些种类？应该怎样把握提问的方式和语言？

4. 倾听有哪些层次和步骤？怎样才能做到有效地听？

5. 什么是引导和追询？如何引导和追询？

6. 什么是非言语语言？如何看待访谈过程中的言语语言信息与非言语语言信息？

7. 集体访谈法有哪些种类？实施集体访谈应该注意哪些问题？

8. 作为学术研究方法的访谈与新闻访谈（如《焦点访谈》《今日说法》等）有什么区别？

9. 做一项关于大学教师知识观现状的深度访谈，请列一份访谈提纲。

推荐阅读书目

1. 毛泽东．《农村调查》的序言和跋//毛泽东．毛泽东选集：第 3 卷．北京：人民出版社，1991.

2. 塞德曼．质性研究中的访谈．重庆：重庆大学出版社，2009.

3. 陈向明．质的研究方法与社会科学研究．北京：教育科学出版社，2000.

4. 宋昭勋．非言语传播学．新版．上海：复旦大学出版社，2008.

5. 鲁豫有约：秦怡——光影人生路．(2017-03-04)[2018-12-15]. https://v.qq.com/x/cover/k6wduo3ctestyvl/q0026qu8328.html?ptag=newduba&vfm=bdvtx&frp=v.baidu.com%2Fshow_intro%2F&bl=jp_video.

第九章

问卷调查法

问卷调查法是访谈调查法的延伸和发展，也是社会调查中最为广泛使用的一种方法。

第一节
问卷调查法概述

问卷调查是标准化的、间接的、书面的调查，有其自身的特点和类型。

一、问卷调查法的概念及特点

问卷调查法也称问卷法，是调查者运用统一设计的问卷向调查对象了解情况或征询意见的调查方法。问卷调查法与访谈调查法一样，都是通过调查对象的回答来了解情况或征询意见，但是，它又有一些与访谈调查法不同的特点：

（1）问卷调查是标准化调查，即按照统一设计的有一定结构的问卷所进行的调查。访谈调查则有标准化访谈和非标准化访谈之分。

（2）问卷调查一般是间接调查，即调查者通常不是当面向调查对象提问并记录答案，而是由调查对象自己填答问卷。访谈调查则一般是访谈者与受访者面对面的直接调查。

（3）问卷调查一般是书面调查，即调查者借助问卷来提出问题，调查对象通过填写问卷来回答问题。访谈调查则主要是通过交谈方式进行的口头调查。

（4）问卷调查一般是定量调查，调查的主要目的是通过样本统计量来推断调查总体。访谈调查一般是定性调查，因而通常不存在从数量上推断调查总体的问题。

（5）问卷调查一般是抽样调查，调查对象大都通过随机抽样方法选取，而且调查对象较多，否则就没有统计价值。访谈调查的调查对象一般不通过随机抽样选取，而且数量较少。

问卷调查用途十分广泛，既可用于描述性调查、因果性调查和预测性调查，又可用于对策性、检验性、评估性研究。目前在各个领域，问卷调查的使用已越来越普遍。

二、问卷调查法的种类

问卷调查按照问卷填答者的不同，可分为在自填式问卷调查和代填式问卷调查。在自填式问卷调查中，按照问卷传递方式的不同，可分为报刊问卷调查、邮政（快递）问卷调查、网络问卷调查和送发问卷调查；在代填式问卷调查中，按照与调查对象的交谈方式的不同，可分为访问问卷调查和电话问卷调查。

（一）报刊问卷调查

报刊问卷调查，就是调查者随报刊分发问卷，请读者对问卷做书面回答，然后按规定时间通过邮局把问卷寄回给调查者。报刊问卷调查以读者为调查对象，有稳定的传递渠道，分布面广，回答质量较高，能节省费用和时间，适用范围较广。它的缺点是调查对象代表性差（非读者意见无法反映），回复率低（往往不足10%），对影响回答的因素无法了解、控制和分析，而且有可能出现虚假现象。

（二）邮政（快递）问卷调查

邮政（快递）问卷调查，就是调查者通过邮局（快递公司）向特定调查对象寄发问卷，请调查对象按照规定的要求和时间填答问卷，然后再通过邮局（快递公司）将问卷寄回给调查者。邮政（快递）问卷调查分布面广，不受地域限制，有利于控制问卷调查的范围和对象，提高调查对象的代表性，回答质量较高，比较节省时间。但是，它同样存在回复率低、无法了解和控制回答环境、难以判断回复者的代表性和影响回答的因素等缺点，而且费用较高。

（三）网络问卷调查

网络问卷调查，就是利用互联网上的网站或手机发布调查问卷和回收调查结果。它的问卷设计灵活、多样、新颖、丰富（可增添视频等），具有简单方便、辐射广泛、成本低廉、调查周期短等优点。它的主要缺点是，不能编制抽样框，不能推断总体，无法了解回答者的具体情况，无法判断回答的真实性和可靠性，无法反映非网民的情况和意见。

（四）送发问卷调查

送发问卷调查，就是调查者派人将问卷送给选定的调查对象，待调查对象填答后再派人回收调查问卷。这种方法一般只适用于有组织的集体调查对象，如一个单位、部门或社区的成员，一个会议的参加者，等等。它的最大优点是回复率高，回收时间集中，节省费用，而且有利于对调查对象做某些口头说明或解释。它的缺点是调查对象过于集中，调查范围比较狭窄，回答质量可能不高，调查对象往往互相询问、互相影响，回答结果容易失真。

（五）访问问卷调查

访问问卷调查，就是调查者按照统一设计的问卷向调查对象当面提出问题，然后由调查者根据调查对象的口头回答来填写问卷。它的优点是，有利于选择调查对象和控制访问过程，有利于灵活运用各种访问技巧，有利于对回答结果做出分析和评价，而且回复率和有效率高。但是，访问问卷调查费用高、效率低，只适用于较小范围的调查，而且访问调查的质量往往因人而异、差别很大。此外，有些问题不宜于当面询问。

（六）电话问卷调查

电话问卷调查，就是调查者通过电话，按照统一设计的问卷向选定的调查对象提出问题，然后由调查者根据调查对象的电话回答来填写问卷。它的优点是有利于选择调查对象和运用各种访问技巧，效率较高，投入人力较少。但是，电话号码簿往往不全面或不适用，科学界定调查总体和抽取样本比较困难，而且回复率、有效率较低（调查对象往往轻易挂断电话或草率回答问题），费用较高，无法了解非电话用户的情况和意见。

不同种类问卷调查方法的利弊，可简略概括如表 9-1。

表 9-1　　不同种类问卷调查方法的利弊

项目	自填式问卷调查				代填式问卷调查	
	报刊问卷调查	邮政（快递）问卷调查	网络问卷调查	送发问卷调查	访问问卷调查	电话问卷调查
调查范围	较广	较广	很广	较窄	窄	可广可窄

续前表

项目	自填式问卷调查				代填式问卷调查	
	报刊问卷调查	邮政（快递）问卷调查	网络问卷调查	送发问卷调查	访问问卷调查	电话问卷调查
调查对象	有一定控制和选择，但代表性难以估计	有一定控制和选择，但代表性难以估计	无法控制和选择，代表性较差	可控制和选择，但过于集中，代表性较差	可控制和选择，代表性可能较强	有一定控制和选择，代表性可能较强
影响回答的因素	无法了解、控制和判断	无法了解、控制和判断	无法了解、控制和判断	有一定了解、控制和判断	便于了解、控制和判断	不太好了解、控制和判断
回复率	很低	较低	无法计算	较高	高	不稳定
回答质量	较高	较高	难以判断	较低	不稳定	不稳定
调查人员	较少	较少	很少	较少	多	较多
调查费用	较低	较高	很低	较低	高	较高
调查时间	较长	较长	较短	短	短	较短

另外，还可根据问卷调查的性质、内容或应用领域，将其划分为：行政性问卷调查、学术性问卷调查、应用性问卷调查，生活状况问卷调查、社会问题问卷调查、市场问卷调查、民意问卷调查、家庭问卷调查、个人问卷调查，等等。

三、对问卷调查法的评价

（一）问卷调查法的优点

1. 突破时空限制

问卷调查法的最大优点是能突破时空限制，在广阔范围内对众多调查对象同时进行调查。

2. 便于定量研究

由于问卷中的问题是经过概念和变量操作化处理后编制出来的，因此，能很方便地把调查结果转化为数据，并使用计算机进行定量分析。

3. 信度和效度高

调查的操作过程严格规范，可以避免偏见，减少误差。

4. 适用性强

问卷调查适用于大规模调查、敏感性问题调查，可以满足多种不同目的的研究需要，具有较强的适用性。

5. 省时、省力、省钱

尽管问卷调查的调查费用也比较高，但相比于实地观察、访谈调查，还是以较少的投入快速、高效地获取最多社会信息的调查方法。

（二）问卷调查法的缺点

1. 书面信息

问卷调查法是一种书面调查方法，只能获得书面信息，而不能了解到生动、具体的社会情况。

2. 情况难明

调查者一般难以了解调查对象是认真填写还是随便敷衍、任意打钩画圈，是自己填答还是请人代劳；调查对象若对问题不理解、对回答方式不清楚等，且无法得到具体的指导和说明，就将影响回答的质量。因此调查者对回答质量难以做出正确判断。

3. 缺乏弹性

调查问卷的设计是统一的、标准化的，调查所询问的问题和封闭型回答方式的答案都是固定的，没有伸缩余地，很难适应复杂多变的实际情况，很难对问题做深入探讨和定性研究。

4. 易于失真

对被询问的问题，人们往往按理想或主流观点回答，行动却为现实所左右。

5. 其他问题

自填式问卷调查的回复率和有效率一般较低，对无回答的研究比较困难；问卷调查只适用于有一定文字理解能力和表达能力的调查对象，而不适用于文盲和半文盲；等等。

第二节 问卷结构及其设计

问卷是问卷调查中用于搜集资料的工具。问卷的设计，在很大程度上决定着问卷调查的回答质量、回复率、有效率，乃至整个调查工作的成败。因此，科学设计问卷，在问卷调查中具有关键性意义。

一、问卷的一般结构

问卷一般由卷首语、问题和回答方式、编码与其他资料四个部分组成。

（一）卷首语

卷首语是问卷调查的自我介绍信。卷首语一般应该包括以下内容：

（1）调查的主办方和调查人员身份；

（2）调查的目的、意义，调查的主要内容；

（3）选择调查对象的途径和方法；

（4）填答问卷的方法和应该注意的问题；

（5）调查结果的保密措施；

（6）调查单位的名称、时间、联系人和联系方式；

（7）感谢语。

卷首语的语气要谦虚、诚恳、平易近人，文字要简明、通俗、有可读性，对填答方式的说明要具体，一般应放在问卷第一页或第一页上部。下面就是一份问卷的卷首语：

> 尊敬的先生/女士：
>
> 您好！
>
> 我们是市民生活质量课题组成员，今天来了解您家 2017 年的生活情况，目的是研究市民生活质量状况存在哪些问题、有哪些建议，为政府制定有关政策提供依据。按照随机原则，在居委会抽样时，您家被抽选为调查对象。这次调查不记名，对您的回答将严格保密，调查数据只用于统计分析，而不单独使用，不会给您带来任何麻烦。填答时，请选择符合您家情况或您看法的答案，在旁边的方框（□）内或横线（________）上画“√”，或填写有关文字。希望您能如实反映情况，坦率表达看法和建议，共同做好这次调查工作。
>
> 谢谢合作！
>
> 联系电话：××××××××

E-mail：××××××@×××××××××

联系人：×××、×××

市民生活质量课题组

2017 年 12 月

对于某些相对稳定的网络调查问卷来说，由于调查单位、联系方式等都是公开的、稳定的，因而卷首语可大大简化。

（二）问题和回答方式

这是问卷的主体部分，一般包括调查所要询问的问题、回答问题的答项和方式，以及对回答方式的说明等。具体内容将在后面论述。

（三）编码

编码就是把问卷中询问的问题和调查对象回答的答项，转变为英文字母和数字，以便录入电子计算机并对有关数据进行处理。有关内容将在后面论述。

（四）其他资料

其他资料包括问卷名称，调查对象的地址、单位和问卷编号，访问开始时间（上述几项一般设计在问卷前面）；访问结束时间，访问完成情况，访问员、审核员、录入员姓名以及他们的看法或意见等（上述几项一般设计在问卷后面）。这些资料，是审核和分析问卷的重要依据，应该认真填写。

二、设计问卷的原则

要设计一份科学、实用的高质量调查问卷，应该掌握如下几条原则。

（一）目的性原则

问卷必须围绕调查目的和研究主题设计询问的问题。调查目的是问卷设计工作的灵魂，决定着问卷的内容和形式。如果是描述性调查，设计的问题就应围绕调查对象的基本情况来展开；如果是因果性调查，设计的问题就应该包括因果两方面的社会指标，必须紧紧围绕研究假设和变量进行设计，否则无法达到调查目的、无法证实或证伪研究假设。

(二) 客观性原则

问卷设计的问题必须符合调查对象的客观情况。例如，在 2013 年调查居民拥有耐用消费品的情况，如果仅仅设计手表、自行车、缝纫机等老“几大件”，就大大落后于实际；如果设计高级别墅、豪华轿车、现代游艇等项目，又超过了现实可能。

(三) 简明性原则

问卷的设计要做到简明扼要，设计出与调查主题相对称的、“少”而“精”的简明问卷。这里的“少”是指在获得必要资料的前提下，问卷中包含的问题越少越好。问题过少、覆盖面过窄，当然无法说明调查主题。但如果调查问题过多、覆盖面过宽，则既增加工作量，提高调查成本，又因为填写问卷需要花费的时间过长，容易使调查对象产生畏难情绪，以致勉强作答、应付了事，甚至产生反感，降低回复率、有效率和回答质量。目前，设计问题过多是一个相当普遍的现象。这里的“精”是指问题的质量高，具体体现为问卷中问题含义明确、概念具体、答案恰当、形式简单、语言通俗易懂，具有较高的信度和效度。因为信度决定了问卷调查结果反映调查对象实际情况的可靠性或稳定性，而效度决定了问卷调查结果的恰当、准确和有效的程度。

(四) 适应性原则

设计问卷时不能只把注意力集中在编制什么样的问题上，还要多为调查对象着想，问题的提问方式和概念的操作化不仅要符合理论上的规定，还要符合经验事实，适应调查对象回答问题的能力。设计问卷时要以调查对象的需要为出发点，切实考虑其能力和心理等方面的特点，问卷形式不能复杂、问题本身不能抽象、所用语言不能专业，尽量避免给调查对象造成任何压力，尽量减少困难和麻烦。凡是调查对象难以理解、记忆、计算、回答的问题，都不应该提出。例如，在问卷中出现的“您的价值观是什么?”“您做了多少件好事?”这类问题，调查对象即使勉强回答了，也不太可能正确反映真实情况。

（五）针对性原则

问卷设计必须根据不同调查对象的特点，设计出适合不同社会背景、文化程度和理解能力的调查对象填答的问卷，并针对调查对象可能出现的答题障碍，给予必要的提示，以保证问卷调查的顺利进行。凡调查对象不可能自愿真实回答的问题，特别是那些隐私性、敏感性、威胁性问题，都不应该正面提出。例如："您走私过几次?""您是否有吸食毒品的历史?""您家偷漏税过吗?"对于这类问题，调查对象一般不可能做出真实回答，因而一般都不宜正面提出。

三、设计问卷的步骤

设计调查问卷，一般应该遵循下述步骤。

（一）做好准备工作

一是确定问卷纲要，即根据调查主题、目的和研究假设，起草一份问卷纲要，它是设计调查问卷的指导思想。二是了解基本情况，即通过多种途径了解调查对象的基本情况，如进行初步的非结构式访谈和观察，围绕研究主题，亲自与各类调查对象进行自然、融洽的交流，从中观察他们的行为，了解他们的想法。这是设计调查问卷的客观依据。三是研究相关问卷，即搜集、研究前人使用过的相关问卷，它是设计调查问卷的参考资料。

（二）设计问卷初稿

通常采用两种方法：一是卡片法。首先，设计出一批问题，每个问题写一张卡片；然后，对卡片进行分类、排序，形成有一定逻辑结构的问卷雏形；最后，将调整后的卡片记录下来，完成问卷初稿。二是框图法。首先，根据研究假设画出问卷各部分的框架图；然后，按照框架图设计每一部分需要询问的社会指标、调查指标及答项；最后，将检查、调整、修改、补充后的结果打印成问卷初稿。这两种方法的设计程序相反。前者是从个别即具体问题开始，到部分，最后到整体；后者是从整体到部分，最后到具体问题。它们各有优点和缺点，在实践中可根据调查目的、问卷内容、设计者的思维习惯做出选择或结合使用。

（三）评审和试调查

问卷初稿设计好后，一般都应该经过主观评审和客观调查的检验。所谓主观评审，就是将设计出来的问卷初稿（一般 5～10 份），委托给相关领域的专家、有实践经验的工作人员以及有代表性的调查对象进行评审，请他们提出批评、修改、补充意见。所谓客观调查，就是将设计出来的问卷初稿，发放给某些有代表性的调查对象进行试调查，并从中发现问题。具体检查和分析的内容包括回收率、有效回收率、填答错误和填答完整程度等方面。如果回收率过低，就要考虑整份问卷的总体结构是否合理；如果填答内容的错误多，就要看看提问是否明确具体，用语是否清晰准确；如果填答方式错误较多，就要检查问题形式是否过于复杂，指导语是否不明确；如果问卷中某几个问题普遍未得到回答，就要准备重新设计。

（四）修改和定稿

只有根据主观评审意见和客观调查检验出来的问题，对问卷进行修改和补充，形成较为完善的调查问卷后，才能最后定稿。只有经过试调查检验和修改、完善后的问卷，才能送去印刷，并在调查中使用。

第三节 问卷主体的设计

问卷的设计水平主要体现在问卷主体的设计上，它对于问卷调查的成败具有关键性作用。问卷的主体，主要包括两个部分：询问的问题和回答的方式。

一、问题的种类和结构

调查所要询问的问题，是问卷的主要内容。要科学设计调查问卷，必须弄清楚问题的种类和结构等问题。

（一）问题的种类

问卷中要询问的问题，大体上可分为四类。

1. 背景性问题

背景性问题主要用于询问调查对象个人的基本情况，如性别、年龄、民族、文化程度、婚姻情况、行业、职业、职务或职称、收入、宗教信仰、党派团体等；有时还包括调查对象家庭的某些情况，如家庭人口、类型、收入等。它们是对问卷进行分析研究的重要依据。

2. 客观性问题

客观性问题是指调查对象个人（或家庭）基本情况之外的、已经发生和正在发生的事实或行为方面的问题。如“您家住宅面积有多少平方米”“您使用的轿车是什么牌子”等，都是事实方面的问题；如“您现在主要从事什么职业活动”“您今年外出旅游到了哪些地方”等，都是行为方面的问题。

3. 主观性问题

主观性问题是指调查对象的思想、感情、态度、愿望等主观世界方面的问题。如：“您对医疗改革有何看法?”“您认为贫富差距扩大是改革过程中不可避免的现象吗?”“您希望自己的孩子将来从事什么职业?”

4. 检验性问题

检验性问题是指为检验回答是否真实、准确而设计的问题。如在问卷前面先问：“您今年多少岁?”在问卷后面又问：“您哪年结婚?”“当时多少岁?”又如，先问收入、后问支出，或先问支出、后问收入，等等。这类问题，一般安排在问卷的不同位置，通过互相检验来判断回答的真实性和准确性。

在上述四类问题中，背景性问题是任何问卷都不可缺少的。因为，背景情况是对调查对象加以分类和进行对比研究的重要依据，往往作为分析中的自变量。其他三类问题，则依调查目的、内容而定。例如，人口调查主要涉及客观性问题，民意测验主要涉及主观性问题，一些比较复杂的调查问卷（特别是经济调查问卷），才需要设计检验性问题。

（二）问题的结构

问题的结构，就是问题的排列组合方式。为了便于调查对象回答问题，也为了便于调查者整理、分析调查资料，设计的问题一般可采取以下几种排列组合方式。

1. 按问题性质或类别排列

一般来说，应该把性质或类别相同的问题安排在一起。例如，把背景方面的问题放在问卷前面或后面，把经济方面的问题、生活方面的问题、家庭方面的问题等相对集中地放在一起。这样，就便于调查对象按照问题类别先回答一类问题，再回答另一类问题，而不致让他们回答问题时思维经常跳跃。

2. 按问题时间顺序排列

一般来说，应该根据调查事物的过去、现在、将来的历史顺序排列问题，也可以反过来，先问当前的有关问题，再由近及远地追溯过去的情况。但是，无论是由远到近还是由近及远，问题的排列在时间顺序上都应该有连续性、渐进性，而不应该来回跳跃，以免打乱调查对象回答问题的思路。

3. 按问题复杂程度或敏感程度排列

一般来说，应该先易后难，由浅入深；先问客观事实方面的问题，后问主观状况方面的问题；先问一般性问题，后问特殊性问题。特别是敏感性强、威胁性大的问题，一般应安排在问卷后面。这样，有利于增强调查对象回答问题的信心，有利于把回答逐步引向深入，而不致一开头就把他们难住，使之产生畏难和排斥情绪。

总之，问题的排列，一般应该有逻辑性，但在特殊情况下，也不排除对某些问题做非逻辑安排。此外，检验性问题也应分别设计在问卷的不同部位，否则难以起到检验的作用。

二、问题的表述

在自填式问卷调查中，调查对象只能根据书面问卷来理解问题和回答问题，因此，问题的表述就成为问卷设计的重点和难点。

（一）表述问题的要求

1. 具体性

即问题的内容要具体，要避免抽象和笼统。例如，对于“生活质量”“社会风气”这样一些抽象、笼统的问题，人们的看法往往很不相同。在没有明确操作定义的情况下，调查对象是无法回答的，即使勉强回答了，也无法进行科学分析。应当改为：“与2010年相比较，您家生活质量有显著提高吗?”“您所在社区的社会风气好吗?”

2. 单一性

即问题的内容要单一，不要把两个或两个以上问题合在一起提。例如：“您父母支持您到基层工作吗?”“你们单位的职工经常读报吗?”对于这类复合问题，调查对象是无法准确回答的。因为，对子女志愿到基层工作，其父母的态度可能不一样；一个单位的职工，有的经常读报，有的偶尔读报，有的从不读报。这样，对上述复合问题的任何回答，都可以说是对的，也可以说是错的。

3. 通俗性

即问题的表述要通俗，尽量使用大众化语言，不要使用调查对象感到陌生的语言、概念，更不要使用专业术语。例如，对一般居民就不宜问“您家有几位育龄妇女?”“您家的消费结构怎样?”等问题。因为，一般调查对象不可能准确理解“育龄妇女”“消费结构”等专业术语的含义。

4. 准确性

即表述问题的语言要准确，不要使用模棱两可、含混不清或容易产生歧义的语言或概念。例如，应该避免使用“也许”“好像”“可能”这些模棱两可的词语。对“经常”“有时”“偶尔”这些含混不清的词语应做具体说明，如“经常”指每周一次或更多，“有时”指每月一至二次，“偶尔”指每季一次或更少，等等。对于“先进企业”“落后单位”“收入”这些容易产生歧义的概念，都应该设计出明确的操作定义。

5. 简明性

即表述问题的语言应该尽可能简短、明确，而不要冗长、啰唆。实践证明，简短、明确的问题，回答率和有效率一般都较高；冗长、啰唆的问题，调查对象很难抓住要点，不仅回答率、有效率大幅下降，而且往往出现答非所问的情况。

6. 客观性

即表述问题的态度要客观，不要有诱导性或倾向性语言。例如：“您喜欢教师这一受人尊敬的职业吗?”“多数青年人认为‘没有爱情的婚姻应该离婚’，您同意吗?”这种表述方式，包含了明显的倾向性或诱导性，调查对象往往在趋同心理支配下做出肯定回答，但这回答不一定是自己的真实看法。另外，在问题的表述中要避免出现那些有权威的、享有盛誉的人或机构的名称，更不要直接引用其原话。例如：“孔子说‘己所不欲，勿施于人’，您认为对吗?”“党中央号召‘创建节约型社会’，您赞成吗?”对于这类问题，调查对象一般都很难做出否定的回答。

7. 肯定性

即要避免使用否定形式表述问题。由于人们一般都习惯于用肯定形式提出问题和回答问题，因而用否定形式表述问题往往会造成一些误解。例如：“您是否赞成在公共场合不抽烟?”回答“是”的人，很可能是不反对在公共场合抽烟的人；回答“否”的人，则可能是反对在公共场合抽烟的人。如果改为：“您是否赞成在公共场合禁烟?”大概就不会产生上述误解了。

8. 委婉性

即对于涉及个人隐私、个人利害关系、社会禁忌等敏感性强的问题，在表述方式上要做些减轻敏感程度的特殊处理，以便调查对象易于面对这些问题。例如："你离过婚吗？""你和你爱人感情好吗？"等等。

（二）特殊问题的表述方式

如前所述，对于某些隐私性、敏感性、威胁性问题，在表述方式上应该做些特殊处理，使调查对象易于面对这些问题，敢于坦率做出真实回答。对这些问题的特殊处理，有以下几种方法。

1. 释疑法

即在问题前面写一段消除疑虑的文字。例如："《宪法》规定'中华人民共和国公民对于任何国家机关和国家工作人员，有提出批评和建议的权利'，您对您家所在乡政府主要负责人有何评价？"又如："对同一问题有不同看法是一种正常现象，每一个人都应该有自己的观点。您认为'没有爱情的夫妻有婚外情是可以理解的'这种看法对吗？"

2. 假定法

即用一个假言判断作为问题的前提，然后再询问调查对象的看法。例如："假如法律不禁止安乐死，您是否同意对已处于植物人状态的亲人实施安乐死？""如果对生育不加任何限制，您希望生几个孩子？"实践证明，对于这样表述的问题，调查对象一般更容易回答自己的真实想法。

3. 转移法

即把回答问题的人转移到其他人身上，然后再请调查对象对其他人的回答做出评价。例如："对于销售回扣，一些人认为利大于弊，另一些人认为弊大于利，您认为哪种意见更符合实际？""对于婚姻关系中的第三者，有些人认为不道德，有些人认为无所谓，您同意哪种看法？"

4. 模糊法

即对某些隐私问题设计出一些比较模糊的答案，以便调查对象做出真实回答。例如，个人收入是一个隐私性问题，许多人不愿明确回答。但是，如果做如下设计，调查对象就有可能做出比较符合实际的回答了。

您本人的月工资是：

①2 000 元及以下	□	②2 001～3 000 元	□
③3 001～5 000 元	□	④5 001～10 000 元	□

⑤10 001～50 000 元 □ ⑥50 001 元及以上 □

总之，问题的表述是问卷设计中一个非常重要而困难的方面。问卷设计的质量、问卷调查的效果，在很大程度上取决于问题的表述。因此，在设计问卷时，对问题的表述应该舍得下功夫，认真琢磨、反复推敲，最好是经过多次试调查检验、修改后再定稿。

三、设计答案应该注意的问题

（一）设计答案的要求

对于问题答案及其填写说明的设计，一般应满足以下几点要求。

1. 相关性

即设计的答案必须与询问的问题具有直接相关关系。例如，如果询问“领导干部应该具有哪些能力”，其答案就应该列举与领导工作相关的调查研究能力、科学决策能力、使用干部能力、协调服务能力等等，而不应该列举文艺写作能力、音乐欣赏能力、古玩鉴别能力等，因为后面几种能力与领导工作没有直接相关关系。

2. 同层性

即设计的答案必须具有相同的层次关系。例如，如果询问“您希望自己从事什么职业”，其答案就应该是国家机关、党群组织、企业、事业单位负责人，专业技术人员，办事人员和有关人员，商业、服务业人员，农、林、牧、渔、水利业生产人员，生产、运输设备操作人员及有关人员，军人，不便分类的其他从业人员等职业类别，而不应该包括清洁工、营业员等工种类别，也不应该包括粮农、菜农等种植业类别，因为“职业类别”与“工种类别”“种植业类别”是不同层次的类别。

3. 穷尽性

即设计的答案应该穷尽一切可能的答项，起码是一切主要的答项。例如，关于“婚姻状况”的答案，许多问卷只设计了“未婚”“已婚”两种答项。这样，一个结婚后又离婚的人应该怎样填写呢？填“未婚”吧，他结过婚；填“已婚”吧，他又没有配偶。显然，这个设计就违背了穷尽性要求。正确的设计应该是：未婚、已婚有配偶、丧偶、离婚、丧偶再婚、离婚再婚、分居和同居。即只有穷尽了“婚姻状况”的一切可能，才算符合了穷尽性要求。当答案过多或难以确定时，可设计几种主要答案，然后加一个“其他（请说明）________”，这样就达到穷尽性要求了。需要注意的是，如果一个问题中，选择“其他”一项的回答者比例较高，说明答案设计不恰当，有些重要的、带有普遍性的类别没有被单独列出。

4. 互斥性

即设计的答案之间不能相互重叠、相互包含或相交。例如，当询问“您的专业技术职称是什么”时，如果设计的答案是初级、中级、副高、高级，就不符合互斥性要求了，因为副高与高级不是互斥的，而是兼容的。只有设计为初级、中级、高级才符合互斥性要求。

5. 准确性

即设计的答案必须准确，有时还必须有统一的计算方法。例如，“年龄”这个指标，就有虚岁、周岁、标准岁、实岁等多种不同计算方法。虚岁是数年头，它的最大误差近两岁。如某婴儿 12 月 31 日出生，第二天元旦，占两个年份，称两岁，而实际上不过两天。周岁是算年不算月，它的最大误差近 1 岁。如某人 25 岁零 11 个月 28 天，只算 25 岁。标准岁是按某一标准时点（如 11 月 1 日 0 点）计算，此前出生算 1 岁，此后出生算 0 岁。它的最大误差为 11 个月。实岁就是按实际出生的年月计算，有几年几个月就算几岁几个月。它的误差最小（不超过 1 个月），但不便于统计。这说明，即使是“年龄”这样一个最一般的调查指标，要把答案及其填写说明设计得准确，也不是一件容易的事情。当然，对准确性的要求应该适当。对于一般社会调查来说，采用人们比较习惯和便于统计的周岁计算方法就可以了。同样，做经济调查也应根据不同的实际需要，对准确性提出不同要求。以“国内生产总值”为例，对户、村一般可以“百元”“千元”为单位，对乡镇、县市可以“万元”为单位，对省、市则可以“亿元”为单位。一旦确定了具体要求，就应力争做得准确一些。

6. 简明性

即设计的答案必须简明，而不应繁杂。一般地说，一个问题的答案不应超过 10 个，否则既不利于调查对象选择，又不利于调查者统计分析。如果客观答案超过了 10 个，就应该设计可满足绝大部分回答需要的 8～9 个主要答案，然后再设计一个概括性答案“其他（请说明）________”。这样，既符合了穷尽性要求，又达到了简明性目的。

此外，设计答案时，最好为应对意外情况留下一点余地，为调查员记录意外情况或评价留下一点空白。这样，也许能获得一些意料之外的可贵信息。

（二）相关问题的接转

在回答方式的设计中，应该特别注意相关问题（或相倚问题）的接转。一般来说，相关问题的接转有以下几种方式：

（1）用文字说明。如：

12. 您有孩子吗？

①有__________。

②无__________。（若无，请直接回答第 13 题）

A. 有几个孩子__________。

B. 现在有几个孩子与您一起生活__________。

13. 您妻子在哪里工作？

（2）分层次排列。如：

您是否在业余时间学习某种专业技术？

①是 □

为什么？______________________________。

②否 □

为什么？______________________________。

（3）用框格表示。如：

您是否曾经结过婚？

①是（　　）

②否（　　）

如果是，您第一次结婚时的年龄是____岁

（4）用线条连接。如：

您从事现在的职业已有几年？

① 2年以内 ________

② 2~5年 ________

③ 5年以上 ________

您是否有正式职业？

① 有 ________

② 无 ________

您待业已有几年？

① 1年以内 ________

② 1~2年 ________

③ 2年以上 ________

总之，对相关问题的接转要简明、清晰，使调查对象一看就懂。如果是访问问卷，则可大大简化，只要访问员能看懂就行了。

（三）问卷设计中的常见错误

在问卷设计中，调查者经常会出现以下错误。

1. 概念抽象

概念抽象往往源于对概念的操作化不到位，未能将抽象的概念转化为具体可测量的指标。例如：

从总体上看，您认为小米手机的营销策略如何？（请在合适的答案号码上打“√”）

（1）基本合理　　（2）存在一些弊端

（3）存在严重弊端　　（4）不知道

一个企业的“营销策略”并非人人皆知。作为市场营销的专业术语，“营销策略”对于普通调查对象来说是一个抽象的概念。他们往往不清楚什么是“营销策略”，以致无法做出合适的回答。因此，类似“营销策略”之类的专业术语、学术语言、行业用语等，不要出现在问卷当中。应该通过概念的操作化尽量将它们转化成具体的指标。比如对于该问题，可以从价格定位、促销方式、广告宣传等几个方面来询问调查对象，这样才显得更加明确。

2. 问题含糊不清

所谓问题含糊不清，就是提问模糊，容易导致歧义，让人不清楚、不明白。例如：“您使用哪个牌子的洗发水？”这个问题表面上有一个清楚的主题，但仔细分析会发现有很多地方含糊不清。假如调查对象使用过多个洗发水品牌，他对此可能会有四种不同的理解或回答：第一种，回答最喜欢用的洗发水品牌；第二种，回答最常用的洗发水品牌（最常用的并不一定是最喜欢用的，比如受支付能力的影响）；第三种，回答最近在用的洗发水品牌；第四种，回答此刻最先想到的洗发水品牌。另外，在使用时间上也不明确：上一次？上一周？上个月？上一年甚至更长时间以前？这些都可由调查对象随意理解，通过这样的问题显然无法收集到准确的资料。导致问题含糊不清的原因，往往是问卷设计者自身没有弄清楚为什么要提这个问题，或者是没有想好将如何对这个问题的回答进行分析。

3. 问题带有倾向性

问题带有倾向性是指提问没能做到客观性和中立性。社会调查的基本宗旨是客观、中立，不仅研究者自身应该遵循，而且必须将其贯彻于调查研究的各个环节之中。合格的问卷也应该是“中立”的，问题和答案设计不能够带有某种倾向性，否则，调查对象就有可能被诱导甚至被误导，给出不是自己真实意愿的答案。例如：

教育专家认为长时间看电视对青少年成长不利，您认为呢？（请在合适的答案号码上打“√”）

（1）不利　（2）无明显影响　（3）有利　（4）不知道

本例中问题的这种提法无疑带有明显的肯定倾向，“教育专家认为”无疑会对回答者造成一种心理压力或者说是一种心理暗示，势必形成对他们的一种诱导。如果题目改为：“您认为长时间看电视对青少年成长有什么影响？”就可以消除这种倾向性，而且与答案也更为一致。

4. 问题具有多重含义

问卷设计的基本原则是“一问一答”“有问有答”，即每一个问题只能问一个方面，如果提问中同时包含了两个甚至两个以上的方面，就会导致调查对象无法做出回答。例如：

您和您家人对目前的住房条件是否满意？（请在合适的答案号码上打“√”）

（1）不满意　（2）无所谓　（3）满意

问题询问的对象不仅是调查对象，而且包括了调查对象的家人。由于不同人在年龄、性格、职业、文化程度等方面存在差异，所以对住房条件的感受肯定有所不同。年轻人对住房条件的要求可能会高点，而年长者可能就比较容易满足于现有的住房条件。这样一来往往会造成调查对象无法回答问题，因为可能调查对象自己对住房条件感觉不满意，而其家人却基本满意，也可能相反。

5. 问题与答案不协调

在封闭式问题中，问题和答案是一个不可分割的整体，两者之间必须相互协调，密切配合。简而言之，即提什么问题，就准备什么答案，而不能出现“答非所问”的情况。例如：

您对我公司的售后服务是否满意？（请在合适的答案号码上打“√”）

（1）服务态度不好　　（2）服务不及时

（3）服务网点太少　　（4）服务很到位

提的问题是“您对我公司的售后服务是否满意”，对应的回答应该是“很不满意”“不满意”“无所谓”“满意”“很满意”等。只有问的是“您对我公司的服务还有什么意见”，才可以采用上述答案。

6. 答案设计不合理

一般研究者在进行问卷的答案设计时，会自觉遵守穷尽性与互斥性这两个基本要求，但往往会忽视另外一些答案设计中可能出现的问题，例如：

您对孩子的期望（任选两项）：

（1）学文化 （2）学技术 （3）经商 （4）做一个好人

（5）无所谓

问题的选项存在多个评价标准，答案中的“学文化”和“做一个好人”，在内容上并不处于同一层次。答案设计明显不合理。

又如：

您是否上网？

（1）经常 （2）有时 （3）很少 （4）每天都上一会儿

“经常”是表示行为频率的常用词，但究竟什么是“经常”，不同的人可能会有不同的理解。对于上网，年轻人可能认为一天 10 个小时叫作“经常”，而他们的父母可能认为一天 1 个小时就已经很“经常”了。所以，应当将提问转化为“请问您每天上网多长时间？”等等，将行为频率具体量化。

7. 表格设计中存在问题

问卷中如果设有表格式问题，那么表格的形式要正确。一般而言，问卷设计中表格约定俗成的形式是主项在左，次项在上，主项是提问，次项是答案选项，不可颠倒，否则会让人感觉不太专业。例如：

您觉得下列现象在您就读的学校中是否严重？

	迟到	早退	请假	旷课
很严重				
比较严重				
不知道				
不太严重				
不严重				

主项是问“现象”，次项是回答“严重程度”，不能颠倒。因此，“现象”应该在表格的左边，而“严重程度”应该在表格的上边。

总之，问卷设计者应该对问卷进行反复推敲，尽量避免错误的发生，以提高问卷的客观性与有效性。

四、编码

所谓编码，就是对问卷中每一个问题、每一个答案、每一项记录编定一个唯一的代码，并以此为依据对问卷进行数据处理。

问卷编码的对象，主要是问题和答案。对问题的编码，要求对每一个问题都要编定一个代码，一般在设计问卷时编定。对答案的编码，有前编码和后编码之分。所谓前编码（或预编码），是指在调查之前就已编定的代码。封闭型回答的每一个答案，在设计问卷时就设计了代码，因而都是前编码。所谓后编码，是指在调查之后再编定的代码。

为了便于计算机录入和处理，一般编码都由 A、B、C、D 等英文字母和 1、2、3、4 等阿拉伯数字组成。编码的主要任务是：(1) 确定代码，即对每一份问卷、每一个问题、每一个答案，以及问卷中的每一项内容，确定一个唯一的代码。例如，A1、A2、A3、A4，Q1、Q2、Q3、Q4，等等。(2) 编定位数，即根据调查对象人数、问题、答案等内容所包含的数量，编定每一个代码的位数。例如，调查对象人数在 100 人以下的，代码就编定为两位数；在 1 000 人以下的，代码就编定为三位数。同样，根据问题、答案等内容所包含的数量，也要分别编定它们的位数（即 1～9 编定为一位数，1～99 编定为两位数，1～999 编定为三位数，1～9999 编定为四位数）。(3) 设计填写方式，即设计每一个代码的填写方式。常用的方式有□□□，（ ）（ ）（ ），______、______、______，等等。

此外，还应该对某些数字赋予特定的含义，例如，规定 7、97、997 为“不适用”，8、98、998 为“不清楚”，9、99、999 为“不回答”，等等。

第四节 问卷调查的实施

与访谈调查相比较，问卷调查的实施有许多不同的特点，特别是要努力提高问卷的回复率，搞好对无回答和无效回答的研究，等等。

一、明确问卷调查的一般程序

问卷调查的一般程序是：设计调查问卷，选择调查对象，分发问卷或开展调查，回收问卷和审查问卷。然后，再对问卷调查结果进行统计分析和理论研究。

设计调查问卷，前面已经提到，一般要经历四个步骤：做好准备工作、设计问卷初稿、评审和试调查、修改并定稿。

问卷调查的对象，可用抽样方法选择，也可把有限范围内（如一个车间、一个村组、一个班级、一个居委会）的全部成员作为调查对象。问卷调查的回复率和有效率一般不可能达到100％，因此确定的调查对象应该多于研究对象。

分发问卷有多种方式，可随报刊投递，可通过邮局（快递公司）寄送，可用网络发布，可派人送发，可安排访问员通过电话访问，也可登门访问。在后三种情况下，应认真做好调查员的培训和督导工作，调查员应向调查对象做些口头说明，这将有利于提高问卷的回收率和有效率。

回收问卷是问卷调查的重要环节。实践证明，访问问卷调查和送发问卷调查回收率较高，电话问卷调查的回收率不稳定，邮政（快递）问卷调查、报刊问卷调查的初始回复率较低。因此，邮政（快递）问卷调查、报刊问卷调查在规定回复时间后，应每隔1周左右向调查对象发出1次提示通知或催复信件（每次内容应有所区别）。经过1～3次提示或催复，一般就可使回复率达到一定的，也是可能的高度。

审查问卷也非常重要。在回收的问卷中，总会有一些不合格的无效问卷，如果不经审查就直接录入、做统计分析，很可能会被迫中途返工或降低调查质量。因此，对回收的每一份问卷都进行严格审查，是问卷调查不可缺少的环节。只有坚决淘汰一切不合格的无效问卷，把调查数据的整理加工建立在有效问卷的基础上，才能保证调查结论的可靠性和科学性。

二、做好调查员的培训和督导工作

调查员是研究者与调查对象联系的中间环节，调查员的素质和工作状况，对调查工作成败、调查质量高低往往起决定性作用。因此，认真做好调查员的培训和督导工作，是搞好这类问卷调查的重要环节。

（一）培训必须求实

目前，担任调查员的主要是大、中专院校的学生和行政、企业、事业单位的基层工作人员。这两类调查员各有特点：前者文化知识较多，求知欲望较强，在有报酬的情况下调查热情也较高，但是，他们比较缺乏社会知识和人际交往经验，在问卷调查过程中往往是照本宣科提问题、按照回答做记录。因此，对这类调查员的培训，应着重提高三种能力，即把问卷书面语言转换成口头语言的能力，对调查对象回答是否真实、全面、准确的判断能力，以及在调查对象不太合作的情况下进行应对和处置的能力。后者社会知识和人际交往经验较多，责任感一般较强，但是，文化水平参差不齐，求知欲望有高有低，在问卷调查过程中往往不严格按照问卷要求询问问题，甚至根据自己的判断填答问卷。因此，对这类调查员的培训，应着重提高三种认识，即对研究课题重要性的认识、对问卷设计指导思想和具体要求的认识、对如实记录调查对象的回答这一要求的认识。

（二）指导必须具体

在访问问卷调查的不同阶段，指导重点应有所不同：初期应注重实战训练，搞好质量控制；中期应加强薄弱环节，促进平衡发展；后期应严格检查质量，就地补充调查。此外，还应解决好几个带共性的问题：首先，要用好卷首语。必须从调查对象的实际情况出发，怎样有利于说明“卷首语”的基本要点，就用什么样的方法，而不应强求一律。其次，要善于提出问题。关键是要把书面语言恰当地转换为口头语言，而不应按照问卷的书面语言照本宣科地提出问题。再次，要正确判断回答。对于调查对象的回答，可通过观察验证的应该当即观察验证（如住宅面积、结构，以及耐用消费品，等等），不能观察验证的则应思考是否真实、全面、准确。凡是有疑问的，应适时引导或追询。最后，要如实做好记录。问卷的全部内容，包括问卷末尾的“访问结束时间”、访问员“对回答的评价”，都应该当场填写，不然时过境迁就忘记了。

（三）监督必须有效

在访问问卷调查中，要实施两种监督：一是对调查过程的监督，即在调查现场监督调查员是否按照规定程序开展调查工作，凡不符合规定程序的做法，如调查员未按规定到达调查场所，不按抽样样本入户调查，入户后不按规定抽取回答人，等等，都应及时发现、及时纠正。二是对调查问卷的监督，一般可分为调查员自查，调查组成员互查，调查组组长、分队长或指派专人抽查三种方法。对问卷的监督检查，一般应在调查当地进行，这样有利于就地发现问题、就地解决问题。在电话问卷调查中，主要有两种监督方法：一是电话回访，即由调查组织者或指派专人按照抽样调查的电话号码回访调查对象，检查有关调查问卷填写的若干内容是否确系调查对象的回答，是否与调查对象的再次回答一致。如果确系调查对象的回答，而且两次回答一致，则认定调查可靠。如果确系调查对象的回答，但两次回答不一致，则应弄清楚不一致的原因，并及时纠正。如果不是调查对象的回答，而是调查员的任意填写，则应重新调查并对调查员做出严肃处理。二是在计算机辅助电话访问中，充分发挥督导员的作用，通过起监视作用的计算机及时发现和解决访问过程中的问题。

三、搞好对无回答和无效回答的研究

问卷调查总会出现无回答和无效回答的情况，对这两种情况都不能轻易放过，而应进行认真研究。因为：首先，它是正确评价调查结果的需要。只有弄清了无回答和无效回答的调查对象的具体情况，才能正确说明调查结论的代表性和有效范围。其次，它是总结和改进调查工作的需要。无回答和无效回答有调查对象方面的原因，但主要原因在调查者方面。因此，弄清无回答和无效回答的原因，有利于总结经验、吸取教训，改进调查工作。

对于无回答的研究，不同调查方式应采取不同方法。对于电话问卷调查、访问问卷调查的无回答现象，应当即弄清楚无回答原因。送发问卷调查一般是通过有关机构下发问卷的，因此，在回收问卷时就应通过有关机构了解无回答者的情况和原因。报刊问卷调查和邮政（快递）问卷调查的无回答研究比较困难，因为回答的问卷一般是无记名的，很难弄清回答者和无回答者究竟是谁。但也不是毫无办法，例如，报刊问卷调查可根据回复问卷的邮戳，弄清哪些地区回复率高，哪些地区回复率低，然后派人到回复率低的地区去有重点地访问报刊订户，当面询问他们的回复情况和原因。邮政（快递）问卷调查的无回答研究，除上述办法外，还可在寄发问卷的同时附上回寄问卷的信封（或将问卷印在信封的里页），并在信封上编号。这样，根据回寄信封的情况就能判明无回答的具体对象，然后再对他们进行无回答原因研究。总之，无回答研究是困难的，但也不是毫无办法。只要想方设法去做，总是会弄清楚某些情况的。

对于无效回答的研究，应以被淘汰的无效问卷、无效答案为依据。要研究无效回答的类型、频率和原因，看看哪些是个别问题，哪些是共性问题。一般来说，凡属带共性的问题都与问卷设计有关，或者是问题选择不当，或者是问题结构不够合理，或者是问题表述不准确，或者是回答方式不符合实际，或者是对回答的指导、说明不清楚，或者是问题接转不明晰，等等。总之，应把问卷设计中存在的问题作为研究重点，并根据研究结果来改进问卷设计工作。

本章要点

1. 问卷调查法，是调查者运用统一设计的问卷向调查对象了解情况或征询意见的调查方法。它是标准化的、间接的、书面的、定量的、抽样的调查。

2. 问卷一般由卷首语、问题和回答方式、编码和其他资料等部分组成。

3. 设计问卷的原则是目的性、客观性、简明性、适应性和针对性。

4. 问卷中询问的问题可分为四类，即背景性问题、客观性问题、主观性问题和检验性问题。

5. 问题的结构，一般应该按照问题的性质或类别、问题的时间顺序、问题的复杂程度或敏感程度排列。问题的排列，一般应该有逻辑性，但在特殊情况下也可对某些问题做非逻辑安排。

6. 表述问题的要求是具体性、单一性、通俗性、准确性、简明性、客观性、肯定性和委婉性。对隐私性、敏感性、威胁性强的特殊问题，可采取释疑法、假定法、转移法和模糊法来表述。

7. 设计答案的要求是相关性、同层性、穷尽性、互斥性、准确性和简明性。

8. 编码，就是对问卷中每一个问题、每一个答案、每一项记录编定一个唯一的代码，并以此为依据对问卷进行数据处理。它的任务是确定代码、编定位数、设计填写方式。

9. 问卷调查的一般程序是：设计调查问卷，选择调查对象，分发问卷或开展调查，回收问卷和审查问卷。然后，再对问卷调查结果进行统计分析和理论研究。

10. 问卷调查法的主要优点是突破时空限制和可进行大容量、高效率、低成本的定量研究，它的主要缺点是缺乏生动性、具体性和弹性，难以做深入调查。

基本概念

问卷调查法　报刊问卷调查　邮政（快递）问卷调查　网络问卷调查　送发问卷调查　访问问卷调查　电话问卷调查　背景性问题　客观性问题　主观性问题　检验性问题　编码

思考与练习

1. 什么是问卷调查法？设计问卷应该掌握哪些原则？应该遵循哪些步骤？

2. 询问的问题有哪些种类？其结构应该如何安排？

3. 对特殊问题应该采取哪些方式表述？

4. 如何做好调查员的培训和督导工作？

5. 如何进行对无回答和无效回答的研究？研究的意义何在？

6. 在互联网上找一份问卷，运用所学的问卷设计知识，从容易犯的错误角度对问卷进行讨论。

推荐阅读书目

1. 风笑天．社会调查中的问卷设计．天津：天津人民出版社，2002.

2. 福勒．调查问卷的设计与评估．重庆：重庆大学出版社，2010.

3. 布拉德伯恩，萨德曼，万辛克．问卷设计手册．重庆：重庆大学出版社，2011.

4. 郝大海．社会调查研究方法．北京：中国人民大学出版社，2005.

第十章

实验调查法

实验作为一种科学的认识方法，一开始应用于自然科学领域，后来逐渐移植到社会科学领域。实验调查是一种最重要的直接调查方法，也是一种最复杂、最高级的调查方法。

第一节 实验调查法概述

要掌握实验调查法，必须首先弄清楚实验调查法的概念、实验调查法的种类和实验调查应该遵守的原则等问题。

一、实验调查法的概念及特点

实验调查法，也称实验法或实验观察法，就是实验者按照一定的实验假设，通过改变某些自然、社会条件或环境的实践活动，来检验某种理论假设，认识实验对象的特性、内在本质及发展规律的调查方法。

实验调查法的主要特点是：

(1) 调查活动的实践性。实地观察、口头访问等直接调查方法，都不涉及调查对象所处的自然、社会条件和环境的改变问题。实验调查法则不同，它不仅要求眼看、口问、耳听，而且要求亲自动手干，即通过某些实践活动有计划地改变实验对象所处的自然、社会条件或环境，并在实践活动基础上对实验对象的因果联系、特殊本质及发展规律进行调查和研究。显然，实践性是实验调查的本质特点；没有一定的实践活动，就不能称为实验调查。

(2) 调查对象的动态性。在实地观察、口头访问等直接调查过程中，调查对象一般处于相对静止状态。实验调查则不同，由于实践活动不断进行，自然、社会条件或环境不断变化，因此实验对象必然发生运动和变化。实验调查的实践性，决定着调查对象的动态性。

(3) 调查环境的可控性。由于实验调查要通过某些实践活动有计划地改变实验对象所处的自然、社会条件或环境，因而实验条件和环境必须是可调控、可改变的。没有可控性，就没有实验。实验条件和环境的可控性，是实验调查的基本要求。

(4) 调查目的的因果性。文献调查、实地观察、口头访问、问卷调查等调查方法，大都是描述性的；即使是因果性调查，其结论也只具有或然性，需要经过实践检验。实验调查则不同，它的调查目的就是揭示实验对象的变化与实验激发之间的因果关系，而且这种因果关系，无论是证实还是证伪，都是经过实践检验了的结论。

(5) 调查方法的综合性。在实验调查过程中，除了要改变实验对象所处条件或环境的实践活动外，一般还要采用实地观察、口头访问或集体访谈等直接调查方法，有时还要采用文献调查、问卷调查等间接调查方法。不仅如此，实验调查过程不仅是不断搜集材料的过程，而且是不断研究材料的过程，它是各种调查方法和研究方法综合使用的过程。

(6) 调查过程的可重复性。实验调查法作为一种科学的社会调查方法，其调查过程和结论必须是可以重复、可以被实践检验的。因而，调查过程和结论的可重复性，应该是实验调查的一个重要特点。

(7) 实验效果的可检测性。由实验活动（实验激发）而引起的实验对象的变化，必须是可以检测、可以量度的。只有如此，才能说明实验激发的效应，才能做出实验调查的结论。实验效果的可检测性，是实验调查必不可少的特点。

二、实验调查的基本要素和一般程序

实验调查法特别适用于对假设进行检验的解释性研究，要求概念与假设范围有限，界定明确。实验调查的基本要素包括：

(1) 实验者，即实验调查的有目的、有意识的活动主体。

(2) 实验主题，即实践所要回答的问题和目的。

(3) 实验假设，即实验者用来指导实验活动的理论假设。

(4) 实验对象，即实验调查所要影响、认识的客体，它们往往被分为实验组和对照组这两类对象。

(5) 实验环境，即实验对象所处的各种自然、社会条件的总和，它们可分为人工实验环境（如实验室实验）和自然实验环境（如现场实验）。

(6) 实验活动，即改变实验对象所处的自然、社会条件或环境的各种实践活动，包括一定的实验控制活动，它们在实验调查中被称为“实验激发”或“实验处理”“实验控制”。

(7) 实验效果，亦称实验效应，即由于实验活动（实验激发）而引起的实验对象的各种变化。

（8）实验检测，即在实验过程中对实验对象所做的检查或测定，分为实验激发前的检测（简称“前测”）和实验激发后的检测（简称“后测”）。

实验调查的一般程序是：实验者根据需要确定实验主题⟶提出需要实验的理论假设⟶以理论假设为指导设计实验方案⟶选择实验对象和实验环境⟶对实验对象实施前测⟶通过实验激发改变实验对象所处的自然、社会条件或环境⟶产生实验效果⟶对实验对象实施后测⟶整理前测和后测的对比资料⟶进行统计分析和思维加工⟶得出实验调查的结论⟶写出实验调查报告。

三、实验调查法的种类

按照不同的标准，对实验调查法可做不同分类。

（一）实验室实验和现场实验

按照实验环境的不同，可分为实验室实验和现场实验。实验室实验是指在人工“纯化”环境中的实验，实验者根据研究目的设置实验环境，并对实验过程实行完全有效控制。例如，对汽车驾驶员反应能力的实验，就可在实验室内进行。实验者可以按照自己的设想控制驾驶条件（实验环境）的变化（即实验激发），并通过在实验前后和实验过程中对驾驶员（实验对象）的检测（实验检测），来判断他们在不同条件下的反应能力。现场实验或称自然实验，是指在现实的自然、社会环境中的实验，实验者对实验环境、实验过程及其变化只能实施部分控制。例如，在企业进行工资制度改革实验，实验者所能控制、改变的只有工资发放的办法或数量这一个实验条件，而对于企业领导者素质、职工人数和技术水平、企业经营状况、国家税收政策等环境因素，实验者往往难以有效控制。一般来说，社会领域里的实验大多采用现场实验方法，因为这种实验所处的环境是现实的，其调查结论较易于应用和推广。

（二）单盲实验和双盲实验

按照实验对象和实验者对实验是否知情，可分为单盲实验和双盲实验。由于实验对象和实验者对实验目的、实验检测、实验激发都会产生某种“良好”或“不良”的心理预期，因而往往造成实验效果及评价失真。例如，对某种保健品进行效用实验，如果实验对象知道自己参加了这种实验（即了解实验目的），进行了身体检查（即实验检测），并正在服用这种保健品（即接受实验激发），他们往往就会产生某种良好的心理预期，从而影响实验的客观效果及评价。同样，实验者对实验的心理预期，也有可能对实验的客观效果及评价产生不利影响。为了克服实验对象和实验者对实验的心理预期，一般可采用单盲或双盲方法进行实验。所谓单盲实验，就是不让实验对象知道自己正在接受实验，而由实验者根据实验目的实施实验激发和实验检测；所谓双盲实验，就是不让实验对象和实验者知道正在进行实验，而由第三方（研究者）根据实验目的实施实验激发和实验检测。采用这两种实验方法，一般就能排除心理预期对实验的客观效果及评价产生的不利影响。

（三）单一实验组实验、实验组控制组实验、多实验组或多控制组实验

按照实验组织方式的不同，可分为单一实验组实验、实验组控制组实验、多实验组或多控制组实验。关于这几种类型的实验，将在下一节论述。

此外，按照实验目的的不同，可分为探索性实验和检验性实验；按照实验内容的不同，可分为心理实验、教育实验、经济实验、政治实验、法律实验、军事实验；等等。

四、实验调查的原则

（一）自愿原则

实验对象的自愿参与和积极合作，是实验调查得以顺利进行的必要前提。一般来说，凡是涉及个人、单位、机构的社会调查，都应是调查对象自愿参与的。实验调查要改变实验对象所处的自然、社会条件或环境，引起实验对象的某些变化，更应由实验对象自愿参与。因此，自愿原则是实验调查必须遵守的首要原则。

（二）知情原则

实验调查的目的、内容、方法等基本情况，以及实验调查的结果，都应让实验对象知晓。这是知情原则的题中应有之义。单盲实验和双盲实验，一般只应在特殊情况下使用。即使如此，在单盲实验和双盲实验结束后，仍应将实验调查的

基本情况和结果告知实验对象，并说明采取单盲实验和双盲实验的原因，以求得实验对象的理解。

（三）保密原则

在实验调查过程中，实验对象所处的自然、社会条件或环境会发生某些改变，实验对象也会发生某些变化，这些变化往往会涉及实验对象某些不愿被人知晓的经历或状况。因此，从尊重实验对象的隐私出发，实验调查应该遵守保密原则，最好是匿名进行，起码对实验对象不愿公开的经历或状况严守秘密。

（四）道德与法律原则

实验调查有一条底线，就是必须遵守家庭道德、职业道德和社会公德，必须遵守国家的法律和法规。实验调查的各个环节、各个要素，都不允许违背家庭道德、职业道德、社会公德与国家的法律和法规。例如，对贩卖人口、走私贩私、偷税漏税、制假贩假、卖淫嫖娼等丑恶社会现象就不允许进行实验调查。

第二节 实验调查方案的设计

进行实验调查，首先要明确研究的问题，制定合理的设计方案。

一、实验设计的步骤

（一）识别和陈述研究问题

首先要明确研究的问题是什么，并形成一个清晰的、可实施的问题陈述。研究问题的识别与陈述，通常需要借团队之力，以团队形式完成，以期形成具体研究问题的清单。一个清晰的问题陈述有助于更好地理解待研究的现象或问题。

实施实验有很多不同的原因，不同的原因产生不同的问题清单。一般而言，实施实验的原因主要包括：

（1）筛选影响因素。面对一个社会现象或社会问题，研究者通常想要了解哪些因素对该社会现象的出现或社会问题的形成有重要影响，于是将多个可能的影响因素纳入实验，筛选出重要影响因素，从而形成对于社会现象或社会问题的解释。

（2）最优化或稳健性检验。当通过研究获知社会现象或社会问题的重要影响因素后，需要研究重要影响因素的特定水平或取值所对应的因变量的变化情况。如果有两个或多个重要影响因素，就需要找到在两个因素的何种水平组合下，所对应的因变量表现能达到最佳效果或稳定结果。最优化实验通常是筛选实验的后续跟进。

（3）检验确认。基于实践经验或理论而建立的研究假设，通常需要通过实验检验假设是否成立。经过实验检验的假设，还需要经得起后续研究者反复实验的检验。

（4）发现。实验可能会以发现为目标，这在自然实验中较为常见，在社会实验中较为少见。例如，研究者通过实验发现治疗疾病最为有效的新药或者新药组合。

（二）选择反应变量

在选择反应变量中，研究者应确定该反应变量提供了关于待研究问题的有用信息。研究者常选择被测量特征的均值或标准差作为反应变量，也可能同时选择多个反应变量。研究者必须明确反应变量如何测量，考虑到测量敏感性、信效度及误差等重要方面。如果测量不够灵敏，因素效应就可能无法检出，实验可能因此需要重复多次。

（三）因素、水平和范围选择

可能的影响因素包括潜在设计因素、干扰因素两类。潜在设计因素是指研究者可能希望在实验中变化的因素，包括设计因素、常量因素和允许变化的因素。设计因素是被选择在实验中加以研究的因素。常量因素是对实验有影响，但非当前实验研究兴趣所在，因此通常被加以控制而保持不变的因素。允许变化的因素是对实验有影响，通常需要使用随机化方法平衡其影响的因素。我们通常假定，常量因素和允许变化的因素所产生的效应是相对较小的。

与此相反，干扰因素可能会产生较大的效应，必须加以考虑，但是又非当前实验的兴趣所在。干扰因素通常可分为可控干扰因素、不可控干扰因素和噪音因素。可控干扰因素是指研究者可以加以控制并设定为某一特定水平的因素。区组设计常用于处理可控干扰因素。如果干扰因素在实验中不可控，但是可测量，那么可以采用协方差分析，离析出这种不可控干扰因素的效应。噪音因素是指自然变化的，在实验过程中不可控的其他因素。噪音因素的效应通常需要通过对可控设计因素的设定加以控制，这种找到可控设计因素的设定水平，从而使得噪音因素的效应最小化的研究，通常被称为稳健性研究。区组设计、协方差分析和稳健性研究是形成科学合理的实验设计的重要方法。

在确定了设计因素后，研究者还必须考虑对因素施加实验处理的特定水平和因素变化的范围，以及因素如何控制，其变化如何测量。这需要借助研究者相关的理论储备和实践经验。当实验的目标是筛选影响因素时，一般建议设定较少的因素变化水平（比如两个变化水平）以及较广的因素变化范围。一旦重要的影响因素被识别出来，在随后的最优化实验中，则会设定较窄的因素变化范围。

因果图或称鱼骨图，是在实验计划阶段非常有用的技术，用于组织实验设计中可能的重要信息，通常会以研究所关心的反应变量作为鱼的主骨，以潜在设计因素及干扰因素作为鱼刺。研究者可能会构建多个不同的鱼骨图来指导实验前的计划。

（四）选择实验设计

实验设计的选择包括考虑样本容量（实验重复量）、实验实施顺序，决定是否采用区组设计或随机化处理。在确定了影响因素的数量、水平和变化范围后，研究者可能有不同的实验设计加以选择。在实验设计的选择阶段，还应同时考虑到未来的实验数据统计分析，构建用于解释设计的影响因素与反应变量之间关系的实证模型。在很多情况下，研究者可能会考虑一阶模型（也称为主效应模型，广泛用于筛选实验），并可在一阶模型的基础上考虑交互作用，从而扩展为有交互的一阶模型。另一个广泛使用的模型是二阶模型，通常用于优化实验。

（五）实施实验

实施实验中最关键的是仔细监测实验流程，确保按照计划实施，进而确保实验效度。实施实验中一个常见的错误是没有将影响因素设定为相应的水平。通常在正式实验前，研究者需要实施预实验。预实验有助于研究者收集关于实验的相关信息，检查测量工具，形成关于实验误差的大概看法，并练习整体的实验技术与流程。

（六）数据的统计分析

实验收集的数据通常需要使用统计方法加以分析。研究者想要回答的问题通常可以被设计成假设检验的框架，因此假设检验和置信区间估计等方法通常在实验数据的分析中非常有用。统计分析的结果可以借用图表的方式加以呈现。值得注意的是，只有在科学合理的实验设计和实验实施的基础上收集得来的数据，才能够借由统计分析导向正确的结论。统计方法的运用，增加了决策过程的客观性。

（七）结论和建议

通过数据的统计分析，研究者可以获得关于结果的实证结论，进而形成行动建议。实验结论还需要后续的验证性研究加以重复研究验证。提出研究问题，形成研究假设，实施实验收集数据以检验假设，并在结果基础上形成新的假设，如此循环往复，因此实验是一个迭代的过程。成功的实验要求关于相关影响因素的知识、关于因素变化范围的经验、合适的水平的设定，以及合适的测量。

二、实验设计的类别

根据实验组织方式的不同，可设计出多种实验调查方案。坎贝尔与斯坦利于1963年描述了16种不同的实验与准实验设计。下面介绍几种常用的实验设计。

（一）单一实验组设计

单一实验组设计，也称单组前后测设计，就是只选择一批实验对象作为实验组，通过实验激发前后实验对象的变化来得出实验结论。它的具体步骤是：

（1）选择实验对象；

（2）对实验对象实施前测；

（3）实验激发，即实施改变实验对象所处的自然、社会环境的实践活动；

（4）对实验对象实施后测；

（5）得出实验结论，其公式是：

实验效应＝后测－前测

单一实验组设计是最简单的实验设计，只要选择一组实验对象就可开展实验调查。同时，它也是最基本的实验设计，任何其他实验设计都离不开选择实验对象──→前测──→实验激发──→后测──→得出实验结论这一基本程序。因此，这种设计应用得非常广泛。

然而，通过单一实验组设计得出的实验结论，可能正确，也可能不完全正确。因为在实验过程中，特别是在现场实验过程中，人们无法把实验对象与社会隔绝开来，无法完全排除种种非实验因素对实验过程及结果的影响。这样，把实验对象前后测之间的变化全部看作实验激发的结果，是不完全正确的。单一实验组设计只有在实验者能有效排除非实验因素干扰，或者使非实验因素的影响缩小到可以忽略不计的情况下，才能把实验对象前后测之间的变化看作实验激发的结果，否则就不能得出这样的结论。

（二）实验组控制组设计

实验组控制组设计，或称古典实验，就是选择一批相同或相似的实验对象分别组成实验组和控制组，并使它们处于相似的实验环境中；然后，对实验组给予实验激发，对控制组不给予实验激发；最后，对实验组和控制组前后测的变化进行对比，并得出实验结论。它的具体步骤是：

（1）选择实验对象；

（2）选择实验环境；

（3）前测；

（4）对实验组给予实验激发，对控制组不给予实验激发；

（5）后测；

（6）得出实验结论，其公式是：

实验效应＝实验组（后测－前测）－控制组（后测－前测）

实验组控制组实验的最大优点在于，它能大致离析出实验效应与非实验效应的范围或程度，从而使对实验效应的评价更客观、更准确。但是，在现场实验调查中，这种实验的最大困难是实验组和控制组的实验对象、实验环境很难完全匹配或基本相似。因此，要准确评价实验效应，还必须采用其他调查方法做更深入、更细致的研究。

（三）多实验组或多控制组设计

1. 多实验组设计

多实验组设计，就是选择若干批实验对象组成若干实验组，首先，在各自的实验环境下进行实验；然后，通过检测实验激发前后的变化，各组做出自己的实验结论；最后，对比研究各组的实验结论，得出总实验结论。根据实验者、实验对象、实验环境、实验激发的相同与不同，多实验组实验可以有多种多样的设计。从理论上说，它可做如下一些类型设计，详见表 10－1。

表 10－1　　多实验组设计可能的类型

实验者	√	√	√	√	√	√	√	√	×	×	×	×	×	×	×	×
实验对象	√	√	√	√	×	×	×	×	√	√	√	√	×	×	×	×
实验环境	√	√	×	×	√	√	×	×	√	√	×	×	√	√	×	×
实验激发	√	×	√	×	√	×	√	×	√	×	√	×	√	×	√	×

注：“√”表示相同，“×”表示不同。

多实验组设计的组织工作比较复杂，但是得出的实验结论往往比较客观、准确。因此，它在实际工作中的用途非常广泛。

2. 多控制组设计

在实验调查中，不仅前测、实验激发会使实验对象产生某些心理预期，而且前测与实验激发之间还会产生某些交互效应，它们都会对实验结果产生某种影响。为了离析、排除这些心理预期、交互效应的影响，可进行实验组、双控制组设计和实验组、三控制组设计，其特点是对不同控制组的前测和实验激发做出不同安排，其研究方法如下（见表 10－2、表 10－3）：

表 10－2　　实验组、双控制组设计的研究方法

组别	实验程序		
实验组	前测	实验激发	后测
第一控制组	前测	—	后测
第二控制组	—	实验激发	后测

表 10－3　　实验组、三控制组设计的研究方法

组别	实验程序		
实验组	前测	实验激发	后测
第一控制组	前测	—	后测
第二控制组	—	实验激发	后测
第三控制组	—	—	后测

在实验组、双控制组设计中，第二控制组不做前测，其前测值一般用实验组前测和第一控制组前测的平均值代替。这样，第二控制组的实验效应等于后测减去实验组前测和第一控制组前测的平均值。如此一来，第二控制组的实验效应，大体上就可归因于实验激发的影响，从而离析、排除了前测心理预期和前测与实

验激发交互效应对实验结果的影响。

然而，按照实验组、双控制组设计进行实验调查，仍无法排除实验外部因素对实验结果的影响。实验组、三控制组设计，则是一种排除实验外部因素对实验结果的影响的办法。这种设计又被称为所罗门四组设计。

在实验组、三控制组设计中，第三控制组既不做前测，又不实施实验激发，其前测值一般用实验组前测和第一控制组前测的平均值代替。这样，第三控制组的实验效应等于后测减去实验组前测和第一控制组前测的平均值。如此一来，第三控制组的实验效应，大体上就可归因于实验外部因素的影响。

应该指出，控制组数量越多，一方面，可离析、排除的非实验效应就越多，对实验效应的评价就越客观、越准确；另一方面，实验对象、实验环境的选择和匹配就越困难。因此，一实验组、多控制组设计，在实验调查实践中使用得很少。

第三节 实验误差问题

与观察调查法、访谈调查法、问卷调查法相比，实验调查法是一种更复杂、更高级、不可控因素更多的调查方法，发生实验误差的可能性更大。因此，更有必要探讨一下实验误差问题。

一、产生实验误差的原因

实验误差的来源，主要有以下几个方面。

（一）来自实验者自身的误差

一是急于求成心理。例如，有的实验者为了“早出成果”“出好成果”，往往给予实验对象一些优惠条件和特殊照顾，致使实验结果失真或失去推广价值。二是替代补偿心理。有的实验者由于控制组得不到某些实验措施的实惠，往往自觉不自觉地给予控制组实验对象一些补偿性关怀，从而导致控制组失去对照作用。

(二)来自实验对象的误差

一是对实验对象的选择缺乏代表性，实验组与控制组不具有可比性。二是实验对象对实验活动不适应、不合作或不认真。例如，某些村民的宗族、房头活动会对农村村委会竞选实验产生严重干扰，某些居民的消极应付会使社区管理实验失去原有意义。三是实验对象受实验活动“污染”，而产生某些反应性心理或行为。四是实验对象受群体性心理效应影响，对实验激发形成某些相同或近似的心理或行为反应。五是实验对象自身不断成熟和变化。六是实验对象由于种种原因中途退出实验活动，从而使实验计划变形，甚至被迫中断。

(三)来自实验环境的误差

一是实验组、控制组所处实验环境不可能完全匹配，甚至很难相近或相似。二是自然环境变化的干扰。例如，由于严重自然灾害的影响，农业集约化实验可能达不到预期目的。三是经济环境变化的干扰。例如，出口退税政策改革实验，由于遭受全球金融危机袭击而不得不调整实验方案和进程。四是政治环境变化的干扰。

(四)来自实验激发的误差

在社会实验中，例如，在农村村民自治实验中，实验激发（如民主选举、民主决策、民主管理、民主监督）的方式、强度、广度、深度等难以做到完全相同，因而对实验过程和结果会产生不同影响。

(五)来自实验检测的误差

实验检测（包括前测和后测）的工具及其灵敏程度不可能保持绝对一致，检测人员的操作方法及熟练程度不可能完全一样，实验检测的过程不可能绝对相同，实验对象对实验检测的适应能力也在不断变化（强化或弱化），所有这些方面都可能对实验过程及结果产生非实验因素的干扰。

此外，实验对象发生的变化，可能是其从原先极端的位置向平均数回归的效果，这容易让人误判为实验激发的效果，此即所谓的统计回归效应。在社会研究中，有可能存在因果关系不明、实验激发和因变量孰先孰后不能清楚判断的情况，导致研究结论受到挑战。

二、减少实验误差的途径和方法

(一) 慎重选择实验调查的领导者

实验调查具有较强的探索性和开拓性。要取得实验成功，实验调查的组织者必须具备以下一些基本条件：

(1) 要兼具严谨的科学精神与深刻的人文关怀。在一些具体研究任务中，实验调查法往往被运用于政策应用的调研环节。因此，在实际运用过程中，实验调查法经常会深入较大的社会范畴，涉及规模较大的人群，带有“社会实验”的内涵。“社会实验”不仅需要考虑到大的社会范畴上的非实验因素的效应，还需要尤其注意到在使用实验调查法时的人道主义和伦理问题。因此，作为首要的条件要求，实验调查的组织者应该具备严谨的科学精神与深厚的人文关怀。

(2) 要思想解放，实事求是，敢于负责，勇于创新。要坚持从实际出发，敢于打破旧框框，探索新道路，开拓新天地。一个观念陈旧、墨守成规、不敢越雷池一步、不敢负责的人，不可能领导实验调查取得成功，更不可能获得重大发现。

(3) 要有较高理论水平，较多政治、法律知识，较强鉴别能力和判断能力，一定实际工作经验和灵活处理问题的能力。实验调查要改变实验对象所处的自然、社会条件或环境，实验调查的组织者没有一定水平和能力是做不到、做不好的。

(4) 要有比较充裕的时间。在实验调查中，改变自然、社会条件或环境的实践活动需要一个过程，实验对象适应改变了的自然、社会条件或环境也需要一个过程，特别是在改变了的自然、社会条件或环境中，实验对象本质的变化和充分暴露更需要一个较长过程。因此，实验调查从开始到结束往往需要相当长的时间，不可能“立竿见影”，不能急于求成。

(二) 正确选择实验对象和实验环境

被选择的实验对象和实验环境，一定要在同类事物中具有较高的代表性。对于复杂事物来说，被选择的实验对象和实验环境，还应该具有不同类型、不同层次的代表性。只有被选择的实验对象和实验环境具有较高代表性（最好是典型环境中的典型对象)，实验结果才具有普遍意义。

实验对象和实验环境的选择一般有两种方法：一是立意挑选，即由实验者根据实验目的、要求和对实验对象及其所处自然、社会环境总体情况的了解，有意识地挑选那些具有代表性的单位进行实验。二是随机抽取，即按照随机原则从实验对象、实验环境的总体中抽取一定实验环境中的实验对象进行实验。前一种方法适用于实验对象总体中个体单位较少、个体间异质性较强，实验者对实验对象、实验环境总体情况了解较多的情况；后一种方法适用于实验对象总体中个体单位较多、个体间同质性较强，实验者对实验对象、实验环境总体情况了解较少的情况。

如果采用实验组控制组设计，还应该注意实验对象和实验环境的匹配，即实验组的实验对象和实验环境与控制组的实验对象和实验环境，应尽可能相同或相近。为了做到这一点，实验者在选择实验对象和实验环境时可采用配对分派法，即每次选择两个相同或相近的单位组成匹配对，然后将其中一个分派到实验组，另一个分派到控制组。只有按照这种配对分派法组织的实验组和控制组，才能起到互相对照的作用。

(三) 有效控制实验过程

实验调查能否达到预期目的，在很大程度上取决于能否有效控制实验过程。实验过程的控制主要包括两个方面：一是对实验激发的控制，二是对非实验因素的控制。

对实验激发的控制，既要严格按照设计方案实施，又要在不违背实验目的前提下具有一定的灵活性。因为，一方面，不严格按照设计方案实施实验激发，不改变或任意改变实验对象所处的自然、社会条件或环境，就会打乱实验计划，达不到实验的预期目的。另一方面，实验调查是一种实践性、动态性调查，原定方案无论怎样完善，都不可能完全符合实验过程中不断变化、发展的实际情况。因此，必须给予实验者一定的自主权，以便他们在不违背实验目的的前提下，灵活处置那些在实验过程中无法完全避免的特殊情况或特殊问题。

对非实验因素的控制，应该注意以下一些问题：

(1) 要克服急于求成心理和替代补偿心理，客观看待实验过程，公平对待实验对象，决不可揠苗助长，给实验对象以种种实验之外的特权或照顾。

(2) 要采取积极有效的措施取得实验对象对实验活动的支持。

(3) 要控制实验环境因素对实验过程的干扰。

(4) 要控制非实验因素对实验过程的干扰。

要控制非实验因素的干扰，一般可采取以下几种方法：

一是排除法，即将一切可以排除的非实验因素排除在实验过程之外。

二是纳入法，即把无法排除的某些非实验因素完全纳入实验过程，作为实验所要研究的因素。

三是平衡法，即使某种非实验因素在每一个实验对象中都保持相对平衡、稳定的水平。

四是统计法，即对实验过程中无法排除的非实验因素，在实验后再用统计方法计算出它们对实验结果的影响。

（5）要控制实验过程自身非实验因素的干扰。主要是控制对不同实验对象的实验激发，尽可能在激发方式、强度、广度和深度等方面保持相对一致；控制对不同实验对象的实验检测（包括前测和后测），尽可能在检测工具及其灵敏程度、操作人员和方法，以及检测过程等方面保持相对统一。此外，要根据实验对象对实验激发、实验检测适应能力的变化（强化或弱化），适当调整实验激发的方向、形式和部位，适当改变实验检测的方式、程序和方法，从而把实验过程中非实验因素的影响降到最低限度。

（四）正确检测实验效果和科学评价实验结果

对实验效果的检测与对实验结果的评价是密切联系在一起的。检测是评价的前提或依据，评价则是对检测结果所做的解释或说明。

1. 对实验效果的检测，要有科学性、统一性和可重复性

所谓科学性，是指检测指标、检测方法和检测手段要科学。其中，首要的是检测指标要科学。例如，对于教学质量、经济效益这类较复杂社会现象的检测，往往需要设计出一套科学的指标体系。如果仅仅用“升学率”去检测教学质量，用“国内生产总值增长速度”去检测经济效益，就不可能得出科学的结论。同时，对于科学的检测指标，还要用科学的方法去检测，并尽可能使用现代化的科学检测手段。

所谓统一性，是指对不同实验对象，对前测和后测，都应该使用统一的指标、方法和手段去检测。在单一实验组实验中，如果对不同实验对象，或者对前测和后测，使用不同检测指标、不同检测方法、不同检测手段；在实验组控制组实验中，如果对实验组使用一套检测指标、方法和手段，对控制组使用另一套检测指标、方法和手段；在多实验组或多控制组实验中，如果各实验组、各控制组使用各自的一套检测指标、方法和手段：就不可能得出统一的具有可比性的科学检测结论。

所谓可重复性，是指检测的结果必须是稳定的、可靠的、可重复的。实验调查法是接近自然科学实验的一种研究方法，因而其倡导“科学的检测”。可重复性意味着如果实验对象、实验环境、实验激发以及实验检测的指标、方法和手段是基本相同的，那么，不管由谁来检测，不管在何时、何地检测，检测结果都应该是基本相同的、可重复出现的。

2. 科学评价实验结果

对实验结果的评价，应该包括两个方面：一是内在效度评价，即对实验结果说明问题的正确程度做出评价。二是外在效度评价，即对实验结果的推广适用程度或正确程度做出评价。

实验的内在效度是指实验中的自变量与因变量之间因果关系的明确程度。如果实验中当自变量变化时，因变量随之变化，而当自变量恒定时，因变量亦恒定，则可确定是自变量而不是其他因素引起了因变量的变化，这个实验因此可以被判定为具有较高的内在效度。内在效度与对无关变量的控制有关，实验中未得到控制的无关变量越多，因变量的变化不是由自变量引起的可能性就越大，实验的内在效度就越低。当实验结果未受到其他变量的干扰，自变量与因变量的因果关系明确时，实验的内在效度较高。

实验的外在效度，是指实验结果能够普遍推论到样本总体和其他同类现象中的程度，即实验结果的代表性和适用性。

实验的内在效度越高，其结果就越能被确认是由实验激发造成的；而实验的外在效度越高，其结果的可推论范围就越大。而且，实验的内在效度和外在效度是相互联系、相互影响的。有时，提高实验内在效度的措施可能会降低其外在效度，而提高实验外在效度的措施又可能会降低其内在效度。

要对实验内在效度做出科学评价，关键在于把实验效应与非实验效应严格区别开来。实践证明，各种非实验因素对实验过程的干扰，如实验对象缺乏代表性，实验环境不匹配，实验激发不规范，在实验过程中对非实验因素的控制不恰当，以及实验检测的指标、方法和手段不科学、不统一，等等，都会对实验内在效度产生不利影响。因此，要科学评价实验内在效度，就必须尽可能排除或控制一切非实验因素的干扰。

要对实验外在效度做出科学评价，关键在于把实验结果中的共性与个性区别开来。因为，在现场实验调查中，不管实验对象和实验环境具有多大代表性，实验过程控制多有效，实验检测多科学，它们都必然具有一定的特殊性或个性。这就是说，任何实验结果都既包含共性的东西，又包含个性的东西，都是共性与个性的统一，其中只有共性的东西才具有推广价值。因此，要科学评价实验的外在效度，就必须正确区分实验结果中哪些是共性的东西，哪些是个性的东西。只有正确说明了具有共性的实验结果，才能科学评价实验结果的外在效度。

对实验结果内在效度和外在效度的评价，必须实事求是、恰如其分，决不可人为拔高、任意吹捧，更不可不顾时间、地点、条件盲目推广。实验调查既然是实验，就应该既允许成功，也允许失败；即使是失败的实验，也应该认真总结和科学评价。因为，在探索未知的道路上，失败往往是成功之母。从这个意义上说，失败与成功一样，都具有不可抹杀的意义。

本章要点

1. 实验调查法，就是实验者按照一定的实验假设，通过改变某些自然、社会条件或环境的实践活动，来检验某种理论假设，认识实验对象的特性、内在本质及发展规律的调查方法。它的特点是调查活动的实践性、调查对象的动态性、调查环境的可控性、调查目的的因果性、调查方法的综合性、调查过程的可重复性和实验效果的可检测性。

2. 实验调查的基本要素包括：实验者、实验主题、实验假设、实验对象、实验环境、实验活动、实验效果和实验检测。

3. 实验调查的基本程序是：确定实验主题⟶提出理论假设⟶设计实验方案⟶选择实验对象和实验环境⟶前测⟶实验激发⟶产生实验效果⟶后测⟶整理前测和后测的对比资料⟶统计分析和思维加工⟶得出实验调查结论⟶写出实验调查报告。

4. 实验调查法可分为实验室实验和现场实验，单盲实验和双盲实验，单一实验组实验、实验组控制组实验和多实验组或多控制组实验，等等。

5. 实验误差主要来自实验者自身、实验对象、实验环境、实验激发和实验检测等五个方面。

6. 减少实验误差的主要途径和方法是：慎重选择实验调查的领导者，正确选择实验对象和实验环境，有效控制实验过程，正确检测实验效果和科学评价实验结果。

7. 实验对象和实验环境的选择有两种方法：立意挑选和随机抽取。

8. 有效控制实验过程，主要包括两个方面：一是对实验激发的控制，二是对非实验因素的控制。

9. 控制非实验因素对实验过程的干扰，可采取排除法、纳入法、平衡法和统计法。

10. 对实验效果的检测，要有科学性、统一性和可重复性。

11. 对实验结果的评价，应该包括内在效度和外在效度两个方面。

基本概念

实验调查法　实验室实验　现场实验　单盲实验　双盲实验　单一实验组实验　实验组控制组实验　多实验组或多控制组实验

思考与练习

1. 什么是实验调查法？它的主要特点是什么？

2. 实验调查法有哪些种类？它们各有何特点和用途？

3. 简述单一实验组实验、实验组控制组实验和多实验组或多控制组实验设计各自的优点、缺点及用途。

4. 减少实验误差有哪些途径和方法？

5. 控制实验环境因素对实验过程的干扰有哪些方法？

6. 对实验效果的检测应该符合哪些要求？

7. 什么是实验的内在效度和外在效度？怎样科学评价实验的内在效度和外在效度？

8. 实验设计的原则有哪些？形成科学合理的实验设计有哪些方法？

推荐阅读书目

1. 魏建国，卿菁，胡仕勇．社会研究方法．北京：清华大学出版社，2016.

2. 巴比．社会研究方法：第 11 版．北京：华夏出版社，2009.

3. 风笑天．社会学研究方法．5 版．北京：中国人民大学出版社，2018.

4. 陈振明．社会研究方法．北京：中国人民大学出版社，2012.

第十一章

网络调查法

随着智能电子设备和社交媒体的广泛应用，在社会调查领域，网络调查与大数据分析日益发展，成为继面对面访谈、电话调查后新兴的调查数据收集技术。

第一节
网络调查法概述

一、网络调查的概念

网络调查，又称为网上调查、在线调查，是指通过互联网及其调查系统把传统的调查、分析方法在线化、智能化，简言之就是借助互联网进行的问卷调查。其构成包括三个部分：用户、调查系统、参与人群。

目前，网络调查在市场调查中应用广泛，社情民意调查也是网络调查的主要应用，专业的社会调查团队也逐渐使用网络问卷代替纸质问卷开展社会调查。

二、网络调查法的特点

与传统调研方法相比较，网络调查法有其自身的特点。

（一）及时性和广泛性

网络调查法是基于计算机和网络技术展开的数据搜集方法，计算机和互联网大大提高了问卷制作、问卷发放、数据清理、质量评估、报告撰写等工作的效率，往往只需要几天时间就可得出有意义的调查结论，其速度和效率是传统调查方法无法比拟的。同时，互联网把千千万万的网民连接在一起，尤其是智能手机和移动互联网的普及，大大扩大了网络使用的群体规模，使网络调查突破了时间和空间条件的限制，接触到了更多的社会大众。

（二）交互性和共享性

网络的最大特点是交互性，因此在进行网络调查时，调查对象可以及时就问卷相关问题提出自己的更多看法和建议，可减少因问卷设计不合理导致的调查结论偏差。网络调查是开放的，任何网民都可以进行投票和查看结果，而且在投票信息经过统计分析软件初步自动处理后，可以马上查看阶段性的调查结果。

(三) 超时空性和客观性

网络市场调查是 24 小时全天候的调查，这就与受区域制约和时间制约的传统调研方式有很大不同。调查对象是在完全自愿的原则下参与调查的，调查的针对性更强，因此问卷填写信息可靠、调查结论客观。

(四) 低费用和便捷性

网络调查是一种低成本的社会调查，省去了印刷问卷或表格、组织人员调查、录入数据等方面的人力、财力和物力。网络调查的参与者可独立、自由地选择最方便的时间和空间参与调查，可匿名、从容地回答问题，有利于调查一些敏感性、隐私性、威胁性的问题。

第二节 网络调查的方法与步骤

一、网络调查的方法

目前常用的网络调查方法有网上问卷调查法、网上讨论法、网上测验法和网上观察法等。

(一) 网上问卷调查法

网上问卷调查法，就是调查者在网上发布问卷，调查对象在网上填答、提交问卷，调查者对调查信息进行分析研究后得出结论，并在网上公布调查结果的方法。

根据采用技术的不同，网上问卷调查有两种具体做法：

(1) 网站法，即将问卷放置在网络站点或手机 App 上，由受访者自愿填写。目前，QQ、微信、微博等社交媒体的分享和推送，大大提高了问卷分发的范围和效率。

(2) 电子邮件法，即通过电子邮件发送问卷，受访者填答问卷后，再通过电子邮件向指定邮箱提交问卷。

(二) 网上讨论法

网上讨论法，就是调查者在网上提出问题，组织参与者在网上讨论，通过网上讨论收集信息和数据，经分析、研究后，在网上发布讨论结果的方法。网上讨论法是集体访谈法在网络上的应用。目前，网上讨论法一般通过 BBS、Newsgroup、ICQ、IRC、NetMeeting 等交互平台实施。

BBS 是英文 Bulletin Board System 的缩写，意为电子公告牌系统。BBS 按不同主题分成多个公告牌，人们可以登录到自己感兴趣的区域获取信息和发表意见。它的功能是传递信息、邮件服务、在线交谈、文件传输、网上游戏等，重点是提供人与人之间交流的平台。它的特点是信息量大、更新速度快、交互性强、附加功能多。浏览的方法主要有两种：一种是基于 Web 浏览器，另一种是通过 Telnet 工具（如 NetTerm、Cterm、Sterm）登录。

Newsgroup 意为新闻组，是一种为用户提供与人交流或获取信息的手段的全交互式超级论坛。访问新闻组的人既可获取分类信息，又可发布文章、发表意见，还可以与其他用户交流。世界各国的新闻服务器中都设置有新闻组，新闻组的信息不断更新，超过保存期限的信息会被系统自动删除。与 BBS 相比较，新闻组有以下特点：一是讨论内容较多，二是可脱机阅读，三是专业性强。如果通过 Outlook Express 访问新闻组，其步骤是：设置新闻服务器账号、预订新闻组、阅读新闻、发布新闻等。

ICQ 是英语 I Seek You 的谐音，它是一种流行的聊天工具，一种网络寻呼机。ICQ 的主要功能是查找好友，对好友进行分组，与好友聊天，发送消息、SMS 或文件等。通过 ICQ，可用多种方式查找并添加遍布全球的 ICQ 用户，获得详细的用户信息，查看和打印历史消息，设置随机聊天，创建自己的 ICQ 主页，利用贺卡、语言邮件等 ICQ 插件发送贺卡和语音邮件等。MSN、QQ 即属于此类服务。

IRC 是英文 Internet Relay Chat 的缩写，它是一种非常流行的聊天方式。用户只要使用特定软件将电脑连接到 IRC 服务器上，就可按客户端电脑—服务器—

客户端电脑的方式，使用户实施信息交换。服务器在其中发挥中继作用，因而IRC的中文名称叫作“网络中继聊天”或“网络实时交谈”。IRC的优点，一是屏幕刷新快速，二是保密性能极高，三是便于创建和管理。此外，它还有播放音乐、传送文件、自编脚本程序等功能。

NetMeeting的中文含义是网络会议系统，它是一种多功能会议应用程序。用户使用NetMeeting，可以在局域网、广域网甚至互联网上开会，其主要功能是：使用声音与网络上其他人交谈，使用图像进行视频通话，使用共享应用程序编写文档。在NetMeeting上可以传送和接收文件，使用共享白板草拟文件，复制或粘贴用于观察的内容，使用聊天特性来回发送文本信息，等等，还可通过Windows的程序或摄像机实现视频音频实时传输。

(三) 网上测验法

网上测验法，就是调查者通过网络发出含有测验内容的问卷或信件，请受测者回答问卷或信件，然后，调查者对测验信息进行分析、研究，并做出测验结论的方法。测验内容非常广泛，可以是产品试销，可以是网络购物，可以是各种社会热点问题，也可以是受测者的主观素质、态度等方面的问题。例如，2009年1月29日，美国司法部为测试其员工“是否容易受骗，在互联网上泄露个人信息”，从两周前开始向其员工发送电子邮件。这封邮件写道：“如果员工在‘节俭储蓄计划’账户的存款因股市大跌损失超过30%，可以获得援助。欲得援助者必须于本月31日前在一家网站上填写相关账户信息。”一些警惕性高的员工告诫同事不要上当。不过这封邮件依然在司法部内引发了焦虑风潮。[①]

(四) 网上观察法

网上观察法，是调查者进入网络聊天室观察参与者的网络聊天情况，并按事先设计的观察项目和要求做记录，然后进行定量分析和对比研究，最后得出观察结论的方法。

网上观察法可分为网上直接观察法和网上间接观察法。

网上直接观察法又可分为网上参与观察和网上非参与观察。网上参与观察，是指观察者作为被观察者的一员参与聊天活动，在聊天过程中实施观察；网上非

---

① 美司法部“忽悠”员工 测试是否容易受骗．(2009-01-31)[2018-12-16]. https://mip.news.jiqi.com/world/interesting/200901/93-317977.html.

参与观察，是指观察者不参与被观察者的聊天活动，只作为旁观者进行观察和记录。网上观察法的优点是，网上环境虚拟、身份隐秘，参与聊天者顾虑较少，往往能聊出许多真情况、真想法，观察者能获得大量、真实的信息。网上观察法的缺点是：参与聊天者的地域分布、社会背景无法确认；反映的事实和数据无法核实；需要花费较多的人力和时间；如果缺乏有效约束，聊天室有可能沦为少数不负责任者编造谎言、发泄私愤的场所。此外，网上非参与观察无法引导和控制聊天过程，只能随波逐流；网上参与观察则由于观察者参与其中，观察到的现象和结论难免带有主观色彩。

网上间接观察法，就是利用网络技术对网站访问情况或网民在网上的行为进行监测和观察。如法国的 NetValue 公司，其重点是监测网络用户的网上行为，号称“基于互联网用户的全景测量”。它的做法是：首先，通过“计算机辅助电话调查”系统获取大量用户的人口统计资料。其次，从上述资料中抽出样本户，招募自愿受试者。最后，在自愿受试者电脑中下载有关软件，并通过此软件记录自愿受试者的全部网上行为。它的独特之处在于：一方面，它的观察基于自愿受试者，可以全面了解网站和用户情况，而一般的网上观察基于网站，只能通过网站计数器来了解访问量和停留时间等情况。另一方面，它是目前世界上唯一基于 TCP/IP 进行的观察，不仅能记录用户访问网站的情况，而且能记录网民上传和下载软件、收发电子邮件等其他网上行为，因此被称为“全景测量”。

二、网络调查的步骤

网络调查（主要指问卷式网络调查）的一般步骤如下。

（一）制订调查计划

制订调查计划，应该包括如下内容：

（1）调查目标。明确调查要解决什么问题，解决到什么程度，调查成果采取何种形式发表，要发挥的社会作用是什么（是学术探讨、决策参考，还是影响社会舆论），等等。

（2）调查内容。根据调查目标，设计调查提纲、问卷、表格等工具，其核心是设计出符合实际、便于操作的调查指标。

（3）调查方法。根据调查目标和内容，选择适当的网络调查方法，包括网上问卷调查法、网上讨论法、网上测验法、网上观察法等。

(4) 调查载体。根据需要和可能，选择网络调查的载体：现有网站或电子邮件。如果选择现有网站，则应根据调查内容的特点选择合适的网站。

(5) 调查对象。网站法的调查对象无法选择，只能根据调查对象填写的基本情况做统计分析；电子邮件法应根据调查目标和内容的需要，借助层次过滤寻找适合的调查对象。

(6) 调查时间。应明确规定调查截止时间，调查一般持续 10～15 天。民意调查、市场调查应选择在有关民意、市场最活跃的时间开展调查，时间不能太长，否则会影响调查的时效性。

此外，为提高受众参与的积极性，可提供免费礼品、调查报告等；向调查对象承诺并且做到有关个人隐私的信息不会被泄露和传播；对调查人员（包括整理资料人员、统计分析人员）、调查经费（尽管网络调查成本低廉，但仍需必要的投入）等，也应做出适当安排。

(二) 设计调查问卷

调查问卷的设计，对网络调查的成败往往具有决定性作用，必须高度重视。一般来说，网络调查问卷大体有三种方式：

(1) 简单方式。通常只询问 1 个问题，设计 3～5 个答项（如：赞成、反对、说不好，完全同意、同意、无所谓、不同意、坚决反对）。其特点是，问题单一，回答简明，填写方便，统计分析快速，时效性较强。对社会热点、突发事件进行调查，一般采用这种方式。

(2) 组合方式。即将调查主题分解为若干子题，每个子题设计 3～4 个问题，每个问题设计 3～5 个答项，共同组合成一份问卷。其特点是，询问问题较多，填答较难，但可对调查主题进行多侧面、多视角调查，可获得较具体、较多样的信息。对于某些较为复杂或较为专业的问题，多采用这种组合方式。

(3) 完整方式。问卷内容一般包括：调查对象的基本情况（如性别、年龄、文化程度、居住地址、行业、职业等个人或家庭的背景情况），按一定逻辑关系展开的询问问题及其答项，对填答问卷的意见或建议，等等。其特点是，调查内容比较完整，回答方式比较规范，可获得比较全面、丰富的信息，可进行比较深入的统计分析。但是，问卷内容不能过多，篇幅应大大小于书面问卷，否则就会影响参答人数或回答质量。这种方式主要用于网站对受众情况的调查，以及机构、公司委托的调查课题。

至于调查结果，简单方式多采用页面直接呈现的方式公布，各答项人数和百分比一目了然。其优点是，回答者可即时看到调查结果，有利于吸引更多网民参与调查。组合方式、完整方式的调查结果，要经过整理资料、统计分析等程序才能形成，因而一般要经过一段时间才能以调查报告、研究论文、统计公报等形式呈现。

（三）设计数据库和网页

设计数据库①，就是设计计算机存储、管理数据的软件系统。常用的计算机网络数据库系统软件有 MS Access、MS SQL 系列、Sybase、Oracal、My SQL 等。设计数据库的主要工作是问卷编码，问题结构及其答案设计，数据规则设计，数据视图、过程、触发器设计，数据接口设计，等等。在设计过程中要考虑的主要问题是数据的完整性、有效性，数据的冗余处理，数据库存储空间，数据库访问速度，数据复用性和数据转换，等等。

设计网页，是指设计问卷在网页中以何种页面形式显示出来的计算机程序。它包括两个部分：客户端界面设计和后台处理程序设计。客户端界面设计，是指将数据库中存储的问题及其答项，按问卷形式再现于网页的过程。这方面设计应注意的问题是，界面要易于理解、易于填写，问题要完整，答案要合理，并能进行有效性的初步验证，等等。后台处理程序设计，是指在网络服务器上对调查对象的回答进行录入、检验、存储等操作程序的设计。后台服务器系统的类型、软件、运行方式不同，后台处理程序的设计也就有所不同。常见的后台服务器软件有：运行于 SCO UNIX 的 SCO OpenServer，运行于微软操作系统的 IIS，以及运行于 LINUX 的 Apache WebServer，等等。这方面设计应注意的问题是：程序运行的安全性和速度，数据的合法性、有效性、完整性检验，程序运行存储空间占用，多用户并发处理，恶意代码处理，代码复用，数据的备份、恢复和转换，匿名处理，重复数据处理，防黑客处理，以及客户端界面数据接口，等等。

（四）测试和试调查

测试，是指对网页设计的客户端界面程序和后台处理程序进行检测、试验及修改、完善的过程，其目的是测试设计的功能是否完善，是否具有实用性和可操作性。试调查，是指对经过测试后的客户端界面程序和后台处理程序进行试验性调查。一般包括多用户并发试调查、安全试调查、数据管理试调查、可操作性试

① 数据库有广义和狭义之分。广义的数据库，是指计算机存储、管理数据的硬件系统和软件系统；狭义的数据库，是指计算机存储、管理数据的软件系统。本书所说的数据库，是指狭义的数据库。

调查等，以期进一步修改、完善有关程序。测试和试调查，是网络调查成败的关键环节之一。只有认真做好测试和试调查工作，才能及时发现和改进程序设计中的重大缺陷和问题，保证后续调查工作顺利进行。

（五）问卷的网络发布和开始调查

问卷的网络发布，是指将设计的调查问卷程序系统放置到网络服务器上，以便网民参与调查。它一般包括三个步骤：一是程序安装，包括域名或访问地址的申请和确定，数据空间和程序空间的申请，程序安装，数据库安装，Web 站点或虚拟目录的建立，必要组件的注册，等等。程序安装完成后，用来调查的问卷页面已经可以在 Web 浏览器中正常访问。二是程序测试，主要是对安装完成后的程序功能再次进行完整测试。三是告知网民参与调查，告知的内容主要包括调查的目的和内容、回答的方法、网络地址、起止时间、注意事项等。

在发布公告后，应在规定时间开始网络调查。调查前，要测试数据清空操作，并做好紧急情况处理预案。在从调查开始到调查截止的时期内，要安排专人对网络运行状况进行监测，以保证网络畅通，及时处理紧急情况，同时做好网络服务器的定时备份工作。

（六）数据收集和统计分析

调查结束后，经后台处理程序录入、编码的调查数据，已被存储在数据库服务器上了。这时要做的工作是根据研究需要对调查数据做统计分析。一般数据库系统都有基本的统计分析功能，只要进行相应操作，就可完成简单的统计分析工作。如果要进行较复杂的统计分析，就必须使用数据库系统的数据导出功能将所需数据导出，然后运用专业统计分析软件（如 SPSS 等）进行统计分析。在统计分析过程中应注意的问题是：及时对调查的原始数据库进行完整备份，数据提取应多用数据视图和不改变数据原貌的查询操作，不得改动调查的原始数据。

（七）撰写并提交调查报告

撰写调查报告是网络调查的最后一步。撰写调查报告，主要是在分析调查数据的基础上对调查结果所做的系统论述或说明。提交调查报告，是指根据调查的目标和任务，实事求是地把调查结果报告出来，反馈给网络调查的参与者、委托者或广大网民。如果仅反馈给网络调查的参与者，那么只需给网络调查参与者密码就行了。

三、网络调查应该注意的问题

网络调查（主要是网络问卷调查）应该注意的事项，主要有以下四个方面。

(一) 主题选择

从理论上说，凡是适用传统调查方法的主题，都适用网络调查法。目前，国内外网络调查的主题，大都以民意调查、市场调查为主，但有关人口学、社会学、心理学、大众传播学、教育学、医学的主题也相当普遍。随着网络的普及，网络调查主题必将更为广泛。

从实践上看，确定网络调查主题应该注意两个问题：一是应该以网民的看法、态度、感受、愿望等主观状况为主，而不宜以客观事实为主，因为通过网络调查所获得的有关客观事实的回答无法查证和核实，无法对其做出准确评价。二是应该与网民的社会结构相适应。

(二) 问卷设计

网络调查的问卷设计与一般调查的问卷设计基本相同，但应注意以下几个问题：

(1) 尽可能简短。网民一般是在浏览网页的过程中顺便参与网络问卷调查的，不可能花较多时间填答问卷，因此问卷应尽可能简短，最好是一两分钟就能答完。

(2) 简明、易懂。在网络问卷调查中，调查者不可能当面向网民做解释或说明，因此，设计的询问问题和回答方式都应简明、易懂，否则会降低网民参与调查的热情，或造成网民胡乱填答。

(3) 明示起止时间。网络问卷调查要明确标示何时开始、何时截止，以免有意参与者错过参与时间；调查持续时间不宜太长，一般以 7～15 天为宜，否则会影响调查结果的准确性。

(4) 尽可能立即显示调查结果。简单方式的问卷调查，客户端界面的设计最好能即时反映各回答选项人数及其百分比变化，使参与者立即看到回答效果，从而吸引更多网民参与。

(三) 程序控制

这是网络问卷调查不同于一般问卷调查所特有的问题，应着重解决以下几个问题：

(1) 重复填答问题。在网络问卷调查中，经常出现一址 (IP) 多票、重复填答现象，特别是在评比、排名、选优等调查中，有的企业甚至雇人来网上投票，以保证本企业获得较好名次。为了克服这种弊端，应通过程序设计控制一址 (IP) 多票、重复填答现象，避免大量灌水票，以增强调查的真实性。

(2) 程序控制问题。在网络问卷调查中，问题接转是一个难点。例如，询问这样一个问题："你是否结婚了?"回答"是"者，继续填答后续有关问题；回答"否"者，终止填答后续有关问题。但是，有些回答"否"的人仍会继续填答后续有关问题，致使后续有关问题的回答人数大大超过回答"是"的人数，从而使这一数据失去统计价值。因此，要设计必要的程序，对相关问题的转接，以及填答不完整的问卷、回答中有逻辑错误的问卷等，实施系统的检验和控制。

(3) 多网站调查问题。为了扩大调查的覆盖面，同一调查问卷可以在多个网站同时进行调查。实践证明，这种同一问卷、多网站调查，最好由调查者自己生成调查程序和问卷页面，然后由有关网站做一个链接，使回答者能直接通过点击链接进入调查者的网站并进行回答。这样，不仅便于调查者随时监看调查过程，而且可以较好地保证全部数据的收集及后期的统计分析工作。

(四) 问卷发布

这是网络问卷调查所特有的问题。调查问卷的发布有几种做法：一是利用自己的站点发布调查问卷，二是借助别人的站点发布调查问卷，三是通过电子邮件发送问卷。如果采用第二种方式，应注意以下两个问题：

(1) 慎重选择发布网站。网络调查问卷发布在不同网站，参与填答的人数往往有很大差异。一般来说，调查问卷发布在门户网站或影响较大的新闻网站，参与填答的人数往往比较多；放置在一般的、影响较小的网站，填答人数往往比较少。

(2) 科学选择发布版面。网络调查问卷发布在不同版面，参与填答的人数也会有较大差异。一般来说，有关社会热点的民意调查，最好能发布在网站首页或新闻频道首页的突出位置；市场调查和各类专题调查，最好能发布在相关频道、相关版面的突出位置。

第三节
大数据：概念、特点与类型

一、大数据的概念

随着以博客、社交网络、基于位置的服务 LBS 为代表的新型信息发布方式的不断涌现，以及云计算、物联网等技术的兴起，数据正以前所未有的速度不断地增长和累积，因而信息社会已经进入了大数据时代。大数据的涌现不仅改变着人们的生活与工作方式、企业的运作模式，还引起了科学研究模式的根本性改变。就社会研究而言，大数据可能从根本上改变了社会研究获取和分析数据的模式。与传统数据不同，大数据不是通过抽样调查所获取的样本数据，而是人类活动的实时记录，并大都可以通过互联网存储、获取、交换和分析，这些数据可以克服抽样调查带来的许多随机和非随机误差。更为关键的是，要确保抽样调查的随机性，需要建立总体的抽样框，然而在现实社会中绝大多数情况下很难建立抽样框，而大数据对于特定的群体所收集的数据一般就是该群体的总体数据。

大数据（big data 或 mega data），或称巨量数据、海量数据、大资料，指的是所涉及的数据量规模巨大到无法通过人工在合理时间内达到截取、管理、处理并整理成为人类所能解读的形式的信息。可以说，信息化时代的我们已经身处数据的海洋，几乎所有事物，如出行、购物、通信、社交、娱乐、医疗、教育、环境、金融、商贸、交通、新闻等都与数据有关。我们每天都在产生数据，打电话、发短信、乘地铁、上班打卡、在线聊天、上网购物……大量数据实时地记录我们的工作、生活。而在一个人口规模巨大的社会里，这些记录构成了一个海量的数据库。一般而言，这些规模巨大的数据是无法在一定时间范围内用常规软件工具进行捕捉、管理和处理的数据集合，是只有通过新处理模式才能具有更强的决策力、洞察发现力和流程优化能力的海量、高增长率和多样化的信息产品。

二、大数据的特点

从数据库到大数据，数据特性发生了根本性的变化。有学者用“池塘”和

“大海”来区分两者，如果把数据比作“鱼”，会发现“捕鱼”环境条件的变化导致了“捕鱼”方式的根本性差异①。现有研究认为大数据有如下典型特征②。

(一) 数据体量巨大 (volume)

传统数据处理的是以 MB 为基本单位的数据量，大数据则常常以 GB，甚至是 TB、PB 为基本处理单位。之所以产生如此巨大的数据量，一是因为各种电子设备，包括传感器、输入器和存储设备的发展和应用，使我们可以实时感知和记录信息；二是因为集成电路价格降低，使很多东西有了智能的成分，记录是自动的，而不再是手动的，速度快且准确。

(二) 数据种类繁多 (variety)

传统数据种类单一，且以结构化的数据为主，如问卷调查数据；而像人口普查这样的数据虽然数据量大，但可用变量少。大数据种类数以千计，这些数据又包括结构化、半结构化以及非结构化的数据。大数据种类繁多源于数据来源广泛，不仅包括传统的关系数据类型，也包括以网页、图片、视频、音频、电子邮件、文档等形式存在的未加工的、半结构化的和非结构化的数据。

(三) 流动速度快 (velocity)

我们通常理解的流动速度是数据的获取、存储以及挖掘有效信息的速度，但我们现在处理的数据以 PB 级代替了 TB 级，考虑到“超大规模数据”和“海量数据”也有规模大的特点，强调数据是快速动态变化的，形成流式数据是大数据的重要特征，数据流动的速度快到难以用传统的系统去处理。例如，每天几亿人口的社交媒体聊天记录、网络购物记录，形成了规模巨大的实时数据洪流。

(四) 价值密度低 (value)

在数据量呈指数增长的同时，隐藏在海量数据中的有用信息却没有以相应比例增长，反而使我们获取有用信息的难度加大。以视频为例，在连续的监控过程

---

① 孟小峰，慈祥．大数据管理：概念、技术与挑战．计算机研究与发展，2013，50 (1).

② 陶雪娇，胡晓峰，刘洋．大数据研究综述．系统仿真学报，2013，25 (s1).

中，可能有用的数据仅有一两秒。

大数据的“4V”特征不仅表明其海量，也带来诸多挑战，包括数据捕获、存储、分析、搜索、共享、传输、可视化、查询、更新和信息隐私等方面的挑战。此外，对于大数据的分析将更加复杂、更追求速度、更注重实效。不过值得注意的是，大数据的重要性不在于拥有的数据量，而在于使用的数据量。人们可以从任何来源获取数据并进行分析以找到答案，从而实现成本降低、时间缩短、新产品开发和优化，以及智能决策。

三、大数据的类型

大数据类型繁多，下面我们从数据来源和数据形式两个角度来进行介绍。

（一）按数据来源分类

1. 交易数据

大数据平台能够获取时间跨度更大、更海量的结构化交易数据，这样就可以对更广泛的交易数据类型进行分析，不仅包括 POS 或电子商务购物数据，还包括行为交易数据，如 Web 服务器记录的互联网点击流数据日志。

2. 人为数据

非结构数据广泛存在于电子邮件、文档、图片、音频、视频，以及通过博客、维基，尤其是社交媒体产生的数据流中。这些数据为使用文本分析功能进行分析提供了丰富的数据源泉。

3. 移动数据

移动数据库是能够支持移动式计算环境的数据库。随着能够上网的智能手机和平板电脑越来越普及，这些移动设备上的 App 都能够追踪和沟通无数事件——从 App 内的交易数据（如搜索产品的记录）到个人信息资料或状态报告（如地点变更即报告一个新的地理编码）。

4. 机器和传感器数据

机器和传感器数据包括功能设备创建或生成的数据，如智能电表、智能温度控制器、工厂机器和连接互联网的家用电器。这些设备可以配置为与互联网络中的其他节点通信，还可以自动向中央服务器传输数据，这样就可以对数据进行分析。机器和传感器数据是新兴的物联网所产生的数据的主要例子。来自物联网的数据可以用于构建分析模型，连续监测预测性行为（如当传感器值表示有问题时进行识别），提供规定的指令（如警示技术人员在真正出问题之前检查设备）。

（二）按数据形式分类

1. 结构化数据

结构化数据，通常是指用关系数据库方式记录的数据，数据按表和字段进行存储，字段之间相互独立。比如企业 ERP、财务系统，医疗 HIS 数据库，教育一卡通，政府行政审批，其他核心数据库，等等。

2. 半结构化数据

半结构化数据，是指以自描述的文本方式记录的数据，由于自描述数据无须满足关系数据库中那种非常严格的结构和关系，在使用过程中非常方便。很多网站和应用访问日志都采用了这种格式，网页本身也是这种格式。

3. 非结构化数据

非结构化数据，通常指语音、图片、视频等格式的数据。这类数据一般按照特定的应用格式进行编码，数据量非常大，且不能简单地转换成结构化数据。

第四节 大数据：获取与分析

在大数据时代，数据处理流程一般采用多处理阶段模型，具体包括：原始数据（数据选择）⟶任务数据（数据处理）⟶净化数据（数据转换）⟶事务数据（挖掘提取）⟶模式（分析评估）⟶知识。

一、大数据获取

由于大数据来源和形式多样，分布广泛，所以数据采集并没有一个统一的途径，下面介绍几种常用的大数据获取方式。

（一）数据交易

随着大数据在商业、科学研究中的应用越来越广泛，有关大数据的交互、整合、交换、交易的例子也日益增多，大数据交易所也应运而生。2015 年 4 月 15 日，全国首家大数据交易所——贵阳大数据交易所（Global Big Data Exchange，GBDEx）正式挂牌运营并完成首批大数据交易。目前数据品种包括政府、医疗、金融、企业、电商、能源、交通、商品、消费、教育、社交、社会这十二类。

在数据交易的模式方面，API 接口是目前数据交易的一个常见手段，接口商（即交易平台）通过各种方法（购买、合作、抓取等）拿到上游数据生产单位的数据资源进行融合、清洗（增值），然后形成数据接口提供给下游需求用户。另一种是数据包交易，数据主要以数据包的形态（如 Excel 表）进行交易，就是对数据进行清洗、脱敏，最后像实体商品一样出售。

（二）数据采集

要实现自行采集大数据，通常需要掌握专业数据抓取技术。目前常用的数据抓取软件包括 Python、R 语言（这两个软件均是开源、免费的编程语言）。另外，对于缺乏数据抓取技术的人来说，可以使用八爪鱼、集搜客、火车采集器等网页数据抓取工具，这些数据抓取工具通过简单的操作就可以采集网络文本数据。

（三）数据开放

数据开放意味着数据可以被任何人自由免费地访问、获取、利用和分享。2013 年，在北爱尔兰召开的 G8 会议签署了《开放数据宪章》，该宪章将开放数据定义为具备必要的技术和法律特性，从而能被任何人在任何时间和任何地点进行自由利用、再利用和分发的电子数据。它要求发布的数据不是一般的数据，而是高价值的数据，不仅要有加工过的数据，还要有源数据。开放数据需要技术框架支持，包括开放数据管理、开放数据技术和开放数据门户。

二、大数据分析

大数据分析是根据相关业务知识，应用相应技术，如统计学、数据挖掘的方法，分析出数据中的信息。大数据分析有五个基本方面。

（一）可视化分析

不管是对于数据分析专家还是对于普通用户而言，数据可视化都是对数据分析工具最基本的要求。可视化可以直观地展示数据，让数据自己说话，让观众听到结果。

（二）数据挖掘

大数据分析的理论核心就是数据挖掘算法。各种数据挖掘算法基于不同的数据类型和格式，才能更加科学地呈现出数据本身具备的特点，挖掘出公认的价值。通常的算法包括集群、分割、孤立点分析等。这些算法不仅要处理大数据的量，也要处理大数据的速度。

（三）预测性分析

大数据分析重要的应用领域之一就是预测性分析。从大数据中挖掘出特点，科学地建立模型，之后便可以通过模型代入新的数据，从而预测未来的数据。

（四）语义引擎

语义引擎是利用自然语言处理技术，让计算机具备文字阅读能力，去分析提炼海量数据的工具系统。它能帮助人们从数据中智能地提取信息。

（五）数据质量和数据管理

数据质量和数据管理是指依赖于标准化的流程和有效的工具对数据进行处理。大数据分析离不开数据质量和数据管理。无论是在学术研究领域还是在商业应用领域，只有高质量的数据和有效的数据管理，才能保证分析结果真实和有价值。

三、数据挖掘和社会计算

利用计算技术对网络大数据进行挖掘分析，发现蕴含的知识，研究社会运行的规律与发展趋势，是挖掘网络大数据的深层价值和实现社会行为可计算的主要途径。基于内容信息的数据挖掘和基于结构信息的社会计算，是目前网络大数据挖掘和社会计算领域的研究热点①。

（一）基于内容信息的数据挖掘

语言是社会媒体最重要的表现形式，文本是社会媒体中用户表达信息的最重要的方式。基于内容信息的数据挖掘包括网络搜索技术与实体关联分析等主要研究内容。社会媒体的出现为互联网信息搜索提出了新的挑战，研究的热点从传统的海量数据抓取、索引结构优化和用户查询分析等转移到了排序学习算法，专注于提高检索质量。此外，社会媒体需要关注数据的短文本特征，对简短关键词表达进行深入理解和分析，掌握用户真实的查询意图。

（二）基于结构信息的社会计算

社会网络是以社会媒体中的用户为节点、用户间的关系为连边而构建的网络。它既是用户间社会关系的反映，也是用户间进行信息交互的载体。社会网络具有关系的异质性、结构的多尺度性以及网络的动态演化性三方面特性。在社会网络中，个体因血缘关系或兴趣爱好等因素而形成了连接紧密的圈子，这种内部关系紧密而对外关系相对稀疏的结构被称为社区。社区结构是社会网络所普遍具有的结构特征，社区结构的存在对于网络的高效搜索、网络演化、信息扩散等具有重要意义。针对社区结构的研究可分为社区发现、社区结构演化等方面。

本章要点

1. 网络调查，又称为网上调查、在线调查，是指通过互联网及其调查系统把传统的调查、分析方法在线化、智能化，简言之，就是借助互联网进行的问卷调查。

2. 网络调查法的特点是及时性和广泛性、交易性和共享性、超时空性和客观性、低费用和便捷性。

3. 常用的网络调查方法有网上问卷调查法、网上讨论法、网上测验法和网上观察法等。

4. 大数据是指所涉及的数据量规模巨大到无法通过人工在合理时间内达到

---

① 王元卓，靳小龙，程学旗．网络大数据：现状与展望．计算机学报，2013，36（6）．

截取、管理、处理并整理成为人类所能解读的形式的信息。

5. 大数据的特点包括数据体量巨大、数据种类繁多、流动速度快、价值密度低等。

6. 大数据的类型通常可以按数据来源、数据形式进行划分，前者包括交易数、人为数据、移动数据、机器和传感器数据，后者包括结构化数据、半结构化数据和非结构化数据。

7. 大数据获取的三种常见形式是数据交易、数据采集和数据开放。

8. 大数据分析的五个基本方面，分别是可视化分析、数据挖掘、预测性分析、语义引擎以及数据质量和数据管理。基于内容信息的数据挖掘和基于结构信息的社会计算，是目前网络大数据挖掘和社会计算领域的研究热点。

基本概念

网络调查法　网上问卷调查　大数据　数据挖掘

思考与练习

1. 简述网络调查法的概念及其特点。
2. 网络调查的方法有哪些?
3. 什么是网上问卷调查法? 它与一般问卷调查法有何异同?
4. 略述网上讨论法、网上测验法和网上观察法的特点和异同。
5. 网络调查有哪些步骤?
6. 什么是大数据? 它有何特点?
7. 如何获取、分析大数据?

推荐阅读书目

1. 水延凯．怎样搞好社会调查．北京：中国人民大学出版社，2009.
2. 赵国栋．网络调查研究方法概论．2 版．北京：北京大学出版社，2013.
3. 安德森，卡努卡．网络调研：方法、策略与问题．北京：中国劳动社会保障出版社，2007.
4. 迈尔-舍恩伯格，库克耶．大数据时代．杭州：浙江人民出版社，2012.
5. 涂子沛．大数据：正在到来的数据革命，以及它如何改变政府、商业与我们的生活．桂林：广西师范大学出版社，2013.
6. 彭特兰．智慧社会：大数据与社会物理学．杭州：浙江人民出版社，2015.

第十二章

整理资料

整理资料是研究的基础，调查阶段搜集的资料只有经过科学、系统的整理和分析，才能为统计分析和思维加工打好基础。

第一节 整理资料的意义和原则

要做好整理资料的工作，首先应该弄清楚它的重要意义和一般原则。

一、整理资料及其意义

所谓整理资料，就是根据调查研究的目的，运用科学的方法，对通过调查所获得的资料进行审核、检验、分类、汇编等初步加工，使之系统化和条理化，并以集中、简明的方式反映调查对象总体情况的工作过程。

整理资料的重要意义在于：

（一）提高调查资料质量及其使用价值的必要步骤

通过各种调查方法获得的调查资料往往是分散的、零乱的，而且难免出现虚假、差错、短缺、余冗等现象。要解决这些问题，除了在调查阶段组织调查人员就地自查、互查和指派专人督查外，还必须在研究阶段开始时进行一次全面检查和整理，以区分资料的真假和精粗，消除资料中的假、错、缺、冗等现象，以保证资料的真实、准确和完整，提高调查资料的质量和使用价值。

（二）研究调查资料的重要基础

研究阶段的任务在于获得正确的调查结论，而正确的调查结论来源于科学的统计分析和思维加工，科学的统计分析和思维加工又有赖于调查资料的真实、准确和完整。为此，就必须运用统计学方法和手段，以及各种科学的思维方法，对搜集到的资料进行鉴别和整理，把各种资料差错，特别是数据差错消灭在统计分析和思维加工之前。这是保证研究工作顺利进行的重要基础。

（三）保存资料的客观要求

社会调查的原始资料，不仅是当时得出调查结论的客观依据，而且对今后研究同类社会现象具有重要的参考价值。因此，每次社会调查都应认真整理调查资料，以便长期保存和研究。

二、整理资料的原则

整理资料应该遵循的主要原则是：

（一）真实性原则

整理的资料必须是真实的、实事求是的，而不是虚假的、主观杜撰的。这是整理资料首要的、最根本的原则。

（二）准确性原则

整理后的资料，事实要清楚，数据要准确。如果整理出来的资料事实含混不清、数据互相矛盾，就不可能得出科学结论。

（三）完整性原则

整理资料应尽可能地全面、完整。即：既要有历史资料，又要有现实资料；既要有正面的资料，又要有负面的资料；既要有主体资料，又要有辅助资料；等等。只有这样，才能真实反映调查对象的全貌。

（四）统一性原则

整理出来的资料要统一，包括调查对象要统一，调查指标及其操作定义要统一，调查数据的计算公式、计量单位要统一，调查结果的表现形式要统一，等等。

（五）简明性原则

整理所得的资料应该尽可能地系统化、条理化，并以集中、简明的方式反映调查对象的总体情况。

（六）新颖性原则

整理资料时，要尽可能用新观点、新角度来审视资料、组合资料，尽量避免按照陈旧思路考虑问题、反映问题，更不能简单重复别人已经走过的老路。只有勤于思考、勇于创新，从调查资料中发现新情况、新问题，才能为创造性研究打下良好基础。

三、整理资料的类型

在调查阶段搜集的资料，有文字、数据、图像、视听、实物、问卷等不同类型。在实际研究过程中，最常见的有三类资料：问卷资料、统计资料和文字资料。

（一）问卷资料

问卷资料是指通过问卷调查而获得的资料，通常是标准化的数字信息。这些数字代表有关变量的取值，是对受访者或其他对象进行调查、测量的记录。整理问卷资料，就是将问卷中记录的数据或符号，通过一定的程序和方式转换成可供计算机分析的数据，并可按照一套模式和方法、通过一些登录技术将其录入计算机。

（二）统计资料

统计资料是指通过调查所获得的各种数据资料。这些数据资料一般反映在统计表或统计图，以及各种统计手册、年鉴、汇编和专题数据库中。整理统计资料，就是对这些数据资料进行鉴别、加工，使之条理化、系统化。这不是一项单纯的技术工作，只有在一定的科学理论指导下，才能在整理过程中抓住那些最基本、最能说明问题的统计指标和统计数据。

（三）文字资料

文字资料是指通过调查所获得的文本资料，如访谈记录、观察记录、会议记录、文件、日记、档案、地方志、年鉴、调查报告、研究论文等。整理文字资料，就是根据研究需要，对搜集到的各种文本资料加以登录、分类和编码，使之成为不同层次的备用资料。文字资料具有多样性、开放性等特点，其整理工作没有也不可能有一套固定的程序和模式，必须以一定的理论为指导，与研究紧密结合，由研究者直接参与，而不能由助手或技术手段代劳。

第二节 问卷资料的整理

问卷资料的整理过程，通常分为审查问卷、资料编码、数据录入与清理三个阶段。

一、审查问卷

审查问卷，是指对回收的问卷进行审阅，矫正错填、误填答项，剔除乱填、空白和严重缺答的废卷。其目的是使进入后续程序的问卷具有较高的准确性、完整性和真实性。

在实践中，审查问卷有两种做法：一是就地审查，即在问卷调查过程中进行审查，包括调查员自查、互查和组织专人抽查。这样有利于及时发现问题、就地重新调查、核实解决问题，但是审查标准很难统一，审查质量很难保证。二是集中审查，即在整理资料初期对回收问卷进行集中、全面审查。它的好处是，审查可以在统一指导下进行，审查标准比较一致，审查质量比较有保证；但是工作周期较长，不利于就地复查和核实。

对审查中发现的问题，应该进行适当处置。处置的原则是：

（1）凡在问卷已有答项中能够解决的问题，都应在审查过程中立即予以更正，以免时过境迁遗忘了，留下质量隐患。

（2）凡在问卷已有答项中无法解决的问题，都应力争通过补充调查弥补问卷填写的缺陷，努力使这些问卷成为完全合格或基本合格的问卷。

（3）凡既无法进行补充调查，又无法采取其他措施弥补的不合格回答，可对该项指标做无回答或无效回答处理。

（4）凡对调查对象的选择违背原设计方案的问卷，以及问卷中主要内容填写错误而且无法弥补的问卷，均应作为不合格问卷予以坚决淘汰。

（5）访问员对回答的评价和复核员的复核意见，要集中起来，供撰写报告、阐明结果、估计偏误时参考。

通过审查，要努力提高问卷合格率和指标合格率，坚决淘汰一切不合格问卷和不合格指标。只有如此，才能保证问卷调查的基本质量。

二、资料编码

资料编码即资料数码化，要求根据计算机统计程序的规定把汉字等信息数字化，以便计算机统计程序识别。编码是使用计算机统计分析的关键环节。问卷中封闭型答项的种类和编码，在设计时已经确定，并在调查时填写，因而被称为“前编码”；开放型答项的种类和编码，由于在调查之前无法事先确定答项的种类及数量，只能在调查结束后再来确定和填写，因而被称为“后编码”。无论是哪种编码，一般都要制定出明确的编码手册。编码手册是根据调查问卷的问题制定的，需明确列出每一问题对应的变量、每一问题的答案及其代码。

后编码的一般步骤如下。

（一）预分类和预编码

在问卷总数中任意选择10%左右的问卷，把对有关问题的回答分类罗列出来并编码，从而形成预分类和预编码。在这个阶段，分类应该尽可能详尽一些，只有这样才便于以后的选择和归并。

（二）“对号入座”和“不断加座”

按照预分类类别和预编码，对另外90%左右问卷中有关问题的回答“对号入座”进行分类和编码。如果在这些问卷的有关回答中，发现预分类中没有的新回答类别，就在预分类中“加座”，增加一个新类别，同时在预编码中“加座”，增加一个新编码。这样“不断加座”，直至把开放型回答的全部答案都包括进去为止。

(三) 选择、归并、确定后编码的类别和编码

按照研究需要，对预分类的类别清单进行选择和归并，即归并相近类别，保留有用类别，删除无用类别。最后，对选择归并后定型的回答类别正式编码，从而确定后编码的类别和编码。

(四) 完成编码工作

按照确定的后编码类别和编码，对全部问卷中的开放型答项进行编码，从而完成后编码工作。

三、数据录入与清理

数据录入就是把问卷调查的结果和其他原始资料转换为计算机可读取的数据，输入计算机，建立数据文件。

在数据录入后，应借助计算机仔细地进行数据清理，不让错误数据进入运算过程。数据清理有以下几种方法。

(一) 有效范围清理

问卷中的任何一个变量，都有某种有效编码值范围，凡超出这个范围的数据，肯定是错误的。比如，“性别”这一变量的有效编码值是：1 男、2 女、0 无回答。如果在这一变量栏中出现了其他数字，就肯定是错误的。在 SPSS 软件上，可以通过频数统计表查找输入数据时可能发生的差错。如果发现了错误，在 SPSS 软件中执行查找（find）命令，即可发现错码的问卷编号（个案号码），然后查找原始问卷，更正错误。

(二) 逻辑一致性清理

逻辑一致性清理比有效范围清理复杂一些，其基本思路是：依据问卷中问题

之间的逻辑关系，来检查前后答项数据之间的合理性。纠正这类错误，应该根据变量测量层次采用不同方法。对于定类、定序或定距变量，可采用交互分类统计（列联表）方法，检查变量之间是否存在逻辑矛盾。如果发现了问题，先在SPSS软件中查找发现错码的问卷编号，然后根据原始问卷相关答项分析出错的原因。如果原答项没有错误，就应向调查对象复查、核实。对于定比变量，可在SPSS软件中建立新变量的compute命令，分析两个变量间存在的逻辑错误。

（三）数据质量抽查

如果录入数据时输入的错误数据在正常有效编码值范围之内，那么查出这类输入错误的唯一办法就只能是拿着原始问卷，一份一份、一个答项一个答项地核对。由于这种方法核对的工作量过大，一般只能采用随机抽样方法，从全部样本中随机抽取一部分问卷进行校对，然后根据这一部分问卷校对的结果，来评估全部问卷的数据质量。

第三节 统计资料的整理

统计资料（亦称数字资料、定量资料）的整理包含两层含义：一是对原始资料进行整理，二是对已加工的资料（次级资料）进行进一步的整理。前者包括对原始数据加以分类或分组，使之成为可以进行统计处理或分析的数据；后者是指在前者的基础上，用统计表或统计图等形式对资料做初步的分析。统计资料的整理一般要经过检验、分组、汇总、制作统计表和统计图等步骤，它是统计分析的基础。

一、检验

检验，就是检查、验证各种统计资料是否完整和正确。

统计资料的完整性检查，主要包括两个方面：一是检查应该调查的对象和每个调查对象应该填报的表格是否齐全，有没有遗漏调查对象或表格的现象；二是检查每张调查表格的填写是否完整，有没有缺报的指标或漏填的内容。

统计资料的正确性检查，就是看资料中的数字是否符合实际，计算是否正确。统计资料的正确性检查，一般采用三种方法：一是经验判断，即根据已有经验来判断统计资料是否真实、正确；二是逻辑检验，即从逻辑关系来检验统计资料是否正确、符合实际；三是计算审核，即通过各种数学运算来审核统计资料有无差错。

对于通过检验发现的各种问题，如表格不齐、答案不全、数字不真或计算错误等，都应及时查明原因，并采取措施予以补充或更正。对于无法补充或更正的统计资料，则应作为无效资料剔除，以免影响整个统计资料的真实性和准确性。

二、分组

统计分组，是指根据调查对象的某些特征或标志把有关数据划分为不同的类别或组成部分。统计分组包含两层含义：对总体而言是“分”，即将总体中的每一个个体按其差异性划分出来；对个体而言是“合”，即将性质相同的个体组合成类。

分组应该坚持以研究目的为依据，以客观实际为基础，以界限明确为要求，以穷尽性和互斥性为原则。分组的目的在于反映各组事物的特征，考察总体内部的构成状况，研究总体内各组成部分的相互关系，等等。

分组的一般步骤是选择分组标志、确定分组界限、编制变量数列。

（一）选择分组标志

分组标志，就是分组的标准或依据。分组的标志多种多样，调查目的不同，调查对象情况不同，选择分组的标志就应有所不同。

常用的分组标志有四种：一是质量标志，就是按事物的性质或类别分组；二是数量标志，就是按事物的发展规模、水平、速度、比例等数量特征分组；三是空间标志，就是按事物的地理位置、区域范围等空间特性分组；四是时间标志，就是按事物从发生到结束的持续性、间隔性和先后顺序分组。

当然，在这四种标志的基础上，可以用两个或两个以上标志——性质和水平、年度和类型、规模和区域、地理位置和年度等——组合成多种多样的复合标志。

选择分组标志，是统计资料分组的关键。一定要根据调查目的、要求和调查对象的实际情况，以科学理论为指导，实事求是地慎重选择分组标志。

(二) 确定分组界限

分组界限，是指划分组与组之间的间隔限度。确定分组界限，包括组数、组距、组限、组中值的确定和计算等内容。

(1) 组数，就是组的数量。对组数的确定，应从实际出发。当数量标志变动范围很小、标志值项数不多时，可直接将每个标志值确定为一组。这时，组数等于数量标志值项数。对标志值项数较多的统计资料分组，还可以按斯特奇斯提出的经验公式（通称 Sturges 法则）来确定组数 K：

$$K=1+\lg N/\lg 2 \text{ 即 } K=1+3.322\lg N$$

式中，N 为标志值项数，对计算结果用四舍五入办法取整数即为组数。

这个公式的文字表述是：组数 K 等于标志值项数 N 的对数除以 2 的对数所得的商加 1.2 的对数的倒数为 3.322，N 的对数可通过查常用对数表得知。

(2) 组距，就是各组中最大数值与最小数值之间的距离。确定组距后，应编制组距数列。编制的组距数列，各组组距相等的，叫等组距数列；各组组距不相等的，叫不等组距数列。确定组距数列时，究竟采用等组距数列还是不等组距数列，应从实际情况出发。如编制等组距数列，应先确定组数，再用全部变量最大值与最小值之间的差距即全距除以组数，就可得出组距的大小。如编制不等组距数列，就应根据研究目的和实际情况来确定组距。

(3) 组限，就是组距两端数值的限度。一般将每组的起点数值（最小数值）称为下限，终点数值（最大数值）称为上限。组限有两种表现形式：一种是封闭式组限，即在变量数列中最小组的下限值和最大组的上限值都是确定的；一种是开口式组限，即在变量数列中最小组的下限值或最大组的上限值是不确定的。

(4) 组中值，就是各组标志值的代表值。组中值是根据各组组距上限与下限之间的中点数值确定的。

封闭式组限数列组中值的计算公式是：

组中值＝（下限＋上限）/2

开口式组限数列组中值的计算公式是：

缺下限的组中值＝开口组上限－相邻组组距/2

缺上限的组中值＝开口组下限＋相邻组组距/2

(三) 编制变量数列

数量标志中可以取不同数值的量，统计上称变量。把数量标志的不同数值编制为数列，称编制变量数列，即把各数量标志的数值汇总归入适当的变量数列表。

常用的变量数列表有：(1) 按质量标志分组的变量数列表；(2) 按数量标志分组的变量数列表；(3) 按空间标志分组的变量数列表；(4) 按时间标志分组的变量数列表；(5) 累积频数表，又称累计频次表，即把各值的频次按一定顺序（从小到大或从大到小）相加后所形成的表格。

三、汇总

统计汇总，是指根据研究目的把分组后的数据汇集到有关表格中，并计算、加总，以集中、系统的形式反映调查对象总体的数量情况。

汇总方法分为手工汇总和计算机汇总两大类。手工汇总有画记法、折叠法、分表法、过录法、卡片法等方法。随着计算机的普及，手工汇总方法已逐渐为计算机汇总方法所代替。使用计算机汇总的方法，必须先把原始资料转变为计算机可识别的数据。现在大多是在 SPSS、Excel、DBase、Stata 等统计软件中直接登录统计资料、建立数据文件，然后进行汇总计算。

四、制作统计表和统计图

汇总数据如果要通过表格或图形表现出来，就要制作统计表和统计图。

(一) 统计表的制作

统计表以表格形式反映变量的数值分布，是表述统计资料数量特征及其关系的主要形式。它具有系统、完整、简明、集中的特点，而且便于计算、查找和对比研究。从广义上讲，统计表包括调查表、汇总表、整理表、分析表和公布统计资料的表式等。从狭义上讲，统计表则指记载汇总结果和公布统计资料的表式。这里讲的统计表，是就狭义而言的。

1. 统计表的结构

从形式上看，统计表一般由表号、标题、标目（横标目、纵标目）、指标数值、表注和资料来源等要素构成。表号是表的序号，位于表顶端左侧，一般在表号后用空格或冒号与标题隔开。标题，就是统计表名称，它简要说明表中统计资料的内容，一般位于表顶端中部。标目，分横标目和纵标目。横标目通常列在表的左侧，用以说明总体各组或各单位的标志。纵标目通常放在表的右侧上方，用以说明总体各组、各单位有关情况的各种指标。指标数值是统计表的主体，一般用绝对数、相对数或平均数等数值来说明总体各组、各单位有关指标的数量特征。表注是对表内的标目、统计方式、数据所做的解释或说明，因为表内数字中不能混杂文字，凡需要解释或说明的内容一律写入表注。资料来源用于说明统计数据的出处。

从内容上看，统计表由主词和宾词两部分组成。主词，就是统计表所要说明的总体或总体各组、各单位的名称，通常排在表的左侧。宾词，就是统计表用来说明主词的各种指标，通常排在表的右侧上方。

2. 统计表的分类

（1）按照主词结构，统计表可分为简单表、分组表和复合表三种。

简单表，即主词未做任何分组的统计表。在简单表中，主词只列举总体各部分的名称，或只按地域分布、时间顺序排列。

分组表，也称次数分布表，即主词按某一个标志分组的统计表。分组表可以按一个标志揭示出不同类型现象的数量特征，它有利于研究调查对象总体的内部结构，分析不同类型社会现象之间的数量关系。

复合表，也称交互分类统计表或列联表，即主词按两个或两个以上标志分组的统计表。复合表可以把多种标志结合起来，从多种角度反映社会现象的不同数量特征。

（2）按照宾词结构，统计表可做两种设计，即宾词简单设计和宾词复合设计。

宾词简单设计，就是宾词各指标的平行配置设计，其指标栏数等于各标志分组项数之和。同时，各指标之间没有数值关系。

宾词复合设计，就是宾词各指标的互相重叠设计，其指标栏数等于各标志分组项数的乘积，因而指标栏数有较大增加。

在宾词简单设计中，指标之间是相加关系；在宾词复合设计中，指标之间是相乘关系。因此，宾词复合设计指标不能过多，否则不仅工作量大增，而且会损害统计表简明、集中的特点。

3. 制作统计表应该注意的问题

（1）必须根据制表目的、要求和内容，通盘考虑统计表布局，使分组和指标的安排主次分明、重点突出，并反映出内容的内在逻辑关系，使人一目了然。

（2）标题文字要简明、准确，以说明表的主要内容为原则。

（3）纵标目、横标目的概念要明确，排列顺序要符合逻辑。跨页时，纵标目、横标目应照原表列出。

（4）主词和宾词的合计、总计，一般应安排在前面，以便首先给人一个总概念。如果只列出一部分项目，则合计必须在前面，在所列部分指标名称前必须冠以“其中”字样。

（5）统计表的栏目，一般应该编号。

（6）表的上下两端画粗线，表内各栏目之间画细线或不画线，左右两端可不封口，横行之间可不画线。

（7）全表的计量单位，如果数量较少，可在表上方右侧注明；如果数量较多，则应在各指标下注明。如果主词计量单位变化较多，可在纵标目中专设一个“计量单位”栏目。

（8）表中的数字要填写整齐，对准位数，数字精确度要一致。下行与上行数字相同时，不应用“同上”或符号表示，而应填写数字。无须填写或无数字的空格，用短线“—”表示；缺数字的空格用虚线“┄”表示；估算数据应在表注中说明；负数则应在数字前冠以负号。

（二）统计图的制作

统计图是指根据统计数据绘制的图形，用以反映统计对象的数量特征，如规模、结构和发展趋势等。作为统计资料整理的一种形式，它具有比统计表更加形象、生动、直观、概括和醒目等特点，具有较强的吸引力和说服力。统计图大体可分为四种类型。

1. 几何图

即利用点、线、面来表示统计资料的图形。它主要包括：圆形图，又称饼图；条形图，又称柱形图；直方图；曲线图，又称折线图。圆形图适用于表示定类变量；条形图适用于表示定类和定序变量；直方图主要用于表示定距变量；曲线图有不同种类，如钟形曲线图、U 形曲线图、J 形曲线图等，多用于表示一些特殊现象的数量分布特征。

2. 美术图

亦称形象图、绘画图，就是用形象来表达统计数据的图形，多用于展览、宣传和广告。它主要包括：象形图、装饰图和特种美术图。

3. 统计地图

即以地图为背景，运用点、线、面等几何图或形象图来表示统计资料地域分布状况的图形。例如，运用点的大小、多少，线纹的粗细、疏密，颜色的深浅、明暗，圆形或方形面积的大小，实物形象的大小和多少，等等，来表示统计数量的地域分布。

4. 复合图

即用两种或两种以上统计图复合而成的统计图，如条形图曲线图的复合图、条形图象形图的复合图、方形立体图统计地图的复合图等。

绘制统计图的基本要求是：(1) 根据绘图目的和统计资料本身的特性选取适合的图形。(2) 图示内容应简单，突出重点；图示标题、数字和文字说明等应清晰、一目了然。(3) 图形设计要科学，数据计算要准确，图示表现要真实。(4) 绘制的统计图要美观、大方、生动、鲜明，具有较强的吸引力和说服力。现在，运用计算机绘制统计图不仅十分方便、效率很高，而且非常准确。常用的制图软件有 SPSS、Excel 和 SAS 等。

第四节 文字资料的整理

定性研究所收集的那些田野记录、录音资料、复制的文献档案等，通常是零散、庞杂的，需要研究者对初始资料进行编排、登录、分类、归档等整理工作，以使原先较为分散的资料得以系统化和条理化，构成存档形式的文本资料，为研究分析奠定基础。

一、整理文字资料的步骤

文字资料（或称定性资料）的来源一般有两个：一是实地调查资料，包括访谈和观察记录等；二是文献资料，包括机关档案、政府文件、会议记录、个人日记、信件、调查报告和研究论文等。文字资料的来源不同，整理方法就有所不同，但是，一般都要经过审查、分类、汇编、编码、绘制概念图等程序。

(一) 审查

所谓审查，是指通过仔细推究和详尽考察，来判断、确定文字资料的真实性和适用性。真实性审查也称信度审查，包括两个方面：一是文字资料本身的真实性审查，二是文字资料内容的可靠性审查。

文字资料本身的真实性审查，是指通过细究和考察以判明调查所得的文献资料、观察和访问记录等资料本身的真伪。它一般采用两种方法：一是外观审查，即根据文字资料的作者、编者、出版者、版本、印刷技术、纸张等外在情况来判断文献的真伪。二是内涵审查，即根据文字资料的内容，使用的词汇、概念，写作技巧和风格等内在情况来判断文献的真伪。观察和访问记录等资料的真实性审查，还可根据记录时间、地点、内容、语言和字迹等情况来判断其真伪。例如，那些内容贫乏、时间重叠、语言雷同、字迹和墨水相同的记录，就可能是伪造的记录。

文字资料内容的可靠性审查，是指通过细究和考察以判明文字资料内容是否真实地反映了调查对象的客观情况。它一般采用四种方法：

（1）根据以往实践经验和常识来判断文献内容的可靠性，如果有明显违反实践经验和常识的内容，就应重新调查或核实。

（2）根据文献内在逻辑来检验资料的可靠性，如果文献内容有逻辑矛盾，或违背事物发展逻辑，就应对这些资料重新核实，剔除不符合事实的部分。

（3）根据文献来源来判断资料的可靠性。一般来说，当事人反映的情况比局外人反映的情况可靠性大一些，多数人反映的情况比少数人反映的情况可靠性大一些，有文字记录的情况比口耳相传的情况可靠性大一些，引用率高的文献比引用率低的文献可靠性大一些，等等。

（4）对多种来源的文献进行对比审核。例如，对访谈资料与观察记录进行对比审核，对不同调查人员的访谈、观察记录进行对比审核，对访谈、观察记录与文献资料进行对比审核，等等。一般来说，多种来源互相印证的资料比单一来源的资料可靠性要大一些。

文字资料的适用性审查，主要是审查文字资料是否符合原设计要求，是否适用于分析与解释调查所要回答的问题。搜集的文字资料违背了原设计要求，不适用于分析与解释调查所要回答的问题，或者字迹无法辨认，等等，都应列为不适用的文字资料。

对于不真实或不适用的文字资料，一般应进行补充调查，使之成为真实的、适用的文字资料。如果无法补充调查，不能使之成为真实的、适用的文字资料，就应剔除，以免影响整个调查资料的真实性和适用性。

（二）分类

文字资料的分类，就是根据资料的性质、内容或特征，将相异的资料区别开来，将相同或相近的资料合为一类的过程。通过分类，可以使文字资料条理化、系统化，为找出规律性的联系提供依据。

文字资料分类有两种方法，即前分类和后分类。前分类，就是在设计调查提纲、表格或问卷时，按照事物或现象类别设计调查指标，然后按分类指标搜集资料、整理资料。这样，分类工作在调查前就安排好了。如有结构观察卡片、标准化访问记录等，大都采取前分类方法。后分类，是指在调查资料搜集起来后，再根据资料的性质、内容或特征将它们分别集合成类。如文献调查资料、无结构观察和非标准化访问记录等，一般是在搜集资料后再去分类。

分类是否正确，取决于如何确定分类标准。分类标准的选择，一般应基于某种研究假设或理论。正确确定分类标准，必须掌握三条原则：

（1）科学性原则，即分类标准必须符合科学原理。

（2）客观性原则，即分类标准必须符合客观实际。

（3）有效性原则，即分类必须能有效地服务于研究目的，能有效说明研究所要说明的问题。此外，分类还必须符合科学分类的逻辑规则。

分类的意义在于：

（1）它是认识社会现象的初步成果。

（2）它是揭示事物内部结构的前提。

（3）它是研究不同类别事物之间关系的基础。

必须指出，分类绝不是一个简单的程序性、技术性问题，而是以一定理论为指导，对调查资料进行概括、抽象的一种分析和研究。例如，对通过调查所获得的多种多样闲暇活动资料的分类，人们往往通过抽象、概括把它们分为生存类、发展类、享受类，或者分为高雅休闲类、大众娱乐类、学习类、健身类，等等。其背后隐藏着研究者一定的理论解释：或者是说明不同社会发展阶段休闲方式的不同，或者是说明不同社会阶层休闲情趣的差异。列宁指出："由于分类的方法不同，同一个材料竟会提供截然相反的结论。"[①] 因此，分类具有重要的认识意义。

（三）汇编

汇编，就是按照调查目的和要求，对分类后的资料进行汇总和编辑，使之成为反映调查对象总体情况的系统、完整、集中、简明的材料。

对分类资料进行汇编，首先，应根据调查目的、要求和调查对象的具体情

---

① 列宁．列宁全集：第27卷．2版．北京：人民出版社，1990：202.

况，确定合理的逻辑结构，使汇编后的资料既能反映调查对象总体的真实情况，又能说明调查所要说明的问题。其次，要对分类资料进行初步加工。例如，给各种资料加上标题，给重要部分标上各种符号，对各种资料按照一定逻辑结构编上序号，等等。

资料汇编的基本要求是：一要完整和系统。所有可用资料都要汇编到一起，大类小类要层次分明，井井有条，能系统、完整地反映调查对象总体的全貌。二要简明和集中。要用尽可能简短、明了的文字，集中说明调查对象的总体情况，并注明资料来源。如有必要，还可对资料的价值等做些简短述评，以供进一步研究参考。

(四) 编码

文字资料的编码是指对初始的定性研究资料，根据其内容和意义用类别标签、概念术语、解释性短语加以标识、说明和区分的过程。文字资料的编码与问卷资料的编码具有不同的含义。问卷资料的编码，主要是将调查对象的回答编辑成计算机可以读取的形式，以便于统计分析。文字资料的编码一般采用后编码方法，具有分类学意义，其作用是根据文字资料的内容和意义将其分为不同类别，使其蕴含的意义由具体上升到抽象，创造出不同主题或概念，然后再用这些主题或概念来分析资料。文字资料的编码所要编制的不是数字代码，而是语意性代码。在定量研究中，编码是给不同的选项标上不同的数字代码，以便进行定量分析。定性研究则不同，资料的编码不是将资料信息简化为数字代码，而是将复杂的资料转换成简练的概念系统和语意片段。也即是说，经过编码的定性资料，包含了较多分类性和引导性的概念和信息，为下一步的研究分析提供了更为清晰的资料框。

文字资料的最初、是基本的整理是初始编码。初始编码的特点是忠于初始资料，对资料进行最基本、最简单的编排和标识，也就是用简洁的语词来标记和解释资料片段的内容和大意。初始编码的一个重要原则就是尽量贴近资料的本意，不因资料编码影响后来的理论研究。在初始编码中，需要关注：资料关涉到什么方面的研究？这些资料表明什么样的事实？这些资料指向哪些类型的理论？这些问题实际上主要涉及文字资料的大体内容和属性，因此，初始编码通常只对文字资料做快速的判断、处理和标识。

初始编码的方式主要有：

（1）逐段编码：是指对已记录的文本资料内容逐行、逐段地加以概括、命名和标码的方法。逐段编码实际上就是把每个片段的资料的大体内容突出出来。

（2）行动编码：是指按照初始资料中人的行动来进行编码，即对文字资料有关行动的记录内容用语词、概念来编码。用行动作为编码的依据，主要体现了初始编码反映的是最基本的信息，因为社会行动是社会现象的最基本元素。

（3）事件编码：是指根据初始资料所记录的事件进行逐个编码。事件编码方式所编排的是事件的内容和名称。这种编码更为简练，所反映的也是最为基本的信息。对资料中的事件进行逐个编码的过程，实际上也包含了对各个事件的分析和比较，这对于了解事件之间的关系尤其是事件的因果关系有重要的启发作用。这种编码有助于形成注重事实的分析和解释模式，即从事件间的因果关系中寻找理论建构的突破口。

初始编码虽是对初始资料的简单编码，但也是定性资料整理和初步分析的重要方法。

美国社会学家斯特劳斯提出，定性资料的编码有以下三种类型①：

（1）开放式编码。所谓开放式，是指编码的过程需要保持客观性和中立性，尽量不带有理论倾向，这样可以保证定性资料对于各种理论分析来说都是开放的，编码只是建立客观事实的资料库。明确资料中的“什么”“是什么”，是开放式编码的主要任务。通常情况下，在对田野调查资料的编码过程中，首先要明确资料记录了“什么事件”“什么行动”，以及调查对象的观点“是什么”。具体做法是：在初步翻阅资料后，制作一份主题清单，并赋予其相应编码。由于此时主题处于较低抽象层次，可采用最初的研究问题和资料中的词汇、短语、句子或段落作为编码单位。接着，仔细阅读原始资料，根据主题清单编码在资料右边空白处标明编码。

（2）轴心式编码，是指以某一类属为中轴，然后围绕这一中轴建立起密切关联的亚类属，由此把资料内容的类属属性及维度具体化和明确化。轴心式编码主要回答这样一些问题：一是调查对象是在怎样的环境或条件下采取某种行动的，互动是在什么情境中进行的。二是调查对象为什么采取那种行动或互动，他们行动的目的是什么。三是调查对象选择谁作为互动对象。四是调查对象是怎样行动的，后来的结果如何。具体做法是：从一组初步编码或初始概念入手，在审查初步编码的过程中，思考原因和结果、条件与互动、策略与过程等问题，记录下出现的额外编码或新想法，并寻找能将它们聚合在一起的类别或概念，确定分析的主轴。例如，在研究婚姻问题时，可以将婚姻的一般性议题分为订婚、结婚等几

---

① STRAUSS. Qualitative analysis for social scientists. New York：Cambridge University Press，1987：55.

个部分，然后把婚姻与性、家务工作的劳力分配、对子女的看法等主题相联系，当主题在不同地方重复出现时，对其进行比较，以便找出新的主题。轴心式编码实际上为理论分析提供了一个较为清晰的逻辑框架。

（3）选择式编码，是指研究者有选择地查找那些说明主题的个案，并在大部分或所有资料收集完成之后，围绕核心概念或观点对早先编码中所识别的主题进行再组织，以生成一种意义系统。选择式编码是要回答某种概括和抽象包含哪些意义，以及这些意义之间有什么联系。所以，进行选择式编码，就是要问："这是什么意思?""这一意义与什么有关?"例如，婚姻生活研究者决定把性别关系作为首要主题，在进行选择式编码时，先浏览自己的调查笔记，找出男女回答者在回答约会、订婚、结婚、离婚、婚外情或夫妻关系等方面问题上的差异，然后对比研究男人与女人对于婚姻这个主题下的各个方面的态度。显然，选择式编码实际上就是在各个主题中找到一个可以统领其他相关主题的核心主题，并将所有研究结果统一在这个核心主题之下。

编码完成后，还要编制编码簿。编码簿的作用在于说明编码的意义，了解编码的数量和类型，同时为查阅编码提供方便。

（五）绘制概念图

理论的建立需要一些基本概念，一个基本概念往往又包括许多变量。为了便于形成研究问题、得出研究结论，就有必要绘制出概念图。概念图是用来组织和表征知识的工具。它通常将某一主题概念置于圆圈或方框之中，然后用连接线将相关概念或命题连接起来，连接线上标明不同概念或命题之间的意义或关系，从而实现理论的直观展示。

概念图由概念、命题、交叉连接线和层级结构四种图标组成。概念，是反映事物本质属性的词或词组；命题，是指一个判断（陈述）的语义（实际表达的概念），是两个概念之间通过某个连接词而形成的意义或关系；交叉连接线，表示不同概念之间的相互关系；层级结构，是不同层次概念的排列组合方式。在概念图中，主题概念是核心，一般置于概念图的最上层或者中心，从属的概念、命题则安排在下层或四周，并用交叉连接线来表示各种概念、命题之间的关系。概念图画好后，还应用文字说明来体现概念图中的思想，为理论的提出打好基础。一般来说，概念图不能指望一次绘成。随着研究的不断深化，需要不断地修改和完善概念图，直至绘制出最终的概念图。

绘制概念图的方法对形成理论有很大帮助，主要表现在两个方面：一方面，把隐而不显的理论用图表示出来，使它们直观可见，让人们更好地看清理论的内在逻辑关系以及它们与当前研究的关系；另一方面，概念图也是一种文本思考的方法，有助于发现研究中出人意料的某种联系，或寻找到现有理论的漏洞或矛盾，从而提出新理论。

需要注意的是，绘制概念图本身并不是目的，而只是提出理论并使理论更加清晰的一种工具。因此，不要过分注重概念图的外在形式，而忽视了概念图的理论洞察力。

二、整理文字资料的手段

整理文字资料有两种方法或手段：一是人工整理，二是计算机辅助整理。

（一）人工整理

人工整理方法主要包括：在对文字资料进行审查、分类、汇编、编码后，进行登录和建档。登录，是指将审查、分类、汇编、编码后的文字资料，用规范的文字登记、记录下来，形成新的文字材料。建档，是指将登录的文字资料整理成可供分析研究用的文本档案。

（二）计算机辅助整理

运用计算机来整理文字资料，与整理定量数据资料有所不同。在整理文字资料时，通常主要是将审查、分类、汇编、编码后的文字资料录入、存储到计算机中，形成电子文档，然后根据研究需要对电子文档进行编排、分析和保存，形成数据库。此外，计算机辅助整理文字资料，是通过一些软件来录入已编码的文字资料，形成属性或定性数据库，这种数据库类似于定量数据库。

计算机辅助整理文字资料主要有两种目的：一是将初始资料转换成文档并存储下来；二是将计算机辅助的文字资料分析技术引入定性研究，改变定性研究流程和集体研究合作方式，为组织大型定性研究项目提供新的可能。目前，用于整理文字资料的软件主要有 HyperQual、AQUAD、QCA、Qualrus、NVIVO、MAXQDA、ATLAS. ti 等。这些软件的功能有较大差别，选用什么样的软件来整理和分析资料，应根据资料特点和软件功能来判定。

至于文字资料整理的具体方法，莱温借鉴图书馆及信息科学的方法，提出了五条原则：（1）建立格式；（2）交互参考；（3）编写摘要；（4）编排目录；

(5) 编制索引[1]。

系统的文字资料一般都需要一定的格式，如图书馆或档案馆的书籍、档案检索系统，都要按某种固定格式来登录。在通常情况下，一些田野记录材料可以做成一定格式的档案夹和记录卡片。档案夹和记录卡片上都标有主题词或文档名，以及观察或访谈人员、时间、地点、受访人等关键信息。这样，田野中收集的文字资料就能得到有序呈现。

在一份资料卡片或档案中，可对相关联的文字资料加以标识，以便于相互参考和检验。例如，一份田野记录档案记录了受访者提到某一次纠纷事件，而且在其他影像资料中，也有关于此次事件的记录，那么，在整理资料时就需要在这一事件记录旁标上交互参考的具体提示。

文字资料通常包含很多庞杂的内容，资料整理的一个重要任务就是从这些庞杂的资料中建构起一个较为清晰、较为简洁的信息框架。为此，文字资料整理一般都要将资料内容简写成摘要，以概括和代表资料的核心内容与信息。

编排目录是给按照一定格式建成的文件、档案、卷宗编上页码、卷次或序号，然后根据顺序编辑出整个资料的目录。从目录中，人们能够清晰地看到完整的文字资料的结构。

编制索引就是结合文字资料的主题、摘要、目录，从中选择出一些重要的概念、人物、事件、问题等，根据这些概念、事件等在文件或档案中的具体位置，编制出一个可供检索的索引。

本章要点

1. 整理资料，就是根据调查研究的目的，运用科学的方法，对通过调查所获得的资料进行审核、检验、分类、汇编等初步加工，使之系统化和条理化，并以集中、简明的方式反映调查对象总体情况的工作过程。

2. 审查问卷，是指对回收的问卷进行审阅，矫正错填、误填答项，剔除乱填、空白和严重缺答的废卷。其目的是使进入后续程序的问卷具有较高的准确性、完整性和真实性。

3. 后编码的一般步骤是：预分类和预编码，“对号入座”和“不断加座”，选择、归并、确定后编码的类别和编码，完成编码工作。

4. 统计汇总，是指根据研究目的把分组后的数据汇集到有关表格中，并计算、加总，以集中、系统的形式反映调查对象总体的数量情况。

---

① LEVINE H G. Principles of data storage and retrieval for use in qualitative evaluations. Education evaluation and policy analysis，1985，7 (2).

5. 从形式上看，统计表一般由表号、标题、标目（横标目、纵标目）、指数数值、表注和资料来源等要素构成；从内容看，统计表主要由主词和宾词两部分组成。

6. 统计图是指根据统计数据绘制的图形，用以反映统计对象的数量特征。按表现形式不同，统计图可分为几何图、美术图、统计地图和复合图四种类型。

7. 文字资料的审查，是指通过仔细推究和详尽考察，来判断、确定文字资料的真实性和适用性。

8. 文字资料的分类，就是根据资料的性质、内容或特征，将相异的资料区别开来，将相同或相近的资料合为一类的过程。

9. 文字资料的编码一般采用后编码方法，具有分类学意义，其作用是根据文字资料的内容和意义将其分为不同类别，使其蕴含的意义由具体上升到抽象，创造出不同主题或概念，然后再用这些主题或概念来分析资料。

10. 概念图是用来组织和表征知识的工具。它通常将某一主题概念置于圆圈或方框之中，然后用连接线将相关概念或命题连接起来，连接线上标明不同概念或命题之间的意义或关系，从而实现理论的直观展示。

基本概念

整理资料　审查　汇总　统计表　统计图　分类　编码　概念图

思考与练习

1. 什么是整理资料？整理资料应该遵循哪些原则？
2. 整理问卷资料一般有哪些阶段？
3. 后编码有哪些步骤？
4. 统计资料的正确性检验有哪些方法？
5. 统计资料分组的目的是什么？分组有哪些基本标志？
6. 如何确定组数、组距、组限和组中值？
7. 统计表和统计图有何联系和区别？它们各自的特点和作用是什么？
8. 文字资料的真实性、可靠性审查有哪些方法？
9. 什么是分类？确定分类标准应该掌握哪些原则？

推荐阅读书目

1. 纽曼．社会研究方法：定性和定量的取向．北京：中国人民大学出版社，2007.

2. 陆益龙．定性社会研究方法．北京：商务印书馆，2011.

3. 迈尔斯，休伯曼．质性资料的分析：方法与实践．重庆：重庆大学出版社，2008.

4. 陈向明．质的研究方法与社会科学研究．北京：教育科学出版社，2000.

第十三章

统计分析

统计分析是定量研究不可缺少的环节和重要内容。要科学地进行统计分析，必须正确认识统计分析的目的、原则、过程、层次等问题，掌握描述统计和推断统计，单变量统计分析、双变量统计分析和多变量统计分析等基本方法。

第一节 统计分析概述

要掌握统计分析方法和技术，必须首先清楚统计分析的目的、过程和层次等问题。

一、统计分析的目的

统计分析就是运用统计学原理和方法处理通过调查所获得的数据资料，简化和描述数据资料，揭示变量之间的统计关系，并进而推断总体的一整套程序和方法。

统计分析的主要目的是：

(1) 简化和描述数据。在社会调查中，搜集的数据多种多样，数量庞大。在撰写调查报告时，没有必要也没有可能罗列每个数据，而是运用统计分析方法将调查数据简化后再描述出来。

(2) 用样本推断总体。在随机抽样调查中，对样本的调查只是手段而不是目的，真正的目的在于通过对样本进行分析所获得的统计量，来推断总体参数。样本统计量简称统计量，就是运用统计方法对样本数据进行处理而得出的统计值，如平均数、百分比等，是对样本群体特性的描述或反映。总体参数简称参数，是反映总体特征的统计数值，如总体平均数、总体百分比等。在统计学界，人们习惯于用英文字母表示统计量，而用希腊字母表示参数。

(3) 发现变量之间的统计关系。社会调查中统计分析的目的之一，就是发现并展示各种变量之间的统计关系。在社会调查中，调查者收集到的是一大堆表面看来杂乱无章的数据，只有通过统计分析才能把隐藏在这些数据后面的统计关系揭示出来。

二、统计分析的过程

在数据录入和清理之后，数据的统计分析，大致要经过两个过程：

（1）数据预处理，就是在统计分析之前对清理后的数据做预备性处理。预处理，一般包括缺损值处理、加权处理、变量重新编码、数据重新排序，以及创造新变量等。数据预处理工作，有的在统计分析之前完成，有的伴随着统计分析过程逐步进行。对于许多数据预处理工作，一般统计软件都有专门的程序可供调用。

（2）数据统计分析，就是调用统计软件中的各种统计程序对数据进行分析，包括单变量、双变量、多变量统计分析，以及制作统计图、统计表等一系列工作。

三、统计分析的层次

统计分析可按照不同标准划分层次。按照统计分析的性质，可分为描述统计和推断统计；按照统计分析涉及变量的多少，可分为单变量统计分析、双变量统计分析和多变量统计分析。

（一）描述统计与推断统计

描述统计，就是运用数字（如频数、百分比、平均值）和图、表等形式汇总所收集来的数据信息。描述统计的目的是在不歪曲或丢失大量信息的情况下，将数据信息简化为更易理解的形式。描述统计的数据如果是样本数据，所获分析结果称为统计量，对总体数据的描述结果称为参数。当数据描述结果仅适用于一个样本，而我们希望了解总体的特征时，可以使用推断统计。

推断统计，是运用概率分布知识，通过样本统计量预测总体参数的分析方法。一般来说，社会调查的目的是通过对样本的调查来了解总体，因此，在统计分析中一般都要运用推断统计方法。

（二）单变量、双变量、多变量统计分析

在社会调查中，通常会涉及多个变量。但是，在统计分析中，究竟是进行单

变量统计分析，还是进行双变量统计分析或多变量统计分析，则取决于研究者的意图和目的。

单变量统计分析只涉及一个变量，它用平均数、百分比等来描述单个变量的特征，也可以进行区间估计、显著性检验等推断统计分析。因此，它只能进行描述性研究。双变量统计分析方法，包括列联表分析与χ^2检验、秩相关检验、单因素方差分析、简单线性回归分析等。

当一项统计分析涉及三个或三个以上变量（其中至少有一个因变量）时，则被称为多变量或多元统计分析。常用的多变量统计分析方法有双因素方差分析、多元线性回归分析、因子分析、Logistic 回归分析等。

只有双变量或多变量统计分析才能进行解释性研究。因为，只有涉及两个或两个以上变量，才有可能分析它们之间的关系（包括相关关系和因果关系），用自变量来解释因变量。这就是说，如果要进行解释性研究，就必须进行双变量统计分析或多变量统计分析。

四、推断统计的基本原理

推断统计的必备前提是，样本数据必须来自随机抽样调查。只有用随机方法抽取的样本，其样本统计量才具备推断总体的资格。

（一）推断统计与抽样分布

推断统计的理论基础是概率论。要了解推断统计的基本原理，就要从了解抽样分布入手。样本的抽样分布是一种理论上的分布，而不是一种实际上的分布。从理论上建立这样一种分布，目的就是运用它来由样本统计量推断总体参数值。因此，抽样分布是推断统计的依据或工具。

所谓抽样分布，是指在一个总体中重复抽取许多大小一样的样本的统计量而形成的分布。例如，在一项社会调查中，研究者用随机抽样方法抽取了一个3 000人的样本，计算得知其平均年龄是 42.8 岁。假设用同样的方法从同样的总体中重复抽样，样本量同是 3 000 人，一共抽了 100 次，从而形成了 100 个样本年龄平均数。由于抽样误差的存在，特别是在总体年龄差异很大的情况下，在这 100 个样本年龄平均数中，会存在有的大于 42.8 岁、有的小于 42.8 岁的情况，这 100 个样本的年龄平均数便形成了一个概率分布，即样本的抽样分布。抽样分布说明了特定统计量可能值的概率。每个样本统计量都有一个抽样分布，常见的如样本均值的抽样分布、样本比例的抽样分布。

需要指出的是，样本的抽样分布只是一种理论分布，因为抽样是一件既麻烦又花费人力、物力的事情，在实际工作中通常只进行一次，根本不可能对一个总体进行 100 次随机抽样。但是，我们必须假设进行了无数次随机抽样，形成了一个样本容量为 n，以某一统计量为内容的抽样分布，否则无法由样本来推断总体。

抽样分布的一个重要作用在于预测统计量的落点及其与所估计参数的接近程度。抽样分布的建立与作用并非只是人们的一种设想，它有其实际的数理基础或理论依据，这就是中心极限定理。

这条定理证明：如果我们从任何一个平均数为 μ、标准差为 σ 的调查总体中，用随机方法反复地抽取多个大小相同的样本，那么，当样本中的个案数 n 增加时，样本的抽样分布就会接近正态分布，在样本的抽样分布中，平均数 $\mu_x=\mu$，标准差 $\sigma_X=\frac{\sigma}{\sqrt{n}}$。中心极限定理表明：在样本容量足够大的情况下，样本的抽样分布接近正态分布，其平均数 μ_x 与总体的平均数 μ 趋于一致，其标准差 $\frac{\sigma}{\sqrt{n}}$ 通常被称为标准误，公式中 n 即样本量的大小，σ 为总体的标准差。

正态抽样分布，在统计分析中是一种理想的分布，它的独特之处使得很多统计规律得以显现。就前例的抽样分布而言，当我们把以年龄平均数这个统计量为内容的抽样分布转换成标准正态分布后，我们便知道，大约有 95%的调查样本的平均年龄在距离样本平均数 $\overline{X}\pm1.96$ 个抽样分布标准差的范围之内，大约有 99%的调查样本的平均年龄在距离样本平均数 $\overline{X}\pm2.58$ 个抽样分布标准差的范围之内。也就是说，对于任何一个随机抽取的调查样本来说，其平均年龄处在距离样本平均数 $\overline{X}\pm1.96$ 个抽样分布标准差范围内的可能性为 95%，处在距离样本平均数 $\overline{X}\pm2.58$ 个抽样分布标准差范围内的可能性为 99%。或者说，对于任何一个随机抽取的调查样本来说，我们有 95%的把握说它会处在样本平均数 $\overline{X}\pm1.96$ 个抽样分布标准差的区间之内，有 99%的把握说它会处在样本平均数 $\overline{X}\pm2.58$ 个抽样分布标准差的区间之内。这实际上就是在用样本统计量推断总体参数，即进行参数的区间估计。

（二）参数估计

参数估计是推断统计的一种基本形式。人们通常把通过样本计算出来的统计值称为样本统计量，简称统计量，而把总体统计值称为参数。

所谓参数估计，就是运用样本统计量对总体参数进行推断或估计的统计过程与统计方法。参数估计包括点值估计与区间估计两种方法。

1. 点值估计

点值估计，是选择一个适当的样本统计量直接代表总体的参数值。用一个统计量来估计总体参数，总会存在误差。由于抽样变异的存在，样本统计量正好等于总体参数的可能性很小。为了判别不同统计量对总体参数点值估计的优劣，统计学家们提出了无偏性、一致性、有效性等原则。所谓无偏性，是指如果抽样分布以参数为中心，则参数估计值的期望值与参数真值就是相等的，或者非常接近。用估计值估计参数涉及样本规模大小，如果样本规模越大，估计值越接近总体参数，则这个估计值符合一致性原则。估计值的第三个优良特性是有效性，表现为抽样分布的标准误尽可能小，一般而言，有效估计值比其他估计值落点更接近参数。

点值估计的最大缺陷是无法知道估计的误差到底有多大。因此，在实际研究工作中通常选择另一种参数估计方法，即区间估计法。

2. 区间估计

区间估计，是用一个数值区间表示未知总体参数落入该区间的概率或可能性有多大的一种统计方法。了解区间估计需要弄清置信区间与置信水平。

置信区间是指在进行区间估计时，在某一概率水平下总体参数所处的数值区间。区间的上、下限（端点）被称为临界值，所确定的概率水平被称为置信水平或置信度，以概率 $1-\alpha$ 表示。α 被称为显著性水平，表示该区间估计的不可靠性程度，即估计参数位于该区间时可能犯错误的概率。显然，$1-\alpha$ 则表示估计参数落入置信区间的可靠性程度或把握度。例如，前例以样本平均年龄 42.8 岁来估计总体的平均年龄，就是说其平均年龄有 95%的可能性处于 41.77～43.83（42.8±1.96 个标准差）岁，或者说研究总体的平均年龄处于 41.77～43.83 岁的概率为 95%。这里的 41.77～43.83 为置信区间，临界值分别为 41.77 和 43.83，置信水平为 95%，显著性水平 $\alpha=0.05$。

区间估计的理论基础是抽样分布。区间估计的核心问题是把样本统计量与总体参数之间的关系转换成抽样分布来处理。由于抽样分布在样本规模足够大的情况下会趋近正态分布，借助抽样分布的平均数、标准误及其正态分布的统计特性就可对样本统计量与总体参数之间的关系做出概率意义上的估计与推断。

样本均值的抽样分布具有的特性是：总体平均数或抽样分布平均数处于样本平均数±1.96 个抽样分布标准差范围内的概率为 95%，处于样本平均数±2.58 个抽样分布标准差范围内的概率为 99%。

抽样分布标准差的计算公式是 $\delta/\sqrt{n}$，但公式中的总体标准差 δ 是未知的，我们只能用样本标准差 S 来代替，为了减小用 S 代替 δ 所产生的误差，公式中用 $n-1$ 代替 n，即抽样分布的标准差为 $S/\sqrt{n-1}$，且称其为标准误。当样本容量 n 比较大时，公式取 $n-1$ 或 n 对抽样分布标准差（即标准误）的影响微乎其微，因此很多统计学书中干脆取 n 而不取 $n-1$。于是我们得到：

在 95%的置信水平条件下，总体平均数的置信区间 $=\overline{X}\pm1.96\dfrac{S}{\sqrt{n-1}}$。

在 99%的置信水平条件下，总体平均数的置信区间 $=\overline{X}\pm2.58\dfrac{S}{\sqrt{n-1}}$。

在前例中，通过样本 $n=3\ 000$ 人的调查，得到调查对象平均年龄 $\overline{X}=42.8$ 岁，样本标准差 $S=28.8$，于是可以做出如下总体平均年龄的区间估计：

在 95%的置信水平条件下，研究总体平均年龄的置信区间为 $42.8\pm1.96\dfrac{28.8}{\sqrt{3\ 000-1}}$，即 41.77～43.83 岁。

在 99%的置信水平条件下，研究总体平均年龄的置信区间为 $42.8\pm2.58\dfrac{28.8}{\sqrt{3\ 000-1}}$，即 41.44～44.16 岁。

从这里可以看出：置信水平越低，置信区间越小；置信水平越高，置信区间越大。

（三）假设检验

假设检验是以抽样分布原理为基础，检验调查样本中的统计特性是否在总体中同样存在的一种统计方法。它是推断统计中最重要也是最常用的方法。假设检验与参数估计一样，都是从样本出发来推断总体，但两者又存在着区别。参数估计是用具体的样本统计量（如平均数、标准差、百分比等）来推断总体参数，而假设检验则是检验样本中的事实、关系在总体中是否也存在。

许多调查报告或研究论文中有各种各样的检验，如 Z 检验、t 检验、χ^2 检验及 F 检验等，这些都属于假设检验。为什么对研究结论要进行假设检验呢？事实上，许多研究报告或论文只有统计描述而没有假设检验。但是，必须明确，有无假设检验的研究结论，其解释或适用的范围是不同的。不经过假设检验的研究结论，只适用于已调查的对象或样本（在普查中不存在假设检验问题，因为样本等于总体），而不能推断总体；只有在样本统计量基础上经过假设检验后，才能说样本中发现的现象或规律有多大把握在总体中存在或不存在。由此可见，假设检验在调查研究中具有非常重要的作用。

假设检验与参数估计一样，都属于推断统计范畴，随机抽样是其前提或必备条件。进行假设检验，必须首先建立两个假设，即虚无假设和备择假设。

虚无假设，也称零假设或原假设，就是假设在样本中观察到的事实或变量之间的关系在总体中并不存在，样本中出现这种情形是由抽样误差造成的。因此，从性质上说，虚无假设是一个关于“不存在”的假设，用 H_0 表示。

备择假设，也称替换假设或研究假设。它是与虚无假设相反的假设，就是假设在样本中出现的情况并不是抽样误差，在总体中也同样存在。因此，从性质上说，备择假设就是关于“存在”的假设，用 H_1 表示。

缺少经验的研究者常常不知道如何着手建立虚无假设。其实，只要把握住虚无假设是关于“不存在”的假设，就能针对不同的研究问题设立正确的虚无假设。虚无假设建立，备择假设自然就形成了。

假设检验的过程，是以检验虚无假设 H_0 为中心展开的。检验的结果无非两种情况：一是接受虚无假设 H_0，即检验结果表明，样本中出现的现象或变量之间的关系在总体中不存在，样本中出现的情况是由抽样误差造成的。二是拒绝虚无假设 H_0、接受备择假设 H_1，即检验结果表明，在样本中出现的情况在总体中同样存在，因而可以用样本代表或推断总体。从这里可以看出，假设检验的基本原理是通过直接检验虚无假设 H_0，从而间接地检验备择假设 H_1，目的是排除抽样误差的可能性。

假设检验的数理基础是“小概率事件在一次抽样中不可能出现原理”，即小概率事件在通常情况下是不可能出现的，如果居然在一次抽样中出现了，则有理由认为存在其他原因而拒绝 H_0。无论进行何种形式的假设检验，都是根据虚无假设 H_0 来建立抽样分布，然后计算 H_0 正确的可能性。如果能从统计上证明 H_0 正确的可能性很小（小概率事件），那就可以据此拒绝 H_0。实际上就是拒绝样本中的情况是抽样误差造成的这一说法，而接受备择假设 H_1，即认为 H_1 可能是对的。

第二节
单变量统计分析

一、集中量数分析

所谓集中量数分析，是指用一个具体的统计量反映一组数据向该统计量集中的趋势的统计方法。它所表示的是一组数据集中的程度或水平。集中量数有平均数、中位数、众数、四分位数、百分位数，以及倒数平均数、几何平均数等。其中，常用的集中量数是平均数、中位数和众数。

(一) 平均数

平均数，也称算术平均数，是人们最熟悉、使用最频繁的一个集中量数，常用M或$\overline{X}$表示。计算平均数的条件是，所有数据必须是定距或定比测量层次的数据。计算平均数的公式是：

$$\overline{X}=\frac{X_1+X_2+\cdots+X_n}{n}=\frac{\sum X}{n}$$

这是平均数的定义公式，适用于用单个原始数据计算平均数。

如果从调查中获得的是如下类型的数据：

分数	人数
65～74 分	4
75～84 分	4
85～100 分	2
合计	10

这种分组的数据，一般不太好计算平均数；如果一定要计算平均数，则可取每个组的组中值来计算平均数。组中值的计算公式是：

$$组中值=\frac{上限+下限}{2}$$

$$\overline{X}=\frac{\sum Xf}{n}=\frac{\frac{65+74}{2}\times 4+\frac{75+84}{2}\times 4+\frac{85+100}{2}\times 2}{10}=78.1$$

(二) 中位数

中位数，又称中数、中点数，是指位于按一定顺序排列的一组数据中央位置的数值。定序、定距、定比数据可以求中位数，定类数据则无中位数可言。中位数常表示为Md或Mdn。

当资料为一组单个数据时，求中位数比较简单。其中，当组成数据的个数为奇数时，中位数的数值就是位于中央的那个数据的数值。当组成数据的个数为偶数时，中位数的位置则处于中间两个数据之间，在没有直接对应数值的情况下，通常取这两个数值的平均数作为中位数。

当资料为分组数据特别是组距分组数据时，求中位数的方法就比较复杂。由于这类中位数在社会调查中用处不大，而且在统计软件（如 SPSS、SAS）中求任何资料的中位数、四分位数、百分位数等都很容易，因此这里就不再做介绍，有兴趣者可参看有关统计学书籍。

（三）众数

众数，又称范数、密集数、通常数等，常用符号 M_0 表示。众数是指在一组数据中出现次数最多或出现频率最高的数。众数也是一种集中量数，同样用于表达一组数据的集中趋势。

求众数最简单的方法是观察法，即通过观察找到一组数据中出现次数最多或频率最高的那个数，其数值就是所求的众数。在分组数据中也可用观察法求众数。如果是从单值分组数据中求众数，可先找出最大的频数组，该频数组所对应的标志值就是所求的众数。如果是从组距分组资料中求众数，在各组组距大小相同、各组上下限表示方法一致的情况下，可用与在单值分组数据中求众数相同的方法求众数，即先找出最大的频数组，然后以该组之组中值作为所求的众数；在各组组距大小不同、各组上下限表示方法不一致的情况下，求众数的方法就比较复杂（如金氏插补法等），但这种求众数的方法在社会调查中用处不大，故不再介绍。

二、离散量数分析

要真实反映数据的全貌，仅用集中量数来描述是不够的。因为集中量数反映的只是数据整体的平均水平和典型情况，除此之外，数据整体还存在着分散性、变异性等情况。因此，对于一组数据整体，只有既用集中量数描述其平均水平和典型情况，又用离散量数反映其分散性、变异性等情况，才能真实描绘出这组数据的全貌。

所谓离散量数，就是表示一组数据变异程度或分散程度的量数。离散量数越大，表示数据分布范围越广，越不集中，越不整齐；离散量数越小，则表示数据分布范围越集中，变动程度越小。离散量数有多种，如方差与标准差、全距、四分位差、异众比率、离散系数、偏度系数等。其中，常用的是方差与标准差、全距、异众比率、离散系数和偏度系数。

(一) 方差与标准差

方差是一种重要的离散量数。它的计算方法是，把一组数据中的每个数据与该组的算术平均数相减，将其差进行平方然后相加，再除以数据的个数。方差的计算公式为：

$$S^2=\frac{\sum(X-\overline{X})^2}{n}$$

方差的平方根就是标准差，即 $S=\sqrt{\frac{\sum(X-\overline{X})^2}{n}}$。由于在计算方差时，每个数据与平均数的差有正有负，所以要通过平方使之都变成正数后加总，才不至于相互抵消。但是，把数据与平均数之差（即 $X-\overline{X}$）平方后，数据的单位也被平方了，为了使离散量数的单位与原始数据相一致，又需要开平方，这就是标准差产生的原因。

标准差是最重要、应用最广泛的离散量数。标准差的值越大，表明数据的离散程度越大，也就是数据的差异性越大，分布越不均匀；标准差越小，则数据的离散程度越小，数据的差异性越小，数据越整齐。

1. 用定义公式求方差和标准差

标准差公式为：

$$S=\sqrt{\frac{\sum(X-\overline{X})^2}{n}}$$

方差公式为：

$$S^2=\frac{\sum(X-\overline{X})^2}{n}$$

用定义公式求方差和标准差，首先要求离差（$X-\overline{X}$），将离差平方再相加，然后除以 n。

举例：有一组数据为 6、8、4、2、5，求 S^2 和 S。

解：先求

$$\overline{X}=\frac{6+8+4+2+5}{5}=5$$

则

$$S^2=\frac{\sum(X-\overline{X})^2}{n}=\frac{(6-5)^2+(8-5)^2+(4-5)^2+(2-5)^2+(5-5)^2}{5}$$

$$=\frac{1+9+1+9}{5}=4$$

$$S=\sqrt{4}=2$$

2. 用原始数据计算方差和标准差

用定义公式求方差和标准差，先要计算平均数 $\overline{X}$ 和离差（$X-\overline{X}$）。如将定义公式稍加变换，则可直接用原始数据计算 S^2 和 S。定义公式可变换成下列公式①：

$$S^2=\frac{\sum X^2}{n}-\left(\frac{\sum X}{n}\right)^2$$

$$S=\sqrt{\frac{\sum X^2}{n}-\left(\frac{\sum X}{n}\right)^2}$$

举例：数据组为 6、8、4、2、5，求 S^2 和 S。

解：

$$S^2=\frac{\sum X^2}{n}-\left(\frac{\sum X}{n}\right)^2=\frac{6^2+8^2+4^2+2^2+5^2}{5}-\frac{625}{25}=29-25=4$$

$$S=\sqrt{4}=2$$

3. 分组数据计算方差与标准差

当处理的数据为分组数据时，计算方差和标准差的公式为：

$$S^2=\frac{\sum fX^2}{n}-\left(\frac{\sum fX}{n}\right)^2$$

$$S=\sqrt{\frac{\sum fX^2}{n}-\left(\frac{\sum fX}{n}\right)^2}$$

公式中 X 表示单值分组数据中的实际数值，或组距分组数据中的组中值，f 表示各组的频数。

从这里可以看出，分组数据计算方差与标准差的公式，同用原始数据计算方差与标准差的公式实质上是一样的，只是前者用单值分组数据中的实际数据或组距分组数据中的组中值取代原始数据，并且要与组的频数 f 相乘后再求和。

---

① 公式的推导过程为：

$$S^2=\frac{\sum(X-\overline{X})^2}{n}=\frac{\sum X-2\sum X\overline{X}^2}{n}=\frac{\sum X^2-2n\overline{X}+n\overline{X}^2}{n}=\frac{\sum X^2-n\overline{X}^2}{n}=\frac{\sum X^2}{n}-\left(\frac{\sum X}{n}\right)^2$$

$$S=\sqrt{\frac{\sum X^2}{n}-\left(\frac{\sum X}{n}\right)^2}$$

(二) 全距

全距，又称极差，它是一组数据中最大值与最小值之差，通常用 R 表示。

全距是最简单的离散量数，它概念清楚、含义明确、计算简便。但是，也正由于其计算过于简单，仅由数据中最大值与最小值两个数据之差而得，不考虑中间数据的情况，因而反映数据的离散状况太粗略、不灵敏，只能作为离散量数的参考性指标。

(三) 异众比率

异众比率，是指非众数的频数与全部个案数的比值，用 VR 表示，其含义是众数所不能代表的其他数据（即非众数数据）在总数据中的比重。显然，VR 值越大，表示非众数的个案所占总数据的比例越大，也就是众数的代表性越小；VR 值越小，则表示众数的代表性越大。可见，异众比率这个离散量数是从反面检验众数的一项指标。VR 的计算公式为：

$$VR = \frac{n - fM_0}{n}$$

其中，VR 表示异众比率，n 表示样本数量，fM_0 表示众数的样本个数。

举例：一组原始数据为 6、8、4、7、5、8、4、8，求 VR。

解：该组数据共有 8 个（$n=8$），众数 $M_0=8$，非众数 $n-fM_0=5$

则

$$VR = \frac{n - fM_0}{n} = \frac{8-3}{8} = \frac{5}{8} = 0.625$$

该值表明非众数个案数占了总数据的 62.5%。

其他分组数据的异众比率也可用相同的计算方法求得。

(四) 离散系数

上述离散量数方差、标准差、全距等，都属于绝对离散量数，即它们都是带有与原观察值（数据）相同量纲（单位）的量数。绝对离散量数的局限是，只有当两种离散量数的单位相同时，才能比较其大小；当两种离散量数的单位不同时，就无法进行差异比较。为了解决这个问题，统计学家建构出了相对离散系数。离散系数便是其中的一种。

所谓离散系数，即标准差与算术平均数的百分比值，用 CV 表示。它是一种无量纲的相对数，因而便于进行比较。离散系数的计算公式为：

$$CV=\frac{S}{\overline{X}}\times 100\%$$

其中，CV 表示离散系数，S 表示标准差，$\overline{X}$ 表示算术平均数。

离散系数的最大功用是可以比较不同单位数据分布的差异程度。

举例：比较某区上一季度二手房成交价格与房屋面积分布的差异程度。假设通过调查得到如下数据，分别求房屋价格、房屋面积的离散系数。

	平均数（$\overline{X}$）	标准差（S）
房屋价格	17 028 元	562 元
房屋面积	58.16 平方米	2.86 平方米

解：房屋价格的离散系数为

$$CV=\frac{S}{\overline{X}}\times 100\%=\frac{562}{17\ 028}\times 100\%=3.30\%$$

房屋面积的离散系数为

$$CV=\frac{S}{\overline{X}}\times 100\%=\frac{286}{5\ 816}\times 100\%=4.92\%$$

显然，该区二手房在房屋面积方面的差异明显大于在价格方面的差异。面积与价格是两种不同单位的量，用绝对离散量数（如方差、标准差、全距等）是无法进行其差异程度的比较的，当把它们化为无单位的离散系数时，便可进行比较了。

（五）偏度系数

偏度系数是用来描述数据分布特征的统计量数。所谓偏度，指的是数据分布的偏倾方向和程度。因此，偏度系数属于离散系数范畴。计算偏度系数对于推断统计具有重要意义，因为它能说明数据总体是否近似于正态分布，从而确定能否进行统计推断或如何进行统计推断。例如，如果发现一个样本数据的偏度较大，则该样本是否来自一个正态总体就值得怀疑，而这直接关系到能否进行统计推断的问题。

关于偏度系数的计算，有几种不同的计算公式，如按平均数与众数的离差求偏度系数、按平均数与中位数的离差求偏度系数、按四分位数与中位数的离差求偏度系数等。这里简要介绍常用的两种方法。

1. 按平均数与众数的离差求偏度系数

这种方法是由统计学家皮尔逊首先提出来的，因此又称皮尔逊偏度系数，记

作 Sk_p，其公式是：

$$Sk_p = \frac{\overline{X} - M_0}{S}$$

其中，Sk_p表示偏度系数，$\overline{X}$ 表示样本数据的平均数，M_0表示众数值，S 表示标准差。

当 $Sk_p=0$ 时，数据呈严格的正态分布；当 $Sk_p>0$ 时，分布呈正偏态；当 $Sk_p<0$ 时，分布呈负偏态。$|Sk_p|$ 越大，其偏向程度越大。

2. 按平均数与中位数的离差求偏度系数

这种方法也是皮尔逊发明的。皮尔逊发现，在数据呈基本正态分布的情况下，平均数、中位数、众数三者之间存在如下关系：

$$M_0 = 3Md - 2\overline{X}$$

将这一公式代入前面的公式 Sk_P 得：

$$Sk_p = \frac{\overline{X} - (3Md - 2\overline{X})}{S} = \frac{3(\overline{X} - Md)}{S}$$

鉴于中位数较众数更稳定、更具有代表性，皮尔逊认为，用平均数与中位数的离差求偏度系数的方法比前一种方法更好、更准确。

三、单变量推断统计

单变量分析不仅可做描述统计，而且能进行推断统计。单变量推断统计与双变量、多变量推断统计，在统计原理上是一样的，但在统计方法和目的上却不同。

(一) 参数估计

参数估计（主要是区间估计）是用样本统计量来估计总体参数，它通常只涉及一个变量，当然也有涉及两个变量的，如相关系数的区间估计等，只是较少用到而已。

在单变量分析中，参数估计实际上可分为三种情况或类型，即总体平均数的参数估计、总体比率的参数估计和总体方差的参数估计。三大区间估计类型中的每一大类型又可分成若干小类型，各种区间估计类型所要求的数据分布条件和统计计算方法都各不相同。

（二）假设检验

在单变量分析范围内，假设检验可分为三大基本类型，即总体平均数的假设检验、总体比率的假设检验、总体方差的假设检验。三大假设检验类型中的每一大类型又可分为两种小类型，即单样本总体假设检验和双样本差异的总体假设检验。单样本总体假设检验，就是对单个样本的统计量（如平均数、比率、方差）可否推断总体的检验；双样本差异的总体假设检验，就是对两样本统计量的差异（如平均数之差、比率之差、方差之差）是否在总体中也存在的检验，亦即要证明两样本的差异是否由来自两个不同的总体造成。

单变量分析范围内的参数估计与假设检验，在社会调查的统计分析中应用较少（在教育统计分析和心理统计分析中运用较多），因而这里只做粗略介绍，有兴趣者可参看有关统计学书籍。

第三节 双变量统计分析

对变量关系的统计分析，分双变量统计分析和多变量统计分析。双变量统计分析只涉及两个变量，它是最简单的变量关系分析，是多变量统计分析的基础。

一、双变量统计分析的内容

双变量统计分析分为相关关系和因果关系两种形式。

（一）两变量间的相关关系

两变量间的相关关系，是指当一个变量 X 发生变化时，另一个变量 Y 也随之发生变化，相反，当 Y 发生变化时，X 也发生变化。人们通常把两个变量之间的相关关系表示为 $X \longleftrightarrow Y$。必须指出，两个变量之间存在相关关系，只强调它们之间存在着相互影响的关系，而不清楚也不在乎它们变化的先后，因而也无所谓前因后果的问题。

社会现象之间的相关关系，从不同角度可区分为不同类型：

（1）按照相关方向的不同，可分为正相关和负相关。当一个变量与另一个变量向相同方向变化时，这两个变量之间就存在着正相关关系，相关系数取正值。例如，随着学生年龄的增长，社会经验也不断增加，可以说年龄与社会经验这两个变量之间呈正相关关系。当一个变量与另一个变量向相反方向变化时，这两个变量之间就存在着负相关关系，相关系数取负值。例如，随着经济增长，失业人数不断减少，就表明经济增长与失业人数这两个变量之间存在着负相关关系，相关系数取负值。

（2）按照相关强度的不同，可分为完全相关、不相关和不完全相关。当一个变量的数量完全由另一个变量的数量变化所确定时，它们之间即为完全相关。例如，在价格不变的条件下，销售额与销售量之间的正比例函数关系，即为完全相关。当变量之间彼此互不影响，其数量变化各自独立时，它们之间为不相关——又称零相关。例如，股票价格高低与气温高低在一般情况下是不相关的。两个变量的关系介于完全相关和不相关之间的，称为不完全相关。在统计分析中，通常用相关系数来精确表示两变量间的相关强度，相关系数的取值区间为［－1，1］。相关系数为1时，表示两变量完全正相关；为－1时，表示两变量完全负相关；为0时，表示两变量完全不相关。相关系数的绝对值越接近1，表示相关强度越大。

（3）按照相关形式的不同，可分为线性相关和非线性相关。线性相关是指当一个变量变动时，另一变量随之发生大致均等的变动。从图形上看，其观察点的分布近似地表现为一条直线，例如，人均消费水平与人均收入水平通常呈线性关系。非线性相关是指当一个变量变动时，另一变量也随之发生变动，但这种变动不是均等的。从图形上看，其观察点的分布近似地表现为一条曲线（如抛物线、指数曲线等），例如，农田施肥在一定数量范围内，可增加产量，但超过一定限度，产量反而下降。所谓两个变量 X 和 Y 呈线性相关，用数学语言表达，是指一个变量可以用另一个变量线性表示，如 $Y=bX+a$；反之，则表示两变量为非线性相关。线性相关在很多情况下成为变量相关分析的基础条件，如一元线性回归分析要求自变量和因变量必须存在线性相关关系，否则，回归分析就失去了意义。

（二）两变量间的因果关系

两变量间的因果关系，是指一变量的变化可以确定为另一变量变化的原因的关系。在自然科学中，确定现象之间的因果关系比较容易。在社会研究中，要确定两个变量之间的因果关系则比较困难。因为，要确定两个变量之间的因果关系，必须同时满足三个条件：

（1）两变量间必须存在相关关系，它是因果关系的必要条件，但不是充分条件。这就是说，如果存在相关关系，则可能是因果关系，也可能不是因果关系；如果没有相关关系，则不可能存在因果关系。反过来说，如果两变量间存在因果关系，则必然存在相关关系。

（2）必须确定自变量变化在前，因变量变化在后，即先有原因，后有结果。两变量的因果关系通常表示为 $X \longrightarrow Y$。

（3）必须确定变量 X 与 Y 之间的关系，不是由于第三个变量的存在而呈现出的一种虚假关系。

在研究中，要使两个变量完全满足上述三项条件，是一件很不容易的事情，因而在社会研究中很难完全确定两种现象之间的因果关系。尽管如此，在统计分析中，仍然可以对社会现象之间的因果关系进行粗略的分析。实践证明，这种粗略的因果关系分析，虽然不能像自然科学的因果分析那样严密、准确，但仍然具有重要的应用价值。

二、双变量统计分析的方法

在双变量统计分析中，由于变量的测量层次不同，因而计算两变量相关系数的方法和假设检验的方法也不相同。变量的测量层次，可分为定类、定序、定距、定比四种类型，这样就形成了多种不同测量层次变量的两两组合。为了便于全面了解双变量统计分析方法，可把双变量测量层次类型和与之相应的相关测量方法、假设检验方法列成一个一览表（见表 13－1）。

表 13－1　　双变量分析方法一览表

双变量测量层次	相关测量方法	假设检验方法
定类-定类 定类-定序	λ，$tau\text{-}y$	χ^2检验
定序-定序	G，d_y	Z 检验或 t 检验
定类-定距 定序-定距	Eta	F 检验或 t 检验
定距-定距	r，b	

资料来源：李沛良．社会研究的统计应用．北京：社会科学文献出版社，2001：206.

(一) 定类-定类（或定序）变量分析

当两个变量均为定类变量，或一个变量为定类变量、另一个变量为定序变量时，抽样分布属于 χ^2 分布，因而进行 χ^2 检验，用 λ 或 *tau-y* 计算两个变量之间的相关强度与方向。

χ^2 值的计算公式为：

$$\chi^2 = \sum \frac{(f_0 - f_e)^2}{f_e}$$

其中，f_0 表示实际观察值频数，f_e 表示理论意义上的期望值频数。

自由度的计算公式为：

$$df = (r-1)(c-1)$$

其中，df（degree of freedom）表示自由度，r（row）表示交互表的行数，c（column）表示交互表的列数。

对两变量关系进行 χ^2 检验的步骤是：

第一步，建立两变量不存在相关关系的虚无假设 H_0 和与之对立的备择假设 H_1。

第二步，按照 χ^2 公式计算 χ^2 值。

第三步，根据计算出的自由度和选定的显著性水平（p 值），查 χ^2 值表得到一个临界值。

第四步，把计算所得 χ^2 值与临界值进行比较：若 χ^2 值大于临界值，则拒绝 H_0，接受 H_1，表示两变量间存在显著性相关关系；若 χ^2 值小于临界值，则接受 H_0，拒绝 H_1，表示两变量间不存在显著性相关关系。

λ 和 *tau-y* 公式用于计算两个变量的相关强度的方向。

λ（lambda）相关测量法有两种基本形式：一是对称形式（symmetrical）的计算公式，即不分自变量和因变量，用 λ 表示；另一种是不对称（asymmetrical）的计算公式，即要求区分自变量（X）和因变量（Y）的计算方法，用 λ_Y 表示，两个计算公式如下：

$$\lambda = \frac{\sum m_X + \sum m_Y - (M_X + M_Y)}{2n - (M_X + M_Y)} \quad \text{对称公式}$$

$$\lambda_Y = \frac{\sum m_Y - M_Y}{n - M_Y} \quad \text{不对称公式(自变量 } X\text{,因变量 } Y\text{)}$$

其中，λ 表示对称式相关系数计算公式，λ_Y 表示非对称式相关系数计算公式，m_X 表示变量 Y 的每个取值之下变量 X 的众数值，m_Y 表示变量 X 的每个取值之

下变量 Y 的众数值，M_X 表示变量 X 的众数值，M_Y 表示变量 Y 的众数值，n 表示全部数据或个案的数目。

λ 相关系数计算公式是以众数作为预测的准则而展开的。由于公式比较复杂，只有举例才能说明如何运用上面两个公式进行计算。实际上，现在进行数据分析时，统计软件能够很快计算出各种统计量，不再需要手工去计算，讲解上述统计公式的目的，主要是帮助学习者了解统计学原理，理解得出统计量的来龙去脉。

先看对称公式：

$$\lambda=\frac{\sum m_X+\sum m_Y-(M_X+M_Y)}{2n-(M_X+M_Y)}$$

举例（见表 13-2）：

表 13-2　调查对象人生理想与择偶意愿交互分类表

人生理想（X）	择偶意愿（Y）			
	人生伴侣	事业帮手	爱情至上	总数
人生就是享受	26	18	10	54
人生就是奋斗	24	44	16	84
人生如草木	8	6	12	26
总数	58	68	38	164

从表 13-2 可知：

$$M_X=84,\ M_Y=68,\ \sum m_X=26+44+12=82$$

$$\sum m_Y=26+44+16=86, n=164$$

则

$$\lambda=\frac{\sum m_X+\sum m_Y-(M_X+M_Y)}{2n-(M_X+M_Y)}=\frac{82+86-(84+68)}{2\times164-(84+68)}=\frac{16}{176}=0.09$$

再看不对称公式：

$$\lambda_Y=\frac{\sum m_Y-M_Y}{n-M_Y}$$

举例（见表 13-3）：

表 13-3　调查对象性别与择偶意愿交互分类表

择偶意愿（Y）	性别（X）		
	男	女	总数
人生伴侣	35	23	58
事业帮手	44	24	68
爱情至上	10	28	38
总数	89	75	164

从表 13-3 可知：

$$M_Y=68,\ \sum m_Y = 44+28=72, n=164$$

则

$$\lambda_Y = \frac{\sum m_Y - M_Y}{n - M_Y} = \frac{72-68}{164-68} = \frac{4}{96} = 0.04$$

需要注意的是，在不对称公式 λ_Y 中，只有与 Y 变量有关的数据，与 X 变量有关的数据不必参与计算过程。这是因为，在 λ_Y 公式中，假定 X 为自变量，Y 为因变量，公式中的分母 $n-M_Y$ 表示在不知道 X 值的情况下预测 Y 值时所产生的全部误差，即 $E_1=n-M_Y$，公式中的分子 $\sum m_Y - M_Y$ 则表示根据 X 值来预测 Y 值所能消减的误差，即：

$$E_1 - E_2 = (n-M_Y)-(n-\sum m_Y) = \sum m_Y - M_Y$$

于是有：

$$\lambda_Y = \frac{E_1 - E_2}{E_1} = \text{PRE}$$

PRE（proportionate reduction in error）叫作消减误差比例。

在社会统计学中，消减误差比例是一个很重要的概念，也是一种很重要的统计方法。社会研究的目的是解释或预测社会现象的变化，当我们进行双变量统计分析时，说两个变量存在相关关系或因果关系，实际上也就是说用一个变量的变化能在多大程度上解释另一个变量的变化。这种解释肯定会存在误差，我们进行研究的目的，就是设法减少这种解释上的误差。PRE 表示的就是当我们用一个变量 X 来解释另一个变量 Y 时，能够减少多少比例的误差，能够消减误差的比例越大，表明两个变量的关系越密切，亦即相互影响的作用力越大，反之则越小。PRE 取值区间为［0，1］。

消减误差比例的计算公式为：

$$\text{PRE} = \frac{E_1 - E_2}{E_1} = \frac{\text{全部误差} - \text{相关误差}}{\text{全部误差}}$$

PRE 反映的是测量两个变量相关关系的一种思路，也是一种方法，它的优点是能很直观地对两个变量的关系做出解释。我们称以此种思路和方法测量两变量关系为具有 PRE 特性。显然，并不是每一种双变量相关测量方法都具有 PRE 特性。一般而言，在实际研究工作中，应尽量选用具有 PRE 特性的分析方法，我们前边介绍的 λ 和 λ_Y 都具有 PRE 特性。

tau-y 系数与 λ_Y 性质一样，也是一种不对称相关测量法，具有 PRE 特性。由于计算公式比较复杂，故在此不做介绍。

（二）定序-定序变量分析

对两个定序变量的统计分析，一般运用 Gamma 或 d_y 公式计算相关系数，并进行 Z 检验或 t 检验。这里只介绍 Gamma 级序相关分析方法。

Gamma 简称 G，属于级序相关计算法，就是在计算公式中使用各原始数据的等级次序而不是数据本身。它又属于对称相关测量法（不区分自变量和因变量），且具有 PRE 特性。

Gamma 的计算公式如下：

$$G=\frac{N_s-N_d}{N_s+N_d}$$

其中，G 表示 Gamma 级序相关系数，N_s 表示同序对数，N_d 表示异序对数。

同序对数是指两个数据或个案在两个变量上的相对等级相同的对数，不相同的便称为异序对数。

Gamma 系数的假设检验分为两种情况：当样本规模属大样本（$n\geqslant 100$）时，Gamma 的抽样分布接近于正态分布，故可用 Z 检验法进行假设检验。Z 值的计算公式为：

$$Z=G\sqrt{\frac{N_s+N_d}{n(1-G^2)}}$$

其中，Z 表示正态分布状态下的 Z 分数值，G 表示 Gamma 级序相关系数，N_s 表示同序对数，N_d 表示异序对数，n 表示样本量。

当样本量为小样本时（$n<100$）时，则要改用 t 检验法。t 值的计算公式为：

$$t=G\sqrt{\frac{N_s+N_d}{n(1-G^2)}}$$

$$df=N_s+N_d-2$$

由于 Camma 值的计算和假设检验用手工完成比较复杂，而用统计软件能轻而易举地完成，加之本章篇幅所限，故此从略。

（三）定类（或定序）-定距变量分析

在双变量统计分析中，当一个变量为定类变量或定序变量（定序变量作为定类变量处理），另一个变量为定距变量时，需进行方差分析和 F 检验（或 t 检验），并用 Eta 平方系数来测量两变量的相关强度，Eta 平方系数简写成 E^2，E^2 同样具有 PRE 特征。

E^2计算公式为：

$$E^2=\frac{\sum n_i\bar{Y}_i^2-n\bar{Y}^2}{\sum Y^2-n\bar{Y}^2}$$

其中，E^2表示 Eta 平方系数，Y 表示因变量的数值，$\bar{Y}$ 表示因变量的平均数，$\bar{Y}_i$ 表示在每个自变量取值（X_i）上各因变量取值的平均数，n_i 表示每个自变量（X_i）的个案数，n 表示总个案数。

举例（见表 13－4）：

表 13－4　26 名调查对象职业类型对休闲活动时间的影响

	职业类型（X）		
	工人	干部	教师
休闲活动（小时/周）（Y）	20	28	18
	24	26	16
	18	32	12
	22	38	8
	21	26	10
	28	18	14
	30	20	18
	32	24	16
	25		
	22		
n_i	10	8	8
$\bar{Y}_i$	24.2	26.5	14

分析结果表明，用职业类型来解释人们的休闲活动时间，可以消减 56.0%的误差，也就是说，调查对象的职业类型与休闲活动时间之间的相关强度系数为 0.56。

E^2的抽样分布属于 F 分布，故 E^2采用 F 检验法，其 F 值的计算公式为：

$$F=\frac{E^2}{1-E^2}\left(\frac{n-k}{k-1}\right)$$

$$df_1=k-1$$

$$df_2=n-k$$

其中，k 表示分组数目，n 表示样本数。

由于 $k=3$，$n=26$，$E=0.56$，代入公式得：

$$F=\frac{0.56^2}{1-0.56^2}\times\frac{26-3}{3-1}\approx 5.25$$

根据上表中数据计算得：

$$n=26$$

$$\bar{Y}=21.77$$

$$\sum Y^2=20^2+24^2+18^2+\cdots+16^2=13\ 610$$

$$\overline{Y}=\frac{20+24+18+\cdots+16}{26}=21.77$$

故得：

$$E^2=\frac{\sum n_i\overline{Y}_i^2-n\overline{Y}^2}{\sum Y^2-n\overline{Y}^2}=\frac{10\times 24.2^2+8\times 26.5^2+8\times 14^2-26\times 21.77^2}{13\ 610-26\times 21.77^2}$$

$$=\frac{720.14}{1\ 287.74}\approx 0.56$$

根据 $df_1=3-1=2$，$df_2=26-3=23$，查表得临界值 3.59，由于 $F=5.25>3.59=F_{0.05}$，故 $p<0.05$，拒绝虚无假设 H_0，接受备择假设 H_1，即样本统计结论可以推断总体，职业类型与休闲活动时间之间存在显著性相关关系。

在自变量为定序变量，因变量为定距变量时，其统计方法和定类-定距变量完全一样，也就是把定序变量作为定类变量来处理。

(四) 定距-定距变量分析

两个定距变量的统计分析，是传统统计分析的主要内容，因而也是相对成熟的统计分析方法。它包括相关分析和回归分析。

相关分析与回归分析，是两种既有密切联系又有本质区别的统计分析方法。

首先，相关分析与回归分析都以两个定距变量的线性关系为基础，分析与解释两个变量之间的相关或相互影响作用力的大小。

其次，相关分析是回归分析的前提和基础。一般来说，只有当两个变量之间存在着比较高的相关关系时，回归分析才有价值，而且相关程度越高，回归预测效果越好。

但是，相关分析与回归分析又是两种不同的分析方法，它们的区别是：

其一，相关分析是对两个变量双向依存关系的分析，通常不确定谁是自变量、谁是因变量；回归分析是对两个变量单向关系的分析，即对自变量影响因变量的分析，必须明确谁是自变量、谁是因变量，而且对于自变量每一个给定的数值，通过回归方程求得的因变量的估计值不是一个确定的数值，而是许多可能数值的平均数，因而可以计算估计值的误差。

其二，从分析层次上讲，相关分析是一种描述和解释既存事实的研究方法，而回归分析则是一种通过对已有事实的分析进一步推断和预测未来可能发生什么的研究方法。因此，与相关分析相比较，回归分析是一种更高层次、更为深刻的统计分析方法。

1. 两个定距变量的相关分析

两个定距变量的相关系数，通常使用皮尔逊积差相关（或积矩相关）公式计算。由于原始公式计算时略为复杂，为了能直接运用 X 和 Y 的原始数据计算相关系数，可以将皮尔逊积差相关公式转化成如下公式：

$$r=\frac{n\sum XY-(\sum X)(\sum Y)}{\sqrt{n\sum X^2-(\sum X)^2}\sqrt{n\sum Y^2-(\sum Y)^2}}$$

其中，r 表示皮尔逊积差相关系数，X 表示变量 X 的取值，Y 表示变量 Y 的取值，n 表示个案数或样本容量。

在处理分组数据时，则采用如下计算公式：

$$r=\frac{\sum f(X-\overline{X})(Y-\overline{Y})}{\sqrt{\sum f(X-\overline{X})^2}\sqrt{\sum f(Y-\overline{Y})^2}}$$

皮尔逊积差相关系数 r 自身不具备 PRE 特征，但 r^2 具备 PRE 特征。在实际研究中，我们通常用 r^2 表示一个变量 X 在解释另一个变量 Y 时所能消减的误差比例，从而更直观地表示出变量 X 与变量 Y 之间的相关强度。因此，这个 r^2 在相关分析与回归分析中都具有很高的应用价值，被称为决定系数（coefficient of determination）。

让我们举例说明如何进行相关分析，见表 13-5：

表 13-5　100 名调查对象自我评价得分与拥有知心朋友个数的相关分析计算表

自我评价得分（X）	知心朋友个数（Y）	频数（f）	$X-\overline{X}$	$Y-\overline{Y}$	$f(X-\overline{X})^2$	$f(Y-\overline{Y})^2$	$f(X-\overline{X})(Y-\overline{Y})$
10	1	4	4.16	−8.48	17.31	71.91	−35.28
9	2	6	3.16	−7.48	9.99	55.95	−23.64
8	4	18	2.16	−5.48	4.67	30.03	−11.84
6	8	16	0.16	−1.48	0.03	2.19	−0.24
5	12	26	−0.84	2.52	0.71	6.35	−2.12
4	14	30	−1.84	4.52	3.39	20.43	−8.32
$\overline{X}=5.84$	$\overline{Y}=9.48$	$n=100$	—	—	$\sum=$ 36.1	$\sum=$ 186.86	$\sum=$ −81.44

将表 13-5 中的初步计算结果代入公式得：

$$r=\frac{\sum f(X-\overline{X})(Y-\overline{Y})}{\sqrt{\sum f(X-\overline{X})^2}\sqrt{\sum f(Y-\overline{Y})^2}}=\frac{-81.44}{\sqrt{36.1}\times\sqrt{186.86}}$$

$$=\frac{-81.44}{6.01\times 13.67}=\frac{-81.44}{82.16}\approx -0.99$$

$$r^2=(-0.99)^2\approx 0.98$$

上述相关分析结果表明，变量 X 与变量 Y 之间存在很强的负相关，即自我评价越高的调查对象，拥有的知心朋友人数越少；自我评价越低者，其知心朋友人数越多。决定系数 $r^2\approx 0.98$，表明用变量 X（自我评价得分）去解释或预测变量 Y（知心朋友个数）可以消减约98%的误差。

皮尔逊积差相关系数 r 的假设检验通常采用 F 检验法，也有人用 t 检验法。用 F 检验法对 r 进行检验时，F 值的计算公式为：

$$F=\frac{r^2(n-2)}{1-r^2}$$

$$df_1=1$$

$$df_2=n-2$$

对上述调查对象自我评价法（X）与拥有知心朋友个数（Y）的相关分析结果进行 F 检验。

其假设为

$$H_0: r=0, \ H_1: r\neq 0$$

用公式计算 F 值：

$$F=\frac{r^2(n-2)}{1-r^2}=\frac{0.99^2\times(100-2)}{1-0.99^2}=\frac{0.98\times 98}{1-0.98}=\frac{96.04}{0.02}=4\ 802$$

根据 $df_1=1$，$df_2=100-2=98$，以 $p<0.01$ 为显著度，查 F 分布表得 $F_{0.01}=7.08$，由于计算所得结果 $F=4\ 802>7.08=F_{0.01}$，故可拒绝 H_0，接受 H_1，即人们的自我评价得分与拥有知心朋友个数之间存在显著性相关关系。

若要对 r 进行 t 检验，t 值的计算公式为：

$$t=\frac{r\sqrt{n-2}}{\sqrt{1-r^2}}$$

$$df_1=1$$

$$df_2=n-2$$

其程序与 F 检验法相同。

2. 一元线性回归分析

对两个定距变量进行回归分析，被称为一元线性回归分析，即只有一个自变量 X，且两变量间存在线性相关关系。一元线性回归分析，实质上就是要在变量 X 和变量 Y 之间建立一个线性回归方程，从而用 X 去预测 Y。

一元线性回归方程的标准形式为：

$$Y'=bX+a$$

建立回归方程的主要问题是求出方程中回归系数 b（回归线的斜率）和回归

线在 Y 轴上的截距 a，这一过程被称为配制回归线或拟合回归线。确定回归系数 b 的原则是使散点图（根据 X 和 Y 一一对应的值绘制而成的分布图）上各点距回归线上的相应点的垂直距离平方和为最小，这种求回归系数 b 的方法被称为最小二乘方法。

求回归系数 b 的公式为：

$$b=\frac{\sum(X-\bar{X})(Y-\bar{Y})}{\sum(X-\bar{X})^2}$$

这个公式可以说是回归系数 b 的定义公式，为计算方便，可将其转化为能直接用原始数据计算 b 的公式：

$$b=\frac{n\sum XY-\sum X\cdot\sum Y}{n\sum X^2-(\sum X)^2}$$

$$a=\bar{Y}-b\bar{X}=\frac{\sum Y-b(\sum X)}{n}$$

其中，b 表示回归系数，X 表示自变量取值，Y 表示因变量取值，n 表示样本量或样本规模，$\bar{X}$ 表示自变量的平均数，$\bar{Y}$ 表明因变量的平均数。

回归分析的大致程序是：先根据研究目的确定自变量 X 和因变量 Y，对 X 和 Y 进行相关分析（如做散点图，计算 X 与 Y 的相关系数），确定进行回归分析有无价值（如果 X 与 Y 相关强度太弱，则回归分析价值不大）和能否进行回归分析（如 X 与 Y 是否存在线性相关关系而不是曲线相关关系），然后计算回归系数 b 和截距 a，建立回归方程，并用自变量 X 对因变量 Y 进行预测。

我们用前述 100 名调查对象自我评价得分对知心朋友个数的影响的数据进行一元线性回归分析。

前面的相关分析表明，人们的自我评价得分（X）与拥有知心朋友个数（Y）之间存在很强的线性负相关关系，因此对这两个变量进行回归分析既有必要也有可能。

用公式计算回归系数 b 和截距 a：

$$b=\frac{\sum(X-\bar{X})(Y-\bar{Y})}{\sum(X-\bar{X})^2}$$

表 13-5 中已求得

$$\sum(X-\bar{X})(Y-\bar{Y})=-81.44,\sum(X-\bar{X})^2=36.1,\bar{X}=5.84,\bar{Y}=9.48$$

代入公式得：

$$b=\frac{-81.44}{36.1}\approx-2.26$$

$$a=\bar{Y}-b\bar{X}=9.48-(-2.26)\times5.84=9.48+13.20=22.68$$

故得回归方程：

$$Y' = -2.26X + 22.68$$

这个方程简化了100名调查对象在自变量 X（自我评价得分）与因变量 Y（知心朋友个数）问题上的众多资料，从中抽象出统计规律，从而可以由自变量 X 来预测因变量 Y。

比如，如果两个人对自己的评价分别为7分和3分，根据回归方程可预测这两个人可能拥有多少知心朋友：

$$Y' = -2.26 \times 7 + 22.68 = -15.82 + 22.68 = 6.86 \approx 7$$

$$Y' = -2.24 \times 3 + 22.68 = -6.72 + 22.68 = 15.96 \approx 16$$

这个分析结果告诉我们：一个自我评价得分为7分的人，其知心朋友个数可能为7个；自我评价得分为3分者则可能有16个知心朋友[①]。当然，回归分析方法用自变量 X 来预测因变量 Y 肯定是存在误差的，误差的大小取决于各方面条件的满足程度。

第四节 多变量统计分析简介

多变量统计分析，又称多元统计分析，是指涉及三个及三个以上变量（其中至少一个因变量）的统计分析方法。社会现象之间的复杂性使人们认识到，正确使用多变量统计分析通常会比只进行单变量和双变量统计分析更具有解释力。近年来，随着计算机科学的发展和统计软件的广泛应用，多变量统计分析方法迅速发展，已成为一个各种方法互相交叉、内容丰富、层次复杂的庞大体系。这里简略介绍几种比较通用的多变量统计分析方法。

一、多变量相关分析

多变量相关分析是相对于双变量相关分析而言的。在双变量相关分析中，是用一个统计量（如相关系数 λ、G、r 等）反映两个变量间的相关关系。当变量达

① 这里（包括前面的相关分析）使用的数据是虚设的，是为了说明相关方法的使用，并不一定符合实际情况。

到三个或三个以上时，相关关系的分析就属于多变量相关分析或多元相关分析了。从本质上说，多变量相关分析与双变量相关分析一样，也是用一个统计量（如偏相关系数、复相关系数等）来简化和反映多个变量之间的相互依存关系，只是这种关系更加复杂而已。与多变量相关分析直接有关的方法，有偏相关分析、复相关分析和典型相关分析等。

（1）偏相关分析，是指在控制了其他变量影响的情况下，用一个统计值来测量某一变量 X 和另一变量 Y 之间相关关系强弱程度与方向的方法。这个统计值被叫作偏相关系数。

（2）复相关分析，是测量多个自变量（如 X_1、X_2、$X_3 \cdots X_n$）共同对一个因变量（如 Y）发挥作用时形成的相关关系的方法，它用一个统计值来表示这些自变量与另一因变量关系的强弱和方向。这个统计值被称为复相关系数。

（3）典型相关分析，是一种用于测量两组变量（每组变量均多于一个变量）相关强弱与方向的多元统计方法。这种方法，统计学家在 20 世纪 30 年代就曾提出，但被真正推广应用则是近几年的事情。在进行典型相关分析时，习惯上将自变量组称为预测变量，将因变量组称为标准变量，将用于测量典型相关的统计量称为典型相关系数。实际上，典型相关就是简单相关和复相关分析的进一步推广，因为当两个变量组均只有一个变量时，典型相关就成了双变量统计分析中的简单相关；同理，当典型相关中的两个变量组中有一个变量组只有一个变量时，典型相关便成了复相关。也就是说，简单相关和复相关都是典型相关的特例。

二、多元回归分析

多元回归分析是研究两个或两个以上自变量（X_1、$X_2 \cdots X_n$）和一个因变量（Y）之间的关系，并用自变量解释与预测因变量的多变量统计分析方法。在社会研究中，应用较多的是多元线性回归分析方法和 Logistic 回归分析方法等。

（1）多元线性回归分析，是多元回归分析方法中的基本形式，它的应用通常对数据有比较严格的要求。例如，它要求各自变量之间不能存在高度的线性相关性。此外，它还要求自变量和因变量均为定距（比）变量，如果自变量为定类或定序变量，则可将其转化为虚拟变量后再进行多元线性回归分析。由于在社会研究中，很多数据难以完全符合这些要求，因而多元线性回归分析方法的应用受到了很大的限制。

（2）Logistic 回归分析，是自变量为定距、定比变量（或虚拟变量），因变量为定类、定序变量条件下的多元回归分析方法。Logistic 回归分析方法的广泛运用，促进了社会定量研究的突破性发展。由于社会研究中的数据很多时候是以定类或定序的属性数据形式出现的，采用多元线性回归分析存在诸多缺陷。Logistic 回归分析方法的出现，弥补了多元线性回归分析的局限，目前已经得到了广泛的使用。

三、多元方差分析

多元方差分析是对多个定类变量（自变量）与多个定距变量（因变量）关系的多变量统计分析方法，其分析的统计原理与方法同一元方差分析相似，只是程序更加复杂。

四、因子分析

因子分析是一种从众多相关变量中抽取若干个共同因子，从而使复杂数据得以简化的多变量统计分析方法。被抽取的因子称公共因子。因子分析的作用主要表现在两个方面：其一，探索数据的基本结构和变量之间的关系。其二，用公共因子简化数据，以便于做进一步分析。

五、对数线性模型分析

对数线性模型分析，是在自变量和因变量都是定类或定序变量时，用以分析它们之间的相互关系的多变量统计分析方法，它处理的是以交互分类表形式出现的定类或定序数据。

六、结构方程模型分析

结构方程模型分析，是一种用于建立、估计、检验因果关系模型的功能强大的多变量统计分析方法。它把因子分析、回归分析、路径分析、方差分析等多种多变量统计分析方法有机地整合在一起，形成了一种思路新颖、用途广泛的综合性统计分析技术。

七、多层线性模型分析

多层线性模型分析，是专门用于对具有层次结构特性的数据进行多变量统计分析的统计方法。这种方法在欧美产生以后，已经发展了不短的时间，目前国内不少社会研究采用了这一统计分析方法。

上面用非常简略的文字介绍了几种主要的多变量统计分析方法，其目的是让对社会统计学发展感兴趣的读者了解这方面的信息。要学习多变量统计分析方法的读者，还必须阅读其他相关的专门书籍。

本章要点

1. 统计分析就是运用统计学原理和方法处理通过调查所获得的数据资料，简化和描述数据资料，揭示变量之间的统计关系，并进而推断总体的一整套程序和方法。

2. 统计分析可按不同标准划分层次。按照统计分析的性质，可分为描述统计和推断统计；按照统计分析涉及变量的多少，可分为单变量统计分析、双变量统计分析和多变量统计分析。

3、描述统计是关于样本的统计方法，其分析结果是样本统计量；推断统计是通过样本推断总体的统计方法，包括参数估计与假设检验。

4. 单变量统计分析，可分为集中量数分析和离散量数分析两大部分；单变量统计分析不仅可做描述统计，而且可做推断统计。

5. 双变量统计分析，主要分析两个变量之间的关系，包括相关关系与因果关系。

6. 相关关系可分为不同类型：按照相关方向的不同，可分为正相关和负相关；按照相关强度的不同，可分为完全相关、不相关和不完全相关；按照相关形式的不同，可分为线性相关和非线性相关。

7. 要确定两个变量之间的因果关系，必须同时满足三个条件：(1) 两变量间必须存在相关关系；(2) 必须确定自变量变化在前，因变量变化在后；(3) 必须确定变量 X 与 Y 之间的关系，不是由于第三个变量的存在而呈现出的一种虚假关系。

8. 双变量统计分析有各种各样的方法，选择双变量统计分析方法的基础是变量的测量层次。双变量统计分析同样可进行描述统计与推断统计。

9. 在社会统计中，消减误差比例（PRE）是一个重要范畴，也是一种重要的统计方法。

10. 多变量统计分析是指涉及三个及三个以上变量（其中至少一个因变量）的统计分析方法。它是当代统计学中发展最迅速、最活跃的领域。

基本概念

统计分析　描述统计　推断统计　参数估计　点值估计　区间估计　假设检验　虚无假设　备择假设　置信水平　置信区间　集中量数　离散量数　相关关系　因果关系　抽样分布　统计量　参数　消减误差比例（PRE）　方差与标准差

思考与练习

1. 如何认识统计分析在社会研究中的作用？

2. 描述统计与推断统计之间是什么样的关系？

3. 参数估计与假设检验有什么联系与区别？

4. 变量间的相关关系与因果关系有何不同？

5. 某城市 2015 年有大学生 106.95 万人，从中抽取 2 000 人进行烟瘾调查，在调查问卷中提问："在过去一周中，你每天至少吸一包烟的天数有多少？"

（1）在以上叙述中，什么是总体，什么是样本？

（2）经统计分析发现，回答 0 天的学生占 89%，它是一个参数还是一个统计量？为什么？

6. 假如你获得了一份人口普查的总体数据，你会如何进行统计分析？解释为什么你只需要进行描述统计，而不需要进行推断统计。

7. 2010 年中国综合社会调查（Chinese General Social Survey，CGSS）显示了我国城乡男性体重状况（见表 13-6），根据统计分析结果进行说明。

表 13-6　2010 年我国城乡男性体重状况　单位：kg

	样本量	平均数	中位数	标准差	最小值	最大值
农业户口	2 857	62.67	60	10.74	35	123
非农户口	2 523	68.93	69	11.23	36.5	115

8. 2010 年中国综合社会调查问道："您上一周是否为了取得收入而从事一小时以上的劳动？"在 11 764 个受访者中，有 6 751 人回答"是"，请证明回答"是"的总体比例 95%的置信区间为 [0.56，0.58]。

9. 以下假设是虚无假设还是备择假设？说明这些假设的参数符号和参数值。

(1) 在大学中，谈恋爱的学生比例为 0.37。

(2) 目前所有在校大学生的饮酒比例小于 10 年前的 0.31。

(3) 某大学在校男生的平均身高大于 172cm。

10. 2010 年中国综合社会调查调查了男性的吸烟和饮酒状况，结果见表 13-7：

表 13-7　2010 年我国成年男性吸烟、饮酒状况　单位：人

		饮酒		合计
		否	是	
吸烟	否	387	381	768
	是	290	806	1 096
合计		677	1 187	1 864

根据上表结果，对吸烟和饮酒两变量之间的关系进行 χ^2 检验。

11. 一项关于居民幸福感的调查数据的分析结果显示，幸福感（不太幸福、一般、比较幸福）和收入（低于平均数、平均数、高于平均数）之间的 Gamma 系数为 0.45，请解释。

12. 某年度一项涉及 63 个国家的预期寿命研究表明，预期寿命（Y）与人均国民生产总值（X）的预测方程为 $Y=-10.65+0.16X$。其中预期寿命的范围为 54 岁（海地）至 79 岁（加拿大），人均国民生产总值的取值范围为 0.037 万美元（塔吉克斯坦）至 4 万美元（瑞士）。

(1) 解释 Y 的截距和斜率。

(2) 求海地和加拿大的预期寿命预测值。

(3) 相关系数为 0.72，请解释。

13. 简述因果关系的三个条件。针对每一个条件，描述两个变量之间因为违背这些条件而没有因果关系的情况。

推荐阅读书目

1. 李沛良．统计研究的统计应用．北京：社会科学文献出版社，2001.

2. 卢淑华．社会统计学．4 版．北京：北京大学出版社，2009.

3. 萨尔金德．爱上统计学：第 2 版．重庆：重庆大学出版社，2008.

4. 艾格瑞斯蒂，芬蕾．社会科学统计方法：第 4 版．北京：电子工业出版社，2011.

5. 穆尔，等．统计学的世界：第 8 版．北京：中信出版社，2017.

第十四章

思维加工

思维加工是在调查资料基础上形成调查报告的思维过程，是从感性认识上升到理性认识的关键步骤，是研究阶段的中心环节。

第一节
思维加工概述

一、思维加工的概念

所谓思维加工，就是调查研究者运用语言等思维工具和科学的思维方法，对整理、统计分析后的问卷、数据、文字资料等进行分析、研究、概括、判断、推理，并得出结论的思维过程。一般来说，思维加工有五大要素：（1）思维主体，即调查研究者；（2）思维对象，即整理、统计分析后的问卷、数据、文字资料等；（3）思维工具，即语言、文字、符号、表格等思维的物质外壳；（4）思维方法，即思维活动的规则、途径、手段或办法；（5）思维目的，即在理论上、实践上得出结论。

二、思维加工的任务

在研究阶段，思维加工的主要任务是：

（一）概括调查对象的真实情况

整理、统计分析后的问卷、数据、文字资料，往往内容繁多、数量较大、精粗相伴、层次混杂。只有运用比较和分类、分析和综合等思维方法进行加工，才能去伪存真、去粗取精，概括出调查对象的真实情况。可以说，以系统、简明的方式概括反映调查对象的真实情况，是思维加工的首要任务。

（二）分析有关现象的因果关系

要深入认识调查对象，必须把握有关现象之间的因果联系。对整理、统计分析后的问卷、数据、文字资料进行由此及彼、由表及里的分析，弄清楚造成各种社会现象的内部和外部原因，是思维加工的又一重要任务。

（三）揭示有关事物的本质及发展规律

调查资料所反映的社会现象总是个别的、特殊的，总带有某些偶然性。本质和规律则不同，它是同类事物中具有普遍性、可重复性和相对稳定性的东西。思维加工的另一重要任务，就是从个别的、特殊的社会现象中抽象、概括出一般性、普遍性和相对稳定性的认识，从而揭示出有关事物的本质及其发展规律。

（四）证实或证伪、补充或修改原来的研究假设

科学的社会调查总是以一定的研究假设为指导的。社会调查的目的，就是证实或证伪这些研究假设，或是补充、修改、完善这些研究假设。因此，思维加工的又一重要任务，就是以调查资料为依据，运用各种思维方法来证实、证伪、补充、修改、完善原来的研究假设。

（五）做出理性判断或得出理性结论

对调查资料进行思维加工，概括调查对象的真实情况，分析有关现象的因果关系，揭示有关事物的本质及发展规律，证实或证伪、补充或修改原来的研究假设，都是为了对社会调查做出某种理性判断或得出某些理性结论。可以说，通常反映在调查报告中的这种理性判断或结论，是思维加工成果的最集中的体现。

（六）提出对实际工作的对策性建议

对于学术性调查课题来说，只要对调查结果做出某些理性判断或得出结论，就算完成了思维加工的任务。对于应用性调查课题来说，它不仅需要做出理性判断或得出结论，而且需要提出对实际工作的具体建议。因此，对于应用性调查课题来说，只有提出了对实际工作的对策性建议，才能算是全部完成了思维加工的任务。

三、思维加工的方法

思维加工的方法——思维方法，是指思维的规则、途径、手段或办法。思维方法有两方面特征：一方面，它的内容是客观的，是人们依据事物客观规律而形成的思维规则。事物客观规律是形成思维方法的现实基础。另一方面，它的形式是主观的。事物的客观规律只有内化入人的头脑，转化为思维活动的规则，才能成为思维方法。由于人们对事物客观规律的认知程度不同、认知目的不同、主观创造能力不同，因而不同人的思维方法往往具有不同特点，往往带有一定主观色彩。这就是说，思维方法是客观与主观的统一，是人们认识客观事物必须遵守的规则、途径、手段或办法。

在社会调查中经常使用的思维方法，大都属于哲学思维方法和一般科学思维方法，其中主要的是比较法和分类法、分析法和综合法、矛盾分析法、因果分析法、系统分析法、结构-功能分析法，以及创新思维方法。

第二节 比较法和分类法

人们认识事物总是从区分事物开始的。要区分事物，就要比较和分类。因此，比较法和分类法是人们认识事物的两种基本思维方法。

一、比较法

（一）比较法的概念

比较法，是把两个或两个以上的事物或现象放在一起考察和分析，以检视和把握它们之间所具有的相同、相似或相异的属性和特征的思维方法。世界上的一切事物都有相异点和相同点。如人的指纹，全世界几十亿人的指纹都由不同花纹组成，它们的长短、粗细、凹凸程度和形状各不相同。但是，千差万别的指纹又分为“弓”“箕”“斗”三种基本类型，而且终身不变。这说明，世界上没有绝对相异的事物，也没有绝对相同的事物。事物之间的差异性和共同性，是比较法的客观基础。

比较方法一般由三个基本要素构成：

（1）比较的客体，即我们选择加以比较的对象。选择比较客体的主要参考有两个：一是可比性，即所选客体是可以拿来比较的，或比较是有意义的。二是针对性，即选择什么比较客体，必须针对我们的认识目的。

（2）比较的维度，就是从哪个角度来对这些事物加以比较。选择什么来作为比较的维度，关键是看研究所要达到的认识目的。在一般情况下，研究者可以选择的比较维度有两种：一是模式，二是案例。模式是一种综合性的要素，由多个方面构成。模式与类型有一定关系，但比类型更含糊。例如，在比较经济学以及比较社会学中，比较研究通常会选择模式来加以比较，如法律体制、经济体制及文化模式，这种比较可以在较为广泛的范围和笼统的层面进行，对于从宏观层面理解制度的结构及变迁规律有积极意义。而在管理学和心理学中，比较研究则常常会选择案例或个体加以比较，这样便于比较和分辨出不同管理经验或个性的具体特征。

（3）对比和分析，即以比较维度为标准，将比较客体加以对比，分析它们之间的异同，并对它们在相关方面的属性如孰优孰劣等，做出某种判断。分析比较是对不同事物的结构要素加以分析和比较，总结和概括出不同事物间具体要素的相似性和关联性。分析比较更加细致深入，不仅可以辨别异同，而且能揭示差异的原因。

（二）比较法的种类

比较，有多种方法。常用的比较法有以下几种。

1. 横向比较法

从时空角度看，比较的方式可分为纵向比较和横向比较。横向比较法是根据同一标准在同一时间对不同空间中的认识对象进行比较的思维方法。它可以是同类事物之间的比较，也可以是不同类事物之间的比较；可以是同一事物不同方面之间的比较，也可以是同一事物不同部分之间的比较。横向比较法，是在质或量上区分不同认识对象的思维方法。

类型比较，就是同类事物之间的横向比较。类型比较在逻辑上的运用，就是类比推理。所谓类比推理，就是根据两类事物某些相异或相同属性，推断出它们在其他方面也有相异或相同属性的推理形式。

2. 纵向比较法

纵向比较法是对同一认识对象在不同时间的相异点或相同点进行比较的思维

方法。它可以是同一事物不同时点或时期之间的比较，也可以是同一事物不同发展阶段之间的比较。纵向比较法是揭示认识对象不同时点或时期、不同阶段特点及变化发展趋势的思维方法。

历史比较，就是不同时期之间的纵向比较。所谓历史，其本义是过去的事实，或对过去事实的记载。历史比较法，就是对认识对象不同时期的特点进行比较的思维方法。历史比较分析主要有三个方面的内容：第一，探究社会历史现象的起源，如恩格斯的《家庭、私有制和国家的起源》一书，就是通过历史比较分析，来探寻家庭、私有制和国家的起源问题。第二，分析和揭示社会历史现象的本质和特征，如汤普森在《英国工人阶级的形成》一书中，对工业革命时期英国工人的工资、物价、生活水平、劳动条件和劳动纪律、宗教与道德、休闲与娱乐、妇女与儿童、工会与互助会组织等进行了历史比较分析，以揭示阶级和阶级意识的本质及特征。第三，寻找和发现因果关系，例如，韦伯正是运用历史比较分析寻找西欧的宗教改革，特别是新教伦理与资本主义之间的因果关系的。

在历史比较法中，较为常用的分析比较方法主要有对比分析法和理想类型分析法。对比分析法是指在分类的基础上对某类现象或事件在不同阶段的表现和特征进行对比，并由此推论出现象产生的原因和变化规律。理想类型分析是韦伯创立的，理想类型是一种分析概念或逻辑工具，在实际存在的类别之中，先选择出一种“典型的”类别，然后对它进行概念性的“纯粹类型”的构造。这就是说，从发生学上分析，“理想类型”是源于经验性存在的“类别”。但从形成的结果上看，它是远离了观察基础的，是以逻辑推演为基础的，是通过抽象思维把现实典型的类别“加工改造”为只有在思维中才存在的“纯粹的类别”，如“资本主义精神”“新教伦理”“科层制”“理性”等。对理想类型的分析，主要包括比较不同理想类型的本质特征，分析不同类型之间的结构关系，并根据结构一致性的原则来理解和解释事物或现象的原因。

3. 理论与事实比较法

理论与事实比较法是对某种理论观点与客观事实进行比较的思维方法。在社会调查中，人们除了在客观事实之间比较外，还必须将研究假设、理论观点与客观事实进行比较，看看研究假设、理论观点是否符合客观事实。理论与事实的比较过程，实质上就是用客观事实检验研究假设、完善研究假设，检验理论、发展理论的过程。爱因斯坦指出：“知识不能单从经验中得出，而只能从理智的发明同观察到的事实两者的比较中得出。”① 理论与事实比较法，实质上就是检验、完善研究假设，检验、发展理论的思维方法。

---

① 爱因斯坦．爱因斯坦文集：第1卷．北京：商务印书馆，1976：278.

在社会调查中，要特别注意表面差异极大的事物之间的共同本质，或表面极为相似的事物之间的本质差异。例如，同样是富裕家庭，有的是勤劳致富，有的是“为富不仁”，它们之间存在着本质差别。社会调查中的比较，要特别注意发现这样一些异中之同或同中之异。

二、分类法

（一）分类法的概念

分类法，是指根据认识对象的相异点或相同点，将相同事物归并为一类，将相异事物区分为不同类别的思维方法。分类与比较有密切联系。一方面，人们认识客观事物往往从比较开始，即先通过比较识别事物之间的差异点或共同点，然后根据差异点把不同事物区分开来，根据共同点把相同事物归并到一起，这样就将事物区分成了不同类别。从这个意义上说，比较是分类的前提，分类是比较的结果。另一方面，只有对事物做了科学分类，对它们进行了全面、深入比较，才能更好地认识不同类别事物的本质及特点。从这个意义上说，分类是比较的前提，比较则是分类的结果。这说明，比较与分类之间存在着互为前提、互为因果的关系。事物之间的差异性和共同性，是比较法和分类法共同的客观基础。

（二）分类的核心问题

分类有三个要素，即分类的母项、子项和分类根据。分类有两个核心问题：

（1）分类根据或标准问题。分类的标准通常代表事物的一种属性或特征，也在一定程度上概括了事物的某种规律。例如，涂尔干把自杀现象分为利己主义、利他主义、宿命论和失范的自杀四种类型。这一分类的规则或标准是自杀动因中的社会团结程度，即从社会团结的理论视角来分析和解释自杀现象，把自杀现象与个人的社会关系或社会团结程度关联起来。在分类标准的确立问题上，需要遵循两条原则：一是针对性原则，即分类标准的确立能有效揭示和有助于分析事物或研究对象的重要特征；二是合理性原则，即按照标准进行的分类较为符合事物或研究对象的特征和规律。[1]

---

① 陆益龙．定性社会研究方法．北京：商务印书馆，2011：167.

（2）分类名称问题。分类标准是确保分类一致性和连贯性的基础，也是事物或现象某一重要特征和规律的反映。分类名称则是对事物特征的总结和概括，对不同类别的命名，本身就是将复杂现象加以简化的方式。一个类别名称既要能包括该类别所指的全部事物，又要能反映该类别事物的某种重要特征。譬如，将社会组织分为“正式组织”与“非正式组织”，其中类别名称中的“正式”和“非正式”实际上就概括了该类别的一些基本特征。

（三）分类的类型与步骤

科学合理地运用分类法，必须严格遵循分类的类型和步骤，使分类构成完整的逻辑系统。

客观事物都是现象和本质的统一。因此，分类也有两种基本类型，即现象分类和本质分类。现象分类是指根据事物外部标志或外部联系分类。例如，根据人口的性别、年龄分类，根据企业的规模、所属部门或地区分类，等等，都属于现象分类。本质分类则是根据事物本质特征或内部联系分类。例如，根据人口的经济地位、政治态度和意识形态等社会属性分类，根据企业所有制和经营模式分类，等等，则属于本质分类。由于人们对客观事物的认识，是从现象到本质、从不甚深刻的本质到更深刻的本质的无限发展过程，因此，对客观事物的分类也是一个从现象分类到本质分类、从不甚深刻的本质分类到更深刻的本质分类的不断发展过程。任何把某种分类绝对化、凝固化的做法，都是不正确的。现象分类依据的是事物固有的类型，即在事物或现象的构成中自然具有的类型性特征。譬如，自然及社会世界中的“黑-白”“前-后”“上-下”等，这些相对应的范畴既是事物的固有结构特征，又是对事物的分类方式。本质分类属于建构性类型。所谓建构性类型，是指人们根据理论建构或理论解释的需要而对社会事物或现象的本质进行类型划分。建构性类型是根据对社会现象的认识，按照一定理论演绎逻辑来确立划分规则，同时又能与客观事物的特征相吻合。就像费孝通将土地产权分为“田面权”和“田底权”那样，既提供了权利结构分析的理论视角，同时又能简洁地概括出现实的基本特征。

就分类步骤而言，一般有两种分类方式：一是自上而下的分类，二是自下而上的分类。所谓自上而下的分类，是指从所要加以分类的事物或现象的总体开始，按照不同的分类标准将其所包含元素逐层、逐级地进行分类。所谓自下而上的分类，是指从具有相同属性或特征的个体开始，将它们归纳成不同类别，然后逐步概括类别间的共性并形成另一种类别系统。

（四）分类的逻辑规则

（1）分类的根据必须同一。分类必须按照同一根据进行，而不能对一部分子项采用一种根据，对另一部分子项采用另一种根据，否则就会犯“分类根据不同一”的错误。

（2）分类的子项必须互不相容。分类各个子项之间必须是全异关系，否则就会犯“子项相容”的错误。

（3）分类的子项之和必须等于母项。分类的子项之和必须等于母项而不能小于或大于母项，否则就犯了“子项不全”或“子项过多”的错误。

（4）分类必须按一定层次逐级进行。分类必须按一定层次逐级进行而不能混淆层次，否则就犯了“越级分类”的错误。

总之，科学分类可以揭示事物的内部结构和比例关系，有时还具有科学预见的作用。但是，分类法只能静态反映事物的现状，而不能动态揭示事物变化发展的规律。

第三节 分析法和综合法

人们认识事物离不开比较和分类，也离不开分析和综合。与比较法和分类法一样，分析法和综合法也是人们认识事物的两种基本思维方法。

一、分析法

分析法，是指在思维中把客观事物分解为各个要素、部分、方面，然后逐个分别加以考察的思维方法。分析法一般包括两个步骤：（1）分解，即把客观事物分解为各个要素、部分或方面；（2）分别考察，即对分解后的各个要素、部分、方面分别加以考察或研究。

思维中的分析法，起源于实践中的动作分析。原始人类在生活实践中逐渐懂得了要吃果仁必须先剥开果壳，并吐出果核。这样，吃果子的过程，实际上就是剥壳—吃仁—吐核等一系列分解动作的过程。经过无数次反复实践，人们逐渐从分解动作中学会了在思维中分解事物的方法——分析法，从而大大提高了人类的认识能力。

分析法是人们认识客观事物的一种重要思维方法。因为，客观事物是由各个部分组成的统一整体。当客观事物以感性整体形式呈现在人们面前时，人们对它的认识总是直观、笼统、粗浅的。但是，当人们用分析法把客观事物分解为各个部分并分别对各部分加以考察之后，特别是在找出构成事物的基础部分或本质方面之后，人们对客观事物的认识就大大前进了一步。分析过程，是思维运动从整体到部分、从复杂到简单的过程。在分别考察各个部分的基础上，分析法能够找出构成事物的基础部分或本质方面，因而它是一种较为深刻的思维方法。

二、综合法

综合法，是指在思维中把对客观事物各个要素、部分、方面分别加以考察后的认识联结起来，然后从整体上加以考察的思维方法。综合法一般包括两个步骤：(1) 联结，即把通过分解并考察客观事物各个要素、部分、方面所得到的认识联结起来；(2) 整体考察，即把客观事物的各个要素、部分、方面及其相互关系综合起来作为一个整体加以考察或研究。

与分析法一样，综合法也是人们认识客观事物的一种重要思维方法。因为，任何客观事物都是由各个要素、部分、方面构成的统一整体。要完整地认识事物，就必须在分析的基础上加以综合。只有在分析的基础上通过综合形成对客观事物的整体认识，才能达到思维的目的。分析过程是思维运动从整体到部分、从复杂到简单的过程，与此相反，综合过程则是思维运动由部分到整体、由简单到复杂的过程。综合法与分析法相对应，也是一种较为深刻的思维方法。事物的可分割性和整体性，是分析法和综合法共同的客观基础。

三、分析与综合的统一

分析法，是把客观事物分解为各个部分并分别加以考察的思维方法；综合法，是把客观事物各个部分联结起来加以考察的思维方法。分析法与综合法的思维过程、方法是相反的、相对立的，但是，它们又是相互联系、相互统一的。它们之间的联系、统一表现在以下几个方面。

（一）分析和综合互相依赖、互为前提

一方面，分析是综合的基础或前提，没有分析就没有综合。另一方面，综合是分析的前导和完成，没有综合就没有分析，就不能达到分析的目的，因为分析总是在一定的整体观念指导下进行的。尽管分析前的整体知识与在分析基础上形成的综合知识，在深度和广度上都有质的区别，但不管怎样，分析都必须以一定的综合知识为前导是肯定无疑的。同时，分析是为了正确认识客观事物。如果不综合，就无法形成对客观事物的整体认识，就无法达到分析的目的。

（二）分析和综合互相渗透、互相转化

一方面，分析中包含综合——模糊的、粗浅的综合，同时任何分析都是为了更深刻地认识事物，最终都会转化为综合。因此，综合不仅渗透于分析之中，而且是分析的完成和归宿。另一方面，综合中包含分析——作为综合的基础或前提的分析，而且每一个综合的认识，都既是前一阶段分析的终点，又是后一阶段分析的起点。人的认识就是在分析—综合—再分析—再综合的过程中不断深化和提高的。

第四节
矛盾分析法

矛盾分析法，是指运用矛盾规律（即对立统一规律）分析社会现象的思维方法。对立统一规律是唯物辩证法的实质和核心。矛盾分析法的内容非常丰富，其中最主要的是：分析事物内部的对立和统一，揭示事物发展的内因和外因，认识矛盾的普遍性和特殊性。

一、分析事物内部的对立和统一

唯物辩证法认为，事物内部或事物之间都包含着矛盾，对立和统一是矛盾固

有的两种基本属性或基本关系。矛盾的对立属性又称斗争性，是指矛盾对立面之间的相互排斥和相互否定。矛盾的统一属性又称同一性，是指矛盾对立面之间的相互依赖和相互贯通（相互包含、相互转化）。斗争性和同一性，是矛盾的两种相反属性，但是，它们又相互联系、不可分割。对立是同一中的对立，同一是对立中的同一。所谓矛盾关系，就是对立统一关系。

社会生活中充满着各种各样的矛盾，要正确认识社会现象，就必须运用对立统一分析方法。通俗地说，就是要坚持“两点论”“两分法”。在社会调查中，对任何社会现象都要用一分为二的观点去分析：既要看到肯定的一面，又要看到否定的一面；既要看到当前的现实状况，又要看到今后的发展趋势；既要看到不同方面之间的对立，又要看到不同方面之间的同一；既要在对立中把握同一，又要在同一中把握对立。要做到这一点，就必须反对“一点论”、片面性和绝对化：决不可片面肯定一切，也不可片面否定一切；决不可把同一绝对化，也不可把对立绝对化。只有这样，才能揭示事物内在矛盾，才能正确认识社会现象及其本质。

必须指出，客观事物内在矛盾的两个方面，不是“半斤八两”、绝对平衡的，其中必有一个方面居于主导地位。因此，坚持“两点论”“两分法”，必须与坚持“重点论”相结合，必须在坚持“两点论”“两分法”的基础上，着重分析、把握居于主导地位的方面或属性。

二、揭示事物发展的内因和外因

唯物辩证法认为，矛盾同一性是有条件的、相对的，矛盾斗争性是无条件的、绝对的。“有条件的相对的同一性和无条件的绝对的斗争性相结合，构成了一切事物的矛盾运动”[①]。事物的运动和变化，主要是由事物内部矛盾引起的，但也受外部矛盾影响。内部矛盾是事物变化的内因，外部矛盾是事物变化的外因。内因和外因在事物发展中的地位和作用是不同的，“外因是变化的条件，内因是变化的根据，外因通过内因而起作用”[②]。揭示社会现象发展的内因、外因及其相互转化的关系，是正确认识社会现象发展源泉或动力的根本方法。

运用内因和外因辩证关系原理分析社会现象，必须做到以下几点：第一，要

① 毛泽东．毛泽东著作选读：上册．北京：人民出版社，1986：175.

② 同①141.

分析社会现象变化的内部原因，认识该社会现象存在和发展的客观基础。第二，要分析社会现象变化的外部原因，认识该社会现象存在和发展的外部条件。第三，要研究内因和外因在一定条件下的相互转化，认识该社会现象内在要素与外在环境之间的相互联系和相互影响。

应该指出，内因和外因的划分是相对的，内因和外因是可以互相转化的。在考察单一社会现象时，该社会现象的内部矛盾是内因，该社会现象与其他社会现象的矛盾是外因。但是，如果把上述两种社会现象作为一个对象来研究，那么它们之间的矛盾又成了内因。

三、认识矛盾的普遍性和特殊性

唯物辩证法认为，矛盾既具有普遍性，又具有特殊性。矛盾的普遍性，是指矛盾的共性、矛盾存在的绝对性，每一事物的发展过程都存在着自始至终的矛盾运动。矛盾的特殊性，是指矛盾的个性、矛盾存在的相对性。矛盾的特殊性表现为物质运动形式的特殊性、矛盾发展不同过程及其不同阶段的特殊性、矛盾系统中各种矛盾以及同一矛盾两个方面地位和作用的特殊性、矛盾斗争形式的特殊性等。矛盾的普遍性和特殊性的区别是相对的，在一定条件下是可以相互转化的。矛盾的普遍性和特殊性的关系，就是矛盾的共性和个性、绝对性和相对性的关系。任何事物都是共性和个性、绝对性和相对性的统一。

在社会调查中，运用上述原理分析社会现象应该把握以下几个要点。

（一）矛盾具有普遍性

矛盾无所不在，无时不在。因此，要正确认识社会现象，就必须按照实际情况分析社会现象的内在矛盾及其发展变化。必须明确，没有什么社会现象是不包含矛盾的，也没有什么时候是不存在矛盾的。任何社会现象、任何时候，都只存在矛盾差异问题，而不存在矛盾有无问题。差异就是矛盾。没有矛盾就没有世界。

（二）矛盾具有特殊性

矛盾总是具体的、有条件的。因此，在肯定矛盾的普遍性的前提下，应该着重分析矛盾的特殊性。一般来说，分析社会矛盾的特殊性应注意以下几个方面：(1) 分析社会现象性质的特殊性，它是一个社会现象与其他社会现象相互区别的客观依据。(2) 分析社会现象发展过程的特殊性，它是同一社会现象的在不同发展过程中相互区别的客观依据。(3) 分析社会现象发展阶段的特殊性，它是同一社会现象的发展过程在不同阶段相互区别的客观依据。(4) 在由多种社会矛盾构成的社会矛盾系统中，分析各个社会矛盾所占地位和所起作用的特殊性，它是社会基本矛盾和非基本矛盾、社会主要矛盾和非主要矛盾相互区别的客观依据。(5) 在一个社会矛盾统一体中，分析矛盾各个方面所占地位和所起作用的特殊性，它是矛盾的主要方面和矛盾的非主要方面相互区别的客观依据。(6) 分析社会矛盾的斗争形式和解决办法的特殊性，它是社会矛盾性质特殊性的必然表现和客观要求，也是认识社会矛盾特殊性的目的和落脚点。总之，分析社会矛盾的特殊性越具体越好。一切以时间、地点、条件为转移，具体问题具体分析，是矛盾分析法的基本内容和根本要求。

(三) 矛盾普遍性和特殊性的辩证统一

个性包含共性，共性寓于个性之中，个性与共性是相互联系的。因此，要深刻认识社会现象及其本质，就必须把共性和个性有机统一起来，把普遍原理与各地实际情况有机统一起来，按照实践—认识—再实践—再认识，以及个别——一般—个别的认识秩序，循环往复，不断深化。只有这样，才能逐渐把普遍原理与具体实践结合起来，才能达到正确认识社会现象及其本质的目的。

总之，矛盾分析法是唯物辩证法的根本方法，其内容博大精深，极为丰富。但是，从社会调查实际应用角度看，可以把矛盾分析法简要地归纳为：一分为二分析法、内因外因分析法、具体问题具体分析法、普遍原理与具体实践相结合分析法。

第五节 因果分析法

因果分析法，是探求事物或现象之间因果联系的思维方法。形式逻辑和唯物辩证法是研究因果联系的有效方法。

一、形式逻辑的因果分析法

因果联系的重要特点是，原因在前，结果在后，而没有相反情况。根据这一特点，19 世纪英国逻辑学家穆勒提出了著名的探索因果联系的归纳方法——穆勒五法，即求同法、求异法、求同求异并用法、共变法和剩余法。

（一）求同法（即契合法）

求同法，就是通过对不同个案的比较分析，寻找它们之间的相同因素和特征。通常的做法是，研究某一社会现象（X）的原因时，如果该社会现象分别在几种不同场合出现，在每种场合的先行情况中只有一种情况（A）相同，其他情况都不相同，那么，这一相同的情况（A）就可能是被研究社会现象（X）的原因。

求同法的特点是异中求同，其结论只具有或然性。

（二）求异法（即差异法）

首先比较不同对象之间有什么不同的特征，尤其是要找出它们之间突出的差异。然后，继续比较分析各个个案不同的要素或在其他方面的不同特征。通过对对象之间差异性的比较分析，达到对不同对象的模式或规律差异及其构成的认识。通常的做法是，在研究某一社会现象（X）的原因时，如果该社会现象在一种场合出现，在另一种场合不出现，在两种场合的先行情况中只有一种情况（A）不同，其他情况基本相同，那么，这一不同情况（A）就可能是被研究社会现象（X）的原因。

求异法的特点是同中求异，其结论也只具有或然性，但比求同法的结论要可靠一些。

（三）求同求异并用法

求同求异并用法，就是既比较对象的相同或相似特征，又比较它们之间的差异或不同特征。这样，在共同性与差异性之间实际上又形成了一种鲜明对比，从而更加有助于了解现象的特征及其所包含的规律或模式。具体做法是：当被研究的社会现象（X）在几个正面场合出现时，先行几种情况中都只有一个共同情况

(A)；而在几个反面场合不出现时，先行几种情况中都没有这个共同情况（A）。这样，就可以确定这个共同情况（A）可能是被研究社会现象（X）的原因。

求同求异并用法的特点是既求同又求异，它一般经过三个步骤：(1) 正面场合，用求同法得出结论；(2) 反面场合，仍用求同法得出结论；(3) 比较正反两种场合，用求异法得出最后结论。这就是说，它两次求同、一次求异，兼有求同法和求异法的优点，其结论比较可靠，能更加有效地揭示现象的特征和规律。但它仍只具有或然性。

(四) 共变法

共变法，就是在其他条件（B、C、D 等）不变的情况下，如果某一社会现象（A）发生一定程度变化，另一社会现象（X）也随之发生一定程度变化，那么，前一个社会现象（A）就可能是另一社会现象（X）的原因。

在社会学家涂尔干看来，在社会科学研究中，对象的复杂性和不可重复性决定了研究者不能人为地设计实验。“社会实验”既然不可能，人们就难以详细完备地掌握一个社会中的各种复杂因素。由于求同、求异、剩余及求同求异并用四法对研究对象的准确性要求极高，因此研究者无法将它们用于对社会现象间因果联系的考察。而共变法是通过观察两种现象同步变化的情形，确定二者之间联系的一种归纳策略。换言之，如果在被研究现象发生变化的几种场合中，唯有一种情况相应地发生了变化，那就可得出初步结论：这种相应变化的情况与被研究的现象之间具有因果联系。同其他归纳法相比，共变法不要求研究者全面掌握一种环境下所有现象的存在或变化状态，而只需把那些具有同步变化特征的现象找出来即可。

共变法的特点是在变化中求因，它不仅有利于发现社会现象之间的因果联系，而且有利于研究因果之间的数量关系。但是，共变关系不一定都是因果关系（如闪电光越强，雷鸣声越大，但闪电不是雷鸣的原因，它们都是自然放电的结果）。共变法通过两种现象之间的共变，来确定两者之间的因果联系，这是以其他条件保持不变为前提的。另外，许多共变关系有一定限度（如施肥与增产是共变的，但施肥过多反而导致减产）。因此，共变法的结论也只具有或然性。

(五) 剩余法

剩余法，就是被研究的某种复合社会现象（X、Y、Z、R），是由某种复合原因（A、B、C、D）引起的，已知 B、C、D 是引起 Y、Z、R 的原因，则剩余的A与X之间也可能存在因果联系。

剩余法的特点是由余果推余因，因此又叫残余法。剩余法的结论也只具有或然性。

上述五种方法，都是探求因果联系的有效方法，但都只是初步的方法，它们的结论都只具有或然性。因此，要真正判明社会现象之间的因果联系，还必须借助于唯物辩证法。

二、唯物辩证法的因果分析法

穆勒五法是建立在"原因在先、结果在后"这一基点上的。应该肯定，因果联系在时间顺序上，总是原因在先，结果在后，而不会出现相反情况。但是，先后相随的联系并不一定都是因果联系。例如，白天黑夜先后交替、春夏秋冬前后相随就不是因果联系，地球自转和围绕太阳公转才是它们的真正原因。这说明，先后联系是因果联系的必要条件，而不是充分必要条件。因此，穆勒五法的结论只具有或然性，而不具有必然性。

唯物辩证法认为，世界上一切现象都是由某种或某些现象引起的，因果联系的本质就是引起和被引起的联系。其中，引起某一现象的现象叫原因，被某种现象引起的现象叫结果。只有这种引起和被引起的联系，才是因果联系的充分必要条件。这就是说，在做因果分析时，固然首先要弄清楚调查材料所反映的客观事物或现象发生的时间顺序，并在先行现象中去寻找原因，在后续现象中去寻找结果，但是，更重要的是考察它们之间是否存在着引起和被引起的联系，只有这种引起和被引起的联系才是真正的因果联系。

因果联系是客观的、普遍的、必然的，同时又是多种多样的、特殊的、相对的、有条件的。因此，要判明社会现象之间的因果联系，除了要揭示社会现象之间的引起和被引起的联系外，还应该把握以下几个要点。

(一) 因果联系是相对的、有条件的

原因和结果只在一定范围内才是确定的，一旦超出一定范围，原因和结果就是可以互相转化的。一方面，"原因和结果经常交换位置；在此时或此地是结果，在彼时或彼地就成了原因，反之亦然"[①]。另一方面，原因和结果往往互相作用、

① 马克思，恩格斯．马克思恩格斯选集：第3卷．2版．北京：人民出版社，1995：361.

互为因果。因此，探求因果联系必须牢牢把握它的条件性和相对性，否则会在原因和结果不断转化的无限链条中迷失方向。

（二）因果联系是特指的、对应的

原因正是也仅仅是它造成了结果才成为原因，结果规定着它的引起者成为原因；结果是作为原因的被引起者才成为结果，原因规定着它的被引起者成为结果。离开了这种特指的、对应的关系，就无法区分什么是结果、什么是原因。例如，因犯罪而被判刑。其中，犯罪是判刑的原因，判刑是犯罪的结果。如果离开这种对应的、特指的关系，犯罪究竟是原因还是结果，就很难区分了。因为，任何犯罪活动背后都有许多深刻的个人、社会原因，对于这些原因来说，犯罪又成为结果了。

（三）因果联系是对称的、相当的

只有特定性质和规模的原因，才能引起特定性质和规模的结果；特定性质和规模的结果，只能由特定性质和规模的原因所引起。例如：社会结果主要由社会原因引起，仅用自然原因不足以说明社会结果；特殊结果主要由特殊原因引起，仅用普遍原因不足以说明特殊结果；重大结果主要由重大原因引起，仅用较小原因不足以说明重大结果；持久结果主要由持久原因引起，仅用暂时原因不足以说明持久结果；现实结果主要由现实原因引起，仅用可能原因不足以说明现实结果。

（四）因果联系是多样的、特殊的

由于事物的内在本质不同，所处的外部条件不同，因而因果联系的特点就各不相同。一般来说，因果联系有以下几种类型：

（1）一因多果，同因异果，即一种原因同时引起多种结果，同一原因在不同条件下引起不同结果。

（2）一果多因，同果异因，即一种结果由多种原因引起，同一结果在不同条件下由不同原因引起。

（3）多因多果，复合因果，即原因和结果都不是单一的，而是复合的。

社会生活极其复杂，因果联系多种多样，特别是多因多果、复合因果现象非常普遍。因此，在分析因果联系时，不仅要注意社会现象之间引起和被引起的关系，而且要注意分析不同事物在不同条件下因果联系的多样性和特殊性。只有实事求是地分析、揭示各种各样因果联系的不同特点，才能得出符合实际的科学结论。

第六节 系统分析法

所谓系统，是指处于一定环境下的，由相互关联的要素或部分构成的，具有一定结构和功能的有机整体。系统论是研究现实系统或可能系统的一般性质和规律的理论。系统分析法，就是运用系统论观点分析社会现象的思维方法。

运用系统分析法研究社会现象，应该把握以下几个要点。

一、分析系统的构成要素

要素是构成系统的基础，离开了要素就无所谓系统。无论研究什么系统（包括社会系统），都应从分析构成系统的要素开始。它是正确认识系统的基础和起点。

要素是构成系统的单元、成分或因素。要素有以下几个特点：

（1）个别性和独特性。每个要素都具有自己独特的质和量的规定性，独特的内在矛盾。

（2）差别性和多样性。构成系统的各个要素之间都存在着差异，就系统而言，其构成要素总是多种多样的。

（3）不可分割性和完整性。对于系统而言，每个要素都是不可分割的，都是作为完整的非复合体出现的。例如，劳动力、劳动资料、劳动对象、科学技术、生产管理、生产信息等生产力要素，对于生产力系统来说就具有个别性、差异性和不可分割性等特点。

由于事物联系的普遍性、多样性和复杂性，要素和系统的划分只具有相对意义。因为，任何要素都是由更小的要素构成的，对于更小的要素来说，它本身就是一个系统；任何系统都包含在更大的系统之中，对于更大的系统来说，它本身只是一个要素。一种社会现象，对于它的构成要素来说是系统，对于它所构成的更大系统来说则是要素或子系统。

运用系统分析法研究社会现象，应该注意以下几个问题：

（1）社会中的系统是抽象的产物。与物质世界不同，社会科学中所说的系统一般是人们根据现实抽象出来的，而不是真实的、有形的系统。例如，社会学家帕森斯提出的社会系统 AGIL 模式，即任何系统皆由调适、目标、整合和维系四个子系统构成。其中，系统与子系统其实都是一种理论抽象的产物。

（2）要明确界定系统的内涵和外延。任何系统都与其所在的环境有相互作用的关系，因而系统对环境是开放的。然而就结构而言，任何系统又都具有相对独立性，即能与环境区分开来。而且，为了对一个系统进行分析，必须将系统置于封闭状态，即保持其独立性。如果系统的内涵模糊、外延不清，就不可能进行系统分析。

（3）要正确划分系统的构成要素。社会系统虽然是抽象出来的，但包含了各种各样的结构要素或元素。这些元素通常是具体的，如物质设置、成员、机构及组织等。系统内的复杂元素之间存在着某种关系，系统正是通过各种各样的关系将复杂的元素组织起来、统一起来，并构成具有一致性的系统的。如果划分系统的构成要素不正确、不全面或有重大遗漏，就无法正确分析系统。

（4）要分别研究各个要素的质和量的规定性。如果不深入研究各个要素的特点，就失去了研究系统的起点和基础。

二、研究系统的内在结构

所谓结构，是指构成系统诸要素所固有的相对稳定的组织方式或联结方式。系统和结构是不可分割的，系统不可能没有结构，结构也不可能脱离系统而存在。系统之所以成为系统、系统的整体性质和功能，不仅取决于它的构成要素，而且取决于联结这些要素的结构。

系统的内在结构有以下几个特点：

（1）稳定性。系统诸要素之间的联结方式是相对稳定的，是系统存在和发展的前提。结构受到损害，系统就发生震荡；结构发生质变，系统就会崩溃。

（2）有序性。系统内在结构是按照一定规则或方式联结起来的。有序性是稳定性的内在要求，无序性则是对稳定性的否定或破坏。

（3）层次性。正如系统、要素有层次之分一样，系统结构也有层次之分。每一层次的结构，既由下一层次结构组成，又是上一层次结构的组成部分。层次性是有序性的具体表现。

(4) 关联性。系统的内在结构是相互联系、相互影响的。任何一个部分的结构发生变化，都会引起其他结构发生相应变化，并对系统的整体性质和功能产生或大或小的影响。

(5) 形式性。系统结构是一种组织方式或联结方式，即一种形式关系。由于同样形式（结构）可以容纳不同内容（要素），同样内容（要素）可以具有不同形式（结构）。因此，应该把对系统构成要素的研究与对系统内在结构的研究有机结合起来。

一般来说，任何社会系统都存在着三类结构：一是人的结构（如性别、年龄、民族等自然结构，以及行业、职业、收入水平、社会阶层等社会结构，等等）；二是物的结构（如农村的耕地、水面、山林，工厂的厂房、设备、原材料，学校的校舍、操场、教学设施，等等）；三是人与物的结构（如人与物的数量是否合适、质量是否匹配等）。运用系统分析法研究社会现象，就必须研究这三类结构。认真研究这些内在结构，有利于全面、系统地认识社会系统，有利于正确把握社会系统的整体性质和功能，有利于探求通过调整系统内在结构来提高社会系统整体性质、整体功能的途径或方法。

三、揭示系统的整体性质和整体功能

系统之所以是系统，就因为它是一个整体。整体性原则是系统分析法的实质和核心。因此在社会调查中，不仅要研究系统的构成要素和内部结构，而且要研究系统的整体性质和整体功能，并把它作为研究系统的归宿点和落脚点。

系统结构分析是为了揭示系统内部基本元素之间的各种关系，以及由这些关系或联系构成的各种形态特征。分析系统结构是了解和认识系统的整体形态和特征的基础，同时也为分析各元素的功能奠定了基础。在系统构成要素和内在结构基本相同的条件下，系统的整体性质和整体功能主要取决于系统内部的自我协调和自我控制能力。这种能力是通过控制和反馈来实现的。事实上，任何系统都存在着两个互相联系、互相作用的子系统，即施控系统和受控系统。系统自我协调和自我控制的过程，就是施控系统与受控系统相互作用的过程。

首先，施控系统根据系统的目标要求、内部状况和外部环境及其变化做出某种决策，并向受控系统下达执行某种决策的行为指令或信息。

其次，受控系统根据施控系统的决策调整自己的行为，执行下达的指令或信息，并将执行的后果反馈给施控系统。

再次，施控系统对受控系统反馈的信息进行加工处理，与系统目标做比较研究，并据此修订系统目标，做出新的决策。

最后，施控系统根据新的目标和新的决策向受控系统下达新的调整行为的指令或信息。

这样循环往复，不断调整，就可逐步接近目标，直至完全达到系统的最终目标。任何社会系统，如果施控系统和受控系统完善、高效，自我协调和自我控制能力强，系统的整体性质就优越，就具有顽强的生命力和巨大的发展潜力，其整体功能就往往大于各要素功能之和；反之，系统的整体性质就低劣，系统就必将走向衰败或没落，其整体功能就往往小于各要素功能之和。

在社会调查中，运用系统分析法研究社会现象，必须在研究系统构成要素和内在结构的基础上，进一步研究它的施控系统和受控系统的状况和系统自我协调、自我控制的实际能力。

四、探究系统的外部环境

所谓环境，是指系统周围各种外部条件的总和。任何系统都处于一定环境之中，并与之发生一定联系。系统与环境之间的联系，是系统保持平衡、稳定、更新、发展不可缺少的条件。探究系统外部环境以及系统与环境之间的关系，是正确认识系统的必要条件。

系统与环境的关系有两种类型，即开放型和封闭型。开放型系统，是指在质料、能量、信息等方面与外部环境不断进行交换的系统。这类系统只有通过与周围环境进行质料、能量、信息的不断交换，才能保持自身的生存和稳定，才能克服系统内的某些不平衡性或无序状态，使系统逐渐从无序走向有序，从低级走向高级，促进系统的更新、改造和发展。系统与环境的关系问题，不是关系有无的问题，而是何种关系的问题，这正是必须探究系统所处外部环境的根本原因。

在社会调查中，运用系统分析法研究社会现象，就必须在研究系统的基础上，进一步研究系统所处的环境。对环境的分析主要有两种形式：一是分析外部环境中某种特定条件或资源对系统的输入，以及由此产生的作用和影响；二是分析系统内部某个结构元素与外部环境的关系。对于系统所处环境的研究，应该注意以下两个问题：

一是环境的层次。社会系统所处的环境是分层次的。一般来说，社会系统所处的外部环境可分为宏观环境、中观环境和微观环境三个层次。例如，对于一个现代企业来说，在经济全球化背景下，国际经济态势、全国经济状况，是宏观环境；省市经济态势、行业发展状况，是中观环境；企业所在地的区位、自然、生态、经济、政治、文化、社会等条件，则是微观环境。

二是环境的内容。社会系统所处环境的内容是多种多样的。一定数量和素质的人口，一定的地域范围、区位条件、自然资源和生态环境，一定的生产方式、经济结构和经济状况，一定的经济体制、政治制度和社会组织，一定的文化传统、意识形态和心理特征，一定的生活方式、行为规范和社会习俗等，都是社会系统不可能脱离的环境，都是社会调查应该探究的可能的内容。在一个具体调查项目中，究竟探究外部环境的哪些内容，应该根据研究课题的需要和调查者的能力做出适当选择。

第七节 结构-功能分析法

结构-功能分析法，是指运用系统论关于结构与功能相互关系的原理来分析社会现象的思维方法。结构-功能分析法的主要内容是结构分析法、功能分析法，以及黑箱方法、灰箱方法和白箱方法。

一、结构分析法和功能分析法

任何社会事物都是由一定的组成部分或要素构成的，这些部分或要素组成了一个社会系统，它们之间的相对稳定的联系就是这一系统的结构。系统结构，是指系统内部要素之间的联系方式；系统功能，是指系统与外部环境相互联系或作用的能力。每一个系统要存在和发展下去，就必须满足一些基本的条件或需求，这些条件或需求是由系统的某一特定部分来满足的，换句话说，系统组成部分担负着特定的社会功能。

结构与功能的一般关系是：结构决定功能，功能反作用于结构，并在一定条件下引起结构变化。结构-功能分析法是社会研究中常用的一种理论分析方法，是通过考察事物的结构和功能来认识事物和分析事物的方法。它的理论依据来源于社会学的一大理论流派——结构功能理论。在现代社会调查研究中，结构-功能分析法已成为一种被广泛应用的理论分析方法。

结构分析法，是指通过剖析系统内在结构来认识系统特性及其本质的思维方法。例如，自然科学关于天体结构、地质结构、分子结构的探索，社会科学关于经济结构、政治结构、文化结构、社会结构、生态结构的研究，所使用的思维方法都是结构分析法。对社会结构的分析和解释，是要在通过调查获得经验事实的基础上，揭示社会中有哪些类型的结构，这些结构又具有何种典型的特征，不同类型结构之间有何区别和联系。对形态问题的分析和解释属于结构分析，结构分析是功能分析的基础。结构分析法多用于经济学中，是在统计分组的基础上，计算各组成部分所占比重，进而分析某一总体现象的内部结构特征、总体的性质、总体内部结构依时间推移而表现出的变化规律性的统计方法。

功能分析法，是指通过系统与环境之间“输入”和“输出”的关系来判断系统内部状况及其特性的思维方法。系统与环境之间的相互联系和相互作用，体现在它们之间的质料、能量和信息的交换之中。其中，环境对系统的作用被称为“输入”，系统对“输入”的质料、能量和信息进行加工并反作用于环境被称为“输出”。从这一意义上说，所谓功能就是把特定“输入”转化为特定“输出”的能力。通过对这种转化能力的分析，就可以对系统内部结构及其特性形成一定的认识。例如，通过 x 光的照射和反映（底片）来透视一个人的生理状况，通过电磁波、超声波输入和输出的变换来探索地质的内部结构，通过对人力、财力、物力投入和产出的分析来判断一个企业、地区、国家的经济状况，等等，就是运用功能分析法认识客观事物的实例。

亨普尔对功能分析对象的特点做了这样的概括：“功能分析所要解释的现象类型是比较典型的重复活动，或者是以个体或组群方式的行为模式，例如，它可以是一种生理学机制，一种神经病特性，一种文化型式，或一种社会体制。而这种分析的主要目标，是展示行为模式对于维持和发展它发生于其中的个体或组群所起的作用。所以功能分析寻求认识行为型式或社会文化体制，根据它们把一定系统保持在适当工作秩序中，并因而将其维持为运转着的事物时所起的作用来认识。”①

功能分析主要从两方面进行：一是分析系统内一个或几个结构元素对其他元素的作用和功能，即元素间的相互功能；二是分析一个或几个结构元素对系统整体的作用或功能，也就是各个结构元素在维持系统方面所发挥的功能。从这一逻辑结构来看，功能解释需要弄清这几种逻辑关系：一是总体与部分的关系，即必须区分什么是总体，哪些是总体的构成；二是总体特征与构成特征的关系，也就

① 哈维．地理学中的解释．北京：商务印书馆，2009：519.

是要弄清有机整体的基本特征和各个构成部分的特征；三是功能需求与功能作用的关系，即明确整体特征的维系对各个构成部分提出的功能需求是什么，明确各个构成实际发挥的功能是什么。默顿进一步细化了功能分析，区分了社会系统中的“显功能”和“潜功能”，并讨论了“反功能”。显功能是指有助于体系之适应或顺应的客观后果，这种后果为此体系之参与者所预期并认可。潜功能是指那些没有为系统参与者所预期和认可的结果。“反功能的概念在结构的层次上蕴含强制、紧张、压力的概念，可提供一条研究动态与变迁的途径。”① 功能解释的焦点就在于分析所考察的部分的功能是否与整体的功能需求相吻合，为我们理解复杂的系统提供一条便捷的路径。

结构分析法通常被称为“内描述方法”，是一种静态研究方法；功能分析法通常被称为“外描述方法”，是一种动态研究方法。这两种方法可以分别使用，也可以结合使用。只有既对系统进行静态的“内描述”研究，又对系统与环境的关系进行动态的“外描述”研究，并把两者结合起来的方法，才能算是完整的结构-功能分析法。

二、黑箱方法、灰箱方法和白箱方法

按照对系统内部结构和状态的了解程度，可以把现实系统分为三种类型：黑色系统、灰色系统和白色系统，通常称黑箱、灰箱和白箱。所谓黑箱，是指人们对其内部结构和状态完全不了解或不可能直接了解的系统。所谓灰箱，是指人们对其内部结构和状态的一部分有所了解或可能了解，对另一部分则尚未了解或不可能直接了解的系统。所谓白箱，是指人们对其内部结构和状态已经全部了解或可能全部了解的系统。黑箱方法、灰箱方法和白箱方法，就是对这三类不同系统的研究方法。

黑箱方法，是指通过环境和黑箱之间输入、输出的变换来认识黑箱的方法，它实际上是完全的功能分析法。黑箱方法一般有三个步骤：(1) 界定黑箱，即明确界定黑箱的内涵和外延，把黑箱从它所处的环境中分离出来。(2) 考察黑箱，即通过实验来考察环境与黑箱之间在质料、能量、信息诸方面输入、输出的变换情况。(3) 阐明黑箱，即根据输入和输出的变换情况，对黑箱的内部结构、特性和状况做出判断或说明。

灰箱方法，是指把对灰箱内部状况的部分了解和环境与灰箱之间输入、输出

① 默顿．论理论社会学．北京：华夏出版社，1990：139－142.

的变换结合起来认识灰箱的方法，它实际上是不完全结构分析法和不完全功能分析法的结合。

白箱方法，是指把对白箱内部状况的了解和环境与白箱之间输入、输出的变换结合起来认识白箱的方法，它实际上是结构分析法和功能分析法的结合。严格来说，只有这种方法才是完全的结构-功能分析法。这种分析法的最大特点是高度的透明度和高度的公开性。

黑箱方法、灰箱方法、白箱方法，都离不开对系统与环境之间输入、输出转换关系的研究，从这个意义上说，这三种方法都是功能分析的具体方法。

第八节 创新思维方法

思维加工的最终目的，是对调查结果做出创造性的理性结论，对实际工作提出创造性的对策建议，这一切都离不开创新思维。那么，什么是创新思维？创新思维有哪些常用的方法？

一、什么是创新思维？

创新思维，是指在原有知识、经验的基础上，突破一般思维定势的具有开创意义的思维活动或结果。它具有新颖性、开创性、独特性、开拓性、灵活性等特点。这里有几个要点：第一，创新思维是建立在原有知识、经验基础之上的思维活动或结果，而不是“无源之水、无本之木”的胡思乱想。第二，创新思维是突破一般思维定势的思维活动或结果，而不是常规的、惯性的思维活动的产物。第三，创新思维是在知识、理论或方法的某些方面具有开创意义的思维活动或结果，而不是陈旧知识、理论或方法的简单重复或某些变种。

所谓思维定势，是指在长期思维过程中形成的定型化了的思维路线、方式、程序或模式。思维定势是一种惯性思维方式，它有利于缩短思考时间，提高思维效率，获得社会认同，及时解决日常生活、工作中的绝大部分问题，在处理常规问题上具有一定的积极意义。但是，思维定势是创新思维的桎梏。在现实生活中，思维定势有许多类型，其中常见的有传统思维定势、唯上思维定势、权威思维定势、书本思维定势、从洋思维定势、从众思维定势、从简思维定势、经验思维定势等。只有突破这些思维定势，人们的思维活动才能开出灿烂的创新之花，结出丰硕的创新之果。

二、常用的创新思维方法

在思维加工过程中，常用的创新思维方法有以下几种。

(一) 求是思维

“是”是指客观事物的内部联系，“求”就是我们去研究。求是思维就是指根据事物的客观实际情况，能动地认识、探索事物发展规律的思维方法。实践证明，在思维加工过程中，只要坚持实事求是，真正做到不“唯上”、不“唯书”、不“唯众”、不“唯己”、不“唯法”、不“唯洋”，就有可能得出创新的思维结论。

(二) 求异思维

求异思维就是依据一定的知识或事实，从同中求异的思维方法。求异的方法主要有两种：一是异中辨异。有许多事物，我们虽然感觉到了，但并没有理解它们，当我们抓住了不同事物的不同特征时，也就从本质上对事物加深了理解。二是同中辨异。即借助分析和比较，从更细微、更深入的层次和角度对事物的差异性和独特性进行思考，并从中得出新的认识和观点。世界上的一切事物都是普遍与特殊、一般与个别、共性与个性的统一体。

(三) 扩展思维

扩展思维就是从不同方面、不同角度、不同层次、不同方向思考问题的思维方法。它表现为思维视野广阔、思维呈现出多维发散状。事物之间的普遍联系，事物变化的多种可能，是扩展思维的客观基础。扩展表现为思维广度的扩展和思维深度的扩展。思维广度的扩展主要是进行过程性分析，体现出时间和空间的扩展。思维深度的扩展主要是认识事物联系的多样性，如直接联系、间接联系，纵向联系、横向联系，内部联系、外部联系，层次性联系、过程性联系，多向联系、单向联系，线性联系、立体联系，必然性联系、偶然性联系，等等。

（四）逆向思维

逆向思维就是对司空见惯的似乎已成定论的事物或观点反过来思考的一种思维方式。即敢于“反其道而思之”，让思维向对立面的方向发展，从问题的相反面深入地进行探索，树立新思想，创立新形象。逆向是与正向比较而言的。正向思维是指常规的、常识性的、公认的或习惯的想法与做法。逆向思维则恰恰相反，是对传统、惯例、常识的反叛，是对常规的挑战。它能够克服思维定势，破除由经验和习惯造成的僵化的认识模式。逆向思维也有无限多种形式。如性质上对立两极的转换——软与硬、高与低等，结构、位置上的互换、颠倒——上与下、左与右等，过程上的逆转——气态变液态或液态变气态、电转为磁或磁转为电，等等。这样反向思考问题，往往会发现意想不到、出奇制胜的新启示、新结论。

（五）类比思维

类比思维就是通过比较不同对象之间的某些相似属性，来推导其他属性也相似的思维方法。它是先比较、后推导。通过同层次事物或属性之间的比较和推导，可使思维得到升华，结出既有模仿又有创新的思维之果。类比思维方法是解决陌生问题的一种常用策略。它让我们充分开拓自己的思路，运用已有的知识、经验将陌生的、不熟悉的问题与已经解决了的熟悉的问题或其他相似事物进行类比，从而创造性地解决问题。

（六）联想思维

联想思维简称联想，就是由某种诱因引起的使不同思维对象之间发生联系的思维方法。联想思维种类繁多，如时间联想、空间联想、形式联想、内容联想、功能联想、结构联想、对比联想、因果联想等。联想是创新思维的一种重要方法。

（七）想象思维

想象是以人的大脑中的表象为基础，对脑内储存的思维材料进行加工、改造、重组而形成新形象、新观念的思维方法。想象是形象思维的具体化和高级形式，是通过图像来思考问题、解决问题的一种方式。通过想象，人们的创新思维就能突破时间和空间的局限，达到“思接千载”“神通万里”的境界。

（八）直觉思维

直觉是一种潜意识的活动，就是对思维对象未经深入思考，仅凭直接感知就做出判断、猜测、设想的思维方法。它能够一下子抓住事物的本相，但又完全没有逻辑程序，是一种突如其来的感悟。灵感和顿悟是直觉思维的突出表现。它们都以广博的知识、丰富的经验、敏锐的观察和思考能力为基础，是创新思维的重要方法。

（九）颠覆思维

颠覆思维就是颠倒、倾覆原有理论、方法、常规的思维方法。例如，把高深变为浅显，把昂贵变为低廉，把收费变成免费，把稀缺变成易获，等等。颠覆思维，在推翻、摧毁原有理论、方法、常规的过程中，往往孕育出创新的思想火花。

本章要点

1. 思维加工，就是调查研究者运用语言等思维工具和科学的思维方法，对整理、统计分析后的问卷、数据、文字资料等进行分析、研究、概括、判断、推理，并得出结论的思维过程。

2. 思维方法是指思维的规则、途径、手段或办法。

3. 比较法，是把两个或两个以上的事物或现象放在一起考察或分析，以检视和把握它们之间所具有的相同、相似或相异的属性和特征的思维方法。分类法，是指根据认识对象的相异点或相同点，将相同事物归并为一类，将相异事物区分为不同类别的思维方法。

4. 分析法，是指在思维中把客观事物分解为各个要素、部分、方面，然后逐个分别加以考察的思维方法。综合法，是指在思维中把对客观事物各个要素、部分、方面分别考察后的认识联结起来，然后从整体上加以考察的思维方法。

5. 矛盾分析法，是指运用矛盾规律（即对立统一规律）分析社会现象的思维方法。

6. 因果分析法，是探求事物或现象之间因果联系的思维方法。因果联系的本质就是引起和被引起的联系。其中，引起某一现象的现象叫原因，被某种现象引起的现象叫结果。

7. 系统分析法，就是运用系统论观点分析社会现象的思维方法。结构分析法，是指通过剖析系统内在结构来认识系统特性及其本质的思维方法；功能分析法，是指通过系统与环境之间“输入”和“输出”的关系来判断系统内部状况及其特性的思维方法。

8. 创新思维，是指在原有知识、经验的基础上，突破一般思维定势的具有开创意义的思维活动或结果。它具有新颖性、开创性、独特性、开拓性、灵活性等特点。

9. 思维定势，是指在长期思维过程中形成的定型化了的思维路线、方式、程序或模式。

基本概念

思维加工　比较法　分类法　分析法　综合法　矛盾分析法　因果分析法　系统分析法　结构-功能分析法　创新思维

思考与练习

1. 什么是思维加工？它有哪些任务？

2. 怎样认识比较法和分类法的关系？运用比较法、分类法认识客观事物应该注意哪些问题？

3. 怎样认识分析法和综合法的关系？运用分析法、综合法认识客观事物应该注意哪些问题？

4. 什么是矛盾分析法？它主要包括哪些内容？

5. 唯物辩证法的因果分析法与形式逻辑的因果分析法有何异同？

6. 怎样理解因果联系的有条件性、特指性、对称性、多样性？

7. 运用系统分析法认识客观事物应该把握哪些要点？

8. 什么是黑箱、灰箱和白箱？黑箱方法、灰箱方法和白箱方法有何异同？

9. 怎样理解创新思维？常用的创新思维方法有哪些？

推荐阅读书目

1. 毛泽东．矛盾论//毛泽东选集：第1卷．2版．北京：人民出版社，1991.

2. 麦克伦尼．简单的逻辑学．杭州：浙江人民出版社，2013.

3. 陆益龙．定性社会研究方法．北京：商务印书馆，2011.

4. 彭漪涟．辩证逻辑基本原理．上海：华东师范大学出版社，2000.

5. 李秀林，李准春，等．辩证唯物主义和历史唯物主义原理．5版．北京：中国人民大学出版社，2004.

第十五章

调查报告的撰写

撰写调查报告是调研工作最重要的总结，它关系到调研成果质量的高低和社会作用的大小。

第一节 调查报告的特点和类型

调查报告是以文字、图表等形式反映调查对象实际情况、表达研究者观点和方法的书面报告。它是调查研究成果的集中体现，是交流、使用和保存调研成果的重要载体。

一、调查报告的特点

（一）针对性

撰写调查报告必须有明确的目的，做到有的放矢。这有两层含义：第一，必须明确读者对象。任何调查报告都是写给别人看的，或领导机关，或专业同行，或一般群众。读者对象不同，写作方法就应有所不同。第二，必须明确要解决什么问题。任何调查报告都是为解决某一问题而写的，或反映客观现实，或呼吁社会关注，或做学术探讨，或供决策参考，或进行思想教育。解决的问题不同，写作方法也应有所差异。读者对象不清楚、解决的问题不明确，这样的调查报告是肯定写不好的。

（二）真实性

调查报告最基本的特点是真实，是用事实说话，真实地反映客观现实。这就要求：调查报告中的事实必须是真实的，而不是虚假的、歪曲的；必须是具体的，而不是抽象的、笼统的；必须是准确的，而不是模糊的、含混不清的；必须是完整的，而不是支离破碎、残缺不全的。如果调查报告不能如实反映客观情况，事实不具体，数据不准确，内容不完整，那就失去了调查报告的意义。

(三) 新颖性

任何调查报告都应该引用一些新事实，提出一些新观点，形成一些新结论。只有这样的调查报告，才能达到提高人们认识、指导人们行动的目的。如果调查报告使用的都是一些人们早已熟悉的事实，提出的都是一些陈旧落后的观点，形成的都是一些众所周知的结论，那么，这样的调查报告就没有写作意义和存在价值。

(四) 时效性

调查报告的写作或发表，必须讲究时效，及时提供新的信息、建议和方法，以达到促进社会进步的目的。如果调查报告的写作或发表错过时机，没有及时解答人们迫切需要回答的问题，成为“马后炮”，那么，调查报告就会失去或降低应有的社会作用。

上述特点是相互联系的。针对性是调查报告的目的；真实性是调查报告的基础，是针对性、新颖性和时效性赖以存在的前提；新颖性、时效性则是针对性、真实性的客观要求。

二、调查报告的类型

根据不同标准，调查报告可分为许多不同类型。其中，主要有三种分类。

(一) 综合性调查报告和专题性调查报告

根据调查报告内容的广度，可分为综合性调查报告和专题性调查报告。

1. 综合性调查报告

综合性调查报告是指调查涉及面广、反映内容丰富的一种调查报告类型。它通过对大量调查数据资料的整理、分析和归纳，将某一社会现象或社会问题、一个单位或地区等的基本情况全面反映出来。它的内容比较广泛、全面，篇幅一般较长。例如，李景汉的《定县社会概况调查》(1933)，从地理环境、历史、政府机构、人口、教育、健康、农民生活、乡村娱乐、风俗习惯、信仰等 17 个方面对定县社会状况进行了全面描绘，涉及面非常广泛，资料极为丰富，被当时学术界称为中国农村社会生活的百科全书[①]。20 世纪末 21 世纪初出版的，由丁伟志、陆学艺、何秉孟等主持编著的《中国国情丛书——百县市经济社会调查》和《中国国情丛书——百县市经济社会追踪调查》，亦属于综合性调查报告[②]。

2. 专题性调查报告

专题性调查报告是指针对某一特定的社会现象或社会问题，对调查情况和结果进行说明的调查报告形式。它一般主题鲜明、内容专一、问题集中、资料深入具体，有较强的针对性和实效性，篇幅一般较为简短。例如，毛泽东的《湖南农民运动考察报告》(1927)，就是一篇关于农民运动问题的专题性调查报告。某些重大的、基础性的专题调查报告，篇幅也可能相当长。例如，陆学艺编著的《当代中国社会结构》[③]，叶文振等著的《流动中的爱恋与婚育——来自对流动妇女问卷调查的报告》[④]，就是一些重大的、基础性的专题调查报告。该类报告主要针对亟须解决的实际问题，因此结论往往比较鲜明，提出的对策和建议比较具体。

如果说综合性调查报告主要是描述性的，那么专题性调查报告往往是解释性的。当然，综合性调查报告与专题性调查报告的区分是相对的，两者之间并没有绝对分明的界限。例如，《中国农民工调研报告》，就调查对象的专一而言，可说是专题性调查报告，但从调查内容的广度和全面性来看，也可说是综合性调查报告。

（二）描述性调查报告和因果性、预测性调查报告

根据调查报告内容的深度，可分为描述性调查报告和因果性、预测性调查报告。

1. 描述性调查报告

该类报告是对社会真实情况进行具体描写和叙述的调查报告，其内容可以是定性的，也可以是定量的，但都以回答“是什么”和“怎么样”的问题为主。也即通过对资料和结果的详细分析和描述，对所调查的社会现象和社会问题的基本状况、主要特点和变化趋势进行全方位的展示。

---

① 李景汉．定县社会概况调查．上海：上海人民出版社，2005.

② 丁伟志，等．中国国情丛书——百县市经济社会调查．北京：中国大百科全书出版社，1991—1997. 丁伟志，等．中国国情丛书——百县市经济社会追踪调查．北京：社会科学文献出版社，2006 起陆续出版．

③ 陆学艺．当代中国社会结构．北京：社会科学文献出版社，2010.

④ 叶文振，等．流动中的爱恋与婚育——来自对流动妇女问卷调查的报告．厦门：厦门大学出版社，2009.

2. 因果性、预测性调查报告

该类报告是以揭示社会现象之间的因果联系为主要内容的调查报告，其特点是解释、说明。它不仅要说明“是什么”和“怎么样”的问题，而且要回答“为什么”和“怎么办”的问题。有的因果性调查报告还包含预测性内容或对策性建议。

必须明确，描述性调查报告，尽管在内容层次上比较浅显，但却是任何调查报告都不可缺少的组成部分。任何因果性、预测性调查报告，都必然包括一定的描述性内容，并以此为立论基础和分析前提。描述性调查报告可以独立成篇，因果性、预测性调查报告则是在描述性调查基础上深入分析研究的结果。

（三）应用性调查报告和学术性调查报告

根据调查报告的主要用途和目标读者，可分为应用性调查报告和学术性调查报告。

1. 应用性调查报告

应用性调查报告是以实际工作需要为目的而撰写的报告，具有实效性、通俗性的特点，往往直接针对某一具体现象或问题进行探讨，比较多地采用统计图、统计表等直观形式说明，强调对调查结果的描述、说明，并要提出明确的对策和建议，即不仅让人们知道“是什么”，还要知道“怎么办”。

按其主要目的，应用性调查报告大体上可分为以下六种类型。

（1）以认识社会为主要目的的调查报告。这类调查报告，主要目的是认识社会现象、了解社会问题。在写作上，应该突出事实，在事实叙述上要力求全面、系统、具体、深入。例如，《当代中国社会阶层研究报告》就是一篇以认识社会为主要目的的调查报告，它提出了以职业分类为基础的社会阶层划分标准，把当今中国社会群体划分为十个阶层，并对每个阶层的地位、特征和数量做了界定和说明，还分别对产业工人、农业劳动者、私营企业主和社会中间阶层的阶层状况进行了描述。

（2）以政策研究为主要目的的调查报告。这类调查报告，主要为正确制定政策或正确执行政策服务。撰写这类调查报告，不仅要叙述必要的调查材料，而且要进行深入分析和论证，阐述利弊，权衡得失，并对今后实际工作提出政策性建议。例如，《新常态下的企业创新：现状、问题与对策》①《国家监察体制改革的

① 中国企业家调查系统，等．新常态下的企业创新：现状、问题与对策．管理世界，2015（6）.

史鉴与对策》[①] 等，就属于政策研究性的调查报告。

（3）以经验总结为主要目的的调查报告。这类调查报告，主要是为了总结、推广先进经验，同时也有树立典型、表彰先进的作用。撰写这类调查报告，应具体说明其产生的社会历史条件、发展的阶段和过程，特别是要详细介绍曾经遭遇过的困难、问题和解决办法，以及已经取得的成绩和推广的意义等。例如，《新常态下地方投融资平台转型发展及对策建议》[②]《供给侧改革下金融业服务“三农”的路径探析》[③]，就是这类调查报告的范例。

（4）以揭露问题为主要目的的调查报告。这类调查报告，主要揭露社会生活中的阴暗面、消极面，以达到提高认识、吸取教训、改进工作的目的。写作这类调查报告，不仅要如实揭露问题，而且要深入分析原因，判明性质，指出问题的危害性，有的还要提出解决问题的建议。例如，《校园欺凌问题的调查研究》[④]《中国突发事件调查制度的问题与对策——基于“战略-结构-运作”分析框架的研究》[⑤] 等，就属于这一类调查报告。

（5）以支持新事物为主要目的的调查报告。这类调查报告，主要通过反映新人、新事、新思想、新创造，以达到宣传、发展新事物的目的。撰写这类调查报告，应着重说明新事物“新”在何处，它的产生条件、发展过程是怎样的，如何解决前进中的矛盾和困难，揭示出它的成长规律和意义，并指明它的发展方向以及应该采取的对策，等等。例如，《教育机器人的发展现状与趋势》[⑥]，就是比较有说服力的支持新事物的调查报告。

（6）以思想教育为主要目的的调查报告。这类调查报告，主要目的是向干部、群众进行思想教育，以达到明辨是非、统一认识的目的。这类调查报告应当具有很强的针对性和时效性。如果抓不住症结，隔靴搔痒，或者时过境迁，不能及时回答人们迫切需要解决的思想问题，就会影响调查报告的社会效果。撰写这类调查报告，要准确把握人们的思想脉搏，针对现实生活中普遍关注的热点、疑点问题，采取平等对话的态度，有理有据地摆事实、讲道理。例如，《从“党要管党”“从严治党”到“全面从严治党”——构筑面向新时代的“全面从严治党”

---

① 蒋来用．国家监察体制改革的史鉴与对策．国家行政学院学报，2017（2）．

② 徐鹏程．新常态下地方投融资平台转型发展及对策建议．管理世界，2017（8）．

③ 于建忠，等．供给侧改革下金融业服务“三农”的路径探析．宏观经济管理，2017（3）．

④ 张诗雅，等．校园欺凌问题的调查研究．全球教育展望，2017（3）．

⑤ 钟开斌．中国突发事件调查制度的问题与对策——基于“战略-结构-运作”分析框架的研究．中国软科学，2017（7）．

⑥ 黄荣怀，等．教育机器人的发展现状与趋势．现代教育技术，2017（1）．

战略体系的思考》① 《新发展理念的新时代政治经济学意义》② 等，就是以思想教育为主的调查报告。

2. 学术性调查报告

学术性调查报告是以学术研究为目的而撰写的报告，理论性和专业性较强，往往侧重于对社会现象的理论分析，通过理论预设和研究假设，力图探讨不同现象之间的相互关系和因果联系。

学术性调查报告主要可分为两种：理论研究性调查报告和历史考察性调查报告。

（1）理论研究性调查报告。这类调查报告，主要是通过对现实问题的调查研究，做出理论性概括和说明。其特点是，对调查对象、程序、方法等都要做具体说明，调查资料要真实、系统和完整，论证过程要符合逻辑，研究结论要明确和新颖，对不同理论观点要做出评论或分析。例如，《经济增长与幸福感——解析伊斯特林悖论的形成机制》③ 《城乡关系、空间差序与农户增收——基于中国综合社会调查的数据分析》④ 等，就是理论研究性调查报告的实例。

（2）历史考察性调查报告。这类调查报告，主要通过对文献资料的调查研究，揭示某些社会现象的内在本质及发展规律。写这类调查报告，要从历史事实出发，既要旁征博引，注意资料的真实、全面，又要约束行文，注意归纳、综合，以揭示社会现象的本质及发展规律。例如，《劳工宿舍的另一种可能：作为现代文明教化空间的民国模范劳工宿舍》⑤ 《江山代有才人出——中国教育精英的来源与转变（1865—2014）》⑥ 等，就属于这类调查报告。

应该指出，应用性调查报告与学术性调查报告的区分，是就其主要目的而言的。它们的区分只具有相对意义，它们的社会作用往往是互相渗透的。应用性调查报告可以做出理论性概括；学术性调查报告也可以用于指导实践，为现实服务。

总之，调查报告分类是一个比较复杂的问题。对于同一篇调查报告，因分类标准、视角不同，往往能把它归于不同类型。

---

① 秦德君，等．从“党要管党”“从严治党”到“全面从严治党”——构筑面向新时代的“全面从严治党”战略体系的思考．当代世界与社会主义，2017（2）.

② 顾海良．新发展理念的新时代政治经济学意义．经济研究，2017（11）.

③ 李路路、石磊．经济增长与幸福感——解析伊斯特林悖论的形成机制．社会学研究，2017（3）.

④ 张兆曙，王建．城乡关系、空间差序与农户增收——基于中国综合社会调查的数据分析．社会学研究，2017（4）.

⑤ 杨可．劳工宿舍的另一种可能：作为现代文明教化空间的民国模范劳工宿舍．社会，2016（2）.

⑥ 梁晨，等．江山代有才人出——中国教育精英的来源与转变（1865—2014）．社会学研究，2017（3）.

第二节 调查报告的结构与体例

撰写调查报告没有固定的模式。一般来说，调查报告由标题、前言、主体、结束语等部分组成，有的调查报告在前言之前还有目录、简介，在结束语之后还有后记和附录。

一、标题

标题，就是调查报告的题目。标题要有特点，要高度凝练。一个好标题往往能起到“画龙点睛”的作用，因此有“题好一半文”之说。标题的写作，通常有以下几种方式。

（一）直叙式

直叙式，又称陈述式，即直接用调查对象或调查内容做标题。例如，《大学生创新创业教育现状调查》《中国居民食品安全满意度调查》《湖南农民运动考察报告》等。这类标题的优点是对象明确、主题突出、简明客观，但显得呆板平淡、缺乏吸引力。这种标题形式多用于专题性较强的调查报告。

（二）判断式

判断式，即用作者的判断或评价做标题。例如，《“工具性”色彩的淡化：一种新健康观的生成与实践》《“无组织化”：转型期群体性事件的主要风险因素》等。这类标题揭示了报告的主题，表明了作者的态度，比较吸引人，但调查对象和报告主题在标题中往往不易看出。这种形式的标题多用于经验总结、政策研究、支持新生事物等类型的调查报告。

（三）提问式

提问式，即用提问方式做标题。例如，《媒体报道能否弥合资本市场上的信息鸿沟?》《农地确权促进了中国农村土地的流转吗?》等。这类标题直面问题、设置悬念、发人深省，是一种尖锐泼辣、简洁明快的标题形式，有较强的吸引力，但从标题中一般看不出调查结论。这种标题形式多用于揭露问题、总结经验的调查报告。

(四) 抒情式

即用抒发作者感情的方式做标题。例如，《将“灰色金融”阳光化》《为文化产业发展插上新媒体的翅膀》等。这类标题表达了作者的感情，具有较强的感染力和吸引力，但仅从标题很难判断报告的内容。这种标题形式一般用于表彰新生事物或鞭挞消极社会现象的调查报告。

(五) 复式标题

即两个标题。它又分两种形式：一种是主标题和副标题，如《制度如何选择——谷歌与苹果案例的话语分析》《次生庇护的交易模式、商业观与市场发展——惠镇石灰市场个案研究》等；另一种是引题和主标题，如《“上下分合轨迹”：社区空间的生产——关于南苑肿瘤医院的抗争故事》《烙印效应：民营企业谁在“不务正业”?》等。这类标题比较复杂、冗长，但综合了多种标题的优点，因而是调查报告使用较多的一种标题形式。

标题的写法灵活多样，无论采取哪种标题形式，都要力求概括、简明、新颖、对称。这就是说，标题要概括调查报告的主要内容；要简明表达调查报告的主题；要有新鲜感、吸引力和感染力；要与调查报告的内容相对称，既不应“大头戴小帽”，也不应“大帽盖小头”。

二、前言

前言又称导言或导语，是调查报告的开头部分，对全文起着总领和引导作用，其主要任务是向读者简要介绍本次社会调查的背景、主旨、目的和方法等。应用性调查报告与学术性调查报告的前言，在写作上有很大的不同。

(一) 应用性调查报告的前言的主要写作方法

(1) 主旨陈述法，即在前言中说明调查的主要目的、对象、思路和方法。这种写法有利于读者准确把握调查报告的主要宗旨和基本内容，是一种最常见的写作方法。

（2）结论前置法，即在前言中先简要说明调查的基本结论。这种写法开门见山，直奔主题，有利于读者对调查报告的观点一目了然。

（3）提问设悬法，即在前言中对所调查现象的产生原因和影响提出疑问、设置悬念，而不做正面回答。这种写法能增强吸引力，常用于总结经验和揭露问题的调查报告。

（二）学术性调查报告的前言应包括的内容

（1）调查的主题、目的和意义。即说明调查的主题是什么，为什么要选择这个主题，要解决什么问题，调查这一主题有何价值或意义。

（2）对有关文献的综述和评论。其内容一是介绍已有有关文献的基本内容和主要贡献，并指出其存在的缺点或局限。二是说明自己调查的主要视角和特点，凸显自己调查的意义或价值。三是阐述本次调查的学术定位，说明它在本学术领域的位置。只有通过文献回顾中的评估和分析，才能说明自己调查研究的基点、特点和价值。如果需要综述和评论的文献非常重要或非常多、篇幅较长，也可在前言之外单列一个部分。

（3）调查的研究设计。这部分主要说明本次调查是如何进行的，应该包括以下内容：一是调查的主要方法，是普查、抽样调查，还是个案调查；是文献调查、问卷调查，还是实地观察、实验调查；等等。调查方法不同，资料收集方法、分析方法、工作程序和技术往往不同，介绍的内容和重点也不一样。二是，如果是抽样调查，还必须说明调查总体的界定，抽样框的编制，抽样的具体方法，样本大小，抽样误差，调查、整理和分析的方法，以及非抽样误差的控制等情况。三是理论分析的基本框架，包括研究假设的说明及其理论基础，假设中主要概念的界定和讨论，研究假设与理论基础之间的关系，抽象概念如何“降维”到比较具体的变量和指标，以及概念或变量的测量方法及其指标，等等。

必须指出，在学术性调查报告中，研究设计是非常重要的一部分。在定性研究中，说明研究者的设想、研究问题的社会文化背景、收集和分析资料的方法等，是不可缺少的。在定量研究中，研究假设是否合理、调查方法是否正确，关系到研究结论的科学性和研究价值的大小，是衡量一项研究的科学程度及质量高低的重要尺度之一。

三、主体

主体，是调查报告的主要部分，它应该有特定的内容和结构。

（一）主体的内容

（1）客观叙述研究对象的基本状况及相关行为，阐明其性质和特点。应该用具体数据和典型事实，叙述社会调查的内容，主要回答“是什么”的问题。

（2）在以上叙述的基础上，分析各种现象之间的相互关系，解释社会现象、社会行为之间的因果联系，主要回答“为什么”的问题。

（3）如果是应用性的调查报告，还必须根据上述叙述和分析，提出必要的对策性建议或方案，主要回答“怎么办”的问题。如果是学术性的调查报告，则应该在上述叙述和分析的基础上，做出必要的学术性推论和评价，并阐明本研究的主要特点、贡献和局限性。

（二）主体的结构

调查报告主体部分的结构，通常有三种形式。

（1）纵式结构，就是按事物发展的历史顺序和内在逻辑来叙述事实、阐明观点。这种结构的优点是，论述有头有尾，过程清清楚楚，有利于做到历史和逻辑的统一，便于读者了解事物发展的全过程。

（2）横式结构，就是把调查的事实和形成的观点，按性质或类别分成几个部分，并列排放、分别叙述，从不同方面共同说明调查报告的主题。这种结构的优点是，问题展得开，关于每个问题的论述比较集中，而且条理清楚，观点明确，适合于全景式的概况社会调查报告。

（3）纵横交错式结构，就是纵式结构和横式结构相结合的方式。它一般有两种情况：其一是以纵为主、纵中有横，其二是以横为主、横中有纵。纵横交错式结构的优点是，既有利于按照历史脉络讲清问题的来龙去脉，又有利于按问题性质或类别分别展开论述，因此，许多大型调查报告的主体部分往往采用这种结构。

主体部分是调查报告的基本内容，写作时，究竟采用何种结构，要根据调查报告的内容、主题和所掌握的资料来确定。

四、结束语

结束语，是调查报告的结尾部分。从形式上看，有三种不同的处置方法，即没有结束语、简短结束语和较长结束语。从内容上看，结束语有以下几种写法：一是概括全文，深化主题；二是总结经验，形成结论；三是指出问题，提出建议；四是说明危害，引起重视；五是展望未来，指明意义。

学术性调查报告的结束语，不仅有结论，即用简洁明确的语言对调查设计中提出的研究假设做出明确回答，而且常常包括有关“讨论”的内容，即从调研结果中能够得出什么样的推论。在这些推论中，哪些同调研数据结合得紧密？哪些同抽象理论相关？研究结论的理论内涵和实践意义是什么？本次调研存在的缺陷、尚未解决的问题和新出现的问题有哪些？其结论的推广应具备哪些条件或存在哪些限制？以及对进一步研究的建议，等等。

调查报告的结束语，应根据写作目的、内容的需要采取灵活多样的写法，要简明扼要、意尽即止，切不可画蛇添足，弄巧成拙。

五、简介

简介，也可称内容提要、内容摘要，是对调查报告主要内容的简要介绍，其目的是引起读者的注意和兴趣。其写作方法大体上有以下几种：

（1）摘要式，即将调查报告的主要内容摘要列举出来。

（2）说明式，即用一段文字说明调查报告的主要内容。

（3）导语式，即用一段与标题紧密相连的简短文字作为调查报告的简介。

从目前情况看，简介的撰写方式已越来越多。为了引起读者的注意和兴趣，各种新颖的简介方式正在不断涌现。

六、后记

后记，是撰写在结束语之后的，对与调查报告的形成、写作、出版有关的问题所做的说明。它一般包括以下几个方面的内容：

（1）与调查课题的提出和实施有关的情况和问题。

（2）与调查报告的撰写有关的情况和问题。

（3）与调查课题参与者、调查报告撰写者有关的情况和问题。

（4）与调查报告的发表、出版有关的情况和问题。

应该指出，后记并不是调查报告不可缺少的部分。如果调查报告在前言、主体或结束语中已经说明了上述问题，就不必再写后记了。

七、附录

附录，是调查报告的附加部分。它一般包括以下一些内容：

（1）调查问卷或量表。

（2）访谈提纲和访谈资料。

（3）调查指标的解释或说明。

（4）原始统计数据图表。

（5）调查的主要数据。

（6）典型案例。

（7）名词注释、人名和专业术语对照表。

附录不是调查报告不可缺少的部分，只有那些与调查报告密切相关，而调查报告正文包括不了（直接放在正文中会打乱报告的结构和层次）或者没有说到而又需要说明的情况和问题才应列入附录。

第三节 调查报告的写作步骤与撰写要则

撰写调查报告，应该遵循一定的步骤，遵守一定的要则。

一、写作步骤

调查报告有四大构成要素，即主题、结构、材料和语言。其中，主题是调查报告的灵魂，结构是调查报告的骨架，材料是调查报告的血肉，语言是调查报告的肌肤，四者缺一不可。撰写调查报告的一般步骤是：提炼报告主题、拟定写作提纲、精选调查材料、推敲书面语言。

（一）提炼报告主题

主题是作者分析社会现象、揭示事物本质所形成的中心思想或基本观点。正确提炼主题，是写好调查报告的关键。

正确提炼调查报告主题，必须考虑两个方面的因素，即调查研究的主题和调查所获得的真实材料。调查研究的主题和调查报告的主题是不完全相同的。调查研究的主题受调查目的的影响。随着调查工作的深入，有可能出现与原定主题不完全符合或完全不符合的情况。这时，对于不完全符合实际的原定主题就应该修改、补充和完善；对于完全不符合实际的原定主题就应该抛弃，并根据调查的实际情况另行确定。这就是说，提炼调查报告主题的过程，既是分析客观社会现象、揭示客观事物本质的过程，又是根据调查实际情况修改、完善或另行确定调查研究主题的过程，是促使主观目的与客观实际密切结合的过程。

提炼主题，要努力做到正确、集中、深刻、新颖和对称。正确，是指主题要真实反映客观情况，对社会实践起指导作用，对社会发展起促进作用。集中，是指主题要突出，要小而实，不要多中心，不要大而空。深刻，是指主题要深入揭示事物的内在本质，由现象到本质，由浅层本质到深层本质，而不能只满足于对现象、对浅层本质的认识。新颖，是指主题要有新意，要在前人基础上有所发现、有所创造。对称，是指主题要与材料、观点对称。主题过宽、过大，而材料不充分、观点不成熟，论证就没有力量；主题过窄、过小，就不能充分发挥材料和观点的价值。

（二）拟定写作提纲

写作提纲是对整个调查报告的总体设想和规划，是报告的基本逻辑框架。因此，在提炼报告主题之后，就应精心拟定写作提纲。

拟定写作提纲的过程，实际上就是分析调查材料的过程、形成基本观点的过程、明晰报告主题的过程。一份高质量的写作提纲，从内容角度看应该符合以下四条基本要求：

（1）突出报告主题，即围绕报告主题科学安排结构层次，充分突出报告主题。

（2）阐明基本观点，即根据主题阐明观点，回答现实生活中需要解决的实际问题。

（3）实现观点和材料的统一，即基本观点与调查材料要相吻合，保证观点得到调查材料的充分论证。

（4）符合内在逻辑，即写作提纲要符合客观事物发展的内在逻辑，努力做到历史与逻辑的统一。

写作提纲的拟定，没有固定不变的模式，应该根据调查报告的主题、内容和作者的写作习惯而定。至于写作提纲的文字表达方式，常用的有两种：一是条目提纲，即按总标题、大标题、小标题、子标题的形式，将内容分层排列。这是一种常用的写作提纲形式，其特点是主题突出，层次清楚，结构严密。二是观点提纲，即按照结构层次，把所要论述的观点概括地表达出来。这种提纲形式的特点是内容明确，表述完整。

（三）精选调查材料

在撰写报告前，一般都要围绕调查报告的主题，依据拟定的写作提纲，对在社会调查中收集的各类资料进行认真研究，精选真实、典型和全面的材料，努力做到既不漏掉重要材料，又使所用材料具有最大的代表性和最强的说服力。

为了充分论证主题，应该精心选择以下几类材料：

1. 典型材料

典型材料是最能反映事物本质，最能说明和表现主题的材料。典型材料必须真实、具体、生动，具有代表性。典型材料的运用，有助于说明事物的本质，加深对问题的认识，增强说服力。

2. 综合材料

综合材料是指能说明事物总体概貌的材料。写作时，要注意处理好典型材料和综合材料的关系，没有综合材料说明不了广度，缺少典型材料体现不了深度，只有把这两种材料有机地结合起来，才能充分说明事物总体的状况。

3. 对比材料

对比材料是一组具有可比性的材料。如历史与现实对比，成功与失败对比，新与旧对比，好与坏对比，优点与缺点对比，先进与落后对比，等等。有比较才有鉴别。通过对比，可以使报告主题更加突出，给人以更强烈、更深刻的印象。

4. 统计材料

统计材料有很强的概括力、表现力，而且有具体性、准确性等特点。许多问题用文字很难表达清楚，但如果选用恰当的统计材料就可一目了然。因此，恰当地使用统计材料，对于论证基本观点，突出报告主题，增强调查报告的科学性、准确性和说服力具有重要作用。

(四) 推敲书面语言

语言是调查报告的肌肤。一篇高质量的调查报告，不仅要正确提炼主题，合理安排结构，精选调查材料，而且要反复推敲书面语言，做到言简意赅。

调查报告的书面表达方式，最好用第三人称或非人称代词，尽量避免强加于人之感。当然，在特殊情况下，也可采用第一人称写法。调查报告是一种以叙事为主的说明性文体，应该有其独特的语言风格。一般来说，调查报告的语言应力求做到：

1. 准确

在语言的选择上要仔细斟酌和推敲，陈述事实要真实可靠，引用数据要准确无误，议论要缘事而发、把握分寸，切不可任意拔高或贬低。

2. 统一

使用的概念、名称、术语、变量等，要前后统一，而不要任意变更、任意与近义词相混淆，以免读者把精力放在对用词的细微变化的推测、理解上。

3. 简洁

要开门见山，不拐弯抹角，用尽可能少的字句表达尽可能多的内容。叙述事实，不做过多描绘；阐释观点，不做烦琐论证。坚决删去一切可要可不要的段落和字句。

4. 朴实

要使用通俗易懂的语言，不要使用深奥的专业术语和华而不实的辞藻，不随便运用夸张手法和奇特比喻。

5. 生动

要采用具体和新颖的资料，使用形象、活泼的语言。可适当使用一些寓意深刻、活泼诙谐的群众语言和通俗比喻，但不要使用那些多数人看不懂的土语、方言。

掌握调查报告语言的独特风格十分重要。语言表达得好，犹如锦上添花，能吸引更多的读者；语言表达不好，就会功亏一篑，甚至会影响调查报告社会作用的发挥。

二、撰写要则

调查报告的撰写，应当遵循一定的行文要则和撰写格式，也要掌握一定的写作技巧。

(一) 行文要则

行文要则，主要包括主题论证、结构布局和资料使用等方面的要则。

1. 主题论证要则

调查报告的核心是用事实说话，用材料论证主题。研究方法不同、材料不同，调查报告的论证方式也应有所不同。一般来说，主题论证的要则是：

(1) 依据研究方法的不同，采用不同的论证方式。定量调查报告主要通过数据资料和统计分析方法对假设进行检验或论证。定性调查报告主要运用质性资料论证主题，特别强调以访谈对象的“原话”或现场观察资料来说明研究结果。当然，也可以通过调查者对访谈资料的概述来进行解释和分析[①]。许多调查报告将定量资料与质性资料结合使用，如运用定量资料反映整体状况，运用质性资料反映个体状况，使调查主题或主要观点得到具体论证和阐释，有利于增强调查报告的说服力。

(2) 依据需要采用演绎论证法或归纳论证法。演绎论证法侧重于推理，一般来说，定性研究主要使用演绎论证法，它的特点是：如果前提正确、论证符合逻辑，那么结论就正确。演绎论证的正确与否，主要取决于论证是否符合逻辑，而不是其前提的真与假。定量研究主要使用归纳论证法，它的特点是：不具有对与错的特性，而只有充分与不充分的问题。在归纳论证中，前提所含有的数值及内容，影响着论证充分的程度。

(3) 主题、观点必须与事实相符合。客观性是调查报告写作的基本原则。在调查报告的撰写中，要用事实阐明观点、论证主题、反映真相，而不能脱离事实空发议论。换句话说，主题、观点要以事实为基础，而不能是撰写者想象或感觉的结果。在撰写过程中，还必须注意保持事实和论证的适当比例。只有事实叙述而缺少论证，或者只有论证而没有事实，都不可能有较强的说服力。

---

① 要注明资料的来源，即说明来自哪篇访谈资料，调查者自己的看法则以“旁白”方式表述。

2. 结构布局要则

调查报告的结构布局，一般应遵守以下四个基本要则：

（1）整体性。调查报告是由若干部分构成的整体，撰写调查报告必须有整体性的把握，避免各个部分之间出现“厚此薄彼”“头重脚轻”等现象。

（2）层次性。调查报告的结构，应该层次分明、清晰、简洁；结构中平行的部分，其内容必须是同层次的，而不能上下层次互相混淆。

（3）逻辑性。调查报告的内容、结构，必须符合逻辑，前后呼应。

（4）嵌套性。所谓嵌套，是指镶嵌、套用。调查报告阐述的观点要操作化，成为可以测量和感知的具体指标，而这些指标又必须嵌入调查报告引用的资料。

3. 资料使用要则

撰写调查报告，要善于取舍资料。一般来说，使用资料的要则是：

（1）真实性。调查报告引用的资料，应保证真实、客观，既不任意添加、篡改或删除，也不能夸大或缩小。只有以真实资料为基础，调查报告才具有可靠性和科学性。

（2）原始性。调查报告要尽量使用第一手资料。只有在第一手资料基础上的分析、概括或解释，才具有较充分的说服力。

（3）典型性。调查报告引用的资料应该具有代表性，注意从收集的资料中选择有说服力的典型材料。只有在此基础上形成的结论，才能正确反映事物的本质，才能增强调查报告的代表性和说服力。

（4）全面性。对材料的考察不能有遗漏，要避免以偏概全，确保使用的材料具有最大的代表性和最强的说服力。

（5）准确性。选择的材料要与所研究的主题密切相关，要紧扣主题，有的放矢。

（6）简洁性。选择的材料要少而精，力戒繁杂和不得要领，力争用最直接简明的方式表达材料。如凡是以统计表形式描述的数据，在文字表述中切忌再简单重复，而应该着重说明或概括这些数据所反映的内涵或意义。

（二）撰写格式

撰写格式，主要包括标题格式、使用外来语格式、注释和引文格式。

1. 标题格式

标题格式一般是：一级标题用“一”“二”“三”等中文数字，顿号断开后接标题名。二级标题用“(一)”“(二)”“(三)”等带括号的中文数字接标题名（括号后不加标点符号）。三级标题用“1.”“2.”“3.”等阿拉伯数字，点号隔开后接标题名。四级标题用“（1）”“（2）”“（3）”等带括号的阿拉伯数字接标题名（括号后不加标点符号）。排版时，一级标题居中或左对齐，二级及以下标题左对齐。前三级标题独占一行，标题后不用标点符号，四级以下标题与正文连排。

2. 使用外来语格式

对外来语的翻译，尽量采用通行中文译名。首次出现的外来语，要在中文译名后用括号注明外来语。非通用的外国人名可直接用原文，第一次出现时写全名，以后写姓氏即可。

3. 注释和引文格式

在撰写调查报告的过程中，有时需要引用别人的论述、数据、资料等来支持或证明自己的观点，有时需要引用某些不易理解的内容或概念，这时就应用注释方式对引用资料的来源、内容或意义做出必要的说明或解释。

注释有三种方式：（1）夹注，即夹在行文之中，在引用资料后面用括号对其来源、意义等做出说明或解释。例如，外文的人名、地名，人物生卒年月，较少见的专业名词，等等，多采用夹注方式。（2）脚注，即在加注词右上方（或下方）加一个注释号（如“①”“②”“③”“④”等），然后在该页下端用小一号的字体对加注词的出处、内容等情况做出说明或解释。（3）尾注，即在加注词的右上方（或下方）按顺序标明注释号，然后在本章节末尾或全文末尾对加注词的出处、时间、意义等情况做出说明或解释。一般来说，调查报告大都采用尾注方式，注释连续编号；著作大多采用脚注方式，每页重新编码。

引文有不同的方式。直接引文，即引用别人的原话、原文，要用双引号把原话、原文引起来，其注释一般采用脚注或尾注方式。间接引文（也称“引意”），即用自己的语言引用他人的观点或结论，则不必用引号把原意引起来，但仍应用脚注或尾注方式说明其出处、内容或意义。提示性引证，即仅说明某书或某章节可用来说明文中某一观点，也无须加上引号。间接引文和提示性引证，都应在说明或解释文字前加上“参见”或“详见”等文字。

本章要点

1. 调查报告是以文字、图表等形式反映调查对象实际情况、表达研究者观点和方法的书面报告。它是调查研究成果的集中体现，是交流、使用和保存调研成果的重要载体。

2. 调查报告应该具有针对性、真实性、新颖性和时效性等特点。

3. 按照不同标准，调查报告可分为综合性调查报告和专题性调查报告，描述性调查报告和因果性、预测性调查报告，应用性调查报告和学术性调查报告，等等。

4. 调查报告一般由标题、前言、主体和结束语等部分组成，有的调查报告在前言之前还有目录、简介，在结束语之后还有后记和附录等部分。

5. 调查报告有四大构成要素，即主题、结构、材料和语言。其中，主题是调查报告的灵魂，结构是调查报告的骨架，材料是调查报告的血肉，语言是调查报告的肌肤。

6. 撰写调查报告的一般步骤是：提炼报告主题，拟定写作提纲，精选调查材料，推敲书面语言。

7. 调查报告的撰写，应当遵循的一定的行文要则和撰写格式。

基本概念

调查报告主题　　结构　　材料　　语言

思考与练习

1. 调查报告有哪些类型？一般由哪些部分组成？
2. 调查报告标题的撰写有哪些方式？
3. 调查报告的主体有哪几种结构？各有何优点和缺点？
4. 如何提炼调查报告的主题？
5. 调查材料有哪些类型？如何精选调查材料？
6. 调查报告的文字应该符合哪些要求？

推荐阅读书目

1. 仇立平．社会研究方法．重庆：重庆大学出版社，2008.
2. 克雷斯威尔．研究设计与写作指导．重庆：重庆大学出版社，2007.
3. 风笑天．社会研究：设计与写作．北京：中国人民大学出版社，2014.
4. 布斯，等．研究是一门艺术．北京：新华出版社，2009.

附 录

附录一

调查实施方案

“汶川地震灾后贫困村（15村）救援与恢复重建政策效果评估”项目实施方案

一、研究思路

本项目以服务于国务院扶贫办灾后重建工作为出发点，选取灾区不同类型的受灾贫困村进行调查和比较研究，希望以实地调查资料为依据，对不同类型贫困村抗灾救灾和灾后恢复重建工作进行深入总结和分析，重点对不同类型受灾贫困村的灾后救援和恢复重建的各项政策效果进行评估和比较，提出下一步工作的政策建议。此外，本项目对贫困村灾后救援和重建工作的成绩和经验的总结与宣传还有助于传播和共享贫困村灾后救援和重建的经验，有助于贫困村从国内外争取更多的重建资源，为贫困村灾后重建及扶贫开发工作创造条件。项目研究的主要思路具体可分为以下几步：

（1）选取15个不同类型的受灾贫困村作为调研个案，其中包括纳入第一批灾后重建规划与实施试点的5个村（四川3个、甘肃1个、陕西1个），位于贫困村灾后恢复重建规划区但尚未开始试点的5个村（四川3个、甘肃1个、陕西1个），未纳入国家贫困村灾后恢复重建规划范围但受灾程度较重的5个贫困村（即168个一般受灾县中有扶贫任务的149个县里受灾程度与规划区内贫困村相当的贫困村，四川选3个、甘肃选1个、陕西选1个）。

（2）以来自15个村的调研资料（以定性资料为主）为依据，通过比较和归纳，总结三类贫困村灾后救援和灾后恢复重建活动的经验和教训，评估和比较三类贫困村救援政策和恢复重建政策的效果，阐述贫困村灾后恢复重建工作的有效性和存在的问题。

（3）以对调查资料的深入分析为依据，提出改进和加强贫困村灾后重建工作的政策建议，初步揭示灾后重建与扶贫开发相结合的途径和机制。

二、调查方法及技术要求

（1）参与式评估。采用参与式评估方法，从灾区贫困人口的主位视角出发，收集定性资料，了解灾区重建过程中的具体情况，得到较为切实的实地经验，深入把握各项灾后救援和恢复重建政策的实施效果和存在的问题。（灾后重建政策主要包括以下几个方面：财政支出政策、税收政策、政府性基金和行政事业性收费政策、金融政策、产业扶持政策、土地和矿产资源政策、就业援助和社会保险政策以及粮食政策。）

（2）焦点小组讨论。选取不同类型的群体，如村干部、援建人员、灾区妇女、灾区少年儿童等，特别是脆弱群体组成焦点小组，就灾后救援和恢复重建中的各专题进行讨论，获取定性资料。其中，每个焦点小组按照是否接受援助分为两类，研究者围绕各种群体代表进行 2 个小时左右的专题访谈。

（3）实地访谈。本项目将主要采用半结构式访谈。先列出与研究主题相关的若干开放式问题，然后与访谈对象进行无选项设定的面谈，并适时对访谈主题做出调整。针对研究需要和访谈对象的特点，分别选取重点访谈、深度访谈和客观陈述法三类方法中的一种或几种，着重对研究对象中的代表性、关键性、焦点性人物开展访谈工作。每个村，访谈村干部 2 人，每人访谈 1 小时；访谈援建人员 3 人，每人访谈 1 小时；访谈受灾人员 4 人，每人访谈 1 小时。

（4）文献分析。在调研和评估工作中，注意收集、整理和分析与本项目有关的国家法律、法规和政策，试点村所在省市等出台的规范性文件，相关统计资料和档案文献，以及国内外相关研究成果。

三、研究内容

（1）评估政策内容，包括救援政策与重建政策。

（2）评估的重点：

试点村：重点是两类政策的经验、教训、问题，以及相应的建议。

非试点村：重点是两类政策的需求评估，以及相应的政策建议。

（3）总结、提炼出几套比较有代表性的“救援政策”“重建政策”经验模式，供其他 4 800 多个村今后借鉴和推广应用，内容包括模式的主要做法、主要效果、基本经验、存在的问题、针对性的政策建议。

四、项目进度安排（略）

五、项目分工（略）

六、预期成果（略）

附录二

抽样方案

湖北省独生子女死亡家庭扶助机制研究

抽样方案质量的好坏直接影响着调查的有效性，并且直接决定了调查的代表性和对总体特征值进行估计时所造成的相对误差及精度。因此，科学严谨的抽样方案是问卷调查的前提与关键。

一、方法的选择与主要思路

（一）抽样方法的选择

抽样方法的选择必须结合实际调查内容的特征及需求。此次针对湖北省计划生育家庭子女伤残死亡状况的调查，也必须与湖北省各地市州的社会发展状况相结合进行考察。以往的研究表明，湖北省各地市州之间存在着较明显的发展差异。就2010年湖北省各市、州GDP而言，不难发现，湖北省各地区就发展程度而言仍然差异较大（见附图2-1）。因此，以行政区划为标准进行划分，其所代表的地域性差异依然具有较强的显著性。基于这种理解，从比较的视角出发，我们可以利用多阶段分层抽样方法，对其进行区域划分，生成区域性数据，进而通过比较区域间的差异性来探索扶助机制内在发展的关键性因素。

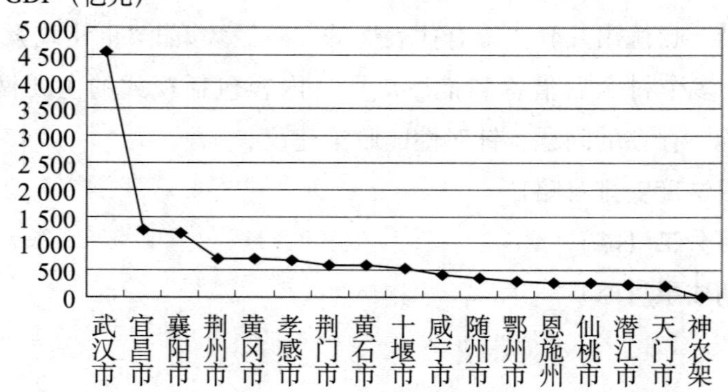

附图 2-1　2010 年湖北省各地市州 GDP

计划生育扶助制度抽样调查的原则是既要兼顾调查设计的科学性，即通过样本可以有效地对全省人口与计划生育扶助制度特征进行估计、推断与预测，又不致过多增加样本量而加大调查的工作量，即经济有效的原则。因此，本研究在多阶段分层抽样的基础上，结合整群抽样的方法，尽量地节省调查的人力、财力消耗。

基于以上考虑，本调查过程中所选用的抽样方法为多阶段分层抽样与整群抽样相结合的设计方法。

（二）抽样的主要思路

首先本研究预计按照行政区划的层次，以湖北省为总体，按照地区综合发展水平，将其分为“高”“中”“低”三个地区，分别以“发达城市组”、“中等城市组”以及“欠发展城市组”为代表，依次作为初级抽样单元。其次，从抽中的城市组中，抽取部分社区作为次级抽样单元。最后，考虑到子女伤残家庭的数量的有限性，将在所选县（区）内选取一定比例的住户作为调查对象，并在所选取的这一部分住户当中随机寻找个体进行访谈调查。与此同时，由于此类调查对象的数量相对较少等因素的影响，我们采取整群抽样的方法，以普查的形式对当地的相关工作人员进行全面细致的问卷调查和结构性访谈，从而更好地了解湖北省计划生育扶助制度的推行过程以及推行过程中的操作细节与实施效果。这也表明，我们将对市、县（区）、乡（镇）级地区和行政村内主管与负责计划生育扶助政策方面的相关工作人员进行一次全面的调查。此外，为了更好地保证研究的信度与效度，我们还将对当地的计划生育工作进行参与式观察。

二、抽样框与样本量的确定

（一）抽样框的确定

计划生育家庭特别扶助制度是当独生子女伤残死亡的夫妻到达一定年龄后，由政府安排专项资金，每月发给其一定数额的特别扶助金。它的扶助对象为实行计划生育以来本省户籍人口中独生子女死亡或伤残后未再生育或收养子女的夫妻，其应同时符合以下四个条件：1933 年 1 月 1 日以后出生；女方年满 49 周岁；只生育了一个子女或合法收养了一个子女；现无存活子女或独生子女被依法鉴定为三级以上残疾。特别扶助对象再生育或合法收养子女后，终止领取特别扶助金。

为了能够保证样本的随机分布，并有效地对湖北省的人口计划生育工作进行统计层面的推断分析与预测，我们以截至 2010 年年底湖北省人口和计划生育委员会提供的全省 21 620 个符合特别扶助金发放条件的独生子女伤残家庭（其中独生子女伤残家庭有 8 175 个，占 37.81%，独生子女死亡家庭有 13 445 个，占 62.19%）的统计数据作为抽样框进行抽样。独生子女伤残死亡家庭分布状况见附表2-1。

附表2-1 湖北省独生子女伤残死亡家庭分布状况

单位	合计	独生子女伤残家庭		独生子女死亡家庭	
		人数	百分比	人数	百分比
武汉市	6 153	3 284	53.37%	2 869	46.63%
中等城市	4 954	1 611	32.52%	3 343	67.48%
其他地区	6 803	2 157	31.71%	4 646	68.29%
全省合计	21 620	8 175	37.81%	13 445	62.19%

从人口发展的客观规律来看，历史统计数据与时实数据之间必然存在着细微的差异。自2010年到该研究项目调查开始启动时所发生的人口的新增、死亡、流动等导致的数据的变更情况必然会对总体数据产生部分影响。然而，在短时期内这种变动对总体的影响并不大，其对估计所造成的误差也是极小的。因此，这些因素并不会导致本项目的研究结论出现较大的偏差，故在此次研究过程中仅考虑该时段之前所获得的统计量，并不对其后的变更状况做过多考虑。

（二）样本量的选择与评价

用经济有效的样本代表总体是抽样调查的精髓。样本量的确定基于以往的经验和其他研究中抽样调查样本的设计。结合本次调查的实际需求，基于以往的研究经验，在相应的样本量和总体方差条件下，我们可以推算出每一种样本量所具有的精确度与相对估计误差。以下为对不同样本量进行的精确度与可能性方差的估计（见附表2-2)。

附表2-2 不同样本量的选择

样本量	相对误差	相对方差	相对精确度
100	9.82%	0.06	90.18%
200	6.96%	0.12	93.04%
300	5.70%	0.19	94.30%
400	4.95%	0.26	95.05%
500	4.43%	0.33	95.57%
600	4.06%	0.39	95.94%
700	3.76%	0.47	96.24%
800	3.53%	0.54	96.47%
900	3.33%	0.60	96.67%
1 000	3.17%	0.68	96.83%

在社会科学研究的通常情况下，我们可以容忍5%以内的误差。在以上分析

数据中，当样本量为400的时候，就已经可以满足本次调查的实际需求了。此时，当样本量再度增加后，精确度反而增长很少，因此成倍数地增加样本量所能获得的精确度的增量是呈递减状态的。从这个角度来看，此时增加样本量是无益的。并且从方差的角度来看，选择400的样本量也是恰当和合理的。因此，本着效率和经济的原则，根据上面的数据，本次调查的样本量基本上可以确定在400左右。

三、抽样步骤

本调查研究的抽样环节采取多阶段分层抽样设计，在对相关工作人员的访谈环节采取整群抽样的方法。具体步骤如下。

（一）第一阶段：抽取地区

基于比较的视野，本研究需要对湖北省的各地市州进行区域类型的划分。因此，在抽取县（区）级单位之前，先对湖北省总体进行划分，作为初级抽样单位，然后再对此进行随机抽样。

1. 分类基准的确定

在进行第一阶段抽样之前，我们需要甄别和选取适当的指标作为地域分类的标准。本研究通过专家咨询法和逐步回归法，筛选出多个与城市发展有关的社会经济、文化教育、人口结构等方面的指标，并结合以往的研究数据及2009年湖北省统计年鉴所给出的数据，对湖北省各地市州进行了类型划分。本研究最终选取GDP、城市就业情况、居民消费支出、物价水平、政府在文化教育方面的财政支出、科教文卫设施等指标作为标准体系（见附表2-3），作为表示城市居民生活状况及城市综合发展水平的数据，以此来区分湖北省各地市州之间的差异。

附表2-3　　指标体系示意表

序号	内容	指标
1	社会经济	GDP、政府在社会建设方面的财政支出
2	文化教育	教科文卫设施、政府在文化教育方面的财政支出
3	人口结构	总人口数、生育率、死亡率、人口的年龄结构
4	居民生活	物价水平、居民消费支出、城市就业情况

2. 分层抽样

根据湖北省2010年行政区划，全省共有13个地级行政区划单位（其中12个地级市，1个自治州），103个县级行政区划单位（其中38个市辖区，24个县级市，38个县，2个自治县，1个林区）。本研究把选出的上述指标，作为聚类分析的依据，将湖北省划分为“高”“中”“低”三个地区，分别以“发达城市组”“中等城市组”“欠发展城市组”为代表，依次作为初级抽样单元。这三种类别分别为：第一组是以武汉市为代表的，综合发展水平较高的地区；第二组是以宜昌市和襄阳市为代表的发展水平中等的地区；第三组则是综合发展水平相对较弱的地区。

3. 抽取次级抽样单位

次级抽样单位的样本量，按照大约1%的标准进行，即从103个区级单位中抽取10个县级单位（或区级单位）作为下一阶段抽样的样本框。再按照不同类别的比例，在每一类型的城市组中随机抽取对应比例的县（区）。被抽中的次级抽样单位及其所在地分布情况如附表2-4所示：

附表2-4　次级抽样单位的分布

单位	合计人数	单位数量	百分比	分配数量	序号	分配单位	所属地区
武汉市	6 153	16	13.0	1	1	武昌区	武汉
中等城市	4 954	26	21.1	2	1	夷陵区	宜昌
					2	秭归县	
其他地区	6 803	81	65.9	7	1	阳新县	黄石
					2	郧县	十堰
					3	掇刀区	荆门
					4	钟祥市	荆门
					5	云梦县	孝感
					6	黄梅县	黄冈
					7	通山县	咸宁

（二）第二阶段：抽取家庭

第二阶段即从抽中的县（区）中，抽取部分家庭作为调查对象。考虑到子女伤残家庭的数量的有限性，及所确定的样本总量，因此，本次调查在每个“样本居委会（村委会）”中按照20%的比例随机抽取住户，具体的样本总量约定为477，样本的具体分布状况如下（见附表2-5）。

附表2-5　各市州样本量的具体分布

序号	所属地区	整群抽样数	分配单位	20%抽样
1	武汉	1 017	武昌区	203
1	宜昌	430	夷陵区	86
2		234	秭归县	47
1	黄石	54	阳新县	11
2	十堰	149	郧阳区	30
3	荆门	39	掇刀区	8

续前表

序号	所属地区	整群抽样数	分配单位	20%抽样
4	荆门	257	钟祥市	51
5	孝感	31	云梦县	6
6	黄冈	110	黄梅县	22
7	咸宁	62	通山县	12
合计		2 383		477

（三）第三阶段：抽取家庭及个体

在村委会和居委会中抽取要调查的家庭时，采用随机抽样的方法，利用相关单位提供的具体名单随机抽取20%的家庭作为被访家庭，进入该家庭后，利用KISH表进行实地抽样，被抽中的个体作为问卷调查的对象，而家庭中的其他成员作为本次调查的访谈对象，并对随机抽取部分典型的家庭成员进行开放式访谈。

四、资料收集技术

（一）问卷调查技术

本研究将分别设计《独生子女伤亡家庭扶助机制调查问卷（个人卷）》《独生子女伤亡家庭扶助机制调查问卷（工作人员卷）》《独生子女伤亡家庭扶助机制调查问卷（政府卷）》三套问卷，对与计划生育扶助制度相关的因素进行全面细致的调查。在前期探索性调查中发现的各种影响计划生育扶助制度实施的因素，均将被制成调查问卷或调查量表中的问题，从而全面了解影响计划生育扶助制度的各种因素、居民对计划生育扶助制度的满意度等，为及时调整和确定政策建设的方向提供数据支持。

（二）实地访谈技术

通过深入的实地访谈，获得最深层次的资料，是实地访谈技术的长处。本研究将采用实地访谈技术，充分获得不同阶层、不同文化程度、不同就业方式、不同利益群体的个体代表以及不同管理级别干部和部门代表的意见和看法，为综合推进新扶助机制模型构建提供依据。

（三）参与观察技术

本研究将采用深度的参与观察方法，从地方文化内部、个人利益与需求的立场来观察和思考计划生育扶助制度的各个环节，并与外部观察的相关结论进行比较，从而为提出最佳的行动方案提供依据。

（四）文献调查技术

本研究将采用文献调查技术，充分收集各种相关的文献资料，如地方志、村志、族谱等，掌握地方的文化基础和历史文化传统，为当地计划生育工作发展规划的制定和调整提供依据。

附录三

问卷

问卷编号：____ ________区________街________社区

青年农民工发展状况调查问卷

亲爱的青年农民工朋友：

您好！

我们是华中师范大学的调查员。为了了解青年农民工发展的基本情况，探索促进青年农民工发展的有效途径，我们针对青年农民工的发展状况进行调查，经过严格科学的抽样程序，随机抽取了一部分人作为代表，您是其中一位。本调查不用填写姓名，答案也没有对错之分，我们将对所有填写资料保密，只以统计分析的方式呈现这些资料。您的答案对我们的调查意义重大，请您根据自己的实际情况进行填写。

衷心感谢您的支持与合作！

"青年农民工发展状况调查"课题组

2010 年 3 月

第一部分

A1. 您的性别：________

（1）男　（2）女

A2. 您的年龄：________周岁

A3. 您的文化程度：________

（1）小学及以下　（2）初中　（3）中专

（4）大专　（5）本科　（6）研究生及以上

A4. 您的政治面貌：________

（1）群众　　（2）团员　　（3）中共党员

（4）民主党派　　（5）无党派人士

A5. 您的宗教信仰为：________

（1）佛教　　（2）基督教　　（3）伊斯兰教

（4）道教　　（5）其他教派　　（6）无宗教信仰

A6. 您的婚姻状况：________

（1）已婚　　（2）未婚

A7. 您目前有________个孩子。

A8. 您家共有________口人（已婚者请填结婚前自己父母的家），除了您以外，还有：________（可多选）

（1）爸爸　　（2）妈妈　　（3）哥哥

（4）姐姐　　（5）弟弟　　（6）妹妹

（7）爷爷奶奶　　（8）姥爷姥姥　　（9）其他人，________

A9. 您来自：________

（1）东部地区　　（2）中部地区　　（3）西部地区

（4）东北地区

A10. 您进城打工的目的是：________（可多选）

（1）家庭生活困难，挣钱养家

（2）挣钱供兄弟姐妹读书

（3）到城里见见世面，开开眼界

（4）想换个环境，施展才干，以便更好地发展自己

（5）到城里学点本事，回家乡好发展

（6）家乡的青年人都进城打工了，家乡没有青年人可以在一起玩了

（7）跟随着他人一起进城，没有什么目的

（8）其他，________

A11. 到目前为止，您来武汉市已经________年。

A12. 您现在所从事的工作类型是：________

（1）建筑业　　（2）制造业　　（3）餐饮服务业

（4）教育业　　（5）家政服务业　　（6）医护工作

（7）商品服务业　　（8）个体工商户　　（9）文艺体育工作

（10）零散用工　　（11）其他，________

A13. 您所在的单位性质为：________

（1）国有企业　　（2）合资企业　　（3）私营企业

（4）乡镇企业　　（5）个体工商户　　（6）其他，________

A14. 您每天的工作时间平均________小时。

A15. 您现在每月的收入（包括各种奖金、补贴）大约为：________

（1）1 000 元及以下　　（2）1 001 元～1 500 元

（3）1 501 元～2 000 元　　（4）2 001 元～2 500 元

（5）2 501～3 000 元　　（6）3 001 元及以上

A16. 您主要是通过下列哪种方式获得当前的工作的：________

（1）学校毕业直接分配　　（2）单位招工应聘

（3）父母和家人帮助联系　　（4）亲戚帮助联系

（5）老乡帮助联系　　（6）同学、朋友帮助联系

（7）其他方式，________

A17. 当前的工作是您的第________份工作。

A18. 您与当前工作单位签订的劳动合同期限为：________

（1）1 年及以下　　（2）2 年　　（3）3 年

（4）4 年　　（5）5 年　　（6）6 年及以上

（7）无固定期　　（8）没有签订劳动合同

A19. 您对当前的工作：________

（1）非常适应　　（2）比较适应　　（3）一般

（4）比较不适应　　（5）非常不适应

A20. 对于返回家乡，您的态度是：________

（1）目前还不想回乡，不知道以后想不想回乡

（2）现在暂时不回乡，但以后要回去的

（3）永远不回乡

（4）说不清

A21. 您对下列事项的态度（请在相应选项的框内画“√”）：

	很不满意	不太满意	一般	比较满意	很满意
1　目前的居住条件					
2　目前的经济收入					
3　目前的工作环境					
4　本人职业受人尊重程度					
5　本人的学习进修机会					
6　本人与领导的关系					
7　本人与周围同事之间的关系					
8　本人事业上的发展前途					
9　所在单位的管理方式					

第二部分

B1. 您目前的工作：________

(1) 稳定　(2) 比较稳定　(3) 一般

(4) 不太稳定　(5) 随时可能下岗失业

B2. 您的工资形式是：________

(1) 计时工资　(2) 计件工资　(3) 承包

(4) 提成　(5) 月薪制　(6) 年薪制

(7) 其他，________　(8) 不知道具体是什么形式

B3. 您今年每月的经济收入：________

(1) 非常稳定　(2) 比较稳定　(3) 一般

(4) 不太稳定　(5) 非常不稳定

B4. 除了基本生活支出外，您的收入主要用于：第一________；第二________；第三________。

(1) 电话费　(2) 医疗费　(3) 寄回老家

(4) 供孩子读书　(5) 购置服饰　(6) 参加培训班等

(7) 添置手机、MP3 等电子产品　(8) 娱乐

(9) 买房或盖房　(10) 抚养孩子　(11) 购买书、期刊和杂志等

(12) 谈恋爱　(13) 存入银行　(14) 其他，________

B5. 对于您的消费，您：________

(1) 非常有计划　(2) 比较有计划　(3) 一般

(4) 不太计划　(5) 无计划

B6. 请评价您在下列各方面的能力（请在相应选项的框内画“√”）：

		很好	较好	一般	较差	很差
1	学习能力					
2	组织管理能力					
3	创新能力					
4	利用资源的能力					

B7. 您觉得自己更接近下列哪种特征（请在相应选项的框内画“√”）：

		2	1	0	−1	−2	
1	胆小						胆大

续前表

		2	1	0	−1	−2	
2	听话						任性
3	活泼						呆板
4	懒惰						勤劳
5	细心						粗心
6	娇气						不娇气
7	能干						不能干
8	合群						不合群
9	有礼貌						没礼貌
10	有主见						没主见

B8. 您对国家大事是：________

（1）非常关心　（2）有点关心　（3）一般

（4）不太关心　（5）不关心

B9. 您对下列国家方针政策的看法是（请在相应选项的框内画"√"）：

		很支持	较支持	一般	较不支持	很不支持
1	和谐社会					
2	新农村建设					
3	城乡低保政策					
4	农村医保政策					

B10. 对于所在单位建立团组织，您的态度是：________

（1）很有必要　（2）较有必要　（3）无所谓

（4）较没必要　（5）没有必要

B11. 在休息日（如果有的话），您通常进行的活动有：________（可多选）

（1）看电影　（2）上网　（3）兼职或搞其他业务

（4）看话剧，听戏　（5）去咖啡厅、酒吧　（6）逛公园

（7）钓鱼　（8）去夜总会　（9）去学校听课

（10）会朋友，聊天　（11）逛街　（12）跳舞

（13）养花鸟鱼或其他宠物　（14）去饭店或酒店　（15）看报纸杂志

（16）看电视　（17）读书　（18）打牌下棋

（19）听音乐会　（20）睡觉　（21）听广播

（22）旅游　（23）参加体育活动　（24）教育子女

（25）照顾老人　　（26）发短信　　（27）打电话

（28）去歌厅唱歌　　（29）去教堂　　（30）其他，________

B12. 近一个月的业余时间，您看过的书刊种类有：________（可多选）

（1）政治时事类　　（2）婚姻家庭类　　（3）青年读物类

（4）财政金融类　　（5）生活健康类　　（6）文娱体育类

（7）专业技术类　　（8）外语类　　（9）政策、文件和政治理论类

（10）其他，________　　（11）什么都没看

B13. 在最近一个月内，您进行以下活动的频率是（请在相应选项的框内画"√"）：

		经常	较多	一般	较少	很少	没有
1	看书						
2	听广播						
3	参加培训						
4	上网						
5	看报纸、杂志						
6	看电视						
7	与同事或老乡聊天						

B14. 您觉得城里人：________

（1）很容易相处　　（2）比较容易相处　　（3）一般

（4）较不好相处　　（5）很不好相处

B15. 您平常的交往对象主要是：________

（1）老乡　　（2）男（女）朋友　　（3）领导或老板

（4）有共同爱好的人　　（5）街坊邻居　　（6）单位同事

（7）当地居民（城里人）（8）在同一个城里的亲戚

（9）其他，________

B16. 您的心里话最愿意说给下列哪些人听：________

（1）父亲　　（2）母亲　　（3）兄弟姐妹

（4）祖父母/外祖父母　　（5）单位同事　　（6）男（女）朋友

（7）邻居　　（8）朋友　　（9）心理咨询机构人员

（10）广播电台人员　　（11）偶遇的陌生人　　（12）神

（13）其他人，________（14）闷在心里

B17. 在武汉市，您最要好的朋友有________个，其中男性________个，女性________个。

B18. 平时与人交谈时，你们谈得较多的内容是：________（可多选）

（1）工作方面的事　（2）单位的事　（3）自己的婚姻爱情问题
（4）个人心情　（5）性生活　（6）自己的前途与未来的发展
（7）家里的事　（8）文艺体育新闻　（9）社会新闻与时事消息
（10）其他，________

B19. 您觉得好朋友对您的帮助主要在：________
（1）工作方面　（2）生活方面　（3）人际关系方面
（4）心情方面　（5）经济方面　（6）情感方面
（7）升迁等发展方面　（8）其他方面，________

第三部分

C1. 您心中最大的目标是：________
（1）个人名气的提高　（2）国家的繁荣富强　（3）个人权力的强大
（4）家庭的温暖幸福　（5）单位的兴旺发达　（6）个人财富的丰厚
（7）人类的自由解放　（8）拥有安逸的生活　（9）子女的发展
（10）父母生活安逸　（11）妻子生活幸福　（12）朋友高兴
（13）个人的爱好兴趣　（14）个人安心　（15）其他，________

C2. 对于您来说，当前最为迫切的需求是：________
（1）身体健康　（2）成就与创造　（3）地位与名气
（4）子女　（5）人际感情　（6）快乐与享受
（7）知识与才能　（8）权力与影响力　（9）金钱与财富
（10）婚姻家庭　（11）父母幸福　（12）子女成材
（13）朋友的信任　（14）其他，________

C3. 在下列特点中，您的情况是（请在相应选项的框内画“√”）：

		很强（很好）	较强（较好）	一般	较弱（较差）	很弱（较弱）
1	独立性					
2	上进心					
3	责任心					
4	动手能力					
5	交往能力					

C4. 在您目前所在的单位，领导用人时对工人下列特点是否看重（请在相应选项的框内画“√”）：

		不看重	比较 不看重	比较看重	看重	不好说
1	和周围同事的关系好					
2	和领导的关系好					
3	道德品质好					
4	服从领导安排、听话					
5	家庭背景好					
6	社会活动能力强					
7	工作积极、肯干					
8	工作能力强					
9	专业技术水平高					
10	政治思想进步					
11	有较高的学历、文凭					

C5. 您获取社会信息的渠道主要是：________（可选 3 个）

（1）看电视　（2）浏览报纸、杂志　（3）上网

（4）工厂、单位通知　（5）居委会通知　（6）父母、兄弟姐妹告知

（7）手机短信　（8）听广播　（9）亲戚朋友告知

（10）与同事或同乡交流　（11）其他，________

C6. 除了本职工作外，您目前所掌握的技能有：________（可多选）

（1）计算机　（2）木工　（3）电工

（4）家电修理　（5）车辆修理　（6）做衣服

（7）财会　（8）外语　（9）烹调

（10）文字编辑　（11）其他，________

C7. 您掌握以上技能的途径主要是：________［选（1）（2）（3）（5）者请跳答至 C9］

（1）自学　（2）偷学　（3）亲戚朋友教的

（4）参加技能培训班　（5）其他，________

C8. 您获得技能培训的机会主要是通过：________

（1）自己出钱参加培训班　（2）所在单位提供培训机会

（3）团委组织　（4）民间组织

（5）进城前政府部门提供的培训机会　（6）其他，________

C9. 赚到一定的钱或学到技术后，您的打算是：________

（1）享受生活　（2）回老家　（3）自己创业

（4）参加培训班　（5）上学　（6）接家人到城市来

（7）暂时没有什么想法 （8）其他，________

C10. 在目前的工作过程中，您：________

（1）几乎每天都接触新东西

（2）经常能学到新东西

（3）更换设备、工艺后可以一次性学到新东西

（4）每天干同样的简单工作，学不到新东西

C11. 在目前的工作中，您最希望所在单位给予的奖励是：________

（1）提高工资 （2）得到晋升 （3）有培训的机会

（4）发证书贴红榜 （5）其他，________

C12. 进入武汉市以来，您最大的进步是：________

（1）学会了处理人际关系 （2）掌握了生产技能 （3）思想上更成熟

（4）赚到了钱 （5）提高了解决问题的能力

（6）得到了更广阔的发展天地和机会 （7）结识了新朋友

（8）其他，________

C13. 在各种人的评价中，您最注重的评价来自：________

（1）父母和家人 （2）单位领导 （3）自己的对象和配偶

（4）单位同事 （5）自己的朋友 （6）亲戚

（7）自己 （8）偶遇的陌生人 （9）其他人，________

C14. 对于下列活动，您的评价是（请在相应选项的框内画“√”）：

		满意	较满意	一般	较不满意	不满意	没听说过
1	“千校百万”活动						
2	联校助学活动						
3	助企培训活动						
4	强村实践活动						
5	青年农民工维权服务站（点）						
6	为青年农民工“送文体进工地、进宿舍、进社区”活动						
7	青年农民工文化节						
8	青年农民工防治艾滋病“面对面”宣传教育活动						
9	“学习、创业、守法、致富”有为务工青年教育实践活动						

C15. 下列活动场所，您进出过的有：________（可多选）

（1）青年农民工之家 （2）老乡会 （3）读书俱乐部

（4）兴趣小组 （5）职业技术学校 （6）企业职工夜校

（7）青少年宫 （8）社区青少年服务中心

（9）农民工维权中心 （10）书画协会 （11）读书俱乐部

（12）棋牌协会 （13）共青团组织 （14）文体活动场所

（15）培训学校 （16）青少年维权联系点

（17）图书室（馆） （18）工会 （19）社会救助站

（20）其他，________

C16. 您参加过的团组织或青联组织开展的活动有：________（可多选）

（1）读书演讲 （2）网上交流 （3）联谊座谈

（4）文体活动 （5）青年志愿者活动 （6）青年论坛

（7）拓展训练 （8）参观访问 （9）植树

（10）其他，________

C17. 您现在的住房面积为________平方米，属于：________

（1）自己租的楼房 （2）自己租的平房 （3）工棚

（4）职工宿舍

C18. 您工作的单位为您提供劳动用品或者是营养费的情况是：________

（1）都提供 （2）只有劳动用品 （3）只有营养费

（4）都没有

C19. 在当前的工作单位中，您认为自己发展的机会：________

（1）很大 （2）较大 （3）一般

（4）较小 （5）很小

C20. 您认为自己独立创业的机会：________

（1）很大 （2）较大 （3）一般

（4）较小 （5）很小 （6）不想创业

第四部分

D1. 根据您的经验，要把一件并不容易的事情做成功，关键性的条件是：________

（1）知识、技术、才能 （2）努力和辛劳，锲而不舍

（3）别人的帮助 （4）家庭背景和出身

（5）集体的团结合作 （6）机遇和运气

（7）金钱　　　　　　　　　　　　　　　　（8）社会关系

（9）其他，________

D2. 在发展的过程中，您认为您目前最缺乏的是：________

（1）知识、技术、才能　　　　　　　　　　（2）努力和辛劳，锲而不舍

（3）别人的帮助　　　　　　　　　　　　　（4）家庭背景和出身

（5）集体的团结合作　　　　　　　　　　　（6）机遇和运气

（7）金钱　　　　　　　　　　　　　　　　（8）社会关系

（9）其他，________

D3. 您的户籍问题：________

（1）已经解决

（2）没有解决，但马上可以解决

（3）没有解决，很难解决

D4. 下列情形在您身上发生的频率是（请在相应选项的框内画“√”）：

		经常发生	有时发生	一般	很少发生	从没有发生
1	感到别人不理解我					
2	感到自己比不上别人					
3	感到别人瞧不起我					
4	感到孤独					
5	感到心理压抑，情绪低落					

第五部分

E1. 您遇到下列情况的频率是（请在相应选项的框内画“√”）：

		频繁发生	较频繁发生	较少发生	很少发生	没发生过
1	与城市人同工不同酬					
2	加班后很少或从来不给报酬					
3	受到城里人的歧视，经常遭白眼					
4	不能提供基本的劳动保护条件					
5	提供的吃住条件太差					
6	拖欠工资或变相克扣工资，甚至拒不发工资					
7	业余时间不准外出					

续前表

		频繁发生	较频繁发生	较少发生	很少发生	没发生过
8	因公受伤而用工单位不出钱医治					
9	用工单位不准外来工参加培训学习					
10	聘用时限定婚姻状况					

E2. 如果遇到不公正的待遇，您的处理方式是：________（可多选）

（1）找上级领导评理

（2）找劳动争议调解委员会

（3）去劳动仲裁部门或去法院打官司

（4）由企业劳资部门解决

（5）由工会解决

（6）与负责人协商解决

（7）请新闻媒体曝光

（8）找政府有关部门干预

（9）众多同事一起去跟领导评理

（10）请亲戚朋友斡旋

（11）与同事们一道停工停产

（12）找机会报复（公开或暗地）

（13）忍一忍就过去了

（14）少干点活，出出气

（15）辞掉工作，去别的单位

（16）向神倾诉

（17）向朋友倾诉

（18）其他方式，________

E3. 最终帮助您解决这一问题的是：________（可多选）

（1）企业党务部门

（2）企业领导或职能部门

（3）企业工会、共青团部门

（4）家庭成员、亲戚

（5）好朋友、同事、熟人

（6）劳动争议调解、仲裁部门或法院

（7）政府及有关部门

（8）党中央领导部门

（9）上级工会、共青团、妇联

（10）新闻传媒

（11）其他，________

（12）没有人帮助

E4. 这件事情最终的结果是：________

（1）完全解决　（2）基本解决　（3）部分解决

（4）引起关注，但没有解决　（5）不了了之

再次感谢您的支持与合作！

调查时间：开始时间 ________月 ________日________时________分

完成时间：________时________分

调查员：________（签名）

图书在版编目（CIP）数据

社会调查教程精编本/江立华，水延凯主编．--2版．--北京：中国人民大学出版社，2020.1
新编21世纪社会学系列教材
ISBN 978-7-300-27593-2

Ⅰ.①社… Ⅱ.①江…②水… Ⅲ.①社会调查-高等学校-教材 Ⅳ.①C915

中国版本图书馆CIP数据核字（2019）第233225号

国家级精品课程教材
新编21世纪社会学系列教材
社会调查教程精编本
第二版
主编 江立华 水延凯
Shehui Diaocha Jiaocheng Jingbianben

出版发行	中国人民大学出版社		
社　　址	北京中关村大街31号	**邮政编码**	100080
电　　话	010-62511242（总编室）		010-62511770（质管部）
	010-82501766（邮购部）		010-62514148（门市部）
	010-62515195（发行公司）		010-62515275（盗版举报）
网　　址	http://www.crup.com.cn		
经　　销	新华书店		
印　　刷	唐山玺诚印务有限公司	**版　　次**	2012年7月第1版
开　　本	787mm×1092mm 1/16		2020年1月第2版
印　　张	26	**印　　次**	2025年1月第5次印刷
字　　数	468 000	**定　　价**	59.00元

关联课程教材推荐

书号	书名	作者	定价
978-7-300-26262-8	社会调查教程（第七版）	江立华 水延凯	58.00 元
978-7-300-26861-3	社会调查研究方法（第四版）	郝大海	48.00 元
978-7-300-25621-4	社会研究方法（第五版）	风笑天	65.00 元
978-7-300-20676-9	社会统计分析方法： SPSS 软件应用（第二版）	郭志刚	49.80 元

配套教学资源支持

尊敬的老师：

衷心感谢您选择使用人大版教材！

相关的配套教学资源，请到中国人民大学出版社网站（www. crup. com. cn）下载，或是直接与我们联系，我们将向您免费提供。

欢迎您随时反馈教材使用过程中的疑问、修订建议以及提供您个人制作的课件。您的课件一经采用，我们将署名并付费使用。

联系人信息：

地址：北京市海淀区中关村大街 31 号　　龚洪训　　邮编：100080

电子邮件：gonghx@crup. com. cn　　电话：010-62515637　　QQ：6130616

如有相关教材的选题计划，也欢迎您与我们联系，我们将竭诚为您服务！

选题联系人：	电子邮件：	电话：
潘宇	pany@crup. com. cn	010-62515634
盛杰	shengj@crup. com. cn	010-62513897

俯仰天地　心系人文

中国人民大学出版社网站　www. crup. com. cn

专业教师 QQ 群：

195761402（全国社会学教师 QQ 群）

欢迎您登录浏览人大社网站，了解图书信息，共享教学资源

期待您加入专业教师 QQ 群，开展学术讨论，交流教学心得